海上货物运输法教程

孙思琪 著

Textbook on Carriage of Goods by Sea

法律出版社
LAW PRESS · CHINA
北京

图书在版编目(CIP)数据

海上货物运输法教程 / 孙思琪著. -- 北京:法律出版社,2022
ISBN 978-7-5197-6839-3

Ⅰ.①海… Ⅱ.①孙… Ⅲ.①海上运输－货物运输－海商法－中国－高等学校－教材 Ⅳ.①D922.294

中国版本图书馆 CIP 数据核字(2022)第 110610 号

海上货物运输法教程
HAI SHANG HUOWU YUNSHUFA JIAOCHENG

孙思琪 著

策划编辑 张珺 田浩
责任编辑 张珺 田浩
装帧设计 鲍龙卉

出版发行 法律出版社
编辑统筹 法商出版分社
责任校对 晁明慧 王皓
责任印制 胡晓雅
经　　销 新华书店

开本 787 毫米×1092 毫米 1/16
印张 31.5 **字数** 549 千
版本 2022 年 8 月第 1 版
印次 2022 年 8 月第 1 次印刷
印刷 固安华明印业有限公司

地址:北京市丰台区莲花池西里 7 号(100073)
网址:www.lawpress.com.cn
投稿邮箱:info@lawpress.com.cn
举报盗版邮箱:jbwq@lawpress.com.cn

销售电话:010-83938349
客服电话:010-83938350
咨询电话:010-63939796

书号:ISBN 978-7-5197-6839-3
定价:128.00 元

凡购买本社图书,如有印装错误,我社负责退换。电话:010-83938349

海上貨物運輸法教程

金怡雯题

前　言

除了考入海商法专业之初不甚理性的憧憬以外，我对海商法的真正兴趣，始于大学三年级“班轮运输实务与法规”的课堂。邹盈颖教授清晰而深入的讲解，令我感念至今。当时每周四上午上课，午饭后我便在寝室复习当天的课程内容，力求通读可以寻得的全部中文文献，以及较为重要的若干外文文献，而后整理成笔记。彼时也是我研习海商法最为集中、认真的阶段。近年我的理论研究少有专门围绕海上货物运输法（Carriage of Goods by Sea Act，COGSA）的成果，但留校任教后我仍然提出承担本科生“班轮运输法律与实务”的教学任务，其中既有当年积累的些许底气，同时也是希望能将自己曾经深受感染的课堂风格继续传承下去。

首先必须说明的是，本书是以我的授课讲义为基础修改、补充而成，因而本书的定位是教科书，而且一定程度上是简明教科书。因此，本书注重呈现的是学理主流观点以及实务通说，而较少涉及作者的个人观点。本书目前的篇幅不足 40 万字，置于法学教材之林恐怕仍属小品，但从本书作为讲义用于教学实践的效果来看，小品有时反而更为符合教学的实际需要。

海上货物运输法是海商法的基础与核心。但是，长期以来我国缺少可靠且稳定的海上货物运输法教材，不仅对课堂教学造成了一定的障碍，同时也不便于学生以及其他从业人员在课堂以外的研习。所谓可靠，是指对于法律原理的阐发、对于法律条文的解释、对于法律实践的总结准确而完整；所谓稳定，则是指能够保持较为固定的修订频率，特别是根据法律及其实践的发展变化进行更新。例如，崔建远教授在《物权法》一书中指出：

> 物权法教材应当准确、简明和体系化，并反映最新成果。所谓反映最新成果，包括反映最新的立法、司法解释，以及有分量的科研成果，淘汰过时的规则及其学说。所谓体系化，就是涵盖应有的内容，并将它们逻辑且有机地排列组合起来，

以彰显观点和思路。所谓准确，是指依据文义、体系和规范目的等方法，解释法律规范，进一步解读司法解释，客观地介绍既有的学说，包括通说、有力说及某些少数说。所谓简明，就是言简意赅，剔除废话，在一定的意义上还含有深浅适度的意思。[①]

编写可靠而稳定的教科书，本是大学教师的天职。可惜的是，中文世界能够达到上述要求的海商法教科书尚不多见。语言学家王力教授曾言："教书不是买书教学生，而是写书教学生。"我将此视为自己教师身份的基本目标，同时也是我的每门课程均会撰写系统的授课讲义的原因,我更希望它们最终都能演化为可靠而稳定的教科书。近来高校多谈师风师德，教师的个人道德与品行固然重要，但保持把课讲好的自觉，同时将之付诸实践，始终是我心中最为重要的师德。

本书对于知识点的讲解是基于中国法的立场，即以《中华人民共和国海商法》（以下简称《海商法》）为主线，同时穿插讲解《海牙—维斯比规则》《汉堡规则》《鹿特丹规则》等国际公约；除极少数必要的介绍外，并不涉及英国法等外国法。虽然一些中文的海上货物运输法著作将《海商法》作为地区性的法律而不作讨论，[②]但不同于租船合同、船舶建造与买卖、海上保险等英国法占据主导地位的领域，至少就中国学生以及从业人员面对的法律实践而言，海上货物运输领域适用中国法并非罕见的现象。

除海上货物运输法公认的内容外，本书另有以下四个方面的内容需要略作说明：

一是绪论部分，即海上货物运输的国际贸易基础。部分高校限于课程设置的实际情况，学生在学习海上货物运输法课程之前，未必已经系统学习了国际贸易法的知识。缺少对于国际贸易及其法律制度的基本了解，恐怕很难准确理解海上货物运输当事人之间的权利义务关系。因此，本书绪论部分适当介绍了海上货物运输与国际贸易的基本关系，以及与海上货物运输联系最为密切的国际货物买卖和国际贸易支付法律制度。但是，考虑到国际货物买卖法影响海上货物运输法的主要是其中的国际贸易术语部分，本书未涉及《联合国国际货物销售合同公约》（United Nations Convention on Contracts for the International Sale of Goods，CISG）的内容。

---

① 崔建远：《物权法》，中国人民大学出版社 2021 年版，第 1 页。

② 参见杨良宜、杨大明：《提单与其他付运单证》，大连海事大学出版社 2016 年版，第 3 页。

二是国际货物多式联运合同（multimodal transport contract）。考虑到我国《海商法》第四章“海上货物运输合同”设有第八节“多式联运合同的特别规定”，加之《鹿特丹规则》代表的海上货物运输国际立法在一定程度上呈现了面向多式联运拓展的趋势，本书设置专章介绍了国际货物多式联运合同，但仅限于包含海运区段的国际货物多式联运合同，具体的讲解也是以《海商法》、《联合国国际货物多式联运公约》（United Nations Convention on International Multimodal Transport of Goods）和《鹿特丹规则》为主线，而无意呈现多式联运法律制度之全貌。

三是国内水路货物运输合同。虽然《海商法》第四章不适用于国内水路货物运输，但我国有庞大的国内水路运输市场，实践中由此引发的争议也不在少数。因此，本书同样设置专章介绍了国内水路货物运输合同，而且是以《国内水路货物运输规则》（以下简称《货规》）为主线。《货规》作为部门规章虽已废止数年，但此前对于我国国内水路运输市场发挥了重要的规范作用，时至今日当事人仍然普遍约定适用《货规》确定各自的权利和义务；很多时候，司法实践对此也持认可态度，而且《货规》的主要内容在一定程度上还可以作为习惯得以适用。因此，《货规》的原有内容很大程度上仍然代表着我国国内水路货物运输的法律规则。

四是本书的内容不涉及租船合同，即使是根据《海商法》的体例属于海上货物运输合同（contract of carriage of goods by sea）特殊类型的航次租船合同。此种取舍的主要原因：其一，租船合同涉及的法律问题体量庞大，传统上历来是作为相对独立的领域开展研究、安排课程，纳入租船合同需要完成的体系构建实非增设章节能够应对；其二，租船合同终究是英国法的天下，而我于英国法却是彻头彻尾的外行。所幸本校海商法教研室主任郑睿副教授已有撰写对应教材的计划，未来中文世界在租船合同领域也将有可靠而稳定的教科书。

本书既然作为教科书，无论是体例设计还是具体内容均以满足教学需要为目标。例如，本书在讲解国际贸易支付法律制度时，即参考了公认的法律职业资格考试资深培训教师的讲义和图表。此种做法在通常的学术著作和法学教材中恐怕并不多见。主要原因在于此类培训对于知识点的讲解方法已经颇为成熟，长期以来收获了较为理想的教学效果；而且法考对于国际贸易支付法律制度要求的掌握程度，恰好符合本书将其作为先修知识进行介绍的层次需要。

本书在体例设计上有意改变了平铺直叙的知识点讲解方法，同时也是为了克服中文海商法著作时常存在的体例意识较弱的情形，即教材与专著的区分不甚明确。具体而言，本书在介绍知识点的基础内容之外，设有以下采用不同形式编排的版块：

一是“理论探讨”。“理论探讨”版块主要介绍理论和实践之中存在的争议，一定程度上超出了基础知识的范围，但对于进一步理解海上货物运输法又确属必要的内容。本书如是用作本科阶段的教材，对于此类版块的内容可以不作介绍，或者仅选择部分内容进行讲解；如将本书用于研究生阶段的教学，则此类版块的内容可以作为拓展知识或者课堂讨论的内容。例如,本科阶段只需了解适航义务,但我国学界普遍存在“适航义务是首要义务”的观点，因此，研究生阶段的学习即有必要对不同观点作适当了解。

二是“司法实践”。“司法实践”版块主要选取各级法院的裁判文书，用于辅助知识点的讲解，特别是呈现法条在司法实践中的运行状态。本书选取了二百余件裁判文书，除少数对于特定问题论述全面、详尽，且可以在一定程度上超越个案具体情况的文书外，节取的文书片段尽量简短、准确。如何在课堂上反映海商法鲜明的实践品格，始终是困扰高校海商法教师的疑难问题。限于目前高校聘任教师在年龄、学历等方面的要求，以及入职以后各类考核带来的教学和科研压力，教师了解实践的途径和时间都显得捉襟见肘。海商法领域理论与实践之间的鸿沟，也许永远也无法填平，但作为教师仍应尽量缩小此间的距离，即使无力全面阐释最新也最为全面的实践做法，至少可以从司法实践的角度向学生提供法条的实然状态。此种理论与实践的结合，应当也已能够满足学生在学历教育课堂对于法律实践应有的了解程度。毕竟法律实践本身即有不同的面向和层次，作为港航企业的业务人员、法务人员，或者处理海事纠纷的律师、作出裁判的法官，抑或侧重教学和研究的学者，对于海商法律实践了解的程度与角度必然有所不同。课堂知识的学习永远无法替代躬身参与实践的经验积累。

三是“案例模型”。“案例模型”版块主要针对缺少司法实践案例支撑的知识点，以简短的举例尝试实现知识点的具体化。“案例模型”一语来自隋彭生教授的《民法典“占有与本权章”建议稿：条文说明、案例模型和理论阐释》一书。[①]“案例模型”在本书中的篇幅不

① 隋彭生：《民法典“占有与本权章”建议稿：条文说明、案例模型和理论阐释》，北京大学出版社 2017 年版。

多，尤其是全书后半部分的知识点可供参考的司法实践案例增多，案例模型的数量也就相应减少。

四是“指导性案例”。“指导性案例”版块收录涉及海上货物运输的最高人民法院指导性案例，即指导性案例 108 号浙江隆达不锈钢有限公司诉 A.P. 穆勒－马士基有限公司海上货物运输合同纠纷案，以及指导性案例 111 号中国建设银行股份有限公司广州荔湾支行诉广东蓝粤能源发展有限公司等信用证开证纠纷案。

五是“典型案例”。“典型案例”版块主要收录涉及海上货物运输的典型案例，包括最高人民法院历年发布的海事审判典型案例，以及各个海事法院通过白皮书等形式发布的各类典型案例。但是，部分典型案例虽以海上、通海水域货物运输合同纠纷为案由，但实际的争议焦点却较少涉及海上货物运输法的知识点，此类案例原则上不予收录。

本书各章首尾分别另设“知识提要”和“拓展阅读”，前者意在提示本章的主要知识点以及逻辑结构，后者则是为学生进一步了解知识点对应的进阶内容提供文献参考，其中著作类文献尽量指明具体的章节。

此外，本书的拓展内容未涉及立法实践的趋势。虽然当前《海商法》之修改在学界内如火如荼，但如果置于国家立法的整体环境之下，此次修法工作的前景却未必向好。作者作为《海商法》修改工作组海上货物运输合同分组的成员，也曾参与整理、回应部分征求意见稿的反馈意见，积累了颇为丰富的立法资料，原本可以为本书增添不小的篇幅；但是，目前各界提出的修法建议，仍是感性而草率者多、理性而审慎者少，纳入教科书未必有助于知识点的讲解，甚或有添乱之嫌。而且，教科书中过多探讨立法与修法是否合适，恐怕仍然有待研究，至少于我本人尚未实现必要的认同。因此，本书极少涉及《海商法》的修改趋势，即《海商法》修改不是本书在讲解知识点时考虑的因素。

本书涉及的各类资料，截至 2022 年 4 月 30 日。如对本书有任何意见或建议，可以电子邮件的形式通过 sqsun@shmtu.edu.cn 与作者联系。

孙思琪

2022 年 4 月 30 日

简　目

详 目

图目录

表目录

绪 论
海上货物运输的国际贸易基础

【知识提要】

绪论部分主要讲解海上货物运输的国际贸易基础，除梳理二者之间的基本关系即海上运输是国际贸易依托的主要运输方式外，重点在于介绍可能影响海上货物运输合同法律关系的国际贸易法律制度。一是国际货物买卖法中的国际贸易术语，即买卖双方关于权利和义务的主要约定，特别是FOB（free on board，船上交货）、CIF（cost insurance and freight，成本、保险费加运费）、CFR（cost and freight，成本加运费）三种术语；二是国际贸易支付法中的汇付、托收、信用证三种支付方式的业务流程和法律关系。

一、海上货物运输与国际贸易的关系

国际贸易包括国际货物贸易、国际服务贸易、国际技术贸易，其中国际货物贸易是最为传统和主要的类型。国际货物贸易的私法调整，根据贸易活动的不同环节主要分为买卖、运输、保险、支付四个部分。除买卖环节主要关注买卖双方的权利与义务外，运输、保险、支付环节的重点分别是承运人（carrier）、保险人、银行的责任。

基于国际货物买卖合同，卖方最为主要的义务应是交付货物。但是，现代社会绝大多数的卖方自身通常没有进行货物运输的能力，因而需要依靠买卖合同以外的第三方进行运输。买方最为主要的义务则是支付货款，国际贸易中通常表现为通过银行提供的服务向卖方支付款项。至于保险环节，则是为了分散货物在运输过程中可能遭遇的风险。

海上货物运输在当代主要是为国际贸易服务。海上货物运输具有运量大、运输成本低的特征。根据联合国贸易与发展会议《2020年海运述评》(Review of Maritime Transport 2020)的统计数据，国际贸易中超过80%的货物是通过海运方式进行运输。传统国际贸易法对于国际运输法和国际货物运输保险法的关注，也是以海上运输和海上保险为中心的。因此，学习海上货物运输合同和提单（bill of lading）法律制度，首先需要了解国际货物买卖和国际贸易支付的法律规则，特别是运输与买卖、支付等国际贸易的其他环节之间时常互相产生的影响。例如，根据买卖双方之间关于安排货物运输的不同约定，买卖合同的买方和卖方均有可能成为运输合同的托运人；又如，如果作为海上货物运输单证的提单关于货物状况的记载存在问题，可能导致信用证无法承兑，进而影响卖方作为受益人（beneficiary）收取货款。

二、国际货物买卖

国际货物买卖合同作为最为典型的商事合同之一，高度贯彻合同自由原则，即合同的缔结、相对人的选择、合同的内容和方式均可由当事人自由决定。因此，国际货物买卖合同的双方当事人即买方与卖方之间的权利与义务，主要取决于合同的约定，作为强制性规范的法律干预较少。

国际货物买卖的法律规则主要分为两个部分：一是各个版本的《国际贸易术语解释通则》，性质为国际商事惯例，主要规定国际贸易术语；二是《联合国国际货物销售合同公约》，性质为国际条约，主要规定合同的订立、买卖双方的义务、货物风险的转移、违约责任等内容。其中，与海上货物运输合同和提单法律制度关联较为密切的应是通过国际贸易术语约定的合同内容。

（一）国际贸易术语的概念

国际贸易术语是以简短的概念，说明国际货物贸易的条件，主要包括交货地点、商品价格构成以及买卖双方关于费用、风险和责任的划分。国际贸易术语通常表示为三个英文字母，如FOB即船上交货。

国际贸易术语的实质，是将国际货物买卖合同涉及的部分必要条款，经过不同的排列组合予以固定化，以此简化谈判过程、降低交易成本。如果买卖双方约定采用特定的某个贸易术语，货物买卖的交货地点、商品价格构成以及买卖双方关于费用、风险和责任的划分也就随之确定。

（二）国际贸易术语的性质

国际贸易术语的性质是国际商事惯例，因而在适用上具有任意性的特征，需经当事人合意选择方能适用。如果当事人之间在国际货物买卖合同中的约定与选用的国际贸易术语存在冲突，应当优先适用合同的约定，即合同的特别约定效力高于国际贸易术语。

案例模型

国际贸易术语的任意性

买卖双方订立了一个国际货物买卖合同，但未约定适用任何国际贸易术语。法官在处理因该合同产生的纠纷时，原则上不能援引《国际贸易术语解释通则》作为确定双方权利和义务的依据，因为国际贸易术语作为国际商事惯例具有任意性，其适用是以当事人合意选择为前提。

案例模型

合同约定优先于国际贸易术语

买卖双方订立了一个国际货物买卖合同，约定适用《国际贸易术语解释通则 2020》的 FOB 术语。该术语规定货物的风险应在装运港装运上船时转移。但是，国际货物买卖合同同时约定，货物的风险在离开卖方仓库时即转移至买方。此时货物风险的转移时点应以合同的特别约定为准，而不是 FOB 术语的内容。

国际贸易术语的名称虽有"国际"二字，但也可适用于国内贸易。《国际贸易术语解释通则 2010》开始明确设置了"国际商会制订的适用国内和国际贸易的术语通则"（ICC rules for the use of domestic and international trade terms）的副标题，以此确认国际贸易术语对于国际和国内货物买卖合同均可适用，并在引言部分明确指出：

> 国际贸易术语传统上用于货物跨越国界的国际货物买卖合同。但是，在世界许多地区，像欧盟一样的贸易同盟已使不同成员国间的边界形式显得不再重要。因此，《国际贸易术语解释通则 2010》的副标题正式确认这些术语对国际和国内货物买卖合同均可适用。而《国际贸易术语解释通则 2010》在多处明确说明，只有在适用时，

才产生遵守进 / 出口手续要求的义务。

两种发展让 ICC（International Chamber of Commerce, 国际商会）认识到应及时向此方向演进。第一，贸易方常在纯国内买卖合同中使用国际贸易术语；第二，美国国内贸易更情愿以国际贸易术语取代传统的《美国统一商法典》中的运输和交货术语。[①]

（三）国际贸易术语的内容

1. 国际贸易术语规定的内容

根据《国际贸易术语解释通则 2020》的引言部分，国际贸易术语主要规定以下三个部分的内容：

（1）义务：买方和卖方之间分别需要履行哪些义务，如组织货物的运输和保险、获取装运单证和进出口许可证。

（2）风险：卖方应于何时何地交付货物，即风险在何时何地从卖方转移至买方。

（3）费用：买方和卖方分别承担哪些费用，如运输、包装、装卸、货物查验费用。[②]

2. 国际贸易术语不规定的内容

国际贸易术语并非买卖合同，也不能替代合同本身，只是经当事人合意选择作为合同内容的组成部分，因而国际贸易术语不规定买卖合同在义务、风险、费用以外的事项，特别是货物所有权及其他物权的转移。具体而言，国际贸易术语不规定以下内容：

（1）买卖合同是否存在；

（2）出售货物的规格；

（3）价款支付的时间、地点、方式、币种；

（4）买卖合同的违约救济；

（5）迟延履行或其他违反合同义务行为导致的后果；

（6）制裁的影响；

（7）征收关税；

（8）进出口禁令；

（9）不可抗力或其他类似情形；

---

① 国际商会（ICC）编写：《国际贸易术语解释通则®2010》，中国国际商会、国际商会中国国家委员会组织翻译，中国民主法制出版社 2011 年版，第 8~9 页。

② 中国国际商会、国际商会中国国家委员会组织翻译：《国际贸易术语解释通则 2020》，对外经济贸易大学出版社 2019 年版，第 2 页。

（10）知识产权；

（11）纠纷解决；

（12）货物所有权及其他物权的转移。[①]

上述内容应当遵循法律适用规则，适用关于合同的国际和国内立法，如《联合国国际货物销售合同公约》以及我国《民法典》第三编“合同”。

（四）《国际贸易术语解释通则》

《国际贸易术语解释通则》通常简称为“Incoterms”，即“international commercial terms”的缩写，是由国际商会（International Chamber of Commerce，ICC）为统一各种贸易术语的不同解释而于1936年制定，此后经过1953年、1967年、1976年、1980年、1990年、2000年、2010年、2020年多次修订和补充。目前保持每十年修订一次的更新频率，最新版本是2020年1月1日正式生效的《国际贸易术语解释通则2020》。

国际贸易术语的性质是国际商事惯例，《国际贸易术语解释通则》则是对于国际商事惯例的汇编和整理，因而《国际贸易术语解释通则》的适用也具有任意性。各个版本之间并非替代关系，新版本的施行并不导致旧版本的失效，当事人仍可自由约定适用任一版本的国际贸易术语。因此，《国际贸易术语解释通则2020》的引言部分明确指出：“遗漏年份将可能带来难以解决的问题。当事人、法官或仲裁员需要能够确定合同适用的是Incoterms®规则的哪个版本。”[②]

《国际贸易术语解释通则2020》规定了以下11个贸易术语，并进一步分为两组，即7个适用于任一或多种运输方式的术语，以及4个适用于海运和内河水运的术语，如表1所示。

表1 《国际贸易术语解释通则2020》规定的国际贸易术语

适用于任一或多种运输方式	EXW	Ex Works	工厂交货
	FCA	Free Carrier	货交承运人
	CPT	Carriage Paid To	运费付至
	CIP	Carriage and Insurance Paid To	运费和保险费付至

① 中国国际商会、国际商会中国国家委员会组织翻译：《国际贸易术语解释通则2020》，对外经济贸易大学出版社2019年版，第2~3页。

② 中国国际商会、国际商会中国国家委员会组织翻译：《国际贸易术语解释通则2020》，对外经济贸易大学出版社2019年版，第4页。

续表

	DAP	Delivered at Place	目的地交货
	DPU	Delivered at Place Unloaded	目的地卸货后交货
	DDP	Delivered Duty Paid	完税后交货
适用于海运和内河水运	FAS	Free Alongside Ship	船边交货
	FOB	Free On Board	船上交货
	CFR	Cost and Freight	成本加运费
	CIF	Cost Insurance and Freight	成本、保险费加运费

根据《国际贸易术语解释通则 2020》，各个贸易术语均由 10 个条款组成，每个条款又分为 A 和 B 两个部分，其中 A 为卖方义务，B 为买方义务。条款的排列顺序和规定事项如表 2 所示。

表 2 《国际贸易术语解释通则 2020》的条款排列顺序与规定事项

A	卖方的义务	B	买方的义务
A1	一般义务	B1	一般义务
A2	交货	B2	提货
A3	风险转移	B3	风险转移
A4	运输	B4	运输
A5	保险	B5	保险
A6	交货 / 运输单据	B6	交货 / 运输单据
A7	出口 / 进口清关	B7	出口 / 进口清关
A8	查验 / 包装 / 标记	B8	查验 / 包装 / 标记
A9	费用划分	B9	费用划分
A10	通知	B10	通知

（五）三种常用国际贸易术语

FOB、CIF、CFR 是三种较为常用的国际贸易术语，且均仅适用于海运和内河水运，而不适用于航空等其他运输方式。三种术语的主要区别可见表 3。

表 3 FOB、CIF 与 CFR 的主要区别

国际贸易术语	术语后港口	价格构成	安排运输	投保
FOB	装运港	交易成本	买方	—
CFR	目的港	交易成本+运费	卖方	—
CIF	目的港	交易成本+运费+保险费	卖方	卖方

我国的国际贸易出口较多采用 FOB 术语，进口则多采用 CIF 和 CFR 术语，此时负责安排运输的均为境外的交易相对人。三种术语的相同之处主要体现在以下三个方面：

1. 风险转移时间：货物在装运港装运上船，即卖方完成交货义务时风险转移。但是，根据《国际贸易术语解释通则 2000》及此前版本的规定，三种术语的风险转移时间均为装运港越过船舷。船舷是指船舶两侧连接船底和甲板的侧壁部分。《国际贸易术语解释通则 2010》对此作出了修改，其中引言部分指出："在后三个术语中省略了以船舷作为交货点的表述，取而代之的是货物置于'船上'时构成交货。这样的规定更符合当今商业现实，且能避免那种已经过时的风险在一条假想垂直线上摇摆不定的情形出现。"①

2. 交货地点：装运港，即均为装运合同。

3. 进出口手续办理：卖方办理出口手续，买方办理进口手续。

案例模型

国际贸易术语买卖双方的判断

中日两国的企业之间订立一个国际货物买卖合同，如果采用的国际贸易术语是 FOB 上海，通常情况下中方应为卖方，原因在于 FOB 术语后的港口是装运港。

如果采用的国际贸易术语是 CIF 上海或 CFR 上海，通常情况下中方应为买方，原因在于 CIF 和 CFR 术语后的港口是目的港。

① 国际商会（ICC）编写：《国际贸易术语解释通则®2010》，中国国际商会、国际商会中国国家委员会组织翻译，中国民主法制出版社 2011 年版，第 8 页。

案例模型

国际贸易术语下安排运输的义务

买卖双方之间订立一个国际货物买卖合同，如果采用的是FOB术语，此时海上货物运输合同的托运人通常应是买方；因为FOB术语下安排运输的义务属于买方，卖方收取的货物价格构成不含运费。

如果采用的是CIF或CFR术语，此时海上货物运输合同的托运人通常应是卖方；因为CIF和CFR术语下安排运输的义务属于卖方，卖方收取的货物价格构成包含运费。

案例模型

国际贸易术语下的投保义务

买卖双方之间订立一个国际货物买卖合同，如果采用的是FOB或CFR术语，此时买卖双方均不负有投保的义务。如果买方未自行投保，一旦货物在风险转移后发生损失，如大豆在运输途中由于暴雨天气而湿损，此时损失应由买方自行承担，而无权追究卖方的违约责任。

如果采用的是CIF术语，由于卖方收取的货物价格构成包含保险费，卖方负有按照合同约定投保的义务。如果货物发生保险责任范围之内的损失，而卖方未履行投保义务，买方有权追究卖方的违约责任。

案例模型

国际贸易术语下的风险转移

买卖双方之间订立一个国际货物买卖合同，约定采用FOB、CIF和CFR中的任意一个国际贸易术语，货物风险的转移时间原则上均为货物在装运港装运上船；除非双方约定采用2000年及以前版本的《国际贸易术语解释通则》，此时货物风险的转移时间为装运港越过船舷。

如果货物在码头堆场期间湿损，风险应由卖方承担，因为此时风险尚未转移；如果货物在运输途中由于船舶沉没而灭失，风险应由买方承担，因为此时风险已经转移。

（六）国际贸易术语的变形

由于国际贸易术语的任意性，当事人在选用术语时可能进行适当修改。例如，FOB 术语即有诸多变形，包括 FOB Liner Terms（FOB 班轮条件）、FOB Under Tackle（FOB 吊钩下交货）、FOB Stowed（FOB 包括理舱费）、FOB Trimmed（FOB 包括平舱费）、FOB Stowed and Trimmed（FOB 包括理舱费和平舱费）等。

以 FOB Liner Terms 为例，通常是指装船费用按照班轮运输条件办理，即卖方仅负责将货物交至港口，装卸及平舱、理舱费用均由支付运费的一方也即买方负担。CIF 术语也存在 CIF Liner Terms（CIF 班轮条件）的变形。

三、国际贸易支付

与海上货物运输合同和提单法律制度关联较为密切的国际贸易支付方式，主要包括汇付（remittance）、托收（collection）和信用证（letter of credit，L/C）。其中，汇付、托收属于商业信用，即付款人（payer）是否付款依其自身信用，银行对此并不承担责任，只是作为代理人代为收款；至于信用证付款方式，开证行（issuing bank）是以其自身信誉为卖方提供付款保证，因而属于银行信用。

（一）汇付

1. 汇付的概念

汇付，是指汇款人（remitter）将款项通过银行直接汇给收款人（payee）的国际贸易支付方式。通常是由买方按照国际货物买卖合同规定的条件和时间，如预付货款、货到付款或凭单付款，通过银行将货款汇交卖方。①

汇付属于商业信用，因而存在较大的商业风险。如果采用预付货款的方式，即先付款后交货，买方面临的风险较大；如果采用信用销售的方式，即先交货后付款，卖方面临的风险较大。因此，汇付在国际贸易支付中的使用比例较小，更多用于支付尾款、定金、样品价款、杂费等小额事项，属于使用频次较高但占贸易额度较小的支付方式。

2. 汇付的当事人

汇付业务通常涉及以下四方当事人：

（1）汇款人：汇出款项的人，通常是国际贸易的买方。

（2）收款人：收取款项的人，通常是国际贸易的卖方。

---

① 王传丽、史晓丽编著：《国际贸易法》，中国人民大学出版社 2019 年版，第 268 页。

（3）汇出行（remitting bank）:受汇款人的委托汇出款项的银行,通常是买方营业地的银行。

（4）汇入行（paying bank）：受汇出行委托解付汇款的银行，因而又称解付行，通常是卖方营业地的银行。解付是指持票人将其持有的汇票向银行提示付款,银行进行付款的行为。

3. 汇付的程序与法律关系

汇付的程序与法律关系如下（如图 1 所示）：

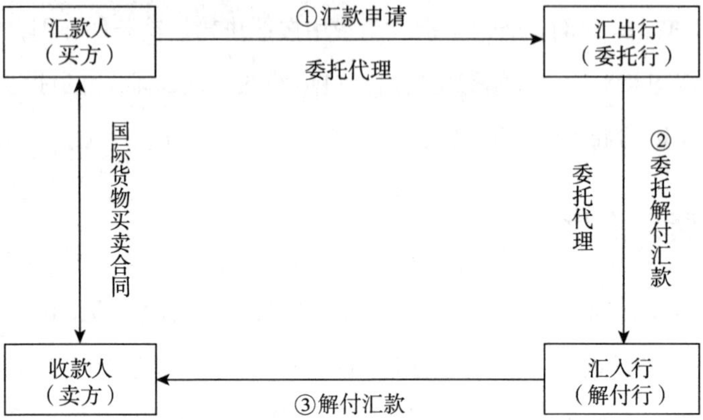

注：本书关于汇付、托收、信用证等国际贸易支付方式的业务流程和法律关系的图示，参考了杨帆编著的《杨帆讲三国法之精讲》（中国商务出版社 2020 年版）。

图 1　汇付的程序与法律关系

（1）汇款人（买方）与收款人（卖方）：国际货物买卖合同法律关系。

（2）汇款人（买方）与汇出行（委托行）：委托代理法律关系。

（3）汇出行（委托行）与汇入行（解付行）：委托代理法律关系。

（4）汇入行（解付行）与收款人（卖方）：无法律关系。

（二）托收

1. 托收的概念

托收是卖方开立汇票及其他凭证，委托卖方所在地即出口地银行，通过买方所在地即进口地银行，向买方收取货款的结算方式。托收适用的主要法律规则是国际商会 1995 年修订的《托收统一规则》（Uniform Rules for Collections），由于是以国际商会第 522 号出版物的形式公布，因而称为“URC522”。《托收统一规则》的性质是国际商事惯例，不具有强制性的法律拘束力，但仍然被许多国家的银行采纳和使用，因而在托收业务领域具有广泛的影响力。《托收统一规则》第 2 款第 1、2 项规定：

> （1）托收是指银行依据所收到的指示处理下述第（2）款所限定的单据，以便于：
>
> a. 取得付款和 / 或承兑；或

b. 凭以付款或承兑交单；或

c. 按照其他条款和条件交单。

（2）单据是指金融单据和 / 或商业单据。

a. 金融单据是指汇票、本票、支票或其他类似的可用于取得款项支付的凭证；

b. 商业单据是指发票、运输单据、所有权文件或其他类似的文件，或者不属于金融单据的任何其他单据。

2. 托收的当事人

托收业务通常涉及以下四方当事人：

（1）委托人（principal）：委托银行办理托收业务的人，通常是国际贸易的卖方。

（2）托收行（remitting bank）：接受委托人的委托办理托收业务的银行，通常是卖方所在地即出口地的银行。

（3）代收行（collecting bank）或提示行（presenting bank）：代收行主要是指接受托收行的委托向付款人收取票款的银行，通常是托收行在买方所在地即进口地的分行或代理行；提示行是指向付款人作出付款提示的代收行；其中提示是指提示行根据托收指示，使付款人获得并可以使用单据的程序。①

（4）付款人：汇票的付款人，通常是国际贸易的买方。

3. 托收的种类

（1）光票托收：委托人仅开立汇票而不附带运输单证等商业单据，委托银行收取款项的托收结算方式。通常用于收取样品费用、佣金、尾款等小额款项。

（2）跟单托收：委托人向银行提交附有运输单证等商业单据的汇票，委托银行收取款项的托收结算方式。委托人可以通过对于运输单证如提单的掌握，控制付款人的提货权。国际贸易中的托收大多采用跟单托收的方式。跟单托收又分为付款交单（document against payment，D/P）和承兑交单（document against acceptance，D/A）两种情形：

① 付款交单：代收行在买方付清货款后才将运输单证等商业单据交给买方的付款方式。

② 承兑交单：代收行在接到跟单汇票后，要求买方对于汇票进行承兑，代收行在买方承兑后即将运输单证等商业单据交付给买方的付款方式。承兑交单对于卖方的风险大于付款交单。

---

① 王传丽、史晓丽编著：《国际贸易法》（第 3 版），中国人民大学出版社 2019 年版，第 272 页。

4. 托收的程序

托收的程序如下（如图 2 所示）：

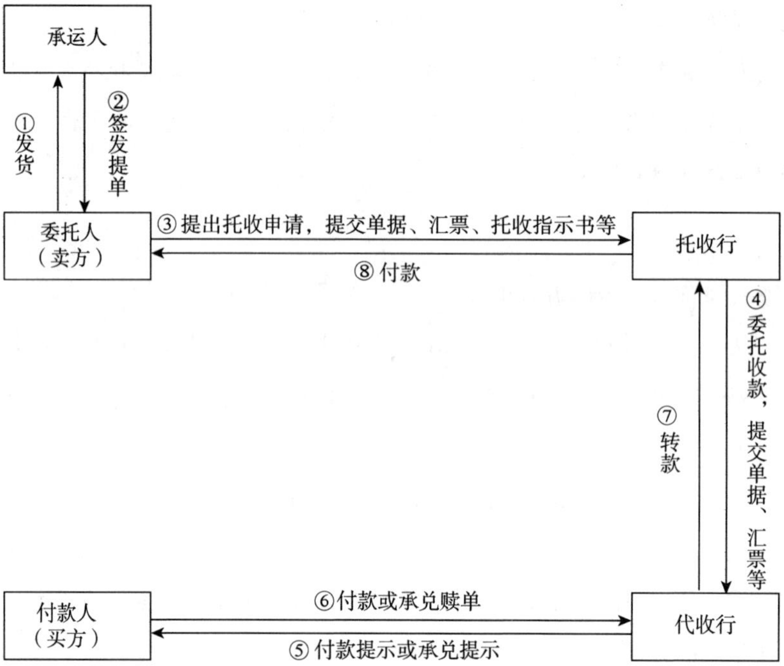

图 2　托收的程序

（1）委托人（卖方）向托收行提出托收申请，填写托收指示书。卖方通常开出以买方为付款人的汇票，在跟单托收的情况下连同运输单证一并交与托收行。

（2）托收行接受申请后，以自身名义委托代收行代为办理收款事宜。

（3）代收行向付款人（买方）作出付款提示或承兑提示，并在付款人付款后通知托收行，托收行即向卖方付款；如果付款人拒付，代收行应当及时通知托收行，托收行再通知委托人。

5. 托收的法律关系：

托收的法律关系如下（如图 3 所示）：

（1）委托人（卖方）与付款人（买方）：国际货物买卖合同法律关系。

（2）委托人（卖方）与托收行：委托代理法律关系。

（3）托收行与代收行：委托代理法律关系。

（4）委托人（卖方）与代收行：无法律关系。如果代收行违反托收指示导致委托人受到损害，委托人不能直接针对代收行提起诉讼，只能通过托收行追究代收行的责任。

（5）代收行与付款人（买方）：无法律关系。

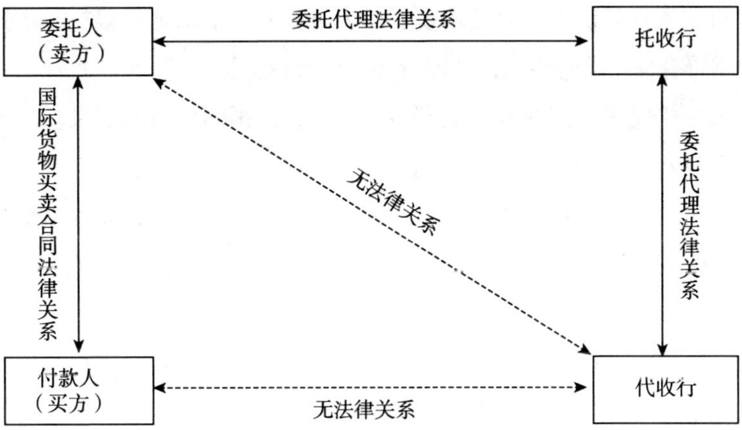

图 3　托收的法律关系

（三）信用证

1. 信用证的概念

信用证是银行依开证申请人的请求，开给受益人的保证银行在满足信用证要求的条件下承担付款责任的书面凭证。《跟单信用证统一惯例》（Uniform Customs and Practice for Documentary Credits）第 2 条对于信用证的定义如下：“不论如何命名与描述，意指一项不可撤销的安排，据此构成开证行在相符交单下的确定的承付责任。”银行在信用证下是以自身信誉为卖方提供付款的保证，因而信用证支付方式属于银行信用。

信用证适用的主要法律规则是国际商会 2007 年修订的《跟单信用证统一惯例》；由于是以国际商会第 600 号出版物的形式公布，因而称为“UCP600”。《跟单信用证统一惯例》的性质同样是国际商事惯例，不具有强制性的法律拘束力，但仍然具有广泛的影响力。

例如，《最高人民法院关于审理信用证纠纷案件若干问题的规定》第 2 条规定：“人民法院审理信用证纠纷案件时，当事人约定适用相关国际惯例或者其他规定的，从其约定；当事人没有约定的，适用国际商会《跟单信用证统一惯例》或者其他相关国际惯例。”此种明确规定适用特定国际惯例的做法，目前在我国的司法解释中尚不多见。

2. 信用证业务的当事人与参加人

信用证业务最为基本的当事人是开证申请人（applicant）、开证行和受益人。根据实际的交易情况，可能还会涉及通知行（advising bank）、付款行（paying bank）、议付行（negotiating bank）、保兑行（confirming bank）等银行参加业务：

（1）开证申请人：要求开立信用证的一方，即国际贸易的买方。国际贸易采用信用证作为支付方式时，买方负有申请开证的义务。

（2）开证行：根据开证申请人要求或者代表自身开立信用证的银行，承担独立的付款责任。只要单据符合信用证的要求，开证行必须付款给受益人。

（3）受益人：接受信用证并享受其利益的一方，即国际贸易的卖方。只要单据符合信用证的要求，受益人即有权向开证行索款。

（4）通知行：根据开证行的要求将信用证通知受益人的银行，通常是受益人所在地与开证行存在业务往来的银行；主要义务是合理审慎地检查信用证的表面真实性，并及时通知受益人。

（5）付款行：根据开证行在信用证中的指定而承担付款义务的银行。付款行可以是开证行，也可以是作为开证行付款代理人的通知行或其他银行。

（6）议付行。议付，是指被指定银行在其应获偿付的银行日或在此之前，通过向受益人预付或者同意向受益人预付款项的方式购买相符提示下的汇票、单据，而汇票付款人为被指定银行以外的银行。议付行是指愿意买入或贴现受益人按信用证开立的汇票的银行，可以是开证行、开证行指定的银行；开证行也可以授权任何银行作为议付行。

（7）保兑行。保兑，是指保兑行在开证行之外对于相符提示作出兑付或议付的确定承诺。保兑行是指应开证行的授权或请求而对信用证加具保兑的银行。① 保兑行在信用证业务中承担第一位的保兑责任；受益人可以不经过开证行，直接将信用证规定的单据提交至保兑行。只要单据符合信用证的要求，保兑行必须予以付款。

3. 议付信用证业务的程序

议付信用证业务的程序如下（见图 4）：

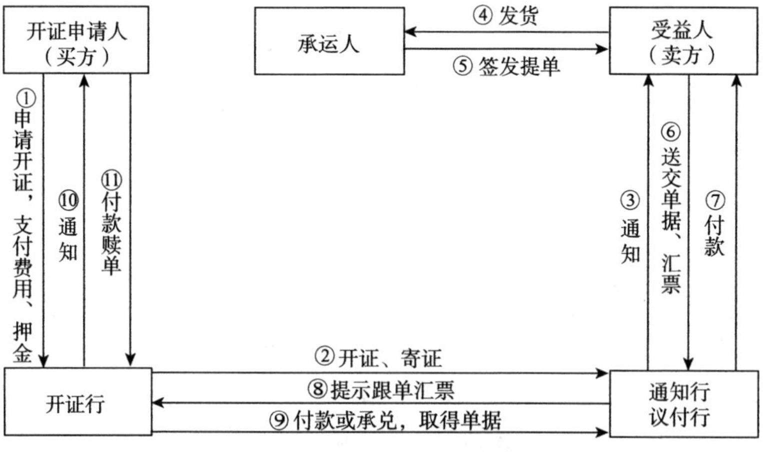

图 4　议付信用证业务的程序

① 王传丽、史晓丽编著：《国际贸易法》（第 3 版），中国人民大学出版社 2019 年版，第 275 页。

（1）国际货物买卖合同的双方当事人在合同中约定采用信用证方式付款。

（2）开证申请人（买方）向其所在地银行提出开证申请，支付费用和押金，要求银行向受益人（卖方）开具信用证。

（3）开证行开具信用证，并寄交卖方所在地的银行即通知行。

（4）通知行经核对后将信用证送交受益人（卖方）。

（5）受益人（卖方）按照信用证规定装运货物并取得单据。

（6）受益人（卖方）开立汇票，连同单据一并送交议付行要求议付。

（7）议付行审核单据与信用证后，按照汇票金额扣除利息和手续费，向受益人（卖方）垫付货款。

（8）议付行将汇票和单据寄交开证行或其指定的付款行进行索偿。

（9）开证行或其指定的付款行审核单据后，向议付行付款。

（10）开证行通知开证申请人（买方）付款赎单。

（11）开证申请人（买方）审单后付款赎单。

4. 议付信用证业务的法律关系

议付信用证业务的法律关系如下（见图 5）：

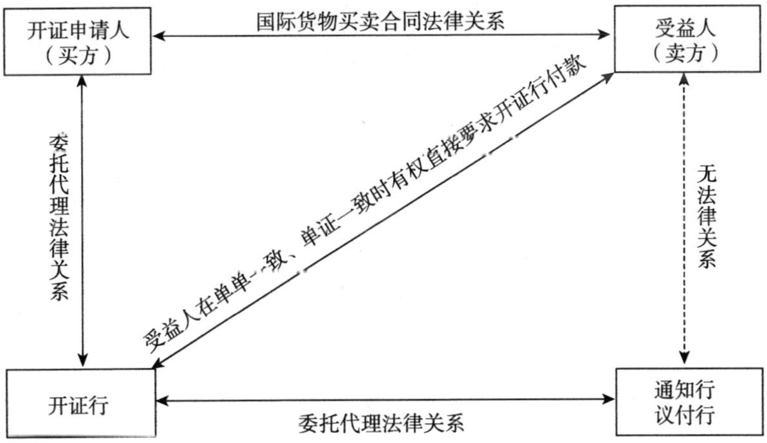

图 5 议付信用证业务的法律关系

（1）开证申请人（买方）与受益人（卖方）：国际货物买卖合同法律关系。

（2）开证申请人（买方）与开证行：基于开证申请书等文件产生的委托代理法律关系。

（3）开证行与通知行：委托代理法律关系。

（4）通知行与受益人（卖方）：无法律关系。

（5）开证行与受益人（卖方）：法律关系存在争议，但受益人（卖方）在单单一致、单证一致的条件下，有权直接要求开证行付款。

此外，受益人（卖方）、议付行、开证行、买方之间依次存在单据或票据买卖关系。

5. 信用证与提单的关系

《跟单信用证统一惯例》确立了信用证独立原则，即信用证一经开立便独立于买卖双方之间的国际货物买卖合同关系。银行具有审单的权利和义务。如果受益人提交的单据满足单单一致、单证一致的条件，开证行、保兑行承担无条件的承兑或付款责任。

《跟单信用证统一惯例》第 14 条规定，“按指定行事的指定银行、保兑行（如果有的话）及开证行须审核交单，并仅基于单据本身确定其是否在表面上构成相符交单”。《最高人民法院关于审理信用证纠纷案件若干问题的规定》第 5 条规定：“开证行在作出付款、承兑或者履行信用证项下其他义务的承诺后，只要单据与信用证条款、单据与单据之间在表面上相符，开证行应当履行在信用证规定的期限内付款的义务。当事人以开证申请人与受益人之间的基础交易提出抗辩的，人民法院不予支持。具有本规定第八条的情形除外。”

单单一致、单证一致即要求单据在表面上与信用证条款符合，以及单据之间在表面上一致。此时提单作为海上货物运输单证的记载便有可能影响信用证业务。例如，如果提单包含表明货物或包装的外表状态不良的批注，此种提单称为“不清洁提单”。国际货物买卖合同和信用证通常规定，卖方必须提供清洁提单，即保证货物外表状况良好，因而不清洁提单将会影响信用证结算。

案例模型

提单记载事项对于信用证结算的影响

买卖双方之间订立一个国际货物买卖合同，采用信用证方式结算。承运人签发的提单注明“内装货物外露”和“污损”两项。由于提单的记载与信用证要求的清洁提单不符，因而将导致提单与信用证不一致，无法通过银行审核，进而影响信用证结算。

拓展阅读

1. 中国国际商会、国际商会中国国家委员会组织翻译：《国际贸易术语解释通则 2020》，对外经济贸易大学出版社 2019 年版。

2. 陈安主编 :《国际经济法学新论》(第 5 版), 高等教育出版社 2020 年版, 第三章“国际货物贸易法”。

3. 殷明、王学锋编著 :《班轮运输理论与实务》, 上海交通大学出版社 2011 年版, 第一章“班轮运输概述”、第四章“杂货班轮运输业务流程原理与相关单证”、第五章“集装箱班轮运输业务流程原理与相关单证”。

第一章
海上货物运输合同概述

【 知识提要 】

本章主要讲解海上货物运输合同的基本问题。一是海上货物运输合同的概念，包括海上货物运输合同的定义、性质、特征、类型，以及调整海上货物运输合同的法律制度的强制性；二是海上货物运输合同的当事人和关系人，前者即承运人和托运人，后者主要包括实际承运人、收货人和提单持有人；三是海上货物运输合同的订立、变更和解除。

第一节　海上货物运输合同的概念

一、海上货物运输合同的定义

海上货物运输合同是运输合同的一种具体类型。运输合同在我国台湾地区通常称为“运送合同”，因而在《汉堡规则》等由我国台湾地区学者翻译的国际公约中也常采用“运送合同”的表述。例如，《汉堡规则》中文作准文本的名称即“一九七八年联合国海上货物运送公约”。《民法典》第 809 条规定了运输合同的定义：“运输合同是承运人将旅客或者货物从起运地点运输到约定地点，旅客、托运人或者收货人支付票款或者运输费用的合同。”

海上货物运输合同在我国属于特别法上的典型合同，即主要由作为民事特别法的《海商法》进行专门规定。《海商法》第 41 条规定了海上货物运输合同的定义：“海上货物运输合同，是指承运人收取运费，负责将托运人托运的货物经海路由一港运至另一港的合同。”

虽然其中将货物的装卸地点表述为港口，但实践中也可能是位于港口范围之外的海上货物装卸站点或者其他海上用于过驳货物的地点，即港口以外的其他地点。

至于国际公约关于海上货物运输合同的定义或类似规定，《海牙规则》第1条第b项规定：

"运输合同"仅适用于以提单或任何类似的物权凭证下的运输合同；在租船合同下或根据租船合同所签发的提单或任何物权凭证，在它们成为制约承运人与单据持有人之间的关系准则时，也包括在内。

《汉堡规则》第1条第6款规定：

"海上运送合同"是指规定运送人收取运费而承担由海上自一港口运送货物至另一港口的任何合同；但是，除牵涉到海上运送之外还牵涉到使用某些其他方法运送的合同，仅在它与海上运送有关的范围内，才视为本公约目的的海上运送合同。

《鹿特丹规则》第1条第1款则将运输合同的范围拓展至包含海运区段的国际货物多式联运合同：

"运输合同"是指承运人收取运费，承诺将货物从一地运至另一地的合同。此种合同应当就海上运输作出约定，且可以对海上运输以外的其他运输方式作出约定。

二、海上货物运输合同的性质

关于运输合同的性质，理论上存在一定争议。通说认为，运输合同是承揽合同的具体类型。《民法典》第770条第1款规定了承揽合同的定义："承揽合同是承揽人按照定作人的要求完成工作，交付工作成果，定作人支付报酬的合同。"

承揽合同以完成一定工作为目的，而运输合同的目的是将旅客或者货物运输至约定地点，此种运输服务的提供同样属于完成约定的工作，因而符合承揽合同的特征。《民法典》的体例编排一定程度上也体现了承揽合同与运输合同的此种关系，其第十七章、第十八章、第十九章分别为承揽合同、建设工程合同、运输合同，即将建设工程合同和运输合同作为两类特殊的承揽合同，安排在一般的承揽合同规则之后。但是，也有观点认为运输合同不同于承揽合同，因为运输合同的旅客、托运人并非需要承运人的物化的工作成果，而是需要承运人完成运输行为。[①] 然而，通说认为，承揽合同的工作成果不限于有形的成果，也可以是无形的成果。例如，崔建远在《合同法》一书中认为：

> 此处所谓工作成果，包括有形的和无形的。有形的工作成果称谓较多，如产品、成品、工作物、制作物、完成物等。无形的成果也不在少数，如宣传、演唱、看护、鉴定等。《民法典》常用工作成果的名称，本书从之，但视场合的不同而有所变化。[②]

包括海上货物运输合同在内，运输合同是以运输行为为标的。货物运输合同的标的物是货物，而旅客运输合同的场合则不存在标的物，但行李运输合同的标的物是行李。

三、海上货物运输合同的特征

（一）双务合同

根据双方当事人是否互负具有对价意义的债务，合同可以分为单务合同和双务合同。

海上货物运输合同属于双务合同，即双方当事人互负具有对价意义的债务，其中承运人的主给付义务是将货物运输至约定地点，而托运人的主给付义务是支付运费。

（二）有偿合同

根据当事人是否因给付而取得对价，合同可以分为有偿合同和无偿合同。

海上货物运输合同属于有偿合同，即一方享有合同规定的权益，必须向对方当事人付出相应的代价。承运人需要提供运输服务，托运人应当支付运费。

（三）诺成合同

根据合同除意思表示外是否需要其他现实成分，合同可以分为诺成合同和实践合同。

货物运输合同在我国传统上被认为是实践合同，即托运人需将货物交给承运人后合同方才成立。[③] 但是，《民法典》第483条规定："承诺生效时合同成立，但是法律另有规定或者当事人另有约定的除外。"可见，根据我国法律，合同原则上在承诺生效时成立，即诺成合同是一般情况，而实践合同是例外情况。《民法典》第三编"合同"第十九章"运输合同"和《海商法》第四章"海上货物运输合同"均无关于合同成立时间的特别规定。因此，海上货物运输合同原则上属于诺成合同，即仅依当事人的意思表示一致即可成立合同，但当事人

---

① 魏振瀛主编：《民法》（第7版），北京大学出版社、高等教育出版社2017年版，第538页。
② 崔建远：《合同法》（第4版），北京大学出版社2021年版，第546页。
③ 郭瑜：《海商法教程》（第2版），北京大学出版社2012年版，第53页。

可以另作约定。

至于提单的签发，虽然承运人在接收货物后方才签发提单，但签发提单是承运人基于海上货物运输合同负有的义务，因而并不影响合同成立的时间。而且，通说观点认为，提单只是海上货物运输合同的证明，不等于合同本身。

（四）涉他合同

根据合同内容是否实质性地涉及第三人，合同可以分为束己合同与涉他合同。

海上货物运输合同多数情况下属于涉他合同，即合同的内容实质性地涉及第三人的合同，而且通常是较为典型的向第三人履行的合同。《民法典》第522条第1款在一定程度上规定了向第三人履行的合同："当事人约定由债务人向第三人履行债务，债务人未向第三人履行债务或者履行债务不符合约定的，应当向债权人承担违约责任。"

海上货物运输合同的当事人是承运人和托运人；但收货人很多情况下不是托运人，而是当事人以外的第三人。特别是对于CIF、CFR等国际贸易术语而言，托运人是国际货物买卖合同的卖方，而收货人通常是买方。收货人此时可能享有提取货物、针对货物灭失或损坏向承运人索赔的权利，同时负有支付到付运费、及时提取货物等义务。

理论探讨

班轮运输是否属于公共运输？

从国际航运业务的角度，班轮运输时常被认为具有公共性或公共运输的特征。例如，殷明、王学锋认为："除了'固定'和'稳定'，服务的'公共性'是班轮运输的另一个基本特点。因而，班轮运输也被称为'公共运输'。"[①] 但是，班轮运输是否属于法律意义上的公共运输却存在争议。

《民法典》第810条延续原《合同法》第289条的规定，规定了公共运输承运人的强制缔约义务："从事公共运输的承运人不得拒绝旅客、托运人通常、合理的运输要求。"由于公共运输面向社会公众，承运人的运输行为除具有商业性，更具有公益性和垄断性。如果不规定承运人的强制缔约义务，承运人可能利用自身的垄断地位谋取不正当利益，或者不合理地限制社会公众的出行自由。司法实践主要根据承运人是否具有公共运输资格，以及提供的服

① 殷明、王学锋编著：《班轮运输理论与实务》，上海交通大学出版社2011年版，第2页。

务是否具有公共性、公益性和垄断性综合认定公共运输。[①]

最高人民法院在马士基（中国）航运有限公司及其厦门分公司与厦门瀛海实业发展有限公司、中国厦门外轮代理有限公司国际海上货运代理经营权损害赔偿纠纷再审案中明确否定了班轮运输属于公共运输：

《中华人民共和国合同法》第二百八十九条规定："从事公共运输的承运人不得拒绝旅客、托运人通常、合理的运输要求。"公共运输是指为社会提供公用事业性服务并具有垄断地位的运输。基于公共运输履行着为社会公众提供运输服务的社会职能，具有公益性、垄断性等特征，为维护社会公众利益，我国法律法规除对公共运输规定较严格的市场准入条件和价格管制等监管措施外，还对从事公共运输的承运人规定了强制缔约义务。国际海上集装箱班轮运输是服务于国际贸易的商事经营活动，不属于公用事业，不具有公益性特征。目前，无论在世界某一区域还是整个世界范围内，国际班轮运输具有较强的竞争性，并不具有垄断性。托运人或其货运代理人在运输服务上也具有较大的选择余地，可以选择不同的班轮公司或不同的船舶承运，也可以选择不同的航线、不同的运输方式实现同一运输目的。依照《中华人民共和国国际海运条例》第十六条第一款、第二十条的规定，国际船舶运输经营者经营进出中国港口的国际班轮运输业务，应当依照该条例的规定取得国际班轮运输经营资格；国际班轮运价应当向国务院交通主管部门报备，备案运价包括公布运价和协议运价两种。据此，国际班轮运输业务经营者可以在其运价本载明的运价之外，与货主另行商定运价，也可以在遵守报备制度的前提下随行就市。尽管经营国际班轮运输应当遵守法定的市场准入条件，但国际班轮运价不具有公共运输价格受严格管制的特征。因此，马士基公司从事的国际班轮运输，不属于《中华人民共和国合同法》第二百八十九条规定的公共运输，瀛海公司主张马士基公司负有强制缔约义务，没有法律依据，本院不予支持。[②]

① 谢鸿飞、朱广新主编：《民法典评注·合同编：典型合同与准合同》（第3册），中国法制出版社2020年版，第199~202页。

② 最高人民法院（2010）民提字第213号民事裁定书。

典型案例

海事审判十大典型案例（2014 年 9 月 2 日发布）

马士基（中国）航运有限公司、马士基（中国）航运有限公司厦门分公司、中国厦门外轮代理有限公司与厦门瀛海实业发展有限公司国际海上货运代理经营权损害赔偿纠纷案

【案情摘要】

马士基（中国）航运有限公司（以下简称马士基公司）在厦门口岸经营国际集装箱班轮运输，中国厦门外轮代理有限公司（以下简称厦门外代）担任马士基公司集装箱运输业务的代理人。在 2005 年 3 月 3 日之前，厦门瀛海实业发展有限公司（以下简称瀛海公司）均能从厦门外代处正常提取马士基公司的集装箱，从事进出口集装箱拖运等陆路运输业务。马士基公司于 2005 年 3 月 3 日通知厦门外代停止向瀛海公司提供马士基公司的集装箱及集装箱铅封。瀛海公司遂以马士基公司等不接受其代理货主订舱托运造成其损失为由向厦门海事法院起诉，请求法院判令马士基公司等向瀛海公司提供货运订舱和相关服务，并不得拒绝瀛海公司接受委托办理与马士基公司等有关的集装箱进出口货运和陆路集装箱运输业务。

【裁判结果】

厦门海事法院一审认为，国际班轮公司不是公共承运人，不负有法定强制缔约义务，据此判决驳回瀛海公司的诉讼请求。福建省高级人民法院二审认为，马士基公司属于公共承运人，其明确表示不与瀛海公司发生业务关系，违反了公共承运人的强制缔约义务，遂判决：撤销一审判决；责令马士基公司等不得拒绝瀛海公司依业务惯例要求的订舱和相关运输服务。马士基公司及其厦门分公司不服二审判决，向最高人民法院申请再审。最高人民法院再审认为：公共运输是指为社会提供公用事业性服务并具有垄断地位的运输。国际海上集装箱班轮运输是服务于国际贸易的商事经营活动，不属于公用事业，不具有公益性，也不具有垄断性、价格受严格管制的特征，故不属于《中华人民共和国合同法》（以下简称《合同法》）第二百八十九条规定的公共运输，其承运人不负有强制缔约义务。最高人民法院于 2011 年 6 月 28 日判决：撤销二审判决；维持一审判决。

【典型意义】

本案争议焦点为国际班轮运输是否属于《合同法》第二百八十九条[1]规定的“公共运

① 已失效，现为《民法典》第 810 条。

输”。本案再审判决的指导意义：一是填补了立法空白。对《合同法》第二百八十九条规定的“公共运输”作出了具体阐释，明确了公共运输的基本特征，强调合同法规定公共运输承运人强制缔约义务的本意是克服其垄断性问题。二是澄清了理论和实务长期存在的认识误区。本案再审判决进一步明确，班轮运输的承运人是英美法或者我国海商法理论上所讲的“公共承运人”（common carrier），不是《合同法》第二百八十九条规定的“从事公共运输的承运人”。三是有效规范了国际航运市场。我国港口集装箱总量多年位居世界第一，中国有10个港口排入全球二十大集装箱港口。本案再审判决为国际航运市场的竞争与发展明确了一项带有普遍意义的规则，具有重要实践意义。

四、海上货物运输合同的类型

（一）国际海上货物运输合同与国内水路货物运输合同

根据装卸港口等要素的地理位置不同，海上货物运输合同可以分为国际海上货物运输合同和国内水路货物运输合同。

国际海上货物运输合同是指装卸港口至少其中之一位于我国境外的货物运输合同，因而国际海上货物运输合同形成的民事关系具有涉外因素。本书讨论的海上货物运输合同，除特别说明外，主要是指国际海上货物运输合同。

国内水路货物运输合同，是指装货港、卸货港、挂靠港以及运输途经水域均位于我国境内的货物运输合同。长期以来国内海上货物运输和内陆水域货物运输在我国统称为国内水路货物运输。现已废止但此前对于我国国内水路货物运输起到重要规范作用的《国内水路货物运输规则》第3条第1项规定了水路货物运输合同的定义：“水路货物运输合同（以下简称‘运输合同’），是指承运人收取运输费用，负责将托运人托运的货物经水路由一港（站、点）运至另一港（站、点）的合同”；第2条第1款规定：“中华人民共和国沿海、江河、湖泊以及其它通航水域中从事的营业性水路货物运输适用本规则。”

我国内地与香港特别行政区、澳门特别行政区之间的海上运输，以及大陆与台湾地区之间的海上运输，性质上属于国内运输，但目前在法律层面比照国际运输处理，即比照适用关于国际海上货物运输的法律规则，如《国际海运条例》第50条的规定。

案例模型

国际海上货物运输与国内水路货物运输的区分

- 上海至广州的运输属于国内水路货物运输中的国内海上货物运输；
- 南京至武汉的运输属于国内水路货物运输中的内陆水域货物运输；
- 上海至横滨的运输属于国际海上货物运输；
- 釜山至横滨的运输属于国际海上货物运输；
- 上海至香港的运输属于国内运输，但适用关于国际海上货物运输的法律规则；
- 厦门至基隆的运输属于国内运输，但适用关于国际海上货物运输的法律规则。

（二）件杂货运输合同与航次租船合同

根据船舶营运方式不同，海上货物运输合同可以分为件杂货（general cargo）运输合同和航次租船合同（voyage charterparty）。

件杂货运输合同是海上货物运输合同最为主要、典型的形式，主要用于班轮运输，因而又称为“班轮运输合同”。国际件杂货运输合同主要以提单为合同的证明，因而国际件杂货运输也称为“提单运输”，但有时也使用海运单、电子提单等其他运输单证。

航次租船合同是租船合同的一种类型，俗称“程租合同”。我国台湾地区称为“航程佣船契约”。根据我国《海商法》的体例编排,第四章“海上货物运输合同”中的第七节是“航次租船合同的特别规定”，因而是将航次租船合同作为海上货物运输合同的特殊类型进行规定。《海商法》第92条规定：“航次租船合同，是指船舶出租人向承租人提供船舶或者船舶的部分舱位，装运约定的货物，从一港运至另一港，由承租人支付约定运费的合同。”可见，《海商法》第41条关于海上货物运输合同的定义并不完全符合航次租船合同的内涵，至少合同当事人的称谓存在区别，即航次租船合同的当事人是出租人与承租人，而不是承运人与托运人。

比较法上的立法例较多采用准用性规则的立法模式，即航次租船合同准用一般海上货物运输合同或称件杂货运输合同的多数规定，同时设有部分特别规定。[①] 此时法律适用的实

---

① 例如，《德国商法》第五编“海商”第二章“运输合同”第一节“海运合同”的基本结构分为第一目“件杂货运输合同”和第二目“航次运输合同”，其中第527条第2款规定：“除第528条至第535条另有规定外，航次运输合同准用第481条至第511条以及第513条至第525条的规定。”第481条至第525条即第一目关于件杂货运输合同的规定，排除的第512条和其后的第526条分别是关于不同约定和海运单的规定。德国学者Dieter Schwampe指出：德国关于航次租船合同的法律基本与一般海上货物运输合同相同，但有少数特别规定优先适用。Dieter Schwampe，*Transport Law in Germany*，Wolters Kluwer, 2018, p.89.

际效果与《海商法》的立法模式相同，即关于航次租船合同的法律规定分为两个部分：一是关于一般海上货物运输合同或称件杂货运输合同的一般规定，二是关于航次租船合同的专门规定。

五、海上货物运输法的强制性

海上货物运输法的重要特征是具有强制性，即当事人的意思自治或称合同自由在海上货物运输领域受到明显限制。从法律规则的角度，强制性规则是指规定的权利和义务具有绝对肯定的形式，不允许主体相互协商或任何一方任意予以变更的法律规则。[①]

《海商法》第44条规定："海上货物运输合同和作为合同凭证的提单或者其他运输单证中的条款，违反本章规定的，无效。此类条款的无效，不影响该合同和提单或者其他运输单证中其他条款的效力。将货物的保险利益转让给承运人的条款或者类似条款，无效。"第45条规定："本法第四十四条的规定不影响承运人在本章规定的承运人责任和义务之外，增加其责任和义务。"因此，《海商法》第四章规定的承运人的义务和责任，均为最低限度的义务和责任，规定的承运人的权利则是最高限度的权利。当事人不得通过意思自治约定低于法律规定的承运人义务和责任，以及高于法律规定的承运人权利，但可以约定更为严格的责任和义务。

司法实践

海上货物运输法的强制性

以上海海事法院审理的天诚储运香港有限公司与东方海外货柜航运有限公司、东方海外货柜航运（中国）有限公司海上、通海水域货物运输合同纠纷案[②]为例，法院依据《海商法》第四十四条认为，海运单关于货物件数单位的特别约定，对于承运人单位赔偿责任限制而言，由于实质上减轻了承运人的责任而无效：

关于海运单中单位赔偿责任限制特别约定的效力，承运人在海运单中特别写明如果计算赔偿责任限制，货物件数为1个货运单位，这样的约定明显违反了《海商法》中承运人不得在提单或其他运输单证中约定减轻或免除承运人法定责任和义务的条款，属于无效条

① 《北京大学法学百科全书：法理学·立法学·法律社会学》，北京大学出版社2010年版，第784页。
② 上海海事法院〔2018〕沪72民初574号民事判决书。

款。《海商法》规定了承运人对货物灭失或损坏的赔偿限额应当按照货物件数或者毛重计算，以二者中赔偿限额较高的为准。本案托运人在托运前已申报了货物件数和毛重，海运单中也已载明，因此如需计算承运人的赔偿限额，应按海运单载明的货物件数和毛重计算，取较高者。按照法律规定，承运人可以与托运人另行约定高于法条规定的赔偿限额，但不得减轻承运人的赔偿限额。而 OOCL 公司在海运单中另行约定如有赔偿责任限制的计算，承运人收到的货物件数应当认定为 1 个集装箱或者件数，这样的约定不仅与海运单记载的货物实际件数相矛盾，也明显减轻了承运人的赔偿义务，属于法律规定的无效条款。故涉案海运单中关于单位赔偿责任限制计算中货物件数为 1 件的特别约定无效，不应作为计算承运人单位赔偿责任限制的依据。

案例模型

海上货物运输法的强制性

《海商法》第五十一条第一款第一项规定，承运人对于在责任期间由于驾驶船舶或管理船舶中的过失导致的货物灭失或损坏可以免责。如果承运人与托运人在海上货物运输合同中约定，承运人对于航海过失（nautical fault）不能免责，仍应承担损害赔偿责任。此种约定的性质是增加承运人的责任，根据《海商法》第四十五条的规定属于有效约定。

至于国际公约的规定，《海牙规则》的规定与我国《海商法》基本一致，其中第 3 条第 8 款规定："运输合同中的任何条款、约定或协议，凡是解除承运人或船舶对由于疏忽、过失或未履行本条规定的责任和义务，因而引起货物或关于货物的灭失或损害的责任的，或以下同于本公约的规定减轻这种责任的，则一律无效。有利于承运人的保险利益或类似的条款，应视为属于免除承运人责任的条款。"第 5 条第 1 款则是规定承运人放弃自身权利或者增加义务和责任，必须在提单中注明："承运人可以自由地全部或部分放弃本公约中所规定的他的权利和豁免，或增加他所应承担的任何一项责任和义务。但是这种放弃或增加，须在签发给托运人的提单上注明。"

《汉堡规则》的规定与《海牙规则》基本一致，其中第 23 条第 1 款规定："海上运送合同、提单或作为海上运送合同证明的任何其他文件内所载的任何规定，在其直接或间接减损本公约的规定的范围内概属无效。此种规定的无效不影响合同或由合同构成其一部分的文件的其他规定的效力。将货物的保险利益让与运送人的条款，或任何类似条款，概属无效。”第10条第3款则是特别规定了承运人放弃自身权利或者增加义务和责任对于实际承运人的效力：“运送人据以承担本公约所未课加的义务或放弃本公约所赋予的权利的任何特别协议，非经实际运送人以书面明示同意，不得对他发生影响。无论实际运送人是否如此同意，运送人仍受由于这种特别协议而导致的义务或放弃权利的拘束。”

《鹿特丹规则》第79条专门针对合同条款的有效性作出了更为详细的规定：

1.除非本公约另有规定，运输合同中的条款，凡有下列情形之一的，一概无效：

（a）直接或者间接，排除或者限制承运人或者海运履约方在本公约下所承担的义务；

（b）直接或者间接，排除或者限制承运人或者海运履约方对违反本公约下的义务所负的赔偿责任；或者

（c）将货物的保险利益转让给承运人或者第18条述及的人。

2.除非本公约另有规定，运输合同中的条款，凡有下列情形之一的，一概无效：

（a）直接或者间接，排除、限制或者增加托运人、收货人、控制方、持有人或者单证托运人在本公约下所承担的义务；或者

（b）直接或者间接，排除、限制或者增加托运人、收货人、控制方、持有人或者单证托运人对违反本公约下任何义务所负的赔偿责任。

第二节　海上货物运输合同的当事人与关系人

合同关系具有相对性，即合同关系是存在于特定当事人之间的权利义务关系，原则上仅在合同当事人之间发生效力，而不及于第三人。因此，海上货物运输合同涉及的众多主体也基于合同的相对性分为两个部分，即合同当事人，以及当事人以外的关系人。

一、海上货物运输合同的当事人

海上货物运输合同的当事人是承运人和托运人。

（一）承运人

1. 承运人的概念

承运人一方在实践中有时也称为“船东”或“船方”，但船东、船方很多时候又不限于承运人，也可能是包括船舶经营人、船舶管理人等其他主体，特别是对于承运人与船舶所有人分离的情形。例如，《2006年海事劳工公约》第2条第1款第10项规定了船东的定义：

> “船东”一词系指船舶所有人或从船舶所有人处承担了船舶经营责任并在承担这种责任时已同意接受船东根据本公约所承担的职责和责任的任何其他组织或个人，如管理人、代理或光船承租人，无论是否有任何其他组织或个人代表船东履行了某些职责或责任。

《海商法》第42条第1项规定了承运人的定义：

> “承运人”，是指本人或者委托他人以本人名义与托运人订立海上货物运输合同的人。

至于国际公约关于承运人的定义，《海牙规则》第1条第a项规定：

> “承运人”包括与托运人订有运输合同的船舶所有人或租船人。

《汉堡规则》第1条第1款规定：

> “运送人”是指本人或以其名义与托运人订立海上货物运送合同的任何人。

《鹿特丹规则》第1条第5款规定：

> “承运人”是指与托运人订立运输合同的人。

承运人除船舶所有人外，也可能是船舶经营人、船舶承租人或无船经营人。船舶所有人通常是指通过船舶登记程序登记为船舶所有人的人，但在船舶所有权未经登记的情形下则是指实际拥有船舶的人；船舶经营人是指本身不拥有船舶，但接受船舶所有人或光船出租人的委托，为委托人经营船舶的人；船舶承租人是指以航次租船、定期租船或光船租赁的形式承租他人船舶的人。船舶经营人、船舶承租人作为承运人与托运人订立海上货物运输合同时，俗称“二船东”（disponent owner）。

案例模型

二船东

A以光船租赁的形式向B租赁了一艘B所有的船舶，并以此船舶作为承运人与C订立了海上货物运输合同。

此时B为船舶所有人、光船出租人，A为光船承租人、承运人（二船东），C为托运人。

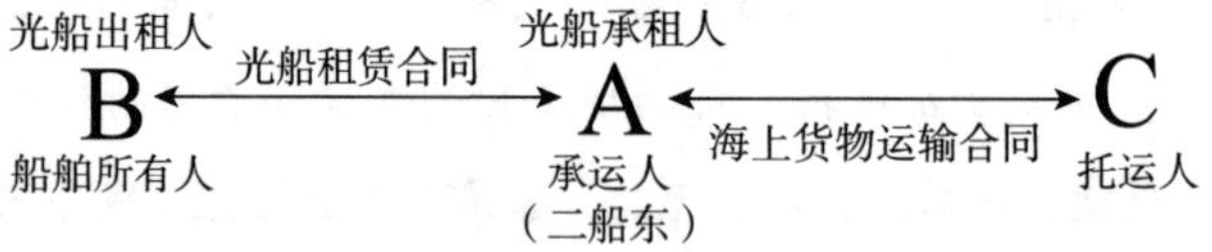

2. 承运人的识别

托运人以外的运输单证受让人在实践中往往遭遇识别承运人身份的困难。主要原因集中在三个方面：一是海上货物运输涉及的主体众多，仅船方至少包括船舶所有人、船舶经营人、船舶管理人、船舶承租人、货运代理人等；二是提单记载内容通常不尽规范，特别是不少提单未载明承运人的名称；三是航运代理广泛介入运输关系，提单大量标注“For and on behalf of the carrier...as agent”或类似表述。

《鹿特丹规则》在海上货物运输合同国际立法中首次规定了承运人的识别，其中第37条规定：

> （1）合同事项中载明承运人名称的，运输单证或者电子运输记录中凡是与此不一致的有关承运人身份的其他信息一概无效。
>
> （2）合同事项中未按第36条第2款第（b）项载明任何人为承运人，但合同事项载明货物已装上指定船舶的，推定该船舶的登记所有人为承运人，除非该登记所有人能够证明运输货物时该船舶处于光船租用之中，且能够指出该光船承租人及其地址，在这种情况下，推定该光船承租人为承运人。或者，船舶登记所有人可以通过指出承运人及其地址，推翻将其当作承运人的推定。光船承租人可以按照同样方式推翻将其当作承运人的任何推定。
>
> （3）本条规定概不妨碍索赔人证明，承运人是合同事项所载明的人以外的人，或者是根据本条第2款所识别的人以外的人。

上述规定主要是以法律推定的方式规定了在海上货物运输合同未记载承运人的情况下，

何者应当承担承运人的责任。根据上述第2款的规定，首先推定登记的船舶所有人为承运人，除非船舶所有人能够证明光船承租人的存在，此时推定光船承租人为承运人；或者船舶所有人可以通过证明承运人的存在，推翻将其作为承运人的推定。光船承租人也可以相同的方式推翻法律将其作为承运人的规定。此外，根据上述第3款的规定，索赔人也可自行证明何者是承运人。

承运人识别长期以来存在的障碍在于，法律规定指向的主体是否确实在海上货物运输法律关系中扮演了承运人的角色，也即法律推定的事实能否尽量接近真实的客观事实，同时也意味着责任主体承担责任的合理性。《鹿特丹规则》确立的承运人识别规则推定船舶所有人或光船承租人为承运人，虽有依靠船舶登记信息明确可查的优势，能够强制规定一个主体承担承运人责任，但却对于确定真实的承运人无甚助益，很有可能导致法律推定的承运人与客观事实相去甚远。

至于我国司法实践对于承运人识别的态度，《上海市高级人民法院审理海事案件若干问题的讨论纪要（一）（试行）》[①]指出：

> 格式提单上印制的抬头人与提单的签发人不一致时，若提单签发人以自己的名义在提单上签章（AS CARRIER），则该提单签发人即为承运人。以承运人的代理人身份签单，并以签发章下注明AS AGENT或AUTHORIZED等字样作为抗辩理由的提单签发人，应举证该提单上记载的承运人在提单签发时依法存在，且签发提单的行为得到该承运人的授权，否则应认定提单签发人为承运人。

我国司法实践中的具体案件围绕承运人识别主要形成了以下较为典型的裁判观点：

（1）提单仅为运输合同的初步证据，而非运输合同本身。承运人的识别不能仅凭提单的记载确定，还应结合案件的其他证据进行认定。

福建省高级人民法院在无锡新苏纺国际贸易有限公司与福建省国贸运有限公司海上货物运输合同纠纷案中认为：国贸运公司是否是涉案货物运输的承运人，不能简单地凭提单的记载来确定，还应结合本案的其他证据进行认定。[②]

（2）识别承运人不仅需要考虑提单的抬头，还需结合提单的承运人签章处的记载。

最高人民法院在吉林新元木业有限公司与欧航（上海）国际货运代理有限公司海上、通海水域货物运输合同纠纷案中认为：提单是海上货物运输合同的证明。涉案提单虽为中航

① 沪高法〔2001〕286号。

② 参见福建省高级人民法院（2010）闽民终字第652号民事判决书。

公司抬头提单，提单上均记载中航公司为承运人，但提单右下角承运人签章处记载为欧航公司签发，并明确写明欧航公司作为承运人。①

（3）提单未明确记载承运人，而船舶所有人未提供证据证明其他人为承运人时，应当认定船舶所有人为承运人。

厦门海事法院在中保财产保险有限公司福建省分公司与俄罗斯远东海洋轮船公司海上货物运输代位求偿纠纷案中认为：托运人以外的提单持有人识别承运人的唯一依据是提单，根据提单的记载，提单由船长的代理人签发，即提单应视为船长签发，在提单未明确记载承运人时，被告作为船舶所有人应被视为承运人。②

（4）提单签发人如果无法证明自身系经授权代理他人签发，应当承担承运人的责任。

上海海事法院在东台市溱标不锈钢有限公司与天津捷运通物流有限公司海上货物运输合同纠纷案中认为：本案原、被告未订立书面的运输合同，故涉案提单作为运输合同的证明是据以识别本案承运人的主要证据。涉案提单显示系 RCE 公司格式提单，但该提单未经我国交通部登记备案，而被告亦未有效证明 RCE 公司真实存在以及被告有权代表 RCE 公司签发该提单。在此情形下，被告作为签单人即应被认定为承运人并承担该提单项下承运人的责任。③

（5）无船承运人的法律地位应当依据其在海上货物运输中实施的具体行为认定。货运代理企业大多兼营无船承运业务和货运代理业务，作为无船承运人与货运代理人承担的责任不同。前者是以承运人身份从事订舱、货物接收、缮制单证、收取与支付相关费用、集装箱拆箱和拼箱等业务，后者只是接受委托、代为办理。是否构成无船承运人应当结合当事人之间的具体约定、运输单证的签发、收入的取得方式、以往业务操作的习惯等综合认定。④行为人仅实施代为签发提单、订舱等代理行为，收取的运费不含海运费，又能证明承运人授权其签发提单时，行为人仅具有货运代理人身份，而不应认定为承运人或实际承运人。

上海海事法院在江苏玉兰木业有限公司与上海俄东船务有限公司、阿普利欧利货物运输有限公司海上货物运输合同纠纷案中认为：无船承运人身份应当依据当事人在运输中实施

① 最高人民法院（2013）民提字第 243 号民事裁定书。
② 厦门海事法院（1999）厦海法商初字第 11 号民事判决书。
③ 上海海事法院（2010）沪海法商初字第 1209 号民事判决书。
④ 茆荣华主编：《上海法院类案办案要件指南》（第 2 册），人民法院出版社 2020 年版，第 186 页。

的行为而非其本身是否具有资质进行认定。虽然涉案提单由上海俄东签发，但上海俄东提供了阿普利欧利货运授权其在中国国内签发提单的证据，涉案提单系上海俄东代表承运人阿普利欧利货运签发；且上海俄东在涉案运输中仅实施了代为签发提单、接受货物、订舱等代理人的行为，所收取的费用不包括海运费，不应认定为涉案运输的承运人。①

（二）托运人

托运人（shipper）一方在实践中也称为“货方”；但货方在实践中也不限于托运人，还可能包括发货人、收货人、提单持有人、提单受让人，甚至货运代理人以及国际贸易的其他相关主体。

《海商法》第42条第3项规定了托运人的定义：

> “托运人”，是指：
>
> 1.本人或者委托他人以本人名义或者委托他人为本人与承运人订立海上货物运输合同的人；
>
> 2.本人或者委托他人以本人名义或者委托他人为本人将货物交给与海上货物运输合同有关的承运人的人。

上述两种托运人，第一种托运人通常称为“契约托运人”或“合同托运人”，第二种托运人通常称为“实际托运人”、“交货托运人”或“发货人”（consignor）。《最高人民法院关于审理海上货运代理纠纷案件若干问题的规定》第8条规定了契约托运人和实际托运人的定义，其中第2款规定：“契约托运人是指本人或者委托他人以本人名义或者委托他人为本人与承运人订立海上货物运输合同的人。”第3款规定：“实际托运人是指本人或者委托他人以本人名义或者委托他人为本人将货物交给与海上货物运输合同有关的承运人的人。”

上述两种托运人在不少情形下可能同时存在。例如，如果国际货物买卖合同采用的是FOB术语，由于FOB术语下是由买方安排运输，因而买方通过与承运人订立海上货物运输合同成为第一种托运人；而货物又是由卖方交给承运人，卖方因此成为第二种托运人。

① 上海海事法院（2008）沪海法商初字第586号民事判决书。

案例模型

契约托运人与实际托运人的区分

中国卖方与日本买方订立国际货物买卖合同，约定的国际贸易术语为FOB。

根据FOB术语，应由买方安排运输，因而日本买方属于契约托运人，即《海商法》第四十二条第三项规定的第一种托运人；

中国卖方由于将货物交给承运人，属于发货人或实际托运人，即《海商法》第四十二条第三项规定的第二种托运人。

典型案例

天津海事法院2020年典型案例

新鑫海航运有限公司与中国机械国际合作股份有限公司海上货物运输合同纠纷案

【基本案情】

为履行与境外买方签订的代理采购协议及补充协议，在中华人民共和国香港特别行政区注册登记的海耀企业有限公司（以下简称海耀公司）于2018年3月30日与被告中国机械公司签订了一份贸易合同，约定由海耀公司向中国机械公司购买一批货物（无缝钢管），装运港为中华人民共和国天津新港，目的港为泰王国林查班港，付款条件为不可撤销的即期信用证。为履行上述贸易合同，海耀公司于2018年5月11日与天津晟亚国际物流有限公司（以下简称晟亚公司）签订了集装箱代理协议，委托晟亚公司为涉案货物提供货运代理服务。接受委托后,晟亚公司委托天津福航国际货运代理有限公司（以下简称福航公司）订舱，福航公司又向原告新鑫海航运有限公司（New Golden Sea Shipping Pte.Ltd.，以下简称新鑫海公司）订舱。新鑫海公司接受订舱后，于2018年7月11日将装载于13个40英尺集装箱内的涉案货物装船出运。同日，中远海运集装箱运输有限公司代新鑫海公司签发了指示提单。根据提单记载，托运人为中国机械公司，收货人凭指示，承运人为新鑫海公司，通知方为海耀公司，装货港为中华人民共和国天津新港，目的港为泰王国林查班港。中食（厦门）投资有限公司向晟亚公司支付了运费及相关费用，晟亚公司收到上述费用后通过福航公司给付了承运人。涉案货物于2018年7月23日运抵目的港,于7月23日和24日完成卸载，但至今无人提货，故新鑫海航运公司诉请法院判令被告中国机械公司向其支付集装箱超期使用费和目的港堆存费。

【裁判结果】

一审法院判决驳回原告新鑫海航运有限公司的全部诉讼请求，二审维持原判。

【典型意义】

《海商法》第四十二条第一款规定，托运人包括缔约托运人和实际托运人两类：缔约托运人是本人或者委托他人以本人名义或者委托他人为本人与承运人订立海上货物运输合同的人；实际托运人是本人或者委托他人以本人名义或者委托他人为本人将货物交付承运人的人。在目的港无人提货的情况下，承运人有权向缔约托运人索赔滞箱费等目的港费用和损失，而实际托运人则不应承担责任。主要理由如下：

在海上货物运输合同中，承运人运至目的港的货物必然要有收货人前来受领，这是由海上货物运输合同的性质和目的决定的，是合同的默示条款，否则该合同的订立和履行就失去了意义。所谓默示条款是指双方当事人在合同中未作明确约定，但通过法律的规定、合同载明的条款、合同的性质和目的、当事人的行为及交易习惯等因素，可以推出的合同理应存在的条款。

航运实务中，收货人或受领货物的方式都是由缔约托运人来确定的。比如在签发记名提单或海运单的情况下，收货人是缔约托运人在订约时就直接指定的。在签发无记名提单或指示提单时，提单持有人即凭正本提单提货，实际上也是经承托双方协议约定而成。因此，海上货物运输合同中，尽管通常不作明确约定，但当货物运抵目的港具备交付条件时，收货人以适当的方式及时受领该货物，应视为合同的默示条款。当发生目的港迟延受领或无人受领货物时，缔约托运人即违反了默示条款的担保义务，应当承担相应的民事责任。

对于实际托运人来说，由于其仅负责向承运人交付货物，未参与合同的订立，收货人也并非由其指定，因而不应受合同默示条款的约束，不应承担责任。

关于如何确定缔约托运人或实际托运人，则涉及托运人识别的问题。首先，航运实践中的情况错综复杂，可能存在外贸代理、无船承运、货运代理等多重法律关系，导致提单上记载的有时并非真正的托运人。因此提单的记载不能作为识别托运人身份的唯一标准，应根据合同订立和履行的相关事实综合加以判断。其次，贸易合同与运输合同应当各自独立地审查，贸易合同的约定也不能作为识别托运人唯一标准；因为虽然 FOB 合同项下的买方负有订舱义务，但卖方有可能以自己的名义代替买方向承运人订舱，此时不能简单地根据贸易合同仍将买方视为托运人，而应实事求是地将向承运人订舱的卖方认定为缔约托运人。

《海商法》的上述规定移植自《汉堡规则》关于托运人的定义。《汉堡规则》第 1 条第 3 款规定：

> “托运人”是指本人或以其名义或其代表与运送人订立海上货物运送合同的任何人，或指本人或以其名义或其代表实际把海上运送合同所涉货物交付给运送人的任何人。

上述规定的英文原文如下：

> “Shipper” means any person by whom or in whose name or on whose behalf a contract of carriage of goods by sea has been concluded with a carrier, or any person by whom or in whose name or on whose behalf the goods are actually delivered to the carrier in relation to the contract of carriage by sea.

托运人作为海上货物运输合同的一方当事人，原本在同一合同下应当仅有一种托运人存在，因而第二种托运人实际是对合同相对性原则的突破。《汉堡规则》采用的“or”通常含义是“或”，即表示的是选择关系，而《海商法》使用的分号则表示并列关系。多数观点认为《海商法》的规定属于立法缺陷，实践中也经常产生承运人应向哪种托运人签发提单的问题。

实践中对于托运人同样存在识别的问题。《全国法院涉外商事海事审判工作座谈会会议纪要》第 51 条规定：

> 【托运人的识别】提单或者其他运输单证记载的托运人与向承运人或其代理人订舱的人不一致的，提单或者其他运输单证的记载对于承托双方仅具有初步的证明效力，人民法院应当结合运输合同的订立及履行情况准确认定托运人；有证据证明订舱人系接受他人委托并以他人名义或者为他人订舱的，人民法院应当根据海商法第四十二条第三项第 1 点的规定，认定该“他人”为托运人。

根据上述规定，对于提单等运输单证记载的托运人与订舱情况不一致的情形，托运人的识别不能仅依提单等运输单证的记载，而应结合海上货物运输合同的订立和履行情况综合进行认定，即提单等运输单证的记载仅为初步证据。

至于其他国际公约关于托运人的定义，主要见于《鹿特丹规则》第 1 条第 8 款，其中排除了实际托运人，而仅限于契约托运人：

> “托运人”是指与承运人订立运输合同的人。

二、海上货物运输合同的关系人

（一）实际承运人

实际承运人（actual carrier）是未与托运人订立海上货物运输合同，但实际承担海上货物运输的人。《海商法》第42条第2项对于实际承运人的定义如下：

> "实际承运人"，是指接受承运人委托，从事货物运输或者部分运输的人，包括接受转委托从事此项运输的其他人。

上述定义中的"委托"，与我国立法上委托合同的"委托"存在一定区别。《民法典》第919条规定："委托合同是委托人和受托人约定，由受托人处理委托人事务的合同。"但是，海上货物运输中承运人与实际承运人较少存在此种事先约定。特别是委托合同具有一定的人身依赖属性，即委托合同的订立通常以委托人与受托人之间的相互信任关系为前提；而承运人与实际承运人之间关系的形成，通常只是由于租船合同的出租人或无船承运人等主体与货主订立了海上货物运输合同，因而需要由其他实际经营船舶的主体承担运输。

国际公约关于实际承运人的定义主要见于《汉堡规则》,《鹿特丹规则》则是改采履约方和海运履约方的概念。《汉堡规则》第1条第2款规定了实际承运人的定义，与《海商法》的规定基本一致：

> "实际运送人"是指受运送人委托执行货物的运送或部分运送的任何人，包括受委托执行此种运送的任何他人。

《鹿特丹规则》第1条第6款规定履约方的定义和范围：

> （a）"履约方"是指承运人以外的，履行或者承诺履行承运人在运输合同下有关货物接收、装载、操作、积载、运输、照料、卸载或者交付的任何义务的人，以该人直接或者间接在承运人的要求、监督或者控制下行事为限。
>
> （b）"履约方"不包括不由承运人而由托运人、单证托运人、控制方或者收货人直接或者间接委托的任何人。

《鹿特丹规则》第1条第7款规定了海运履约方的定义：

> "海运履约方"是指凡在货物到达船舶装货港至货物离开船舶卸货港期间履行

或者承诺履行承运人任何义务的履约方。内陆承运人仅在履行或者承诺履行其完全在港区范围内的服务时方为海运履约方。

海上货物运输涉及实际承运人的典型情形主要包括以下两种：

1. 与船舶所有人订有航次租船合同或定期租船合同的承租人，又与货主订立海上货物运输合同，以其承租的船舶运输货主的货物，此时租船合同的承租人是海上货物运输合同的承运人，船舶所有人也即租船合同的出租人是实际承运人。

2. 无船承运人以自身名义，既与班轮运输企业订立海上货物运输合同，又与货主订立海上货物运输合同。第一个合同的承运人是班轮运输企业，托运人是无船承运人；第二个合同的承运人是无船承运人，实际承运人是班轮运输企业，托运人是货主。

理论探讨

港口经营人是否构成实际承运人?

港口经营人主要负责进行货物的装卸作业。现已废止的《港口货物作业规则》第3条第1项规定了港口货物作业合同的定义："港口货物作业合同（以下简称作业合同），是指港口经营人在港口对水路运输货物进行装卸、驳运、储存、装拆集装箱等作业，作业委托人支付作业费用的合同。"第2项规定了港口经营人的定义："港口经营人，是指与作业委托人订立作业合同的人。"

港口经营人是否构成实际承运人目前在我国存在争议。港口经营人接受托运人的委托进行装货作业，或者接受收货人的委托进行卸货作业，不应构成实际承运人，对此不存在争议。但是，如果港口经营人接受承运人或实际承运人的委托进行货物装卸作业，此时港口经营人是否构成实际承运人，学理上存在两种观点。一种观点认为，货物装卸是货物运输环节的组成部分，因而港口经营人是实际承运人；另一种观点认为，货物运输是货物在两地之间的位移，货物装卸不是货物运输，因而港口经营人不是实际承运人。

我国司法实践目前总体而言未将港口经营人认定为实际承运人。例如，2017年6月16日时任最高人民法院民事审判第四庭副庭长王淑梅在全国海事审判实务座谈会上的总结讲话中指出：

总体上看，一般不倾向认定港口经营人可以享受承运人的责任限制抗辩，如果有特殊情形可以再进一步研究。《海商法》为承运人规定免责和责任限制等权利无非是基于海上风险的特殊性，而港口经营人一般不承担海上风险，不支持其享受海运承运人责任限制公平合理。

《全国法院涉外商事海事审判工作座谈会会议纪要》第67条对此作出了明确规定，即港口经营人不能主张承运人的免责事由或单位赔偿责任限制：

【港口经营人不能主张承运人的免责或者责任限制抗辩】根据海商法第五十八条、第六十一条的规定，就海上货物运输合同所涉及的货物灭失、损坏或者迟延交付提起的诉讼，有权适用关于承运人的抗辩理由和限制赔偿责任规定的为承运人、实际承运人、承运人和实际承运人的受雇人或者代理人。在现有法律规定下，港口经营人并不属于上述范围，其在港口作业中造成货物损失，托运人或者收货人直接以侵权起诉港口经营人，港口经营人援用海商法第五十八条、第六十一条的规定主张免责或者限制赔偿责任的，人民法院不予支持。

典型案例

天津海事法院2020年典型案例

领航保险公司诉川崎汽船株式会社海上货物运输合同纠纷案

【基本案情】

2015年12月，卖方KEPPEL公司委托Sarjak公司运输一套垃圾焚烧设备从波兰的GDYNIA港至天津新港。12月22日，VGL SP.Z O.O.作为承运人Sarjak公司的代理签发了提单，提单载明承运船舶为“WES AMELIE”轮，托运人为KEPPEL公司，收货人凭指示，货物装载于8个集装箱内，SJKU托运人负责装箱，承运人责任区间为CY/CY。

Sarjak公司并未实际从事货物的运输，其接受委托后又将货物委托被告川崎汽船株式会社进行运输，被告签发了海运单，海运单载明托运人为VGL SP.Z O.O.公司，承运船舶为“WES AMELIE”轮，起运港为GDYNIA港，目的港天津新港，责任区间为CY/CY。

涉案货物先由“WES AMELIE”轮运至荷兰鹿特丹港，然后装载至“COSCO HARMONY”轮，由该轮将货物运至天津新港。“COSCO HARMONY”轮登记所有人为SEASPAN CORPORATION。COSCO Container Lines COMPANY LIMITED与本案被告及其他两家船公司签订有船舶共用和箱位分配协议。货物在收货人处发现损坏。原告赔偿完被保险人损失后，取得代位求偿权。

【裁判结果】

本案因原告领航保险公司无法证明货损发生在被告川崎汽船株式会社的责任期间，而判决驳回了原告的诉讼请求。

【典型意义】

本案着重对船公司船舶舱位互换下实际承运人的认定，以及《海商法》第八十一条是否包含举证责任的转换两个问题进行了阐述。

首先，“舱位互换”（space charter）制度，在国际航运业又称“等量交换制度”或“互换舱位”，是指有两家以上的集装箱船公司组成的航运集团，各公司分别提供一艘或多艘性能及设备相近的集装箱船，通过相互协商，共同调整班期，各公司在彼此的集装箱船上都拥有一定比例的舱位使用权，以承运集装箱货物或者空集装箱。“舱位互换”模式的出现打破了一艘船舶对应一个“实际承运人”的传统海上货物运输关系，一艘船舶上聚集了若干个“实际承运人”。这些“实际承运人”签发各自的船公司提单，但承运船舶却并非“实际承运人”所有或经营。在该模式项下，实际承运人的认定实践中一直存在争议，《海商法》规定的实际承运人是指“从事货物运输或者部分运输的人”。实践中通常以船舶的实际控制人作为认定实际承运人的标准。对此合议庭认为，实际从事货物运输不能简单理解为利用自有船舶或经营船舶进行运输，还应包括海上货物运输的实际组织者和参与者，应将舱位互换模式项下签发提单的船公司认定为实际承运人。

其次，我国《海商法》第八十一条第二款规定：“货物灭失或者损坏的情况非显而易见的，在货物交付的次日起连续七日内，集装箱货物交付的次日起连续十五日内，收货人未提交书面通知的，适用前款规定。”

合议庭认为，该条规定的通知期限届满，并不意味着举证责任的转移。其目的在于督促收货人及时就货损向承运人提出异议和索赔，从而降低收货人的举证责任，进而减少收货人的索赔难度。

（二）收货人

收货人（consignee）是根据海上货物运输合同或提单等运输单证有权提取货物的人。《海商法》第42条第4项规定了收货人的定义：

> “收货人”，是指有权提取货物的人。

至于国际公约关于收货人的定义，《汉堡规则》第 1 条第 4 款的规定与《海商法》一致：

“收货人”是指有权提取货物的人。

《鹿特丹规则》第 1 条第 11 款则针对有权提取货物的依据进行了具体列举：

“收货人”是指根据运输合同或者根据运输单证或者电子运输记录有提货权的人。

收货人可能是托运人，也可能是托运人以外的第三人。当收货人是托运人以外的第三人时，收货人不参与海上货物运输合同的订立，也不直接承担海上货物运输合同的义务或享受合同的权利，但在接受货物事项上享有部分权利，通常也因此负有支付到付运费等义务。

根据国际贸易术语的不同，CIF 和 CFR 术语下由卖方安排运输，因而收货人是国际货物买卖合同的买方；FOB 术语下由买方安排运输，因而收货人与托运人重合，均为国际货物买卖合同的买方。

案例模型

不同国际贸易术语下托运人与收货人的关系

中国卖方与日本买方订立国际货物买卖合同，如果采用 CIF 和 CFR 术语，应由中国卖方安排运输，即中国卖方是托运人，日本买方是收货人；

如果采用 FOB 术语，应由日本买方安排运输，中国卖方将货物交给承运人，即中国卖方是实际托运人或称发货人，日本买方既是契约托运人又是收货人。

（三）提单持有人

提单持有人（bill of lading holder），是指实际持有提单的人。通说观点认为，提单至少代表着提取货物的权利，因而提单持有人通常也享有相应的权利。

提单持有人可能是托运人、收货人；而在跟单信用证或提单质押的情况下，也可能是银行。例如，郭瑜在《提单法律制度研究》一书中指出：

法律对提单持有人的资格并无特别限制。任何人都可以充当提单持有人。提单持有人也经常同时在其他法律关系中充当当事人，如托运人、收货人、货物所有权人等，但作为独立的提单关系的主体，它和这些概念都不等同。①

① 郭瑜：《提单法律制度研究》，北京大学出版社 1997 年版，第 60 页。

第三节　海上货物运输合同的订立、变更与解除

一、海上货物运输合同的订立

海上货物运输合同的订立是承运人与托运人通过意思表示，达成合意最终成立海上货物运输合同的过程。

（一）海上货物运输合同订立的程序

《海商法》关于海上货物运输合同订立的程序未设特别规定，因而适用《民法典》的一般规定。《民法典》第 471 条规定："当事人订立合同，可以采取要约、承诺方式或者其他方式。"该条较之原《合同法》第 13 条增加了"其他方式"，主要是指交叉要约、意思实现、以合同书形式订立合同、强制缔约、事实合同等方式。

海上货物运输合同主要采用要约和承诺的方式订立，其中班轮运输企业发布船期表（如图 6 所示）为要约邀请，托运人向承运人订舱构成要约，承运人根据订舱内容决定接受托运属于承诺。

JAPAN CHINA VIETNAM SERVICE--JCV

Vessel Name	CAPE FORBY	Vessel Name	CAIYUNHE	Vessel Name	FENGYUNHE	Vessel Name	CAPE FORBY
Vessel/Voyage	CFB / 081	Vessel/Voyage	CYH / 784	Vessel/Voyage	FGH / 785	Vessel/Voyage	CFB / 082
Port	Arr--Dep	Port	Arr--Dep	Port	Arr--Dep	Port	Arr--Dep
Hai Phong	09-- Jul	Tokyo	11-- Jul	Hai Phong	10-- Jul	Tokyo	17-- Jul
Hong Kong	11-- Jul	Yokohama	11-- Jul	Hong Kong	13-- Jul	Yokohama	17-- Jul
Nansha	12-- Jul	Nagoya	12-- Jul	Nansha	14-- Jul	Nagoya	18-- Jul
Xiamen	13-- Jul	Moji	14-- Jul	Xiamen	15-- Jul	Moji	19-- Jul
Tokyo	17-- Jul	Nansha	16-- Jul	Tokyo	19-- Jul	Yantian	22-- Jul
		Hong Kong	17-- Jul			Nansha	23-- Jul
		Hai Phong	18-- Jul			Hong Kong	24-- Jul
						Hai Phong	25-- Jul

图 6　船期表示例

班轮运输企业揽货的主要方式有二：一是通过自身的营业机构或船舶代理人与货主建立业务关系；二是通过报刊、网站等途径刊登船期表，邀请货主托运货物、办理订舱手续。

理论探讨

刊登船期表属于要约还是要约邀请?

从订立海上货物运输合同的角度，班轮运输企业刊登船期表的行为属于要约邀请，而非要约。要约邀请是希望他人向自己发出要约的意思表示。要约是旨在订立合同的具有法律意义的意思表示行为，行为人在法律上必须承担责任；而要约邀请则是当事人订立合同的预备行为，行为人在法律上无须承担责任。[①]

《民法典》第473条第1款规定："要约邀请是希望他人向自己发出要约的表示。拍卖公告、招标公告、招股说明书、债券募集办法、基金招募说明书、商业广告和宣传、寄送的价目表等为要约邀请。"第2款规定："商业广告和宣传的内容符合要约条件的，构成要约。"根据《民法典》第472条的规定，要约需要符合两项要件：一是内容具体确定；二是表明经受要约人承诺，要约人即受该意思表示约束。[②]

船期表是向不特定的公众发出，班轮运输企业必须根据船货双方的实际情况决定是否接受订舱。特别是货物超出船舶运量的情形，班轮运输企业不可能满足所有托运人的需求。而且，不少船期表注有"如有变更，承运人不承担任何责任"或类似表述，可见班轮运输企业并未将自己置于一旦对方承诺，合同即告成立的无可选择的地位。因此，刊登船期表的行为属于要约邀请。

（二）海上货物运输合同订立的形式

合同订立包括书面和口头两种基本形式。《海商法》第43条第1句规定："承运人或者托运人可以要求书面确认海上货物运输合同的成立。"[③]因此，海上货物运输合同既可以采用书面形式订立，也可以采用口头形式；但海上货物运输合同的任意一方当事人即承运人或托

① 韩世远：《合同法总论》（第4版），法律出版社2018年版，第119页。

② 《民法典》第472条规定："要约是希望与他人订立合同的意思表示，该意思表示应当符合下列条件：（一）内容具体确定；（二）表明经受要约人承诺，要约人即受该意思表示约束。"

③ 《海商法》第43条第2句规定："但是，航次租船合同应当书面订立。"因此，航次租船合同作为例外必须采用书面形式。

运人可以要求书面确认海上货物运输合同的成立。

《民法典》第469条第1款也规定："当事人订立合同，可以采用书面形式、口头形式或者其他形式。"其中，其他形式主要是指推定形式、公证形式、视听资料形式、批准或登记形式。

关于书面形式的具体内涵，《海商法》第43条第3句规定："电报、电传和传真具有书面效力。"《民法典》第469条第2款在此基础上明文列举了更多的书面形式："书面形式是合同书、信件、电报、电传、传真等可以有形地表现所载内容的形式。"同时，第3款针对数据电文的书面效力作出了特别规定："以电子数据交换、电子邮件等方式能够有形地表现所载内容，并可以随时调取查用的数据电文，视为书面形式。"因此，书面形式并不限于纸质的书面文件以及传统的电报、电传、传真等通信方式，目前更多采用的电子邮件、微信均有可能构成书面形式。

二、海上货物运输合同的变更

合同的变更，是指不改变合同的主体而仅改变合同内容的情形，即在合同成立以后，尚未履行或尚未完全履行以前，基于法律规定、法院或仲裁机构的裁判行为或者当事人的法律行为等，而使合同内容发生变化的现象。[①]

合同变更主要分为法定变更、裁判变更、依法律行为或其他行为变更。《海商法》仅就一种法定变更的情形作出了特别规定，即因不可抗力或者其他不能归责于承运人和托运人的原因致使船舶不能在合同约定的目的港卸货。其他情形应当适用《民法典》的一般规定。《海商法》第91条规定：

> 因不可抗力或者其他不能归责于承运人和托运人的原因致使船舶不能在合同约定的目的港卸货的，除合同另有约定外，船长有权将货物在目的港邻近的安全港口或者地点卸载，视为已经履行合同。
>
> 船长决定将货物卸载的，应当及时通知托运人或者收货人，并考虑托运人或者收货人的利益。

该条主要是将海上货物运输合同中较为常见的"邻近条款"（near clause）上升为法律规定，也称"邻近港口卸货条款"。该条规定的理解需要注意以下五个方面：

---

① 韩世远：《合同法总论》（第4版），法律出版社2018年版，第586页。

1. 变更海上货物运输合同的条件是存在不可抗力或者其他不能归责于承运人和托运人的原因，导致船舶不能在合同约定的目的港卸货。关于不可抗力，《民法典》第 180 条第 2 款规定："不可抗力是不能预见、不能避免且不能克服的客观情况。"我国学理通说认为不可抗力需要同时满足不能预见、不能避免、不能克服、客观情况四个条件。至于其他不能归责于承运人和托运人的原因，主要是指意外事件。意外事件又称通常事变，属于事变的一种，是指非由于行为人的故意或过失而造成但又不属于不可抗力的事实。通常事变与不可抗力共同构成事变；二者之间最为主要的区别在于通常事变应当能够为人力避免和克服，只是对于行为人而言属于意料之外，即不能预见。

案例模型

因不可抗力或通常事变而不能在合同约定的目的港卸货

因不可抗力或者其他不能归责于承运人和托运人的原因致使船舶不能在合同约定的目的港卸货，较为典型的情形包括：

- 港口当地爆发战争或骚乱导致港口关闭；
- 港口工人罢工导致港口经营活动陷入瘫痪状态；
- 港口当地政府颁布贸易制裁措施导致船舶无法进港卸货；
- 港口航道发生沉船事故导致船舶无法进港卸货。

2. 如果海上货物运输合同针对上述情形已有约定，应当依照合同约定处理，即合同约定优先于法律规定适用。

3. 船长将货物在目的港邻近的安全港口或者地点卸载，此时产生的法律效果是视为合同已经履行，即变更了海上货物运输合同约定的卸货地点。

4. 船长一旦决定将货物在目的港邻近的安全港口或者地点卸载，即负有及时通知托运人或者收货人的义务。

5. 船长需要考虑托运人或者收货人的利益，包括在卸货地点的选择、卸货作业的安排、卸货后的货物保管等方面，应当尽量考虑托运人或收货人的利益，促使能够安全、妥善地卸载并保管货物，以及托运人或收货人能够方便地提取货物。

三、海上货物运输合同的解除

合同的解除，是指在合同有效成立后，因一方或双方当事人的意思表示，导致合同关系终了，未履行的部分不必继续履行，已履行的部分依具体情形进行清算的制度。[①]

合同的解除分为法定解除、约定解除、合意解除。《海商法》第四章“海上货物运输合同”专设第六节“合同的解除”，除第91条实为合同的变更外，第89、90条分别规定了两种法定解除的情形。此外，《民法典》第829条延续了原《合同法》第308条的规定，规定了托运人的中途停运权，其中同时涉及合同的变更和解除。《民法典》第三编“合同”关于合同解除的一般规定，原则上也适用于海上货物运输合同。

（一）托运人在船舶开航前单方解除合同

《海商法》第89条规定：“船舶在装货港开航前，托运人可以要求解除合同。但是，除合同另有约定外，托运人应当向承运人支付约定运费的一半；货物已经装船的，并应当负担装货、卸货和其他与此有关的费用。”

根据上述规定，托运人在船舶在装货港开航前可以单方主张解除合同。除装货港开航前的时间要求外并无其他限制，但需要承担以下两个方面的法律后果：

1. 无论承运人由于合同解除而遭受的损失如何，托运人均须支付约定运费的二分之一，但合同可以对此另作约定，即合同约定优先于法律规定适用。

2. 如果货物已经装船，托运人还应承担装货、卸货以及其他与此有关的费用，如理货费、货物检验费、绑扎固定费、谷物货舱的熏舱费等。根据《海商法》第89条制定时的立法本意，托运人除承担上述两类费用外，不再对承运人承担损害赔偿责任。

理论探讨

托运人在船舶开航前单方解除合同的违约损害赔偿责任

关于托运人根据《海商法》第89条在船舶开航前单方解除合同的违约损害赔偿责任，目前存在不同观点。例如，郭瑜在《海商法教程》一书中指出：

> 如在开航前托运人要求解除合同时，《海商法》规定除合同另有约定以外，托运人应当向承运人支付约定运费的一半；货物已经装船的，并应当负担装货、卸货

① 韩世远：《合同法总论》（第4版），法律出版社2018年版，第644页。

和其他与此有关的费用。这里支付一半运费的规定就具有特殊性。因为租船定舱后再解除合同，承运人很可能不再有时间和机会重新组织货载，损失的不是一半运费而是全额运费。而且由于改变积载可能影响航行安全等，由此引起更多的损失。《海商法》的规定是否否认了承运人要求这些损失的赔偿权利不清楚。①

有观点认为，托运人在船舶开航前单方解除合同的违约损害赔偿责任，应当根据《民法典》第三编“合同”关于违约损害赔偿的一般规定确定。例如，司玉琢主编的《海商法》一书认为：

《海商法》对托运人在船舶开行之后单方面解除合同的赔偿责任未作特别规定。因而托运人承担的违约赔偿责任，应根据《合同法》第113条的规定确定。②

考察《海商法》的立法沿革，1990年10月稿第103条规定：

船舶在装货港开航前，托运人可以解除合同，但是应当向承运人支付约定运费的一半；货物已经装船的，还并应当负担装货、卸货和其他与此有关的费用。因解除合同致使承运人遭受损失的，托运人应当负赔偿责任，其数额以约定的运费为限。③

上述条文明确规定了托运人在支付一半运费、承担有关费用以外，还应以约定运费为限承担损害赔偿责任。但是，1991年3月31日稿第100条对此作出了修改：

船舶在装货港开航前，托运人可以要求解除合同。但是，除合同另有约定外，托运人应当向承运人支付约定运费的一半；货物已经装船的，还应当负担装货、卸货和其他与此有关的费用。④

根据上述条文，可以认为《海商法》起草过程中有意删除了关于托运人在船舶开航前单方解除合同的违约损害赔偿责任的规定。《中华人民共和国海商法问答》一书据此认为：

托运人解除合同时，应当向承运人支付约定运费的一半，作为对承运人因此可能造成的损失的补偿，而不论承运人因此遭受的经济损失是多少。因此，即使承运

① 郭瑜：《海商法教程》（第2版），北京大学出版社2012年版，第58页。
② 司玉琢主编：《海商法》（第4版），法律出版社2018年版，第103页。
③ 司玉琢、张永坚、蒋跃川编著：《中国海商法注释》，北京大学出版社2019年版，第163页。
④ 司玉琢、张永坚、蒋跃川编著：《中国海商法注释》，北京大学出版社2019年版，第163页。

人实际遭受的经济损失超过约定运费的一半，承运人也无权就超过部分向托运人索赔。同样，即使承运人实际遭受的损失低于约定运费的一半，承运人无须就其差额退还托运人。规定托运人在此种情况下支付约定运费的一半，是为了操作上的方便，避免承运人举证实际损失上的麻烦。[①]

《中华人民共和国海商法诠释》一书也认为：

由于当时所处的情况不同，托运人要求解除合同，承运人的损失不同。承运人可以另外找到货载的，可能没有什么损失。在当地找不到其他货源的，而船舶需要返回出发港的，损失可能很大。这里不考虑承运人的实际损失。即不按承运人的实际损失赔偿，而是以笼统的约定运费的一半予以补偿。[②]

主张上述观点的主要理由在于，此处“约定运费的一半”实际是法律对于损害赔偿责任的特别规定，因而不应再与一般的违约损害赔偿责任并罚。然而，由于承运人的实际损失高于约定运费一半的可能性颇高，所谓“为了操作上的方便，避免承运人举证实际损失上的麻烦”的立法理由不无疑问。但是，至少就《海商法》第89条的立法本意而言，无意规定托运人还须按照一般民事法律承担损害赔偿责任应是事实。

我国司法实践较少涉及将《海商法》第89条作为裁判依据，截至2022年4月30日仅有的案件是太源船务有限公司与金某顺、卢某哲航次租船合同纠纷一案。大连海事法院在该案中认为：

关于原告的损失金额。2011年4月4日，原告与原卢顺公司间签订航次租船合同，是双方真实意思表示，合同有效成立，双方应依合同约定履行各自的权利义务。2011年5月3日，原卢顺公司向原告主张解除合同，根据《中华人民共和国海商法》第八十九条的规定：“船舶在装货港开航前，托运人可以要求解除合同。但是，除合同另有约定外，托运人应当向承运人支付约定运费的一半……”即原卢顺公司作为托运人有权在开航前解除合同。根据合同约定，原告的可预期运费收入为13美元／吨 ×30,000吨 =390,000美元，即依法原告可主张的运费损失应为390,000美元 ×50%=195,000美元；原告与原卢顺公司在合同第10条中约定：“滞期费／延滞损失：每天8000美元……承租人应当在2011年4月25日24时前完成装货，否

① 司玉琢主编：《中华人民共和国海商法问答》，人民交通出版社1993年版，第97~98页。
② 傅旭梅主编：《中华人民共和国海商法诠释》，人民法院出版社1995年版，第173页。

则随后开始计算滞期费，装港滞期费应当与运费一起支付。”即依原告与原卢顺公司合同约定原告的滞期费计算标准为每天8000美元，滞期费计算起点为2011年4月26日0时，2011年5月3日，原告与原卢顺公司间合同解除，即原告所属船舶在朝鲜松源港共计滞期8天，即原告的滞期费损失应为8000美元×8天=64,000美元。关于利息，因原告未主张视为其自愿放弃权利。故原告因原卢顺公司解除合同而产生的损失共计259,000元，本院予以支持。[①]

由于该案是一起航次租船合同纠纷，因而当事人之间对于滞期费等费用另有约定。我国司法实践对于《海商法》第89条适用于班轮运输合同时，托运人在船舶开航前单方解除合同的违约损害赔偿责任，态度尚不明朗。

（二）因合同不能履行而解除合同

《海商法》第90条规定：“船舶在装货港开航前，因不可抗力或者其他不能归责于承运人和托运人的原因致使合同不能履行的，双方均可以解除合同，并互相不负赔偿责任。除合同另有约定外，运费已经支付的，承运人应当将运费退还给托运人；货物已经装船的，托运人应当承担装卸费用；已经签发提单的，托运人应当将提单退还承运人。”

根据上述规定，合同解除的条件是存在不可抗力或者其他不能归责于承运人和托运人的原因，导致合同不能履行。此处不可抗力或者其他不能归责于承运人和托运人的原因，具体含义与前述《海商法》第91条相同，即其他不能归责于承运人和托运人的原因是指通常事变。此时承运人和托运人均可解除合同，产生的法律效果分为以下四个方面：

1. 无论是由承运人还是托运人解除合同，承托双方均互相不负赔偿责任。

2. 如果托运人已经支付运费，承运人应当退还，即托运人不再负有支付运费的义务；但合同可以另作约定，即合同约定优先于法律规定适用。

3. 如果货物已经装船，托运人应当承担装卸费用。

4. 如果承运人已经签发提单，托运人应向承运人退还提单。

① 大连海事法院（2013）大海商初字第186号民事判决书。

案例模型

因不可抗力或通常事变致使合同不能履行

因不可抗力或者其他不能归责于承运人和托运人的原因致使合同不能履行，较为典型的情形包括：

- 地震、洪水、海啸、火山爆发等自然灾害或自然现象；
- 战争、罢工、禁运、宣布为敌对状态、瘟疫等异常事件或社会现象；
- 船舶因发生意外事故而严重损毁导致无法完成航程；
- 货物因灭失或严重损毁而失去了运输和商用价值；
- 港口设施损毁导致无法恢复作业；
- 通航水道被封导致航行受阻。

（三）托运人的中途停运权

《民法典》第829条规定："在承运人将货物交付收货人之前，托运人可以要求承运人中止运输、返还货物、变更到达地或者将货物交给其他收货人，但是应当赔偿承运人因此受到的损失。"该条规定了托运人的中途停运权（right of stoppage in transit），即在货物运输途中变更履行运输合同的权利，本身应是卖方基于国际货物买卖合同而享有的一项权利，主要是为保护尚未获得货款的卖方。关于赋予托运人此项权利的理由，《中华人民共和国民法典合同编理解与适用》一书认为：

> 在货物运输合同关系中，从接受托运人交付的货物到将货物运输到目的地，承运人的义务并未履行完毕，只有将货物交付给收货人，其运输义务才告终结。承运人运输的目的在于收取运费，如果托运人赔偿承运人因变更、解除合同产生的损失，对于承运人并无不利。货物运输合同通常与货物买卖合同紧密联系，因买卖合同的变更或解除、买方违约或信用状况降低以及市场价格波动等，均可能引起货物运输合同的变更或解除。因客观情况变化，原定运输工作已无按原计划完成的必要，允许托运人行使变更和解除合同的权利，可以避免托运人遭受无谓的损失，从而有效保护托运人的利益，同时也有利于节省运输费用。从货运合同成立之日起到承运人将货物交付收货人之前，托运人均可以要求变更货运合同。[①]

① 最高人民法院民法典贯彻实施工作领导小组主编：《中华人民共和国民法典合同编理解与适用》，人民法院出版社2020年版，第2142页。

《民法典》第 829 条在海上货物运输合同场合的理解需要注意以下四个方面：

1. 行使中途停运权的权利主体限于托运人；而且由于《民法典》第三编“合同”第十九章“运输合同”规定的托运人仅限于契约托运人，而不包括实际托运人，因而此处中途停运权的行使主体也仅限于契约托运人。

2. 行使中途停运权的时间是承运人将货物交付收货人之前。

3. 托运人行使中途停运权提出的要求，中止运输、返还货物属于合同的解除，变更到达地或将货物交给其他收货人属于合同的变更。

4. 托运人需要赔偿承运人因其行使中途停运权而遭受的损失。

中途停运权对于海上货物运输合同存在一定的不适应性。海上货物运输具有运输量大、航线相对固定等特征，托运人要求更改目的港或者退运的请求有时不仅不易操作，还有可能妨碍承运人的正常营运，或者对于其他货物的托运人或收货人造成较大影响，[①] 此外还涉及运输单证的退还、是否需要提供担保、权利主体的扩大等问题。但是，根据最高人民法院指导性案例第 108 号浙江隆达不锈钢有限公司诉 A.P. 穆勒－马士基有限公司海上货物运输合同纠纷案，中途停运权同样适用于海上货物运输合同，但双方当事人仍应遵循公平原则确定各方的权利和义务。托运人行使此项权利时，承运人也可相应行使一定的抗辩权。如果变更海上货物运输合同难以实现或者将严重影响承运人正常营运，承运人可以拒绝托运人改港或者退运的请求，但应当及时通知托运人不能变更的原因。

指导性案例

最高人民法院指导性案例第 108 号
（2017 年全国法院海事审判十大典型案例）

浙江隆达不锈钢有限公司诉 A.P. 穆勒－马士基有限公司海上货物运输合同纠纷案

【裁判要点】

在海上货物运输合同中，依据合同法第三百零八条的规定，承运人将货物交付收货人之前，托运人享有要求变更运输合同的权利，但双方当事人仍要遵循合同法第五条规定的公平原则确定各方的权利和义务。托运人行使此项权利时，承运人也可相应行使一定的抗辩权。

① 谢鸿飞、朱广新主编：《民法典评注·合同编：典型合同与准合同》（第 3 册），中国法制出版社 2020 年版，第 306 页。

如果变更海上货物运输合同难以实现或者将严重影响承运人正常营运，承运人可以拒绝托运人改港或者退运的请求，但应当及时通知托运人不能变更的原因。

【相关法条】

《中华人民共和国合同法》第三百零八条

《中华人民共和国海商法》第八十六条

【基本案情】

2014年6月，浙江隆达不锈钢有限公司（以下简称隆达公司）由中国宁波港出口一批不锈钢无缝产品至斯里兰卡科伦坡港，货物报关价值为366,918.97美元。隆达公司通过货代向A.P.穆勒-马士基有限公司（以下简称马士基公司）订舱，涉案货物于同年6月28日装载于4个集装箱内装船出运，出运时隆达公司要求做电放处理。2014年7月9日，隆达公司通过货代向马士基公司发邮件称，发现货物运错目的地要求改港或者退运。马士基公司于同日回复，因货物距抵达目的港不足2天，无法安排改港，如需退运则需与目的港确认后回复。次日，隆达公司的货代询问货物退运是否可以原船带回，马士基公司于当日回复“原船退回不具有操作性，货物在目的港卸货后，需要由现在的收货人在目的港清关后，再向当地海关申请退运。海关批准后，才可以安排退运事宜”。2014年7月10日，隆达公司又提出：“这个货要安排退运，就是因为清关清不了，所以才退回宁波的，有其他办法吗？”此后，马士基公司再未回复邮件。

涉案货物于2014年7月12日左右到达目的港。马士基公司应隆达公司的要求于2015年1月29日向其签发了编号603386880的全套正本提单。根据提单记载，托运人为隆达公司，收货人及通知方均为VENUS STEEL PVT LTD，起运港中国宁波，卸货港科伦坡。2015年5月19日，隆达公司向马士基公司发邮件表示已按马士基公司要求申请退运。马士基公司随后告知隆达公司涉案货物已被拍卖。

【裁判结果】

宁波海事法院于2016年3月4日作出（2015）甬海法商初字第534号民事判决，认为隆达公司因未采取自行提货等有效措施导致涉案货物被海关拍卖，相应货损风险应由该公司承担，故驳回隆达公司的诉讼请求。一审判决后，隆达公司提出上诉。浙江省高级人民法院于2016年9月29日作出（2016）浙民终222号民事判决：撤销一审判决；马士基公司于判决送达之日起十日内赔偿隆达公司货物损失183,459.49美元及利息。二审法院认为依据《合同法》（现已失效）第三百零八条，隆达公司在马士基公司交付货物前享有请求改港或退运的权利。在隆达公司提出退运要求后，马士基公司既未明确拒绝安排退运，也未通知隆达公司自行处理，对涉案货损应承担相应的赔偿责任，酌定责任比例为50%。马士基公司不服二审判决，向最高人民法院申请再审。最高人民法院于2017年12月29日作出（2017）最高法民再412号民事判决：撤销二审判决；维持一审判决。

【裁判理由】

最高人民法院认为，合同法与海商法有关调整海上运输关系、船舶关系的规定属于普通法与特别法的关系。根据海商法第八十九条的规定，船舶在装货港开航前，托运人可以要求解除合同。本案中，隆达公司在涉案货物海上运输途中请求承运人进行退运或者改港，因海商法未就航程中托运人要求变更运输合同的权利进行规定，故本案可适用合同法第三百零八条关于托运人要求变更运输合同权利的规定。基于特别法优先适用于普通法的法律适用基本原则，合同法第三百零八条规定的是一般运输合同，该条规定在适用于海上货物运输合同的情况下，应该受到海商法基本价值取向及强制性规定的限制。托运人依据合同法第三百零八条主张变更运输合同的权利不得致使海上货物运输合同中各方当事人利益显失公平，也不得使承运人违反对其他托运人承担的安排合理航线等义务，或剥夺承运人关于履行海上货物运输合同变更事项的相应抗辩权。

合同法总则规定的基本原则是合同法立法的准则，是适用于合同法全部领域的准则，也是合同法具体制度及规范的依据。依据合同法第三百零八条的规定，在承运人将货物交付收货人之前，托运人享有要求变更运输合同的权利，但双方当事人仍要遵循合同法第五条规定的公平原则确定各方的权利和义务。海上货物运输具有运输量大、航程预先拟定、航线相对固定等特殊性，托运人要求改港或者退运的请求有时不仅不易操作，还会妨碍承运人的正常营运或者给其他货物的托运人或收货人带来较大损害。在此情况下，如果要求承运人无条件服从托运人变更运输合同的请求，显失公平。因此，在海上货物运输合同下，托运人并非可以无限制地行使请求变更的权利，承运人也并非在任何情况下都应无条件服从托运人请求变更的指示。为合理平衡海上货物运输合同中各方当事人利益之平衡，在托运人行使要求变更权利的同时，承运人也相应地享有一定的抗辩权利。如果变更运输合同难以实现或者将严重影响承运人正常营运，承运人可以拒绝托运人改港或者退运的要求，但应当及时通知托运人不能执行的原因。如果承运人关于不能执行原因等抗辩成立，承运人未按照托运人退运或改港的指示执行则并无不当。

涉案货物采用的是国际班轮运输，载货船舶除运载隆达公司托运的4个集装箱外，还运载了其他货主托运的众多货物。涉案货物于2014年6月28日装船出运，于2014年7月12日左右到达目的港。隆达公司于2014年7月9日才要求马士基公司退运或者改港。马士基公司在航程已过大半，距离到达目的港只有两三天的时间，以航程等原因无法安排改港、原船退回不具有操作性为抗辩事由，符合案件事实情况，该抗辩事由成立，马士基公司未安排退运或者改港并无不当。

马士基公司将涉案货物运至目的港后，因无人提货，将货物卸载至目的港码头符合海商法第八十六条的规定。马士基公司于2014年7月9日通过邮件回复隆达公司距抵达目的港不足2日。隆达公司已了解货物到港的大体时间并明知涉案货物在目的港无人提货，但在长达8个月的时间里未采取措施处理涉案货物致其被海关拍卖。隆达公司虽主张马士基公司未尽到谨慎管货义务，但并未举证证明马士基公司存在管货不当的事实。隆达公司的该项主张缺乏依据。依据海商法第八十六条的规定，马士基公司卸货后所产生的费用和风险应由收货人承担，马士基公司作为承运人无须承担相应的风险。

拓展阅读

1. 谢鸿飞、朱广新主编：《民法典评注·合同编：典型合同与准合同》（第3册），中国法制出版社2020年版，第十九章“运输合同”第一节“一般规定”、第三节“货运合同”。

2. 胡绪雨：《国际海上班轮货物运输合同中强制性规则的适当性》，载《中国法学》2016年第6期。

3. 侯伟：《关于将内河货物运输纳入〈海商法〉调整范围的立法建议》，载《中国海商法研究》2017年第3期。

4. 尹东年、郭瑜：《海上货物运输法》，人民法院出版社2000年版，第一章“海上货物运输法概述”、第二章“海上货物运输合同的一般规定”。

第二章
海上货物运输法的法源

【知识提要】

本章主要讲解海上货物运输法的法源，即海上货物运输法律制度的表现形式。一是国内立法，主要介绍《海商法》、《民法典》以及已经废止的《国内水路货物运输规则》等的立法背景、适用范围、主要内容，以及互相之间的适用关系；二是国际公约，主要介绍《海牙规则》《维斯比规则》《汉堡规则》《鹿特丹规则》等国际海上货物运输公约的产生过程和主要内容，以及国际公约在我国的适用规则；三是司法解释、指导性案例、民间规则等其他法源。

第一节　法源的概念与分类

一、法源的概念

法源，是指法律的表现形式或称存在形式，主要关注的对象是作为法院裁判案件基准的法律规范。海上货物运输法的法源是指海上货物运输法的表现形式。我国法理学中长期以来习惯使用“法律渊源”的术语。例如，张文显主编的《法理学》认为：

> 法的渊源，也称“法源”，或“法律渊源”，是指那些具有法的效力作用和意义的法的外在表现形式，因此，法的渊源也叫法的形式，它侧重于从法的外在的形式意义上来把握法的各种表现形式。[①]

① 张文显主编:《法理学》(第3版)，法律出版社2007年版，第127页。

但是,“渊源”一词似有词不达意之嫌。因为“渊源”在汉语中主要用于比喻事物的本质,[①]语境往往具有一定的历史追溯色彩。

《民法典》第10条规定了民法的法源:“处理民事纠纷,应当依照法律;法律没有规定的,可以适用习惯,但是不得违背公序良俗。”该法通过以后,“法源”一词在我国法学理论研究特别是民法研究中的使用日趋普遍。但是,也有学者认为,法源就是法律渊源的简称。[②]

二、法源的分类

法源存在正式法源与非正式法源的区分。二者的区别在于正式法源既可在法院裁判文书的理由部分援引,还可列入裁判依据部分,而非正式法源只能在法院裁判文书的理由部分援引。

最高人民法院印发的《人民法院民事裁判文书制作规范》关于民事裁判文书的基本要素规定如下:

> 文书由标题、正文、落款三部分组成。
>
> 标题包括法院名称、文书名称和案号。
>
> 正文包括首部、事实、理由、裁判依据、裁判主文、尾部。首部包括诉讼参加人及其基本情况,案件由来和审理经过等;事实包括当事人的诉讼请求、事实和理由,人民法院认定的证据及事实;理由是根据认定的案件事实和法律依据,对当事人的诉讼请求是否成立进行分析评述,阐明理由;裁判依据是人民法院作出裁判所依据的实体法和程序法条文;裁判主文是人民法院对案件实体、程序问题作出的明确、具体、完整的处理决定;尾部包括诉讼费用负担和告知事项。
>
> 落款包括署名和日期。

《最高人民法院关于裁判文书引用法律、法规等规范性法律文件的规定》第4条规定:“民事裁判文书应当引用法律、法律解释或者司法解释。对于应当适用的行政法规、地方性法规或者自治条例和单行条例,可以直接引用。”第6条规定:“对于本规定第三条、第四条、第五条规定之外的规范性文件,根据审理案件的需要,经审查认定为合法有效的,可以作为裁判说理的依据。”因此,海上货物运输法的正式法源在我国包括国际条约、国内立法中的法律和行政法规、航运习惯、法律解释;非正式法源主要包括部门规章和其他规范性文件、最高人民法院发布的指导性案例以及法理。

① 中国社会科学院语言研究所词典编辑室编:《现代汉语词典》(第7版),商务印书馆2016年版,第1068页。
② 朱庆育:《民法总论》(第2版),北京大学出版社2016年版,第35页。

例如，浙江省高级人民法院（2013）浙海终字第 11 号民事判决书的理由部分指出：

> 舟港公司接受麦芽公司委托承运涉案货物，系该批货物的承运人，恒锋公司安排其租赁的“恒锋 666”轮实际承运涉案货物，系实际承运人。舟港公司、恒锋公司依约应将涉案货物安全及时运抵目的地，涉案货物在目的港码头因暴雨遭受损失，根据《国内水路货物运输规则》第四十六条的规定，舟港公司、恒锋公司作为涉案货物的承运人与实际承运人，应对麦芽公司遭受的损失承担连带赔偿责任。

其中，《国内水路货物运输规则》属于原交通部制定的部门规章，因而作为非正式法源仅能在裁判文书的理由部分援引。

又如，上海海事法院（2016）沪 72 民初 2336 号民事判决书的裁判依据部分指出：

> 综上，依照《中华人民共和国涉外民事关系法律适用法》第二条、第四十四条，《1974 年海上旅客及其行李运输雅典公约》第六条、第十三条第二款，《中华人民共和国侵权责任法》第一条、第二条、第十六条、第二十二条、第二十六条、第三十七条第一款，《中华人民共和国保险法》第四十六条，《最高人民法院关于审理人身损害赔偿案件适用法律若干问题的解释》第十七条第一、二款、第十八条第一款、第十九条、第二十一条、第二十二条、第二十三条第一款、第二十四条、第二十五条第一款、第二十六条和《中华人民共和国民事诉讼法》第六十四条第一款的规定，判决如下：……

其中，《1974 年海上旅客及其行李运输雅典公约》属于国际条约，《涉外民事关系法律适用法》《侵权责任法》[①]《保险法》《民事诉讼法》属于法律，《最高人民法院关于审理人身损害赔偿案件适用法律若干问题的解释》属于司法解释，作为正式法源均可在裁判依据部分援引。

第二节 国内立法

根据我国《立法法》的规定，我国的国内立法主要分为四个层次：一是法律；二是行政法规；三是地方性法规、自治条例和单行条例、规章；四是地方政府规章。海上货物运输

① 《侵权责任法》已失效。

法几乎不涉及地方性立法，国内立法层面的法源主要是法律、行政法规、部门规章。

法律是由全国人民代表大会或其常务委员会制定的规范性法律文件。根据《立法法》第7条第2、3款的规定，全国人民代表大会制定和修改刑事、民事、国家机构和其他方面的基本法律，全国人民代表大会常务委员会制定和修改上述基本法律以外的其他法律。①

行政法规是我国最高行政机关即国务院制定的规范性法律文件。根据《最高人民法院关于裁判文书引用法律、法规等规范性法律文件的规定》第4条的规定，民事裁判文书对于应当适用的行政法规可以直接引用作为裁判依据，因而行政法规是正式法源。我国航运领域的行政法规多以“条例”为名，主要包括《船舶登记条例》《船员条例》《防治船舶污染海洋环境管理条例》《国际海运条例》《国内水路运输管理条例》《内河交通安全管理条例》等。但是，此类行政法规大多属于航运行政法和航运经济法，海上货物运输法领域目前暂无行政法规。

部门规章是国务院各部、委员会、中国人民银行、审计署和具有行政管理职能的直属机构制定的规范性法律文件。《最高人民法院关于裁判文书引用法律、法规等规范性法律文件的规定》第6条规定，根据审理案件的需要，经审查认定为合法有效的部门规章，可以作为裁判文书理由部分的说理依据援引，但不能列入裁判依据。因此，部门规章虽然也是我国国内立法的组成部分，但属于非正式法源而不是正式法源。我国航运领域部门规章的名称多是“规定”“规则”“办法”，主要是由国务院交通运输管理部门即交通运输部制定，主要包括《水路旅客运输规则》《关于不满300总吨船舶及沿海运输、沿海作业船舶海事赔偿限额的规定》《港口间海上旅客运输赔偿责任限额规定》《船舶登记办法》《船舶油污损害民事责任保险实施办法》《船员服务管理规定》《船员注册管理办法》《海员外派管理规定》《船员培训管理规则》《船舶最低安全配员规则》等。②

一、国际海上货物运输合同

（一）《海商法》

国际海上货物运输合同在我国适用的最为主要的国内立法是《海商法》。该法在国内立

① 《立法法》第7条第2款规定：“全国人民代表大会制定和修改刑事、民事、国家机构的和其他的基本法律。”第3款规定：“全国人民代表大会常务委员会制定和修改除应当由全国人民代表大会制定的法律以外的其他法律；在全国人民代表大会闭会期间，对全国人民代表大会制定的法律进行部分补充和修改，但是不得同该法律的基本原则相抵触。”

② 其中，《船员服务管理规定》《船员注册管理办法》已失效。

法中即属狭义的法律。《海商法》于1992年11月7日由第七届全国人民代表大会常务委员会第二十八次会议通过，1993年7月1日起施行。

《海商法》专设了第四章“海上货物运输合同”，分为一般规定、承运人的责任、托运人的责任、运输单证、货物交付、合同的解除、航次租船合同的特别规定、多式联运合同的特别规定等八节。该章规定是基于我国的国情，以《海牙—维斯比规则》为基础，适当吸收了《汉堡规则》的合理内容，而未整体移植任一海上货物运输合同国际公约，因而被称为“混合制度”（hybrid regime）。

关于《海商法》对于海上货物运输合同的适用范围，应当注意以下三个方面：

1. 不适用于国内水路货物运输合同

《海商法》第2条第2款规定：“本法第四章海上货物运输合同的规定，不适用于中华人民共和国港口之间的海上货物运输。”据此《海商法》作为我国国内立法，不适用于我国国内的水路货物运输。但是，《海商法》第五章“海上旅客运输合同”并未排除对于我国港口之间的国内海上旅客运输合同的适用。

《海商法》作出此种规定的主要理由在于：《海商法》起草后期，国际海上货物运输制度与国内水路货物运输制度在承运人责任的归责原则、赔偿责任限制、运输单证等方面存在很大差异。当时国际海上货物运输普遍适用《海牙—维斯比规则》，承运人对于货物灭失或损坏的归责原则一般认为是不完全的过错责任原则，承运人享有限制赔偿责任的权利，使用的运输单证为提单；国内水路货物运输适用1981年《经济合同法》（已失效）、1986年国务院批准的《水路货物运输合同实施细则》（已失效）和原交通部于1973年制定、1987年修正的《水路货物运输规则》（已失效），承运人责任的归责原则为完全的过错责任原则，承运人不享有限制赔偿责任的权利，使用的运输单证主要为水路货物运单，装货港、航运公司和卸货港即“两港一航”共同作为承运人。此外，《海商法》制定于我国计划经济时期，国家的国内水路货物运输计划对于船货双方具有约束力，但国际海上货物运输不实行国家运输计划。此种差异在当时无法完全调和，因而在《海商法》中设立国内海上货物运输合同制度，并使之与国际海上货物运输合同制度基本统一的条件尚不成熟。①

比较法上，英美法系的主要法域多有专门的“海上货物运输法”，较为典型的是英美两国；大陆法系主要法域如采民商分立的立法体例，海上货物运输合同大多规定在商法典的海商编，同时在商行为编可能包含关于运输的一般规定。日本的立法模式与我国恰好相反，制定

① 胡正良：《论〈海商法〉修改的必要性》，载《当代法学》2003年第12期。

了专门的《国际海上货物运输法》，其中第1条规定："本法（第十六条除外）的规定适用于装货港或卸货港在日本国外的船舶货物运输，第十六条规定适用于因承运人以及其受雇人的侵权行为造成的损害赔偿责任。"即国际运输适用《国际海上货物运输法》,国内运输适用《商法》第三编"海商"。

2. 适用于海江之间、江海之间的直达运输

《海商法》第2条第1款规定:"本法所称海上运输，是指海上货物运输和海上旅客运输，包括海江之间、江海之间的直达运输。"

上述规定中的"海江之间、江海之间的直达运输"，是指装货港和卸货港至少其中之一位于江河之内，经海路和江河而中途不转换船舶的运输。据此江河之内不涉及海路的运输，如长江内两个港口之间的运输，不适用《海商法》关于海上运输的规定，包括海上货物运输和海上旅客运输。[①]

3. 海上拖航视为海上货物运输的情形

《海商法》第七章"海上拖航合同"规定了海上拖航合同,其中第155条第1款规定:"海上拖航合同，是指承拖方用拖轮将被拖物经海路从一地拖至另一地，而由被拖方支付拖航费的合同。"同时，第164条规定："拖轮所有人拖带其所有的或者经营的驳船载运货物，经海路由一港运至另一港的，视为海上货物运输。"

上述情形称为"拖驳运输合同"，应当适用《海商法》第四章关于海上货物运输合同的规定。

（二）《民法典》

《立法法》第92条前段规定了"特别法优于一般法"规则："同一机关制定的法律、行政法规、地方性法规、自治条例和单行条例、规章，特别规定与一般规定不一致的，适用特别规定。"根据此项规则,《海商法》关于国际海上货物运输合同未有规定时，应当适用一般民事法律的规定，主要是《民法典》。

《民法典》第三编"合同"第二分编"典型合同"专设第十九章"运输合同",分为一般规定、客运合同、货运合同、多式联运合同四节。但是,该章规定同时适用于包括水路、公路、铁路、航空在内的各类运输方式，因而规定多为相对简单的原则性规定，适用于海上货物运输合同的可操作性不强。

包括《民法典》在内，我国国内立法对于海上货物运输合同的适用顺序如图7所示。

---

① 司玉琢主编：《中华人民共和国海商法问答》，人民交通出版社1993年版，第7页。

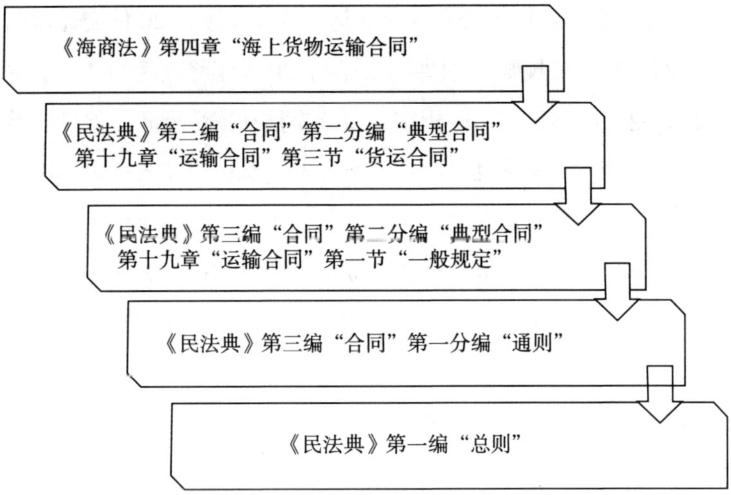

图 7　中国国内法律对于海上货物运输合同的适用顺序

二、国内水路货物运输合同

（一）《民法典》

由于《海商法》不适用于国内水路货物运输，《民法典》是目前我国国内立法在法律层面调整国内水路货物运输合同的唯一立法，但同样存在可操作性不强的问题。

《民法典》内部各编、分编、章、节对于国内水路货物运输合同的适用顺序与国际海上货物运输合同一致。

（二）《国内水路货物运输规则》

1.《国内水路货物运输规则》的制定、内容与废止

《国内水路货物运输规则》是由原交通部制定的部门规章，2000 年 7 月 17 日通过，2001 年 1 月 1 日施行，俗称“货规”或“水规”。原交通部曾于 1973 年制定了《水路货物运输规则》，此后经历 1979 年、1987 年、1995 年三次修正，2000 年再次修正时更名为《国内水路货物运输规则》。其中以 1995 年修正为界限，之前主要是以计划经济为主，此后开始转向社会主义市场经济。

《国内水路货物运输规则》分为总则，运输合同的订立，运输合同当事人的权利、义务，运输单证，货物的接收与交付，航次租船运输的特别规定，集装箱运输的特别规定，单元滚装运输的特别规定，附则等九章，施行期间对于明确我国国内水路货物运输当事人的权利和义务发挥了重要作用。

2016年5月30日，交通运输部公布《交通运输部关于废止20件交通运输规章的决定》，其中包括《国内水路货物运输规则》，主要原因在于2015年修改后的《立法法》对于部门规章的权限范围作出了更为明确、严格的规定，目的是推动依法行政、促进法治政府建设。其中第80条第2款规定："部门规章规定的事项应当属于执行法律或者国务院的行政法规、决定、命令的事项。没有法律或者国务院的行政法规、决定、命令的依据，部门规章不得设定减损公民、法人和其他组织权利或者增加其义务的规范，不得增加本部门的权力或者减少本部门的法定职责。"《国内水路货物运输规则》较多涉及当事人之间的民事权利义务，且缺少上位法的依据，因而不符合《立法法》的上述规定。

2.《国内水路货物运输规则》原有规定的习惯效力

《国内水路货物运输规则》虽已被废止，但其中的主要内容长期以来受到广泛遵循而成为国内水路货物运输的习惯做法，因而可以依据《民法典》第10条的规定作为习惯而适用。航运习惯作为习惯的具体类型，是指航运领域经过长期历史积淀形成而为人们自觉遵守的行为模式。《民法典》第10条规定："处理民事纠纷，应当依照法律；法律没有规定的，可以适用习惯，但是不得违背公序良俗。"该条明文确立了习惯具有的民法法源地位，而不再限于零星的个别事项，因而至少在民事领域应当认为习惯已是正式法源。

理论探讨

航运习惯与航运惯例

关于习惯与惯例的关系，我国民事立法此前更多采用"惯例"的表述，最为典型的便是原《民法通则》第142条第3款以及《海商法》第268条第2款。但是，二者的差别，更多集中于国际公法领域，而在商事法律的场合常常混用。例如，王铁崖教授认为：

> "习惯"一词常与"惯例"混用。其实，"惯例"有广义与狭义之分：狭义的"惯例"专指习惯，而广义的"惯例"则包括"习惯"在内。外交文件上所用的"惯例"一词可能既包括具有法律拘束力的习惯，即狭义的"惯例"，也包括尚未具有法律拘束力的"惯例"，即《国际法院规约》第38条第1项（丑）款所指的"通例"。不同词语的适用引致一些意义上的混乱。但是，按照《国际法院规约》第38条第1项（丑）款规定的中文本，应使"国际习惯"作为国际法的渊源。[①]

① 王铁崖主编：《国际法》，法律出版社1995年版，第13~14页。

海商法学界虽有观点主张“航运惯例”(shipping customs)与单纯的“航运习惯”(shipping usage)存在不同，[①] 但并未给出明确的理由。传统上认为“usage”与“custom”在法律意义上的区别在于:前者是一个重复的行为，而后者是在此重复行为基础上形成的法律或规则。[②] 此时二者的区别应当在于是否经过合法性判断。但是，我国《民法典》第10条明确规定作为法源适用的习惯不得违背公序良俗，也即必须经过合法性判断，因而习惯与惯例在《民法典》的立场下并无明显差别。全国人大常委会法制工作委员会编写的释义也认为，原《民法总则》第10条规定的习惯既包括民间习惯，也包括商业惯例。[③] 因此，至少在我国民事法律领域,包括《海商法》在内,习惯与惯例更多只是称谓不同,严格区分二者并无实质性意义。

航运习惯的形式成文与否均有可能。例如，海上货物运输的承运人在舱面装载货物，如果是木材船甲板装载木材，或者专用集装箱船甲板装载集装箱，一般认为符合《海商法》第53条第1款关于舱面货物运输的规定。此即属于较为典型的不成文航运习惯。但是，随着习惯编纂活动的不断发展，习惯也存在日渐成文化的趋势。例如，共同海损理算的《1994年约克—安特卫普规则》(York-Antwerp Rules 1994)便是典型的成文航运习惯。此外，普遍通行的标准格式合同条款也有可能构成航运习惯。

一般认为习惯的适用需要满足以下四项要件：

(1)法律对于待决事项没有规定。《国内水路货物运输规则》原有规定大多属于《民法典》《海商法》等法律未有规定的事项，如实际承运人、承运人与实际承运人的连带责任、舱面货物运输规则、危险货物运输规则、水路货物运单，因而存在适用航运习惯的空间。

(2)习惯确实存在。航运习惯适用的难点历来在于证明。《国内水路货物运输规则》的原有内容通过交通运输主管部门的部门规章得以固定，具有明确的表现形式，其相应内容作为航运习惯的存在颇易证明。

(3)习惯长期以来作为具有约束力的规则为人们遵守。《国内水路货物运输规则》原有内容长期以来得到国内水路货物运输参与者的认可和遵循，即使在废止后亦是如此，不少水路货物运单仍然载明适用《国内水路货物运输规则》。《最高人民法院关于国内水路货物运输纠纷案件法律问题的指导意见》第1、2条此前也明确规定《国内水路货物运输规则》可用

① 杨仁寿:《最新海商法论》，2010年自版，第3页。
② 薛波主编:《元照英美法词典》(缩印版)，北京大学出版社2013年版，第1388页。
③ 李适时主编:《中华人民共和国民法总则释义》，法律出版社2017年版，第35页。

以确定当事人的权利义务，[①]因而,《国内水路货物运输规则》的原有规定作为习惯长期以来确实是人们遵守的具有约束力的规则。

（4）习惯不得违背公序良俗。《国内水路货物运输规则》是由国务院交通主管部门制定，废止的主要原因在于不符合部门规章的权限范围，尤其是缺少上位法的规定依据，但主要内容本身作为商事规范涉及公共秩序以及一般道德观念较少，至少在当前以及今后一个时期尚不至于存在违背我国的公序良俗的情形。

此外值得注意的是，习惯乃是补充性法源,《民法典》第10条采用的表述是“可以”而非“应当”。因此，习惯在个案中能否得到适用，仍需法院根据具体案情加以判断，而不存在必须适用的强制性习惯。航运习惯亦然。

3.《港口货物作业规则》

与《国内水路货物运输规则》一同制定和废止的还有《港口货物作业规则》,俗称“港规”，二者合称“两规”。

根据1973年和1987年《水路货物运输规则》,水路货物运输的承运人包括“两港一航”，即装货港、卸货港和航运公司，因而港口作业是水路货物运输的具体环节，作为水路货物运输合同的组成部分；1995年《水路货物运输规则》首次将水路货物运输合同和港口作业合同分离，但二者均属于《水路货物运输规则》的调整范围；[②]2000年《水路货物运输规则》更名为《国内水路货物运输规则》，仅调整国内水路货物运输合同，同时单独制定《港口货物作业规则》，专门调整港口货物作业合同。

《港口货物作业规则》分为总则，作业合同的订立，作业合同当事人的权利、义务，港、航货物交接的特别规定，附则等五章。其中第2条规定：“在中华人民共和国境内，为水路运输货物提供的装卸、驳运、储存、装拆集装箱等港口作业适用本规则。”此处“水路运输货物”不限于国内水路货物运输，也包括国际海上货物运输。因此，不同于《水

① 《最高人民法院关于国内水路货物运输纠纷案件法律问题的指导意见》第1条规定：“人民法院审理国内水路货物运输合同纠纷案件，应当适用民法通则、合同法等法律的有关规定，同时可以参照《国内水路货物运输规则》的有关规定。海商法第四章海上货物运输合同的规定，不适用于国内水路货物运输。人民法院参照《国内水路货物运输规则》确定当事人权利义务时，应当在判决书说理部分引用论述，但不应作为判决书引用的法律依据。”第2条规定：“当事人在国内水路货物运单或者其他运输合同文件中明确约定其权利义务适用《国内水路货物运输规则》规定的，人民法院可以按照《国内水路货物运输规则》的有关规定确定合同当事人的权利义务。”

② 1995年《水路货物运输规则》第4条第1项规定：“水路货物运输合同（以下简称‘运输合同’）是指承运人收取运费，负责将托运人托运的货物经水路由一港（站、点）运至另一港（站、点）的合同。”第2项规定：“港口作业合同（以下简称‘作业合同’），是指港口经营人收取港口费用，负责将作业委托人委托的运输货物在港口进行装卸、储存、驳运等作业的合同。”

路货物运输规则》时代调整的港口货物作业仅限于为国内水路货物运输提供的港口作业，《港口货物作业规则》调整的港口货物作业同时包括国际海上货物运输和国内水路货物运输。

（三）《水路货物运输合同实施细则》

《水路货物运输合同实施细则》1986 年 11 月 8 日经国务院批准，1986 年 12 月 1 日由原交通部发布。该规范性文件的性质属于行政法规还是部门规章，存在一定争议。主要原因在于该文件产生在先，而《立法法》制定在后。《立法法》第 65 条第 1 款规定："国务院根据宪法和法律，制定行政法规。"（1986 年）《水路货物运输合同实施细则》只是由国务院批准，制定主体则是原交通部而非国务院，其中第 34 条规定的解释主体也是原交通部。[①] 但是，根据国务院历次发布的涉及《水路货物运输合同实施细则》的决定，包括 2011 年 1 月 8 日发布实施的《国务院关于废止和修改部分行政法规的决定》（部分失效）、[②]2022 年 5 月 1 日实施的《国务院关于修改和废止部分行政法规的决定》，[③] 似乎倾向于将《水路货物运输合同实施细则》认定为行政法规。

《水路货物运输合同实施细则》依据《经济合同法》制定，而后者已于 1999 年 10 月 1 日由于《合同法》的生效而废止。《水路货物运输合同实施细则》虽然此后长期有效，但由于制定年代久远，且带有明显的计划经济色彩，因而在国内水路货物运输实践中实际较少得到适用。《水路货物运输合同实施细则》分为总则、货物运输合同的签订、货物运输合同的履行、货物运输合同的变更和解除、违反货物运输合同的责任、争议处理、附则等七章。

2022 年 3 月 29 日，国务院发布《国务院关于修改和废止部分行政法规的决定》，其中废止了《水路货物运输合同实施细则》，自 2022 年 5 月 1 日起施行。此次废止的行政法规主要分为三种情形：一是制定年代较为久远，与相关法律法规存在冲突；二是已经被上位法废止或者上位法依据已被废止；三是已被其他法律法规所取代。《水路货物运输合同实施细则》应属第二种情形，即作为上位法依据的《经济合同法》已经废止。

---

① 1986 年《水路货物运输合同实施细则》第 34 条规定："本细则由交通部负责解释。"

② 中华人民共和国国务院令第 588 号。

③ 中华人民共和国国务院令第 752 号。

第三节 国际公约

一、海上货物运输领域的主要国际公约

（一）《海牙规则》

1.《海牙规则》的产生过程

十九世纪中期，英国商船队在国际航运市场上具有重要地位。根据当时英国法的规定，海上货物运输合同高度贯彻合同自由原则，允许承运人在海上货物运输合同和提单上列入对于货物灭失或损坏的免责条款。此类免责条款的使用在十九世纪八十年代前后愈演愈烈，以至于人们带有强烈讽刺意味地描述此种情形："承运人除收取运费以外，似乎已无其他责任可言。"①

此种混乱无序的状态引起了各国的重视，尤其是遭到了作为最大贸易国的美国的反对。美国于 1893 年通过了《关于船舶航行、提单以及与财产运输有关的某些义务、职责和权利的法律》（An Act Relating to Navigation of Vessels, Bills of Lading, and to Certain Obligations, Duties, and Rights in Connection with the Carriage of Property），也即通常所称的《哈特法》（Harter Act）。《哈特法》对于现代海上货物运输立法的贡献主要有二：一是为承运人确立了最低限度的义务，即承运人不得在合同中降低或减少自己对于货物应尽的基本义务；二是对于承运人的权利加以限制，通过法律规定取消了承运人的许多过失免责权利，主要保留了船长、船员的航海过失免责，并将航海过失区分为驾驶船舶的过失和管理船舶的过失。

《哈特法》的制定对于各国海上货物运输立法产生了重要影响，英美法系的许多国家均效仿美国的做法制定了本国的国内法律。但是，全球性地消除承运人滥用合同自由的状况，必须通过制定国际公约。因此，经由国际海事委员会（Comité Maritime International, CMI）组织，1924 年 8 月 25 日在比利时布鲁塞尔召开的外交会议通过了《1924 年统一提单某些法律规则的国际公约》（International Convention for the Unification of Certain Rules of Law Relating to Bills of Lading）。公约是以 1921 年 8 月 30 日至 9 月 3 日国际法协会在荷兰海牙制定的提

① There seems to be no other obligation on the shipowner than to receive the freight.

单条款规则为基础，因而称为《海牙规则》（Hague Rules，H.R.）。公约的作准文本为法文。公约于1931年6月2日生效。

截至2022年4月，约有70个国家或地区参加了《海牙规则》，包括澳大利亚、比利时、丹麦、埃及、法国、德国、波兰、新加坡、瑞士、土耳其等。我国未参加该公约，但《海商法》第四章“海上货物运输合同”吸收了公约的主要内容。

2.《海牙规则》的主要内容

（1）排除对于租船合同的适用，但对于基于租船合同签发的提单部分适用。《海牙规则》第1条第b项规定：“‘运输合同’仅适用于提单或任何类似的物权凭证下的运输合同，只要这些单据与海上货物运输有关；在租船合同下或根据租船合同所签发的提单或任何物权凭证，在它们成为制约承运人与提单持有人之间的关系准则时，也包括在内。”第5条第2款第1句规定：“本公约的规定，不适用于租船合同，但如果提单是根据租船合同签发的，则上述提单应符合本公约的规定。”

（2）承运人负有两项基本义务，即谨慎处理使船舶适航以及妥善和谨慎地管理货物。①

（3）《海牙规则》强制适用的期间为自货物在装货港装上船开始至在卸货港卸离船舶为止，通常将此等同于承运人的责任期间并概括为“钩至钩，舷至舷”原则。《海牙规则》第1条第e项规定：“‘运输’包括自货物装上船时起，至卸下船时止的一段期间。”

（4）承运人对于货物的灭失或损坏享有17项免责权利，包括航海过失免责、火灾过失免责等过失免责。②

（5）承运人享有单位赔偿责任限制的权利，赔偿责任限额为每件或每计费单位100英镑。③

（6）承运人根据《海牙规则》承担的责任和义务是最低限度的责任与义务，享有的免责和权利是最大限度的免责和权利。《海牙规则》第3条第8款规定：“运输合同中的任何条款、约定或协议，凡是解除承运人或船舶对由于疏忽、过失或未履行本条规定的责任和义务，因而引起货物或关于货物的灭失或损害的责任的，或以下同于公约的规定减轻这种责任的，则一律无效。有利于承运人的保险利益或类似的条款，应视为属于免除承运人责任的条款。”

（7）托运人的责任采取过错责任原则，④同时负有两项主要义务：一是保证提供的货物

① 《海牙规则》第3条第1、2款。
② 《海牙规则》第4条第1款。
③ 《海牙规则》第4条第5款。
④ 《海牙规则》第4条第3款。

情况准确，[①] 二是不得擅自装运危险品。[②]

（8）货方对于承运人或船舶提起货物灭失或损坏索赔的诉讼时效期间为 1 年，自货物交付之日，或者货物全部灭失时自货物应交付之日起算。[③]

（二）《维斯比规则》

1.《维斯比规则》的产生过程

《海牙规则》生效后，对于海上货物运输法律的国际统一起到了重要作用，船货双方的利益达成了基本平衡。但是，二十世纪五十年代末期，随着国际政治、经济形势的变化以及航海、造船技术的进步，此种平衡逐渐受到挑战，特别是代表货方利益的部分发达国家和多数发展中国家认为,《海牙规则》主要存在以下问题：

（1）受到通货膨胀等因素的影响，公约规定的承运人单位赔偿责任限额过低；

（2）公约规定的承运人对于货物灭失或损坏的免责权利范围过大；

（3）公约未明确规定承运人的受雇人和代理人的权利和义务；

（4）公约关于承运人单位赔偿责任限制的规定在计算单位等方面无法适应集装箱运输方式的发展；

（5）公约对于货物的适用范围过窄，不适用于活动物和舱面货的运输；

（6）公约关于诉讼时效的规定未考虑承运人向第三人追偿的情形；

（7）公约未考虑对于履行海上货物运输合同而产生的侵权之诉的适用。

基于上述问题，经由国际海事委员会组织，1968 年 2 月 23 日第十二届海洋法外交大会通过了《修正 1924 年统一提单某些法律规定的国际公约的 1968 年议定书》（Protocol to Amend the International Convention for the Unification of Certain Rules of Law Relating to Bills of Lading）。1963 年国际海事委员会在瑞典斯德哥尔摩召开会议讨论该议定书时，曾到位于瑞典的哥得兰岛首府维斯比城签署该议定书草案，因而该议定书被称为《维斯比规则》（Visby Rules）。经该议定书修订后的《海牙规则》称为《海牙—维斯比规则》（Hague-Visby Rules，Hv.R.）。议定书的作准文本为法文和英文。议定书于 1977 年 6 月 23 日生效。

截至 2022 年 4 月，约有 22 个国家或地区参加了《维斯比规则》，包括比利时、丹麦、芬兰、法国、意大利、荷兰、波兰、新加坡、瑞典、瑞士、英国等。海牙—维斯比规则体系也已成为目前主要法域海上货物运输合同国内立法的重要基础。我国未参加该议定书，但《海商法》

① 《海牙规则》第 3 条第 2 款。
② 《海牙规则》第 4 条第 6 款。
③ 《海牙规则》第 3 条第 6 款。

第四章“海上货物运输合同”关于提单证据效力、非合同之诉、承运人的受雇人和代理人的权利和义务的规定，吸收了议定书的主要内容。

2.《维斯比规则》的主要内容

（1）完善关于承运人单位赔偿责任限制的规定，采用数量与重量双轨制，同时增设“集装箱条款”（container clause）。《维斯比规则》第2条规定：“除非在装货前，托运人已声明该货物的性质和价值，并载入提单，否则，在任何情况下，承运人或船舶对货物所遭受的或有关的任何灭失或损害，每件或每单位的金额超过10,000法郎的部分，或按灭失或损害的货物每公斤毛重超达30法郎的部分，均不负责任，两者以较高的金额为准。”“如果货物是用集装箱、托盘或类似的装运器具拼装时，提单中所载明的、装在这种装运器具中的件数或单位数，应视为就本款所指的件数或单位数；除上述情况外，应视为此种装运器具即是件或单位。”

（2）完善关于提单证据效力的规定。《海牙规则》第3条第4款规定：“依照第3款（a）、（b）、（c）项所载内容的这样一张提单，应作为承运人收到该提单中所载货物的初步证据。”《维斯比规则》第1条第1款进一步规定：“但是，当提单已经转给善意行事的第三者时，与此相反的证据不予接受。”即一旦提单从托运人手中转让至善意的第三人收货人，提单便成为承运人收到其上所载货物的绝对证据。

（3）增加关于非合同之诉的规定。《维斯比规则》第3条规定：“本公约规定的抗辩和责任限制，应适用于就运输合同所涉及的有关货物的灭失或损害对承运人所提起的任何诉讼，不论该诉讼是以合同为根据还是以侵权行为为根据。”

（4）增加规定承运人的受雇人和代理人的权利和义务。《维斯比规则》第3条规定：“如果这种诉讼是对承运人的雇用人员或代理人（而该雇用人员或代理人不是独立的缔约人）提出的，则该雇用人员或代理人适用按照本公约承运人所可援引的各项答辩和责任限制。”

（5）完善关于诉讼时效的规定：一是增加规定当事人可以协议延长诉讼时效期间，二是增加规定承运人向第三人追偿的时效。《维斯比规则》第1条第2款规定：“遵照第6款（修改本）的规定，除非从货物交付之日或应交付之日起一年内提出诉讼，承运人和船舶在任何情况下都免除对于货物的任何责任。但是，诉讼事由提出后，如经当事方同意，该期限可以延长。”第3款规定：“即使在前款规定的年限期满后，如果在受理该案的法院的法律准许的时间内，仍可以对第三者提出赔偿诉讼。但是，准许的时间不得少于三个月，自提出这种赔偿诉讼的人已经解决了对他本人的索赔或者从起诉传票送达他本人之日起算。”

（6）扩大公约的适用范围。《维斯比规则》第5条规定：“本公约各项规定应适用于两个不同国家的港口之间有关的货物运输的每一份提单，如果：(a) 提单在一个缔约国签发，或 (b) 从一个缔约国的港口起运，或 (c) 提单载有的或由提单证明的契约的规定，该契约应受本公约的各项规则约束或应受本公约生效的任何国家的立法约束，不论船舶、承运人、托运人、收货人或任何其他有关人的国籍如何。”

3.《特别提款权议定书》

《维斯比规则》规定的承运人单位赔偿责任限额，采用的计算单位为金法郎即金本位，以黄金作为定值标准。由于黄金本身的价格根据市场供求关系自由涨落，导致承运人赔偿限额的实际价值不能保持稳定。

针对上述问题，1979 年 12 月 21 日召开的外交会议通过了《修正（经 1968 年议定书修正的）1924 年统一提单某些法律规定的国际公约的 1979 年议定书》[Protocol to Amend the International Convention for the Unification of Certain Rules of Law Relating to Bills of Lading (as Amended by the Protocol of 1968), 1924]，将承运人单位赔偿责任限额的计算单位从金法郎修改为特别提款权（Special Drawing Right，SDR），因而简称为《特别提款权议定书》(SDR Protocol)。

国际货币基金组织对于特别提款权的介绍如下：

特别提款权的作用

特别提款权由基金组织于 1969 年创造，以支持布雷顿森林固定汇率体系。1973 年布雷顿森林体系崩溃，主要货币转向浮动汇率制度，减少了对特别提款权作为全球储备资产的依赖。尽管如此，特别提款权分配可以在提供流动性和补充成员国官方储备方面发挥作用，全球金融危机期间的情况就是一个例子。

特别提款权是基金组织和其他一些国际组织的记账单位。

特别提款权既不是货币，也不是对基金组织的债权，而是对基金组织成员国可自由使用货币的潜在求偿权。特别提款权可以与这些货币进行兑换。

决定特别提款权价值的货币篮子

特别提款权最初确定为相当于 0.888671 克纯金，当时也相当于 1 美元。在布雷顿森林体系解体后，特别提款权价值被重新定义为一篮子货币。

特别提款权篮子中的货币必须满足两个条件：出口标准和可自由使用标准。如果一种货币的发行国是基金组织成员国，或是包括基金组织成员国的货币联盟，同时也是世界最大五个出口经济体之一，那么该货币则满足出口标准。一种货币必须在国际交易中被广泛用于支付，并且在主要外汇市场上被广泛交易，基金组织才能将其认定为“可自由使用”货币。可自由使用货币可以用于基金组织的资金交易。

基金组织执行董事会每五年或在必要时提前检查特别提款权篮子，以确保篮子能反映各组成货币在世界贸易和金融体系中的相对重要性。检查涵盖特别提款权定值方法的关键要素，包括选择特别提款权篮子货币时使用的标准和指标，以及确定特别提款权篮子中每种货币数量（单位数量）所使用的初始货币权重。货币数量在特别提款权五年定值期内保持不变，但是，随着篮子货币之间的交叉汇率变动，篮子中货币的实际权重发生波动。特别提款权价值每日根据市场汇率确定。检查还用于评估构成特别提款权利率（SDRi）篮子的金融工具的适当性（见下述）。

在 2015 年 11 月结束的上一次检查中，基金组织执行董事会决定，中国人民币（RMB）满足纳入特别提款权篮子的标准。根据此决定，自 2016 年 10 月 1 日起，人民币与美元、欧元、日元和英镑一起，构成特别提款权篮子货币，中国国债三个月基准收益率纳入特别提款权利率篮子。在 2015 年检查中，基金组织执行董事会还批准采用一个新的公式（货币发行国的出口和综合金融指标具有相同的权重）来确定特别提款权篮子中的货币权重。①

《特别提款权议定书》于 1984 年 2 月 14 日生效。截至 2022 年 4 月，约有 22 个国家或地区参加了《特别提款权议定书》，包括比利时、丹麦、芬兰、法国、希腊、意大利、日本、墨西哥、荷兰、新西兰、挪威、波兰、俄罗斯、瑞典、瑞士、英国等。我国未参加该议定书，但《海商法》第 56 条关于承运人对于货物灭失或损坏的单位赔偿责任限额的规定与该议定书的规定一致。

（三）《汉堡规则》

1.《汉堡规则》的产生过程

《维斯比规则》通过提高承运人的单位赔偿责任限额以及其他一些修改，对于维护建立在《海牙规则》基础上的船货利益平衡起到了一定作用，但未能触及《海牙规则》的核心，即承运人责任的归责原则。很多第三世界国家和代表货主利益的发达国家，如美国、加拿大、法国、澳大利亚等对此表示不满，认为《海牙—维斯比规则》在海上货物运输责任和风险的

① 载国际货币基金组织网：https://www.imf.org/zh/About/Factsheets/Sheets/2016/08/01/14/51/Special-Drawing-Right-SDR，最后访问日期：2021 年 10 月 26 日。

分摊方面严重偏护承运人。而且，公约的一些规定已经不能适应海上货物运输条件、技术和实践做法的发展。例如，由于货物交接地点基本已从原来的船边交接变为码头仓库或堆场交接，公约规定的强制适用期间应当从货物装船至卸船变更为从承运人接收货物至交付货物。

基于上述原因，联合国国际贸易法委员会（United Nations Commission on International Trade Law，UNCITRAL）设立了国际航运立法工作组，并于1978年3月6日至31日召开的联合国海上货物运输会议通过了《1978年联合国海上货物运输公约》（United Nations Convention on the Carriage of Goods by Sea，1978）。由于会议是在德国汉堡召开，因而简称为《汉堡规则》（Hamburg Rules，HBR）。公约的作准文本包括阿拉伯文、中文、英文、法文、俄文、西班牙文。[①] 公约于1992年11月1日生效。

《汉堡规则》被称为第三世界国家在国际海事立法舞台的一次胜利，但公约尝试重新平衡船货利益的努力实际并未成功。截至2022年4月，虽有约35个国家或地区参加了《汉堡规则》，但绝大多数是位于非洲和南美洲的国家，不少是航运和经济尚不发达的发展中国家，甚至是内陆国家。航运大国以及经济发达的国家几乎均未加入该公约。我国未参加该公约，但《海商法》第四章"海上货物运输合同"吸收了该公约部分较为成熟和合理的内容，包括关于定义、实际承运人、托运人责任、运输单证、货物交付的规定。

2.《汉堡规则》的主要内容

不同于《海牙—维斯比规则》只是确立"某些法律规定"的公约，《汉堡规则》尝试构建完整的海上货物运输合同法律制度，分为总则、承运人的责任、托运人的责任、运输文件、索赔和诉讼、补充条款、最后条款等七个部分：

（1）对于承运人责任采取完全的过错责任原则，取消了《海牙—维斯比规则》规定的航海过失免责和火灾过失免责。《汉堡规则》第5条第1款规定："运送人对于货物的损失或损坏以及延迟交付所引起的损害，如引致损失、损坏或延迟的事件发生于第四条所订明的货物由他掌管的期间，须负赔偿责任，但运送人能证明本人、其受雇人或代理人为避免该事件发生及其后果曾采取所能合理要求的一切措施者，不在此限。"

（2）对于承运人的责任期间拓展为承运人在装货港、运输途中和卸货港掌管货物的期间。《汉堡规则》第4条第1款规定："在本公约下，运送人对于货物在装货港、在运送途中及在

① 《汉堡规则》的中文本主要由我国台湾地区学者翻译，因而用语与大陆的习惯多有不同，如公约名称译为《一九七八年联合国海上货物运输公约》。较为符合大陆用语习惯的中文译本可见吴焕宁主编：《国际海上运输三公约释义》，中国商务出版社2007年版，第368~385页。但是，作准中文文本以外的中文译本不具有法律效力。

卸货港由其掌管的全部期间，担负责任。”

（3）提高承运人的单位赔偿责任限额，同时增加规定了承运人对于迟延交付货物的赔偿责任限制。《汉堡规则》第6条第1款第a项规定：“运送人按照第五条的规定对于货物的损失或损坏引起的损害所负的赔偿责任，限于相当于所损失或损坏的货物每包或其他货运单位835记账单位或总重量每公斤2.5记账单位的数额，以较高的数额为准。”《汉堡规则》第6条第1款第b项规定：“运送人按照第五条的规定对于延迟交付所负的赔偿责任，限于相当于对延迟的货物所应支付的运费二倍半的数额，但不得超过按照海上货物运送合同所应支付的运费总额。”

（4）规定活动物、舱面货运输。《汉堡规则》第5条第5款规定：“关于活的动物，运送人对于此类运送固有的任何特别危险所引起的损失、损坏或延迟交付不负赔偿责任。如果运送人能证明他已遵行托运人所给予他的关于动物的任何特别指示，而且按照实际情况，损失、损坏或延迟交付可以归因于此种危险时，除经证明损失、损坏或延迟交付的全部或一部是由于运送人、其受雇人或代理人的过失或疏忽所造成外，应即推定损失、损坏或延迟交付是由于此种危险所引致。”《汉堡规则》第9条第1款规定：“运送人只有按照同托运人的协议或特定行此惯例，或依据法定规章的要求，才有权将货物装载在仓面。”

（5）规定实际承运人及其受雇人、代理人的法律地位。《汉堡规则》第10条第1款规定：“运送人将运送或其一部分委托实际运送人执行时，不论根据海上运送合同是否有此自由。运送人仍须按照本公约的规定对全部运送负其责任。关于实际运送人所执行的运送，运送人须对实际运送人及其受雇人和代理人在雇用范围内的行为或不行为担负责任。”

（6）规定提单的定义和内容。《汉堡规则》第1条第7款规定：“‘提单’是指作为海上运送合同和运送人接收或装载货物的证明的文件，运送人承担对交出此项文件者交付货物。此种文件中所载货物应交付指定人、或候命交付或交付提单持有人的规定构成此种承担。”提单的内容规定在第15条。

（7）规定为换取清洁提单而向承运人提供保函的效力。《汉堡规则》第17条第2款规定：“托运人承担赔偿运送人因运送人或代表其行事者未就托运人所提供列入提单的细节或货物外表状况提出保留而发给提单所引起的损失的任何保证书成协定，对于受让提单的任何第三方，包括收货人，不生效力。”

（8）规定诉讼时效期间为2年。《汉堡规则》第20条第1款规定：“有关按照本公约运送货物的任何诉讼如不在两年期内发动司法或仲裁程序，即失去时效。”

（9）规定公约的适用范围。《汉堡规则》第2条第1款规定：“本公约的规定适用于两个不同国家间的一切海上运送合同，如果：(a) 海上运送合同所规定的装货港位于缔约国，或 (b) 海上运送合同所规定的卸货港位于缔约国，或 (c) 海上运送合同所规定的任择卸货港之一是实际卸货港，而该港位于缔约国，或 (d) 提单或作为海上运送合同的证明的其他文件是在缔约国发给，或 (e) 提单或作为海上运送合同的证明的其他文件规定本公约的规定或任何国家实施本公约规定的立法对合同适用。”

（四）《鹿特丹规则》

1.《鹿特丹规则》的产生过程

《汉堡规则》生效后，海上货物运输领域呈现三个公约并存的局面，但加入每个公约的国家或地区数量不同，各个公约的缔约方在国际航运和贸易领域的地位也存在差异。二十世纪九十年代开始，一些主要航运和贸易国家或地区相继制定或修改了本国或地区的海上货物运输立法。例如，1992 年中国《海商法》、1994 年北欧四国《海商法》、1997 年澳大利亚《海上货物运输法》、1999 年俄罗斯《商船航运法》，共同的特征是以《海牙—维斯比规则》为基础，适当吸收《汉堡规则》中成熟和合理的内容，同时增加本国或地区特色的规定而形成混合制度。

针对上述海上货物运输法律不统一的现实情况，联合国国际贸易法委员会经过多年努力，最终于 2008 年 12 月 11 日联合国第 63 届大会第 67 次会议上通过了《联合国全程或部分海上国际货物运输合同公约》(United Nations Convention on Contract for the International Carriage of Goods Wholly or Partly by Sea)，并于 2009 年 9 月 23 日在荷兰鹿特丹签署，因而简称《鹿特丹规则》(Rotterdam Rules, R.R.)。公约的作准文本包括阿拉伯文、中文、英文、法文、俄文、西班牙文。

制定《鹿特丹规则》的目的是取代《海牙规则》《海牙—维斯比规则》《汉堡规则》，以及两个与海上货物运输相关但尚未生效的国际公约，即《联合国国际货物多式联运公约》和《联合国国际贸易运输港站经营人赔偿责任公约》(United Nations Convention on the Liability of Operators of Transport Terminals in International Trade)，以实现海上货物运输和包括海运区段的国际货物多式联运法律制度的国际统一。但是，截至 2022 年 4 月，仅有贝宁、喀麦隆、刚果、西班牙、多哥等 5 个国家参加了公约，距离公约规定的 20 个国家参加的条件仍然相去甚远。[①]《鹿特丹规则》大幅加重了承运人的责任，而公约 2008 年通过时国际航运业受到

① 《鹿特丹规则》第 94 条第 1 款规定：“本公约于第二十份批准书、接受书、核准书或者加入书交存之日起一年期满后的下一个月第一日生效。”

全球金融危机影响处于低谷，加之公约的内容颇为复杂，可以认为生不逢时的公约生效前景不容乐观，甚至很有可能永不生效。

2.《鹿特丹规则》的主要内容

较之《海牙规则》《海牙—维斯比规则》《汉堡规则》,《鹿特丹规则》主要存在以下三个方面的重大变化：

（1）适应国际集装箱货物“门到门”运输方式的变革，以及服务合同或称批量合同的广泛应用；

（2）适应电子商务在国际海上贸易运输中的广泛应用前景；

（3）重新平衡船货双方的权利和义务以适应技术的进步。

《鹿特丹规则》分为总则，适用范围，电子运输记录，承运人的义务，承运人对灭失、损坏或者迟延所负的赔偿责任，有关特定运输阶段的补充条款，托运人向承运人履行的义务，运输单证和电子运输记录，货物交付，控制方的权利，权利转让，赔偿责任限额，时效，管辖权，仲裁，合同条款的有效性，本公约不管辖的事项，最后条款等十八章，主要内容如下：

（1）适用范围扩大至包含海运区段的国际货物多式联运合同。《鹿特丹规则》第1条第1款规定：“‘运输合同’是指承运人收取运费，承诺将货物从一地运至另一地的合同。此种合同应当就海上运输作出约定，且可以对海上运输以外的其他运输方式作出约定。”

（2）承运人的适航义务拓展至海上航程中。《鹿特丹规则》第14条规定：“承运人必须在开航前、开航当时和海上航程中谨慎处理：(a)使船舶处于且保持适航状态；(b)妥善配备船员、装备船舶和补给供应品，且在整个航程中保持此种配备、装备和补给；并且(c)使货舱、船舶所有其他载货处所和由承运人提供的载货集装箱适于且能安全接收、运输和保管货物，且保持此种状态。”

（3）承运人的管货义务增加“接收”和“交付”两个环节。《鹿特丹规则》第13条第1款规定：“在第12条规定的责任期间内，除第26条另有规定外，承运人应当妥善而谨慎地接收、装载、操作、积载、运输、保管、照料、卸载并交付货物。”

（4）承运人责任的归责原则采取完全的过错责任原则，取消了航海过失免责和火灾过失免责。①

（5）提高承运人的单位赔偿责任限额。《鹿特丹规则》第59条第1款规定：“除第60条以及第61条第1款另有规定外，承运人对于违反本公约对其规定的义务所负赔偿责任的限额，

① 《鹿特丹规则》第17条。

按照索赔或者争议所涉货物的件数或者其他货运单位计算，每件或者每个其他货运单位875个计算单位，或者按照索赔或者争议所涉货物的毛重计算，每公斤3个计算单位，以两者中较高限额为准；但货物价值已由托运人申报且在合同事项中载明的，或者承运人与托运人已另行约定高于本条所规定的赔偿责任限额的，不在此列。”

（6）规定单证托运人，主要是指FOB或类似国际贸易术语下的卖方。《鹿特丹规则》第1条第9款规定：“‘单证托运人’是指托运人以外的，同意在运输单证或者电子运输记录中记名为‘托运人’的人。”

（7）规定履约方和海运履约方。《鹿特丹规则》第1条第6款第a项规定：“‘履约方’是指承运人以外的，履行或者承诺履行承运人在运输合同下有关货物接收、装载、操作、积载、运输、照料、卸载或者交付的任何义务的人，以该人直接或者间接在承运人的要求、监督或者控制下行事为限。”第1条第7款规定：“‘海运履约方’是指凡在货物到达船舶装货港至货物离开船舶卸货港期间履行或者承诺履行承运人任何义务的履约方。内陆承运人仅在履行或者承诺履行其完全在港区范围内的服务时方为海运履约方。”

（8）规定电子运输记录。《鹿特丹规则》第1条第18款规定：“‘电子运输记录’是指承运人在运输合同下以电子通信方式发出的一条或者数条电文中的信息，包括作为附件与电子运输记录有着逻辑联系，或者在承运人签发电子运输记录的同时或者之后以其他方式与之链接，从而成为电子运输记录一部分的信息，该信息：(a) 证明承运人或者履约方收到了运输合同下的货物；并且 (b) 证明或者包含一项运输合同。”

（9）规定货物控制权。《鹿特丹规则》第1条第12款规定：“货物‘控制权’是指根据第10章在运输合同下向承运人发出有关货物的指示的权利。”

（五）《联合国国际货物多式联运公约》

《联合国国际货物多式联运公约》于1980年5月24日由联合国贸易和发展会议（United Nations Conference on Trade and Development，UNCTAD）84个成员国参加的国际多式联运会议通过。公约至今尚未生效，而且生效前景渺茫，永不生效的可能性很高。截至2022年4月，共有17个国家参加了公约，但公约的生效条件为30个国家参加。[①] 我国也未加入该公约。

公约最为主要的内容是对多式联运经营人的责任采取经修正后的统一责任制。多式联

① 《联合国国际货物多式联运公约》第36条第1款规定：“本公约在三十个国家的政府签字但无须批准、接受或认可，或者向保管人交存批准书、接受书、认可书或加入书后十二个月生效。”

运经营人对于货物自接收时起至交付时止的全程运输负责。多式联运经营人除应对受雇人或者代理人在受雇范围或者代理权限内的行为承担责任外，还应对其为履行合同而使用的任何其他人即区段承运人的行为负责。如果货物损害发生于多式联运的某一特定区段，而且适用于该区段的其他国际公约或者强制性国内法规定了高于公约规定的赔偿责任限额，应以该国际公约或者国内法的规定为准。

（六）《联合国国际贸易运输港站经营人赔偿责任公约》

《联合国国际贸易运输港站经营人赔偿责任公约》由联合国国际贸易法委员会组织制定，并于 1991 年 4 月 2 日至 19 日召开的“联合国国际贸易运输港站经营人赔偿责任会议”通过。公约至今尚未生效。截至 2022 年 4 月，共有埃及、加蓬、格鲁吉亚、巴拉圭等 4 个国家参加了公约，而公约规定的生效条件为 5 个国家参加。[①]

公约主要规定了港站经营人对于国际运输涉及的货物在运输港站期间发生的灭失和损坏以及港站经营人对于迟延交货的赔偿责任，其中责任期间为从接管货物时起至向有权提货的人交付货物或将货物交由该人处理时止，归责原则采取过错推定责任原则。

二、国际公约在我国的适用

《海商法》第 268 条第 1 款规定：“中华人民共和国缔结或者参加的国际条约同本法有不同规定的，适用国际条约的规定；但是，中华人民共和国声明保留的条款除外。”因此，国际公约在我国优先于国内立法适用，但需满足三项条件：一是我国已经缔结或参加了需要适用的国际公约；二是我国未对需要适用的具体条款作出保留；三是民事关系存在涉外因素。

（一）当事人约定适用我国未参加的国际公约

由于我国未参加任何海上货物运输领域的国际公约，因而国际公约不能依据上述途径获得适用。2012 年《最高人民法院关于适用〈中华人民共和国涉外民事关系法律适用法〉若干问题的解释（一）》（已修改）第 9 条规定：“当事人在合同中援引尚未对中华人民共和国生效的国际条约的，人民法院可以根据该国际条约的内容确定当事人之间的权利义务，但违反中华人民共和国社会公共利益或中华人民共和国法律、行政法规强制性规定的除外。”

例如，我国未参加《海牙—维斯比规则》，但如果当事人在海上货物运输合同中约定适用该规则，法院可以依据该规则的内容确定承运人和托运人之间的权利和义务。国际公约的

① 《联合国国际贸易运输港站经营人赔偿责任公约》第 22 条第 1 款规定：“本公约在第五件批准书、接受书、赞同书或加入书缴存之日起满一年后的第一个月第一日起生效。”

规定实际是作为合同双方当事人的约定得以适用。

司法实践

提单首要条款约定适用《海牙—维斯比规则》

虽然实践中提单通过首要条款等形式约定适用《海牙—维斯比规则》的情形较多，但我国司法实践基于首要条款的内容解释以及效力认定，最终适用《海牙—维斯比规则》的案例却并不多见，更多仍是适用中国法。以厦门海事法院一审、福建省高级人民法院二审的中国人民财产保险股份有限公司宁波市分公司与富森航运有限公司海上、通海水域货物运输合同纠纷案[①]为例，涉案提单首要条款约定：

> 1. 在装运地所在国适用时，本提单适用1924年8月25日在布鲁塞尔签订的《关于统一提单某些法律规定的国际公约》——《海牙规则》。在装运地所在国未强制适用该规则时，则适用目的港所在地国有关生效法律；但是，在目的港所在地国如果没有强制适用的有关运输法律时，则应适用上述公约。
>
> 2. 适用《海牙—维斯比规则》下的运输。在运输明确强制适用1968年2月23日在布鲁塞尔签署的《修订1924年关于统一提单某些法律规定的国际公约议定书》下，相关的法律规定则适用于本提单。
>
> 3. 承运人对货物装船前与卸船后，或者交由另一承运人时的灭失或损害不负责，也不对甲板货和活动物损失负责。

但是，法院针对上述首要条款认为：

> 因案涉提单“首要条款”明确适用《海牙规则》与《维斯比规则》，但附有相关条件，即“1. 在装运地所在国适用时，本提单适用1924年8月25日在布鲁塞尔签订的《关于统一提单某些法律规定的国际公约》——《海牙规则》。在装运地所在国未强制适用该规则时，则适用目的港所在地国有关生效法律；但是，在目的港所在地国如果没有强制适用的有关运输法律时，则应适用上述公约”以及“2. 适用《海牙—维斯比规则》下的运输。在运输明确强制适用1968年2月23日在布鲁塞尔签署的《修订1924年关于统一提单某些法律规定的国际公约议定书》下，相关的法

① 厦门海事法院（2014）厦海法商初字第269号民事判决书；福建省高级人民法院（2016）闽民终101号民事判决书。

律规定则适用于本提单”。现富森公司并未举证证明装运地所在国所罗门群岛法律是否强制适用《海牙规则》与《海牙—维斯比规则》，而我国作为目的港所在地国即有强制适用的有关运输法律时，因《海商法》第四十四条明确违反本章规定无效，结合该法第二条不适用国内沿海港口之间的运输规定，故凡我国进出口货物运输，除非双方另有约定，均应适用《海商法》第四章的强制性规定，本案即应适用目的港所在地国法，故适用中国法符合提单载明的适用条件。

（二）民事关系的涉外因素

《海商法》第 268 条第 1 款的规定位于该法第十四章“涉外关系的法律适用”。因此，国际公约在我国的适用原则上限于涉外关系，即存在涉外因素的情形。

一般认为，法律关系的主体、客体或者引起法律关系变动的法律事实存在涉外因素，即构成涉外关系。《最高人民法院关于适用〈中华人民共和国涉外民事关系法律适用法〉若干问题的解释（一）》第 1 条明确规定了可以认定为涉外民事关系的情形：

> 民事关系具有下列情形之一的，人民法院可以认定为涉外民事关系：
>
> （一）当事人一方或双方是外国公民、外国法人或者其他组织、无国籍人；
>
> （二）当事人一方或双方的经常居所地在中华人民共和国领域外；
>
> （三）标的物在中华人民共和国领域外；
>
> （四）产生、变更或者消灭民事关系的法律事实发生在中华人民共和国领域外；
>
> （五）可以认定为涉外民事关系的其他情形。

同时，民事关系如果涉及我国香港特别行政区、澳门特别行政区或台湾地区，一般也参照涉外关系确定法律适用。

案例模型

海上货物运输关系的涉外因素

海上货物运输关系具有涉外因素的典型情形如下：

- 中国托运人与日本株式会社商船三井订立海上货物运输合同，即当事人一方是外国法人；
- 韩国托运人与日本株式会社商船三井订立海上货物运输合同，即当事人双方均为外国公民或外国法人；

● 长期居住在日本的中国公民，与中国远洋海运集装箱运输有限公司订立海上货物运输合同，将其位于日本的家具运输回国，即标的物在中国领域外；

● 中国托运人与中国远洋海运集装箱运输有限公司在美国订立海上货物运输合同，即订立合同作为产生、变更或者消灭民事关系的法律事实发生在中国领域外。

我国香港特别行政区公民与中国远洋海运集装箱运输有限公司订立海上货物运输合同，虽无涉外因素，但也参照涉外关系确定法律适用。

海上货物运输法以外的海商法其他领域，也有少数例外情形规定，即使民事关系不存在涉外因素，国际公约的规定也适用。例如，《最高人民法院关于审理船舶油污损害赔偿纠纷案件若干问题的规定》第5条第1款规定："油轮装载的持久性油类造成油污损害的，应依照《防治船舶污染海洋环境管理条例》、《1992年国际油污损害民事责任公约》的规定确定赔偿限额。"此处《1992年国际油污损害民事责任公约》的适用便不再区分是否存在涉外因素。

第四节　其他法源

一、司法解释

（一）法律解释的概念

法律解释，是指有权的国家机关对于现行法律的内容和含义作出的说明。[①] 法律的正式解释在我国主要可以分为三种：

1. 立法解释，国家立法机关对于法律作出的解释。《立法法》第45条第1款规定："法律解释权属于全国人民代表大会常务委员会。"狭义的法律解释专指立法解释。

2. 行政解释，国家行政机关在依法行使职权时针对如何具体应用法律作出的解释。

3. 司法解释，国家最高司法机关在适用法律时针对如何具体应用法律作出的解释。《人民法院组织法》第18条第1款规定："最高人民法院可以对属于审判工作中具体应用法律的

① 张文显主编：《法理学》（第5版），高等教育出版社2018年版，第90页。

问题进行解释。”《人民检察院组织法》第 23 条第 1 款也规定：“最高人民检察院可以对属于检察工作中具体应用法律的问题进行解释。”因此，司法解释又可具体分为三类：一是最高人民法院作出的审判解释，二是最高人民检察院作出的检察解释；三是最高人民法院和最高人民检察院共同作出的审判、检察联合解释。[①] 司法解释权专属于国家最高司法机关。除最高人民法院、最高人民检察院以外的其他司法机关发布的指导性意见等类似文件，如《上海市高级人民法院关于为上海国际航运中心建设提供司法服务与保障的若干意见》，不属于司法解释，也不具有法源的效力。

海商法领域涉及的法律解释主要是最高人民法院作出的审判解释。《最高人民法院关于司法解释工作的规定》第 5 条规定：“最高人民法院发布的司法解释，具有法律效力。”因此，一般认为司法解释与其解释的法律具有同等效力，但不得与法律的规定抵触。司法解释属于海商法的正式法源。

（二）司法解释的分类

1. 司法解释的主要形式

根据《最高人民法院关于司法解释工作的规定》第 6 条的规定，司法解释的形式分为“解释”“规定”“规则”“批复”“决定”五种。

（1）“解释”是指对于审判工作中如何具体应用某一法律或者对于某一类案件、某一类问题如何应用法律制定的司法解释，如《最高人民法院关于适用〈中华人民共和国海事诉讼特别程序法〉若干问题的解释》。

（2）“规定”是指根据立法精神针对审判工作的需要而制定的规范、意见等，也是海商法领域涉及最多的司法解释类型，如《最高人民法院关于审理海上货运代理纠纷案件若干问题的规定》《最高人民法院关于审理船舶碰撞纠纷案件若干问题的规定》《最高人民法院关于审理海上保险纠纷案件若干问题的规定》。

（3）“规则”是对规范人民法院审判执行活动等方面的司法解释，此种类型的司法解释是《最高人民法院关于司法解释工作的规定》2021 年 6 月修正时新增的，如《人民法院在线诉讼规则》。

（4）“批复”是对高级人民法院等提出的审判工作中具体应用法律问题的请示制定的司法解释，如《最高人民法院关于承运人就海上货物运输向托运人、收货人或提单持有人要求赔偿的请求权时效期间的批复》《最高人民法院关于如何确定沿海、内河货物运输赔偿请求

---

① 张文显主编：《法理学》（第 5 版），高等教育出版社 2018 年版，第 294~295 页。

权时效期间问题的批复》。

（5）“决定”则是用于修改或者废止司法解释，海商法领域鲜有涉及。

2. 最高人民法院发布的其他文件

除上述五种形式的文件外，最高人民法院也发布了许多其他类型的文件，严格而言并不属于司法解释，因而也不构成海商法的法源。虽然此类文件事实上可能对于下级法院裁判案件具有约束力。

（1）审判工作会议的会议纪要，如《第二次全国涉外商事海事审判工作会议纪要》《全国法院涉外商事海事审判工作座谈会会议纪要》《全国法院民商事审判工作会议纪要》。

（2）通知，如《最高人民法院办公厅关于海事行政案件管辖问题的通知》。

（3）针对具体个案的复函，如《最高人民法院关于能否对连带责任保证人所有的船舶行使留置权的请示的复函》《最高人民法院关于青岛口岸船务公司与青岛运通船务公司水路货物运输合同纠纷一案中赔偿请求权诉讼时效期间如何计算的请示的复函》。

（4）指导意见，如《最高人民法院关于国内水路货物运输纠纷案件法律问题的指导意见》。

（三）海上货物运输领域的主要司法解释

截至 2022 年 4 月，最高人民法院已经制定了大量的海事司法解释，其中涉及海上货物运输合同的司法解释如下：

（1）《最高人民法院关于审理无正本提单交付货物案件适用法律若干问题的规定》（以下简称《无单放货司法解释》），2009 年 2 月 16 日通过，2009 年 3 月 5 日施行，2020 年 12 月 29 日公布修正并于 2021 年 1 月 1 日施行；

（2）《最高人民法院关于审理海上货运代理纠纷案件若干问题的规定》，2012 年 1 月 9 日通过，2012 年 5 月 1 日施行，2020 年 12 月 29 日公布修正并于 2021 年 1 月 1 日施行；

（3）《最高人民法院关于保函是否具有法律效力问题的批复》，1988 年 10 月 4 日发布；

（4）《最高人民法院关于承运人就海上货物运输向托运人、收货人或提单持有人要求赔偿的请求权时效期间的批复》，1997 年 7 月 11 日通过，1997 年 8 月 7 日施行；

（5）《最高人民法院关于如何确定沿海、内河货物运输赔偿请求权时效期间问题的批复》，2001 年 5 月 22 日通过，2001 年 5 月 31 日施行。

此外，最高人民法院还于 2012 年 12 月 24 日发布了《关于国内水路货物运输纠纷案件法律问题的指导意见》，虽不属于司法解释，但事实上对于下级法院裁判案件具有约束力。

二、指导性案例

（一）指导性案例的概念

我国并不实行判例法以及判例制度，因而各级法院的判例在我国并非法源。但是，我国自 2010 年起建立了案例指导制度。《人民法院组织法》第 18 条第 2 款规定："最高人民法院可以发布指导性案例。"

《〈最高人民法院关于案例指导工作的规定〉实施细则》第 2 条规定："指导性案例应当是裁判已经发生法律效力，认定事实清楚，适用法律正确，裁判说理充分，法律效果和社会效果良好，对审理类似案件具有普遍指导意义的案例。"根据《最高人民法院关于案例指导工作的规定》第 2 条的规定，指导性案例应该符合以下五项特征之一：

（1）社会广泛关注的案例；

（2）法律规定比较原则的案例；

（3）具有典型性的案例；

（4）疑难复杂或者新类型的案例；

（5）其他具有指导作用的案例。

指导性案例一般由关键词、裁判要点、相关法条、基本案情、裁判结果、裁判理由六个部分组成。

（二）指导性案例的适用

关于指导性案例的适用，《最高人民法院关于案例指导工作的规定》第 7 条规定："最高人民法院发布的指导性案例，各级人民法院审判类似案例时应当参照。"其中"应当"一语表明指导性案例的适用具有一定的强制性。

指导性案例属于非正式法源。至于指导性案例适用的具体方法，《〈最高人民法院关于案例指导工作的规定〉实施细则》第 9 条规定："各级人民法院正在审理的案件，在基本案情和法律适用方面，与最高人民法院发布的指导性案例相类似的，应当参照相关指导性案例的裁判要点作出裁判。"第 10 条规定："各级人民法院审理类似案件参照指导性案例的，应当将指导性案例作为裁判理由引述，但不作为裁判依据引用。"因此，指导性案例作为法源并非适用案例本身，而是应将指导性案例的裁判要点作为裁判理由引述，但不能在裁判依据部分引用。

（三）指导性案例的调整

2020 年 12 月 29 日发布的《最高人民法院关于部分指导性案例不再参照的通知》指出："为保证国家法律统一正确适用，根据《中华人民共和国民法典》等有关法律规定和审判实际，经最高人民法院审判委员会讨论决定，9号、20号指导性案例不再参照。但该指导性案例的裁判以及参照该指导性案例作出的裁判仍然有效。”

目前尚无海事指导性案例涉及不再参照等调整情况。

（四）海上货物运输领域的指导性案例

截至2022年4月，最高人民法院发布的涉及海上货物运输合同的指导性案例如下：

1. 指导案例108号：浙江隆达不锈钢有限公司诉A.P.穆勒－马士基有限公司海上货物运输合同纠纷案；

2. 指导案例111号：中国建设银行股份有限公司广州荔湾支行诉广东蓝粤能源发展有限公司等信用证开证纠纷案。

（五）类案检索制度

除指导性案例外，最高人民法院近年来基本每年均会发布海事审判十大典型案例，各个海事法院也会发布本院审判的典型案例。此类案例均不具有法律规定的参照效力，因而不属于海商法的法源。但是，2018年12月4日最高人民法院发布了《关于进一步全面落实司法责任制的实施意见》，其中第9条提出：“健全完善法律统一适用机制。各级人民法院应当在完善类案参考、裁判指引等工作机制基础上，建立类案及关联案件强制检索机制，确保类案裁判标准统一、法律适用统一……”2020年7月，最高人民法院在此基础上发布了《关于统一法律适用加强类案检索的指导意见（试行）》，自2020年7月31日起施行，其中针对类案检索的适用范围、检索主体及平台、检索范围和方法、类案识别和比对、检索报告或说明、结果运用、法官回应、法律分歧解决、审判案例数据库建设等方面作了较为明确的规定。

根据《关于统一法律适用加强类案检索的指导意见（试行）》，类案是指与待决案件在基本事实、争议焦点、法律适用问题等方面具有相似性，且已经人民法院裁判生效的案件。[①]应当进行类案检索的情形主要包括四类：一是拟提交专业（主审）法官会议或者审判委员会讨论的；二是缺乏明确裁判规则或者尚未形成统一裁判规则的；三是院长、庭长根据审判监督管理权限要求进行类案检索的；四是其他需要进行类案检索的情形。[②]

类案检索应当遵循两个方面的顺位：一是效力层级顺位，应当按照以下顺位依次进行检索：最高人民法院发布的指导性案例，最高人民法院发布的典型案例及裁判生效的案件，本省（自治区、直辖市）高级人民法院发布的参考性案例及裁判生效的案件，上一级人民法

① 《关于统一法律适用加强类案检索的指导意见（试行）》第1条。
② 《关于统一法律适用加强类案检索的指导意见（试行）》第2条。

院及本院裁判生效的案件。上述顺位涵盖我国各级法院裁判的全部案件，但本省（自治区、直辖市）各级法院发布的参考性案例及裁判生效的案件，仅能在本省（自治区、直辖市）作为类案被检索。二是时间范围顺位，应当优先检索近三年的案例或案件，但指导性案例不受此项顺位限制。①

指导性案例与其他类案的效力存在区别：人民法院对于检索获得的指导性案例应当参照作出裁判，但与新的法律、行政法规、司法解释相冲突或者为新的指导性案例所取代的除外；但是，人民法院对于检索获得的其他类案仅是可以作为裁判的参考，但并非必须参考。②因此，指导性案例较之其他类案在效力方面具有一定的强制性。

基于上述规定，除指导性案例以外的类案虽非严格意义上的法源，但可以预见仍将具有事实上的影响力，对于相似案件的裁判存在重要的参考价值。

三、法理

法理即法律原理。比较法上关于民法法源大多规定三个层次：一是法律，二是习惯，三是法理。例如，我国台湾地区“民法”第1条规定：民事，法律所未规定者，依习惯；无习惯者，依法理。但是，《民法典》第10条并未规定法理作为民法的法源。

学者认为作出此种安排的原因在于，我国除法律规定和习惯外，还有最高人民法院发布的司法解释和指导性案例作为法源。如果明文规定法理作为第三层次的法源，可能引发歧义，导致司法解释和指导性案例被排除在民法法源之外。而且，碍于审判人员专业素养参差不齐的现实情况，还存在导致法理滥用的风险。但是，此种规定并非否定法理属于非正式法源。对于既无法律规定和习惯，也无司法解释和指导性案例的情形，法官仍然可以参考公认的法理进行裁判。③例如，梁慧星教授指出：

> 虽然本条未明文规定“法理”为法源，并不等于裁判中不能适用法理。应当肯定，法庭所裁判的案件，既没有可以适用的法律、习惯，也没有相应的司法解释、指导性案例时，是可以引用相关法理作为裁判依据的。④

① 《关于统一法律适用加强类案检索的指导意见（试行）》第4条。
② 《关于统一法律适用加强类案检索的指导意见（试行）》第9条。
③ 梁慧星：《民法总论》（第5版），法律出版社2017年版，第30页。
④ 梁慧星：《民法总则讲义》（修订版），法律出版社2021年版，第27页。

四、民间规则

海上货物运输领域另有一些由国际组织制定的民间规则。民间规则并非法源的一种类型，但经由当事人合意选择适用可以用以确定当事人的权利和义务。民间规则本身不具有强制性的约束力，仅在海上货物运输合同的双方当事人协议采纳时方能适用。例如，《国际海事委员会电子提单规则》第 1 条明确规定 :“本规则经当事方同意援用后适用。”而且，如果民间规则与强制适用的国际公约或者国内立法抵触，民间规则便不发生效力。因此，此类民间规则的实施效果相对有限。海上货物运输领域的主要民间规则如下 :

1.1973 年《多式联运单证统一规则》(Uniform Rules for a Combined Transportation Document)，以国际商会第 298 号出版物的形式公布，曾于 1975 年修订 ;

2.1991 年《联合国贸易和发展会议 / 国际商会多式联运单证规则》(UNCTAD/ICC Rules for Multimodal Transport Documents，以下简称《多式联运单证规则》) ;

3.1990 年《国际海事委员会海运单统一规则》(CMI Uniform Rules for Sea Waybills) ;

4.1990 年《国际海事委员会电子提单规则》(CMI Rules for Electronic Bills of Lading)。

综上，我国海商法法源如图 8 所示。

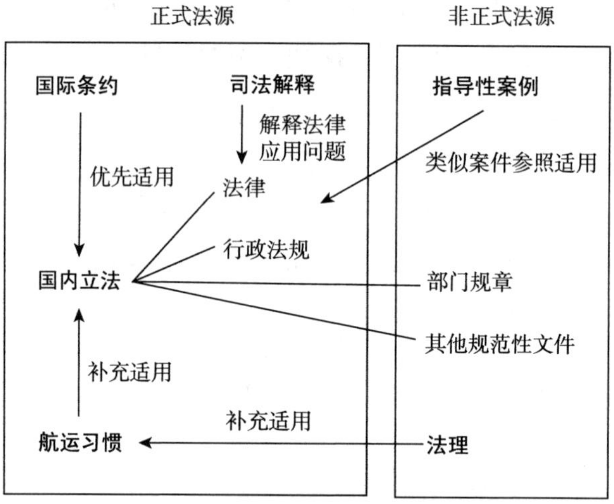

图 8　中国海商法法源适用关系图示

拓展阅读

1. 郭日齐 :《我国〈海商法〉立法特点简介》，载交通部政策法规司、交通部交通法律事务中心编 :《〈海商法〉学习必读》，人民交通出版社 1993 年版。

2. 尹东年：《关于〈海商法〉第四章、第五章、第六章》，载交通部政策法规司、交通部交通法律事务中心编：《〈海商法〉学习必读》，人民交通出版社 1993 年版。

3. 司玉琢：《海商法专论》，中国人民大学出版社 2007 年版。

4. 张永坚：《国际海运公约》，法律出版社 2018 年版。

5. 吴焕宁主编：《国际海上运输三公约释义》，中国商务出版社 2007 年版。

6. 吴焕宁主编：《鹿特丹规则释义——联合国全程或者部分海上国际货物运输合同公约》，中国商务出版社 2011 年版。

7. 胡正良、於世成、郑丙贵等：《〈鹿特丹规则〉影响与对策研究》，北京大学出版社 2014 年版。

8. 孙思琪：《〈民法总则〉视野下的航运习惯：法源地位与效力位阶》，载《航运法治营商环境建设与海事司法创新发展》，法律出版社 2019 年版。

9.Francesco Berlingieri，*International Maritime Conventions*（*Volume Ⅰ*）*: The Carriage of Goods and Passengers by Sea*，Informa Law from Routledge，2014，Part Ⅰ Carriage of Goods by Sea.

第三章
承运人的义务与权利

【 知识提要 】

本章主要讲解海上货物运输法律制度的核心内容，即作为海上货物运输合同一方当事人的承运人的义务与权利，具体包括六个方面的内容。一是承运人的谨慎处理使船舶适航、妥善和谨慎地管理货物、船舶不进行不合理绕航等法定义务；二是承运人的责任期间，即承运人对于货物应当承担责任的区间；三是承运人的归责原则与免责事由；四是承运人的单位赔偿责任限制，主要包括责任限额和丧失责任限制两个方面；五是非合同请求，即侵权责任与违约责任的竞合，以及承运人与实际承运人等其他主体的责任分担；六是承运人的运费请求权、货物留置权、货物处置权等权利。

第一节　承运人的义务

承运人责任制度是海上货物运输法的核心。从私法的角度分析，民事法律责任是民事主体不履行民事法律义务而应受到的制裁,即民事责任的产生是违反民事义务的结果。因此，海上货物运输承运人责任制度的前提首先应是承运人的义务。

值得注意的是，民事权利与义务存在对应关系。法理学及民法原理关于权利与义务的阐释，通常是权利在先、义务在后。但是，考虑到海上货物运输法的制度设计历来是以责任为导向，即以承运人的责任制度为核心，而承运人的权利居于相对次要的地位，因此，下文的解说采取义务在先、权利在后的顺序。后续关于托运人和收货人的义务与权利，以及国际货物多式联运合同、国内水路货物运输合同当事人的义务与权利的介绍亦然。

传统上海上货物运输承运人最为主要的义务包括三项：一是谨慎处理使船舶适航；二是妥善和谨慎地管理货物；三是船舶不进行不合理绕航。由于海上货物运输法的强制性，法律规定的上述三项义务属于承运人最低限度的义务，因而又被称为承运人的法定义务或最低法定义务。此外，承运人还负有在约定时间内在约定的卸货港交付货物的义务。

一、谨慎处理使船舶适航

《海商法》第47条规定："承运人在船舶开航前和开航当时，应当谨慎处理，使船舶处于适航状态，妥善配备船员、装备船舶和配备供应品，并使货舱、冷藏舱、冷气舱和其他载货处所适于并能安全收受、载运和保管货物。"承运人据此负有谨慎处理使船舶适航的义务，通常简称为适航义务。

（一）船舶适航的概念

船舶适航（seaworthy）总体上是指船舶具有抵御风险能力的状态。具体而言，船舶适航分为狭义的船舶适航和广义的船舶适航两个层面。

1. 狭义的船舶适航

狭义的船舶适航，是指《海商法》第47条规定的"使船舶处于适航状态"中的适航，即船舶的船体、船机在设计、结构、性能和状态等方面能够抵御风险，即关注船舶本身是否具有抵御风险的能力。此处风险分为两类：一是海上货物运输合同约定的航次通常出现的风险；二是合同约定航次能够合理预见的风险，也即不要求船舶能够抵御异常且无法合理预见的风险。船舶是否适航需要结合具体航次的实际情况进行分析。

司法实践

承运人的适航义务

司法实践中关于船舶适航较为常见的争议是适航证书与船舶是否适航的关系。适航证书在我国是由海事局签发的证书，通常载明如下内容：

> 根据我国现行船舶规范、规程，于____年__月__日，在______________港对本船进行了年度检验，查明本船安全设备，船舶结构、机械及电气设备和无线电通信设备符合相应的规范、规程，认为本船处于适航状态，准予航行______________航区（航线），作______________用。

我国司法实践通常认为，适航证书只是认定船舶适航的初步证据，而非最终证据。例如，《广东省高级人民法院关于审理海事海商案件若干问题的暂行规定》[1]第十八条规定："船舶适航证书只是船舶适航的初步证据之一，非最终证据。当出现货损，收货人向承运人索赔时，承运人应对已在开航前和开航当时已谨慎处理使船舶适航负举证责任。"第十九条规定："船舶运输中造成的货损，除有法定免责原因外，承运人应负赔偿责任。仅有适航的证明，不足以免除承运人对货损的责任。"

最高人民法院在秦皇岛市合顺船务有限公司与中国人民财产保险股份有限公司秦皇岛市分公司海上、通海水域保险合同纠纷案[2]中也认为：

> 合顺公司提供的《海上货船适航证书》《船舶国籍证书》《海上船舶检验证书簿》《海上货船适航证书》《船舶最低安全配员证书》等只能证明船舶检验符合相关要求。有效的检验证书并不是船舶适航的唯一要求，不能完全证明涉案船舶处于适航状态。

但是，部分海事法院的判决对此也有稍显不同的做法。例如，上海海事法院在中银保险有限公司北京分公司与人VP-15航运公司、北极星航运公司海上货物运输合同纠纷案[3]中认为，船方提供的证书或检验报告在有效期内可以证明船舶的安全性与适航适货性：

> 中银保险认为船方没有举证证明船舶的适航性、未能排除外来水分进入涉案货物的可能性、未能证明排水日志的可靠性。对此，首先，就现有证据来看，船方提供的有关船舶船体状况、机械状态、设备安全、船舶安全等方面的证书或检验报告均在有效期内，可以证明涉案船舶的安全性与适航适货性。中银保险在无证据证明的情况下，仅以证书或检验报告检验日期或形成时间与涉案航次相隔甚远为由否认其有效性，或推定舱底排水系统不适应于本航程，可能会有外来水分或者船舶其他系统的生活用水、冷却用水等进入污水井或货舱，无事实与法律依据，本院不予采纳。

船舶如果不能抵御合同约定航次的通常风险，即使具备适航证书也不能认定为适航。例如，青岛海事法院在山东淄博通宇新材料有限公司等与大连永吉船务代理有限公司等海上货物运输合同损害赔偿纠纷案[4]中认为：

> 涉案船舶为老龄中小型船舶，尽管在开航前和开航时具备各种证书，但如果不

---

① 粤高法发〔2000〕25号。
② 最高人民法院（2016）最高法民申1395号民事裁定书。
③ 上海市高级人民法院（2019）沪民终174号民事判决书。
④ 青岛海事法院（2004）青海法海商初字第33号民事判决书。

能经受预定航次的正常风险，也不能称为适航船舶。本案中，预定航次的季风是该海域冬季常见的，其风险是通常风险，不具有偶发性。而且该风险并非长途航次的途中风险，而是开航不久即遇到的通常风险。承运人未能在开航前和开航时恪尽职责，认真收听天气、海浪预报，谨慎开航，使船舶适合预定航次并能经受预定航次的通常风险。该船舶针对该航次，未能经受该航次通常风险，其事实上也是不适航的。

此外，如果船舶缺少部分与货物灭失或损坏无关的证书，不构成认定船舶不适航的依据。例如，青岛海事法院在上述案件中认为：

原告诉称"长江"轮（CHOHKOH）缺乏国籍证书，不管成立与否，与水湿货损没有因果关系。该理由不是判断承运船舶是否合理适航的标准。

案例模型

狭义的船舶适航

违反狭义的船舶适航的典型情形举例如下：

- 船体强度不足，例如，旧船由于船体的正常耗损，不能经受航行中的风浪。
- 船舶吨位过小，不适合远航区航行。
- 船舶设计存在缺陷，例如，一船在航行中机舱起火，而灭火设备按照设计均集中放置在机舱，导致船员无法使用灭火设备灭火。
- 船舶建造工艺存在缺陷，例如，船壳钢板焊接不当，船舶在航行途中受到大风浪的影响钢板脱焊，导致船舶进水沉没而使货物全损，或者货舱进水而使货物遭受湿损。[①]

2. 妥善配备船员、装备船舶和配备供应品

除狭义的船舶适航外，广义的船舶适航另有两项要求，其中，一个要求是《海商法》第 47 条规定的"妥善配备船员、装备船舶和配备供应品"，具体分为以下三个方面：

（1）妥善配备船员：要求船员在数量和质量方面均满足要求。数量方面，船员配备应当满足船舶正常航行和作业的需要，着重表现为符合海事局针对船舶颁发的《船舶最低安全配员证书》规定的各类船员的人数要求。《船舶最低安全配员证书》通常注明："此船航行时，船舶配员只要不低于以下表中所列出的数目、等级，即符合安全配员的要求。"其中主要包

① 司玉琢主编：《海商法》（第 4 版），法律出版社 2018 年版，第 82 页。

括船长、轮机长、大副、大管轮、二副、二管轮、三副、三管轮、驾驶员/驾机员、轮机员、值班水手、值班机工、客运部人员、兼职GMDSS限用操作员、GMDSS通用操作员、专职GMDSS无线电电子员的证书和人数要求。

质量方面，配备的船员应当能够胜任工作岗位的要求，着重表现为具有符合职务和级别要求的知识和技能，经过培训或者评估而持有海事局颁发的相应证书。《海商法》第32条规定："船长、驾驶员、轮机长、轮机员、电机员、报务员，必须由持有相应适任证书的人担任。"第33条规定："从事国际航行的船舶的中国籍船员，必须持有中华人民共和国港务监督机构颁发的海员证和有关证书。"

司法实践

妥善配备船员

司法实践对于船舶是否妥善配备船员，主要认定标准是船员数量是否符合《船舶最低安全配员证书》的规定，以及船员是否取得相应的证书。例如，山东省高级人民法院在太平船务有限公司与昌邑源祥印染有限公司、太平船务（中国）有限公司海上、通海水域货物运输合同纠纷案[①]中认为：

> 《事故调查报告》亦载明"船员配备与持证情况符合最低安全配员证书所载要求"，故涉案船舶的船员数量上满足船舶航行作业的需要，船员的持证情况体现了配备的船员满足最低安全配员的要求，具备航行所需的知识和技能，太平船务妥善地配备了船员。

福建省高级人民法院在中国人民财产保险股份有限公司宁波市分公司与富森航运有限公司海上货物运输合同纠纷案[②]中认为：

> 关于"富森"轮船员配备等是否构成船舶不适航的问题。本案查明的事实表明，"富森"轮的相关船舶证书均在有效期内，其配备的船员达到船舶最低配员要求且具有相应的资质。根据《海商法》第四十七条的规定，承运人的船舶适航义务限定在船舶开航前和开航当时，据此应认定案涉船舶在此方面是适航的。人保宁波公司以航行途中发生了事故以及船员在事故中的相关行为反推船舶不适航，不能成立。

---

① 青岛海事法院（2011）青海法海商初字第272号民事判决书；山东省高级人民法院（2014）鲁民四终字第27号民事判决书；山东省高级人民法院（2015）鲁民再字第2号民事判决书。

② 厦门海事法院（2014）厦海法商初字第269号民事判决书；福建省高级人民法院（2016）闽民终101号民事判决书。

青岛海事法院在阳光财产保险股份有限公司与阿曼达杰玛努桑塔拉公司海上、通海水域货物运输合同纠纷案[1]中也认为：

根据《海商法》第四十七条的规定，承运人应当妥善配备船员。在本案中，原告主张被告未能按照最低安全配员证书的要求配备船员是导致货损发生的另一原因，并指出在其申请证据保全时，被告仅提供了船长、大副、轮机长、大管轮的适任证书，而没有提供最低安全配员证书所规定的驾驶员 2 名（二副、三副）、轮机员 2 名（二管轮、三管轮）的适任证书。在原告提出异议的情况下，被告仍然未能提供上述船员的适任证书，应承担举证不能的后果，本院据此认定被告在配备船员方面存在过失。

（2）妥善装备船舶：要求船舶的各个方面均得到妥善的装备，包括完备且可靠的雷达、罗经、测深仪、自动识别系统、航行数据记录仪等助航仪器，锚、缆绳等系泊设备，海图、航路指南等航行资料，以及各类船舶证书和文件。

司法实践

妥善装备船舶

司法实践对于承运人是否妥善装备船舶，通常需要结合具体个案的实际情况进行判断。天津市高级人民法院在秦皇岛市合顺船务有限公司与中国人民财产保险股份有限公司秦皇岛市分公司船舶保险合同纠纷案[2]中较为详细地分析了承运人妥善装备船舶的义务：

首先，船舶适航是一种事实状态，除了要在船舶检验时符合相关要求，更要求承运人在船舶开航前和开航时，经过谨慎处理，使船舶处于实际适航的状态。合顺公司持有适航证书、出港签证只是船舶适航的初步证据而非最终证明，具备有效的船检证书是承运人应当尽到的最低义务，但不能以此当然地认定船舶适航，应当从船员配备、船舶装备、供应品配备、货物装载等方面审查船舶是否实际适航。

其次，承运人的适航义务包括应当对船舶完成预定航次进行必要的装备。根据《国内航行船舶船载电子海图系统和自动识别系统设备管理规定》第十九条"为确保电子海图数据的准确性和完整性，沿海航行船舶船载电子海图系统设备应使用官方发行的符合国际海道

① 青岛海事法院（2015）青海法海商初字第 654 号民事判决书。

② 天津海事法院（2014）津海法商初字第 287 号民事判决书；天津市高级人民法院（2015）津高民四终字第 93 号民事判决书。

测量组织 S-57 格式要求的电子海图并应及时更新”之规定，船舶所配备的电子海图应当及时更新。涉案事故发生时，船舶使用的 ECS157 电子海图系统是 9.0.1 版本而非最新的 9.3.1 版本，承运人未尽到及时更新的责任，没有保障船舶配备达到适航状态。合顺公司虽主张涉案船舶同时使用具有“新礁”标注的鑫海马电子海图系统，船舶符合适航条件，但在船检部门和保险公估人登船检验结果中，对该项事实均未予确认，合顺公司亦未能对此提供证据予以证明，故对其该项主张，本院不予支持。

最后，《国内航行船舶船载电子海图系统和自动识别系统设备管理规定》第二十一条规定：“配备船载电子海图系统设备的船舶应保持适当的纸海图作为备份，并及时更新。以确保在船载电子海图系统设备故障时能够安全返回港口。”上述规定将船舶配备纸海图作为强制性的要求，以保证航行安全。在涉案船舶事发时所使用的电子海图对事发水域状况标注与实际不符的情况下，配备相应的纸海图对于设定正确航线、确保航行安全尤为必要。汕头海事局作为了解事发水域具体航行条件的船舶监督检查主管部门，在其出具的《船旗国监督检查报告》中，对涉案船舶因“缺乏汕尾至靖江大部分纸质航行图”作出了“禁止离港（滞留）”的处理决定，据此能够认定该船舶在此次航行中因未配备适当的纸海图不具备适航条件。

综上，“金润 988”轮没有为完成涉案航次配备必要的装备，船舶处于不适航的状态。

（3）妥善配备供应品：要求船舶应当载有充足的燃油、润滑油、物料、淡水和食品等供应品。尤其对于燃料的配备而言，除需正确计算航程与船舶耗油量外，还应考虑燃料的质量，以及航次中的风浪、洋流等情况，进而确定一个安全系数。①

3. 船舶适货

广义的船舶适航的另一要求，即《海商法》第 47 条规定的“使货舱、冷藏舱、冷气舱和其他载货处所适于并能安全收受、载运和保管货物”，通常也称为“适货”（cargoworthy）。

船舶适货义务要求船舶的货舱及其设备能够满足货物的要求，如货舱清洁安全，舱盖水密，吊杆或吊车、起货机和吊货索具等货物装卸设备齐全并处于有效状态。

根据货物的性质等不同因素，船舶还应满足海上货物运输合同约定货物的特定要求。例如，船舶运输冷藏货物应当配备适当的冷藏设备，运输散装沥青应当配备加热设备以避免沥青温度过低而凝固导致无法装卸，运输散装液体化工品应当配备制冷设备防止发生聚合反应等现象。②

① 司玉琢主编：《中华人民共和国海商法问答》，人民交通出版社 1993 年版，第 49 页。
② 司玉琢主编：《海商法》（第 4 版），法律出版社 2018 年版，第 83 页。

司法实践

船舶适货

船舶是否适货需要结合不同货物的特殊需求进行认定。例如，天津市高级人民法院在中国平安财产保险股份有限公司上海分公司与申利航运有限公司海上货物运输合同纠纷案[①]中，针对船舶运输散装硫磺的适货要求进行了具体分析：

涉案货物为散装硫磺，作为《国际海运危险货物规则》所列明的易燃固体危险品，硫磺对钢具有腐蚀性，不溶于水，其粉尘或蒸汽能与空气形成爆炸性混合物，因此，在装载散装硫磺前，应当彻底清扫货舱，并在舱壁、舱底喷涂石灰水，浓度和厚度应根据货物积载因素和货舱容积而确定；在装卸时为避免扬尘应向硫磺喷洒淡水；运输过程中应保障货舱的污水井通畅，并随时排水。涉案货物卸货过程中在舱底发现了黑色物质和积水，经检验，各方所委托的检验人均确认为硫磺与舱底钢板发生化学反应而产生的污染物，成分中含有铁。……申利公司虽在装货前对货舱喷涂了石灰层，但其所喷涂的浓度和厚度未能满足涉案散装硫磺的运输要求，且结合发现黑色物质时舱底存有积水的事实，能够证明申利公司未能保障污水井通畅和及时排水，导致舱内水分不能排干，石灰层被全部软化，硫磺和舱底钢板直接接触而产生化学反应，因此，申利公司在备舱和管货方面存在过失。[②]

《全国法院涉外商事海事审判工作座谈会会议纪要》第 53 条关于承运人提供集装箱的适货义务进一步规定：

【承运人提供集装箱的适货义务】根据海商法第四十七条有关适货义务的规定，承运人提供的集装箱应符合安全收受、载运和保管所装载货物的要求。

因集装箱存在缺陷造成箱内货物灭失或者损坏的，承运人应当承担相应赔偿责任。承运人的前述义务不因海上货物运输合同中的不同约定而免除。

关于司法实践中承运人适航义务的具体认定标准，时任最高人民法院民事审判第四庭副庭长王淑梅曾于 2017 年 6 月 16 日在全国海事审判实务座谈会上的总结讲话中提出以下要点，可以在一定程度上代表我国司法实践的基本立场：

---

① 天津市高级人民法院（2011）津高民四终字第 153 号民事判决书。

② 司玉琢、王彦君、关正义主编：《中国海事案例裁判要旨通纂（海上货物运输卷）》（上册），北京大学出版社 2017 年版，第 234~239 页。

就适航的原义来讲，适航更多的是与船舶的状态有关，即船舶处于适于航行的状态，而非船东的行为。但船东对于货主等特定与不特定的利害关系人有保持船舶适航的义务，否则会承担违约或者侵权责任。关于适航的法律规则，适航的标准不是一成不变的，也不是绝对的、划一的。司法实践中，应当注意把握以下几个要点：

第一，整体把握适航概念。船舶的适航性标准有一个悠久的历史演进过程，也正在不断的发展。适航概念发展的趋势是：标准越来越高，船舶所有人或者经营人的举证责任越来越重，适航责任期间必将延长至航程中的各个区段（如《鹿特丹规则》)。但无论如何发展，目前已生效或者未生效的公约或者国际规则并没有将适航义务确定为严格责任意义上的绝对义务，仍然定位在"谨慎处理"意义上的相对适航。适航基本义务的性质没有改变，仅是具体内容的增加和判断标准的提高而已［如国际海事组织《国际船舶安全营运和防止污染管理规则》（以下简称《ISM 规则》）的规定］。而且，在特定历史条件下，适航随着货物的种类、船舶的特点、航线的情况不同而有所不同，如远洋航行的船舶与沿海航行船舶在船体强度等技术性能上的要求显然有较大差异。

第二，认真区分不同法律规范和合同约定的要求。不同海事法律规范以及不同海商合同对适航的要求和不适航的责任的规定或约定均有所不同。《海商法》第四章、第六章、第七章、第十二章都有关于适航义务的规定，审判实践中要注意区别上述规定中的适航义务以及违反适航义务的法律后果。例如，我国《海商法》借鉴《海牙规则》的规定，仅在第四十七条作出了具体规定，同时将承运人的适航义务限定在"船舶开航前和开航当时"。该规定仅适用于国际海上货物运输的承运人对本船所载货物的货损的责任。但对之外的其他损失（如不适航引起碰撞、搁浅等海事事故造成本船以外的他船的船货损失、码头等港航设施损失等海事侵权损失），除可参考《海商法》第四十七条的规定外，更重要还要结合我国参加的《ISM 规则》等其他规定认定船舶的适航性，特别是《海商法》针对特定货物运输的"船舶开航前和开航当时"之适航责任期间，对其他海事事故损害赔偿不具有普遍适用的意义。定期租船合同、船舶保险合同等合同对适航性及相关责任另有约定的，还要根据合同约定进行处理。

第三，全面掌握适航与不适航的认定标准。认定船舶不适航，是从审查船舶适航性为起点的，以船舶适航的标准反向认定不适航，未达适航标准的即为不适航。

一般由船方证明船舶适航，其不能举证证明的，则认定船舶不适航。认定船舶是否适航，不仅要看船舶证书是否齐全有效，还要看船舶实际的技术状况如是否超载以及船舶在强度、稳性（包括易流态化散装固态货物含水率是否超过适运水分极限等）等诸方面是否符合规范并具备抵挡预订航次风险的能力。船舶适航性是一个包含多种因素的航行技术状况，审判实践中既要全面审查诸相关因素，也要结合争议焦点重点审查争议因素，慎重作出认定。

第四，准确认定不适航的法律后果。认定船舶不适航后，应当存在两个层次的法律问题：首先，判断船舶所有人、经营人是否应当承担不适航的责任；其次，在判断船舶所有人或者经营人应当承担不适航的责任后，才进一步涉及其是否应当丧失责任限制权利的问题。从责任人（船舶所有人、经营人）的过错程度来看，船舶不适航的原因可分为三类：（1）由于责任人尽合理谨慎仍无法发现的船舶本身的潜在缺陷（无过失）；（2）责任人没有尽到合理谨慎（一般过失）；（3）责任人故意或者明知可能造成损失而轻率地作为或者不作为。如果船舶不适航是因第一种原因所致，除诸如船舶污染等应当承担无过错责任的情形外，只有不适航是由于船舶所有人或者经营人未经谨慎处理义务所致，其才承担因不适航造成的损失。国际海上货物运输的承运人还可依据我国《海商法》第五十一条第一款第十一项的规定主张免责。即使存在上述第二种情况，如果不适航与货物损失没有因果关系，则承运人也不应基于不适航而承担责任；如果不适航与承运人可免责的原因共同造成货损，则有承运人承担举证责任合理分清，否则承担举证不能的不利后果。如果不适航是第二种原因所致，责任人应当承担因不适航造成的损失，但责任人有权主张责任限制。只有不适航是第三种原因所致，且损失是不适航造成的，责任人才丧失责任限制的权利。总之，不适航不当然地成为船舶所有人、经营人应当承担责任的理由，更不能当然使责任人丧失责任限制的权利。

典型案例

大连海事法院国际海上货物运输合同纠纷典型案例五则

琼辉公司诉优尼森公司海上货物运输合同纠纷案

【案情摘要】

优尼森公司系多哥籍杂货船“联盟 X”轮的所有人，“联盟 X”轮载运琼辉公司出口的锻烧白云石从中国营口港港区泊位驶往营口港驳载锚地的过程中，触碰沉船“苏连云港货X”后沉没。营口海事局作出《水上交通事故责任认定书》认定，“联盟X”轮未制定计划航线，未保持正规瞭望，未能利用一切可用的手段及时发现沉船和航行危险，也未能正确识别孤立危险物标是本次事故的直接原因。该局又出具情况说明：事故航次，“联盟X”轮未配备使用2016年4月28日最新出版的BA1286海图，其使用2015年1月29日出版的BA1286海图，该旧版海图上已标注了“苏连云港货X”沉船的标识和孤立危险物标。琼辉公司以“联盟X”轮在开航前和开航当时不适航，且该不适航与上述事故存在直接因果关系为由在大连海事法院提起诉讼，请求判令优尼森公司赔偿货物损失及港杂代理费、港建费等损失。法院认为，琼辉公司与优尼森公司虽未明确选择法律适用，但在本案审理中均援引了中国法，本案适用中国法进行审理。我国是港区内强制引航的国家，船舶制订的航行计划在我国港区内不能发挥作用，亦不能对抗引航员的引航指令。引航员就事故航次在下船前已对出港路线进行了明示或默示认可，故该船舶未制订航行计划不属于船舶不适航情形，导致事故发生的直接原因是船员瞭望疏忽的驾驶过失，属于承运人依照海商法第五十一条第一款第一项规定不负赔偿责任的情形，判决驳回了琼辉公司的诉讼请求。辽宁省高级人民法院二审维持原判决。

【典型意义】

在开航前和开航当时谨慎处理使船舶适航是承运人在国际海上货物运输合同下的一项基本义务。所谓船舶适航是指船舶的一种状态，意味着船舶抵御风险的能力，其含义是具体的、相对的，而不是抽象的、绝对的。具体来说，船舶适航的条件包括船舶本身适航（指船舶的船体、船机在设计、结构、性能和状态等方面能够抵御合同约定的特定航次中通常出现的或能合理预见的风险，包括装备船舶和配备供应品）、船员适职和货舱适货三层含义。航行计划缺陷并不必然导致船舶不适航，需要具体分析船舶航行计划对船舶航行安全是否有实际价值以及航行计划缺陷与事故结果的关联性。如果某种情况下航行计划并不会提升或降低船舶抵御风险的能力，那么该航行计划无关船舶是否适航。这一判定标准符合船舶适航义务的通常理解以及航海习惯，具有可操作性和合理性。

理论探讨

适航义务的不可替代性

如果承运人委托具有专门知识和技能的第三人，完成部分为使船舶适航的工作，如船舶修理、船舶检验、罗经校正。此时如果由于此类第三人的原因导致船舶不适航，承运人仍应承担未履行适航义务的责任，即适航义务具有不可替代性。但是，承运人在承担赔偿责任后，可以根据法律规定或合同约定向第三人追偿。

英国最高法院在 CMA CGM LIBRA 案[①]中也指出：适航义务不得委托。即使承运人为船舶配备了适格的船员，并为船员履行义务提供了一套完备的系统，但如果因需要独立作出航行决定的船员的过失行为导致船舶不适航，承运人仍应承担违反适航义务的法律责任。[②]

（二）船舶适航的标准

《海商法》第 47 条对于承运人适航义务规定的标准是“谨慎处理”，此处是对《海牙规则》规定的“due diligence”的翻译，有时也译为“恪尽职责”或“适当注意”。《海牙规则》第 3 条第 1 款规定：

> 承运人须在开航前和开航时恪尽职责：
>
> （a）使船舶适于航行；
>
> （b）适当地配备船员、装备船舶和供应船舶；
>
> （c）使货舱、冷藏舱和该船其他载货处所能适宜和安全地收受、运送和保管货物。

“due diligence”是指一个理智而谨慎的人为避免过错而作出的努力。[③]因此，谨慎处理虽然通常被认为是一种主观标准，但并非指具体个案特定承运人自身的主观标准，而是法律确定的一个合理的人应当达到的主观标准，即要求承运人以一个理智而谨慎的承运人能够达到的主观状态，采取措施促使船舶适航，而不应存在过错。

此种以合理人的主观状态为标准，从民法原理的角度主要是侵权法下过失客观化的结果。例如，程啸指出：

> 客观过失，也称“过失的客观化”，确切地说，就是认定过失标准的客观化。依据客观过失理论，在认定行为人是否具有过失时不应探究其主观心理状态，也不能因行为人的年龄、性别、健康、知识水平等主观因素的不同而有所不同，应当统一采纳某种基于社会生活共同需要而提出的客观标准，即“合理人”（reasonable

---

① Alize 1954 and another v. Allianz Elementar Versicherungs AG and others［2021］UKSC 51.

② 郑睿：《有缺陷的航行计划会使船舶不适航》，载 https://mp.weixin.qq.com/s/ussYmV86l3zZHWTsiS50Zg，最后访问日期：2021 年 11 月 15 日。

③ 薛波主编：《元照英美法词典》（缩印版），北京大学出版社 2013 年版，第 447 页。

man）或“善良管理人”的标准。确立了这一标准后，在认定行为人有无过失时，只要将行为人的实际行为与该标准进行比较即可。如果合理的人在相同的情形之下能够预见并避免损害的发生，而行为人却没有预见并避免之，则应当认定行为人存在过失。反之，如果合理的人都无法遇见、无法避免，则行为人不具有过失。①

类似的规定应是《民法典》第 892 条第 1 款关于妥善保管义务的规定：“保管人应当妥善保管保管物。”学者对于“妥善保管”的解释为：

何谓“妥善保管”，法律并没有明确的规定。从法理上讲，妥善保管应当包括保管人应尽合理的注意义务、为保管提供正确合适的保管场所、采取合理的保管办法、亲自保管、保管人禁止使用保管物等内容。本条主要是对于保管场所和方法的限制，保管物禁止使用、亲自保管等义务后文述之。需要说明的是，本条所要求的“妥善保管”与英美法系信托制度中的“谨慎义务”以及罗马法责任体系中的“善良家父”义务制度有相似之处。英美法系信托制度中的“谨慎义务”随着两大法系的制度融合被大陆法系立法接纳借鉴，大陆法系将谨慎义务的概念以民法中的注意义务、善管义务替代，成为“善良管理人的注意义务”。但二者在本质上并无实质区别，都是对受托人在处理信托财产时施以注意、谨慎、勤勉的要求。由于法律体系的不同，大陆法系中的善良管理人注意义务相较于英美法系中的谨慎义务，尽管在法解释过程中人们认为具有一致性，但是由于规定得过于抽象、不具体，导致适用性及可操作性相较于英美法系中的谨慎义务大打折扣。“善良家父的勤谨注意”是罗马法责任体系中一个重要的概念，体现了罗马法上的契约利益原则，也体现了罗马法的灵活变通性及理性内涵。②

船舶适航的标准在于：一位谨慎的承运人如果知道船舶存在某种缺陷，是否会在开航前修复此一缺陷？如果答案是肯定的，此时应当认为船舶不适航。③ 如果承运人达到了此种主观状态，但船舶在客观上仍不适航，如存在经谨慎处理仍不能发现的潜在缺陷，此时仍应认为承运人履行了适航义务，而无须针对货物的灭失或损坏承担责任。此种适航也称为相对适航。与此不同的是，承运人在英国普通法下负有的默示适航义务是绝对适航，而非谨慎处

---

① 程啸：《侵权责任法》（第 3 版），法律出版社 2021 年版，第 301 页。

② 谢鸿飞、朱广新主编：《民法典评注·合同编：典型合同与准合同》（第 4 册），中国法制出版社 2020 年版，第 25~26 页。

③ ［英］Stewart C. Body、［英］Andrew S. Burrows、［英］David Foxton：《Scrutton 租船合同与提单》，郭国汀译，法律出版社 2001 年版，第 140 页。

理的相对适航，即要求船舶必须在客观上达到适航状态，而不考虑承运人是否存在过错。

司法实践

适航义务的谨慎处理标准

承运人是否做到了谨慎处理使船舶适航，即达到一个理智而谨慎的承运人能够达到的主观状态，需要结合具体个案的实际情况进行认定。武汉海事法院在颍上县第二航运有限责任公司与中国平安财产保险股份有限公司阜阳中心支公司海上、通海水域保险合同纠纷案①中，较为详细地解释了谨慎处理使船舶适航的具体含义：

被告平保阜阳支公司以涉案船舶未合理配载，未留足富余水深导致搁浅为由，认为事故船舶不适航，从而其不应承担理赔责任。对此，本院认为，船舶适航是指船舶在各个方面适于预定航次的航行，具备承受该航次中可能遇到的一般水上风险的能力，使船舶处于安全航行状态。船舶适航有相对适航和绝对适航之分：在时间上，相对适航要求船舶在预定航次开航前或开航时处于适航状态，而绝对适航要求船舶从开航时至航次结束均需处于适航状态。在程度上，相对适航采取主观标准，要求义务人做到谨慎处理、恪尽职责即可，对于经谨慎处理仍未发现的船舶潜在缺陷，不以不适航论；绝对适航采取客观标准，对义务人谨慎处理仍未发现的各种潜在缺陷仍归为不适航。在认定标准上，相对适航采取相对标准，船体、轮机、设备及干舷是否符合该船检验证书簿记载的要求，在结构、性能、状态方面能否抵御通常风险，即“适船”；船员配备是否符合《船舶最低安全配员规则》的要求，即“适船员”；载货处所是否适于并能安全收受、载运、保管货物，即“适货”。而绝对适航采用绝对标准，要求船舶应随着气象、水文、航道的变化而随时具备承受各种风险的能力，否则就是不适航。

显然，绝对适航概念无限扩大了船东的适航责任，势必阻碍航运事业的发展，也使适航义务本身失去意义。从国内外立法发展看，采纳相对适航概念已成共识。本院支持相对适航的观点。

义务人对船舶的适航义务通过管理船舶、管理货物、管理船员来实现。管理船舶贯穿于对船舶的维护、给养、离泊、航行、靠泊等全过程；管理货物包括装载、搬移、积载、运输、保管、照料和卸载。船舶适航与管船、管货行为相关联，且管货过失和管船过失可能导

① 武汉海事法院（2017）鄂72民初1519号民事判决书。

致船舶不适航，但管船义务、管货义务并不等同于适航义务。在相对适航概念下，对管货义务而言，只有在开航前对货物的装载、搬移、积载本身影响到船舶的稳性、结构或者超载，直接危及船舶自身安全时，才可认定船舶不适航；对管船义务而言，只有开航前对船舶未经谨慎处理导致应当发现缺陷而未发现从而影响船舶的安全航行时，才可认定船舶不适航。而对于管船过失中违反航行管控措施的驾驶过失，虽然可能导致船舶在航行中不具备承受相应风险的能力，但不属于船舶不适航范畴。航行管控措施包括管理部门根据气象变化（大风、大雾等）、水文变化（洪水、潮汐等）、航道条件或其他原因对航行采取各种安全管理措施，如禁航、倒桅（割桅）、绕航、减载、加载、分道航法等。航道维护水深不足属于航道条件限制，如同控制河段、大桥净空限制、船闸限宽、沉船碍航、航道网箱一样，系航道障碍，不应成为判断船舶是否具备承受、避免由此带来风险的能力，即是否适航的标准。

本院注意到，被告平保阜阳支公司引用的中华人民共和国宜昌枝江海事处出具的《内河交通事故调查结论书》并未认定事故船舶不适航。根据查明的事实，船舶证书在核定船舶适航证书的准许宽限期内；涉案航次载运货物 5300 吨，低于核定的事故所在地 B 级航区的参考载货量 6387 吨，船舶未超载；涉案事故系搁浅事故，未发生船舶侧倾、翻覆、中垂、中拱、船体断裂，因此即使认定配载不当，船舶在开航时的稳性、结构并未受到影响。因此，船舶所有人已尽到开航前及开航时的谨慎处理义务，涉案船舶在开航时处于相对适航状态。涉案事故的发生系由于管货过失和管船过失造成的：在未超载的情况下，未能根据实际航道维护尺度精确计算允许载货量，未留足富余水深，属于管货过失；而管船过失表现在驾驶过失：船员对航道条件、船舶吃水判断有误；轻信驾驶技能及船舶动力可克服航道水深限制；违反航行管控措施冒险航行。根据前述分析，以上管货过失和管船过失均不影响涉案船舶开航时的适航状态。

《沿海内河船舶保险条款》将 8 级以上大风、洪水、搁浅、触礁、碰撞、触碰等列入保险责任；而除外责任条款包括船舶不适航。在船舶保险法律关系中，如果采用绝对适航标准，则几乎所有的海损事故都可归因为船舶不适航。例如，船舶不能承受 8 级以上大风、洪水、海啸的风险，可认定不适航；船舶违规驶入控制河段导致两船无法避让，可将违规船舶认定为不适航；任何船舶碰撞都是由一方或双方船舶违规操作形成紧迫局面而致，形成紧迫局面后，船舶自身的动力、操控性能不足以避免碰撞的发生，据此可认定不适航；任何触礁、搁浅都是船舶未留足富余水深而致，据此可认定船舶不适航；趁潮而行的船舶对潮高和潮速判断不准致使船舶搁浅，亦可认定船舶不适航；对船舶自身高度及桥梁净空高度判断错误导致桅杆触碰桥梁，同样可认定船舶不适航……如果这些不适航的认定均成立，从而将其列入除外责任，则针对上述风险所作的保险将变得无险可保，这必与保险条款本身及保险理论相冲突。因此，被告平保阜阳支公司提出的涉案船舶不适航的答辩理由，系采用绝对适航概念，本院不予支持，被告平保阜阳支公司应依约赔偿事故损失。

（三）船舶适航的时间要求

根据《海商法》第47条的规定，承运人适航义务的时间要求是“船舶开航前和开航当时”，即承运人在航次开始前和开始当时，应当谨慎处理使船舶适航，而对于航次开始以后船舶是否适航不作要求，即开航后承运人的适航义务便告解除。

1. 航次的含义

关于航次（voyage）的理解，依据我国通说观点应当分为以下两个方面：

（1）航次，是指海上货物运输合同或提单约定的航次，即从装货港至卸货港的整体过程。因此，只要承运人在装货港开航前和开航当时已经谨慎处理使船舶适航，即使船舶在航行期间或者中途挂靠港出现不适航的情况，仍应认为承运人已经履行了适航义务。

（2）航次，是指对于特定货物运输的载货航次，即如果承运人是在整个航次的中途挂靠港装运特定货物，对于该批货物而言，航次是从中途挂靠港开始，而非船舶最初开航的始发港。

司法实践

适航义务时间要求中航次的含义

我国司法实践涉及适航义务中航次理解的案例并不多见。以广东省高级人民法院审理的中国人民财产保险股份有限公司珠海市分公司、广州欧华国际货运代理有限公司海上、通海水域货物运输合同纠纷案[①]为例，人保珠海分公司在上诉请求中认为：

> 《海商法》并没有在“船舶开航前和开航当时”前加上“装货港”这样的限定，故承运人开航前和开航当时的谨慎处理使船舶适航的义务应适用于所有港口，包括我国香港特别行政区和新加坡港口。

① 广州海事法院（2016）粤72民初586号民事判决书；广东省高级人民法院（2017）粤民终823号民事判决书。

> 但是，法院并未支持人保珠海分公司的上述主张，而是认为：
>
> 根据《海商法》第四十七条关于“承运人在船舶开航前和开航当时，应当谨慎处理，使船舶处于适航状态，妥善配备船员、装备船舶和配备供应品，并使货舱、冷藏舱、冷气舱和其他载货处所适于并能安全收受、载运和保管货物”的规定，法律仅要求承运人在船舶开航前和开航当时使船舶处于适航状态。本案货物自香港起运，人保珠海分公司并未主张“三井安慰”轮在香港开航前和开航当时船舶不适航。因此，人保珠海分公司主张欧华公司未能在船舶开航前和开航当时谨慎处理使船舶适航缺乏事实和法律依据，一审法院不予支持。

2. 开航的含义

关于开航的理解，目前我国司法实践尚未形成较为稳定的通说观点，学理上主要存在以下三种观点：

（1）船舱已经全部封妥，开航命令已经发出；

（2）船舶动车即主机发动；

（3）船舶起锚或者解缆离泊，其中以较晚者为准。[①]

此外，承运人的适航义务在开航前和开航当时是一项连续义务，即承运人自船舶装货开始至开航当时均应谨慎处理使船舶适航，但在不同阶段适航义务的具体内涵有所不同。例如，张永坚认为：

> 根据船舶所需的维修保养、换员、补给、装载和运营的情况来看，船舶在开航时应当达到全部适航的要求。而在此之前，适航应当是相对于接收货物和准备航次的需要和进度来安排和实现的，即从逐步地满足一个个相对应的局部和环节的适航要求，渐次达到全部适航的标准。
>
> 例如，船舶装货属于开航前的时间，这时拟堆置和运载货物的具体处所应当处于适宜接收货物的状态，即要符合接收、堆置、保管特定货物的条件要求。比如，船舱是否清洁、干燥、无异味、垫衬材料等是否就位、货舱空调设备是否运转正常、所需要的特定温度是否控制到位；以及船舶的吊装设备应当完好和正常工作；等等。但是在这个时候，在保证正常值班的情况下，船员可能还在调配和更换之中；在保证船舶正常装货作业的情况下，预定航次所需的燃油、淡水、给养可能还没有加添

① 郭瑜：《海商法教程》（第 2 版），北京大学出版社 2012 年版，第 81 页。

妥当；甚至在不影响船舶安全和装货作业的情况下，船舶上的某些机器或助航仪器还在检修；海图和航海资料还在补充和更新之中；船舶的救生设备还在进行检验等。这些都会影响船舶的适航，都是在为适航所正在做的准备。开航前，只要求在相应的方面要能够满足适航的要求，这时尚未在各方面达到适航的状态应该都是允许的。

但是，一旦船舶要启航，一切与船舶适航有关的工作都应就绪，所有对适航的条件要求都应得到满足。①

3. 适航义务时间要求的国际立法进展

考察《海牙—维斯比规则》以来海上货物运输国际立法的进展，《汉堡规则》未对承运人的适航义务作出专门规定，而《鹿特丹规则》第 14 条规定：

> 承运人必须在开航前、开航当时和海上航程中谨慎处理：
>
> （a）使船舶处于且保持适航状态；
>
> （b）妥善配备船员、装备船舶和补给供应品，且在整个航程中保持此种配备、装备和补给；并且
>
> （c）使货舱、船舶所有其他载货处所和由承运人提供的载货集装箱适于且能安全接收、运输和保管货物，且保持此种状态。

上述规定较之我国《海商法》以及《海牙—维斯比规则》，主要变化是将承运人适航义务的时间拓展至海上航程中，因而对于各项具体义务均相应增加了保持适航状态的要求。

（四）国际公约关于承运人适航义务的规定

比较国际公约与《海商法》关于承运人适航义务的规定，《海牙规则》第 3 条第 1 款的规定与《海商法》一致：

> 承运人须在开航前和开航时恪尽职责：
>
> （a）使船舶适于航行；
>
> （b）适当地配备船员、装备船舶和供应船舶；
>
> （c）使货舱、冷藏舱和该船其他载货处所能适宜和安全地收受、运送和保管货物。

《汉堡规则》虽未专门规定承运人的适航义务，但由于《汉堡规则》对于承运人责任采取完全的过错责任原则，即只要是由于承运人的过错导致货物灭失或损坏，承运人即应承担

① 张永坚：《国际海运公约》，法律出版社 2018 年版，第 194 页。

赔偿责任。如果船舶的不适航导致货物灭失或损坏，即属于承运人存在过错的情形。因此，承运人在《汉堡规则》下其实仍然负有适航义务。

《鹿特丹规则》第 14 条关于承运人适航义务的主要变化如前所述，即将承运人适航义务的时间拓展至海上航程中：

> 承运人必须在开航前、开航当时和海上航程中谨慎处理：
>
> （a）使船舶处于且保持适航状态；
>
> （b）妥善配备船员、装备船舶和补给供应品，且在整个航程中保持此种配备、装备和补给；并且
>
> （c）使货舱、船舶所有其他载货处所和由承运人提供的载货集装箱适于且能安全接收、运输和保管货物，且保持此种状态。

理论探讨

适航义务是否构成承运人的首要义务?

关于承运人的适航义务，我国学理上存在一种较为常见的观点，即认为适航义务是承运人的首要义务。例如，朱作贤、司玉琢认为，《海牙规则》确立了适航义务作为承运人的首要义务：

> 在现代首要义务原则下，承运人要享受免责条款，必须首先完成其适航义务，或者虽然未完成适航义务，但损害后果与船舶不适航无因果关系；管货义务则不同，即使未履行“管货义务”，承运人也有可能享受免责。[①]

但是，我国学理上对此存在较大争议，如蒋跃川明确指出：

> 自英国普通法以来，就从未产生过适航义务是承运人的唯一的首要义务这一原则；适航义务总是和管货义务一起，构成了承运人的两项基本义务或首要义务。[②]

根据国际上关于《海牙规则》的通行解释，一般认为承运人履行适航义务是援引航海过失免责等法定免责事由的前提。例如，英国最高法院在 CMA CGM LIBRA 案[③]中重申：开航前和开航当时谨慎处理使船舶适航的义务是承运人的首要义务。如果承运人未履行该项义

① 朱作贤、司玉琢：《论〈海牙规则〉“首要义务”原则——兼评 UNCITRAL 运输法承运人责任基础条款》，载《中国海商法年刊》2002 年，第 64 页。

② 蒋跃川：《论适航义务是否是承运人的首要义务》，载《中国海商法年刊》2008 年 1 月。

③ Alize 1954 and another v.Allianz Elementar Versicherungs AG and others［2021］UKSC 51.

务，则无法援引免责事由。[①]

但是，如果从我国《海商法》的明文规定分析，适航虽然在承运人执行海上运输的过程中居于前置地位，即船舶应当首先适航，而后方才开始海上航程进行运输。但是，从法律义务的角度，适航义务与管货义务、船舶不得进行不合理绕航等义务一样，均是承运人的法定义务之一,而并无特别的优越地位。我国司法实践也鲜有关于适航义务是首要义务的论述。例如，郭瑜认为：

> 免责与适航的关系在我国法下是不同的。虽然我国仿照《海牙规则》和《海牙—维斯比规则》规定了承运人适航和管货的义务，但在规定这两项义务的条款中没有行文上的区别，都没有提到这些义务与免责的关系，因此应该认为这两项义务没有效力高低的差别。而且和《汉堡规则》相同，我国《海商法》第54条明确规定："货物的灭失、损坏或者迟延交付是由于承运人或者承运人的受雇人、代理人的不能免除赔偿责任的原因和其他原因共同造成的，承运人仅在其不能免除赔偿责任的范围内负赔偿责任；但是，承运人对其他原因造成的灭失、损坏或者迟延交付应当负举证责任。"因此，如果损失是不适航和能免责的原因共同引起的，只要承运人能完成举证责任，他仍然能要求免除部分责任。[②]

二、妥善和谨慎地管理货物

《海商法》第48条规定："承运人应当妥善地、谨慎地装载、搬移、积载、运输、保管、照料和卸载所运货物。"承运人据此负有妥善和谨慎地管理货物的义务，通常简称为管货义务。

（一）管理货物的环节

《海商法》第48条针对承运人的管货义务，规定了以下七个环节，涵盖货物从装船至卸船的全部过程：

（1）装载（load）；

（2）搬移（handle）；

（3）积载（stow）；

① 郑睿：《有缺陷的航行计划会使船舶不适航》，载 https://mp.weixin.qq.com/s/ussYmV86l3zZHWTsiS50Zg，最后访问日期：2021年11月15日。

② 郭瑜：《海商法教程》（第2版），北京大学出版社2012年版，第97页。

（4）运输（carry）；

（5）保管（keep）；

（6）照料（care for）；

（7）卸载（discharge）。

《海商法》第 48 条的规定移植自《海牙规则》第 3 条第 2 款，其中一定程度上具有英美法系法律条文为求周延而存在语义重复的特征，因而上述七个环节的含义也有部分重复，不应刻意追求准确解释各个环节的具体含义。《海牙规则》第 3 条第 2 款规定："除遵照第四条规定外，承运人应适当和谨慎地装卸、搬运、配载、运送、保管、照料和卸载所运货物。"

上述七个环节同时说明，承运人管货义务的时间要求是从货物装船至卸船的全部过程。《汉堡规则》对于管货义务未作专门规定;《鹿特丹规则》第 13 条第 1 款在此基础上增加了"接收"（receive）和"交付"（deliver）两个环节，也与《鹿特丹规则》调整包含海运区段的国际货物多式联运合同对应："在第 12 条规定的责任期间内，除第 26 条另有规定外，承运人应当妥善而谨慎地接收、装载、操作、积载、运输、保管、照料、卸载并交付货物。"

管货义务对于承运人而言是强制性的法定义务，因而同样具有不可替代性。但是，《海商法》第 51 条第 1 款第 8 项同时规定：承运人对于在责任期间货物因托运人、货物所有人或者他们的代理人的行为发生的灭失或者损坏不负赔偿责任。实践中货物的装载、搬移、积载、卸载环节多由港口经营人完成。此时如果港口经营人是由托运人或收货人委托，承运人除需对于港口经营人的工作进行合理的指导和监督外，对于因港口经营人过错造成的货物灭失或损坏不负赔偿责任。但是，如果货物积载不当导致船舶不适航，承运人仍应承担未履行适航义务的责任。

案例模型

港口经营人履行装卸环节时承运人的管货义务

● 承运人委托港口经营人搬移货物，货物在搬移时因港口经营人的过错发生损坏。此时由于管货义务具有不可替代性，承运人应当对此承担赔偿责任。

● 收货人委托港口经营人卸载货物，货物在卸载时因港口经营人的过错发生损坏，承运人无须对此承担赔偿责任。

● 托运人委托港口经营人积载货物，船舶存在超载现象而影响船舶的稳性，导致货物发生损坏。此时由于船舶存在不适航的情况，承运人应当承担未履行适航义务的责任。

（二）管理货物的标准

根据《海商法》第 48 条的规定，承运人管货义务的标准是“妥善地、谨慎地”。《海牙规则》的英文表述为“properly and carefully”。

关于妥善与谨慎的理解，大致与适航义务的谨慎处理标准类似，重点在于承运人不应存在过错。一般认为妥善是指客观的技术标准，要求承运人或其受雇人、代理人具备通常业务或特定货物要求的知识与技能；谨慎是指主观的心理状态，要求承运人或其受雇人、代理人具备一个能够胜任货物装卸作业或海上货物运输工作的人应当达到的谨慎程度。①

司法实践

管货义务的妥善与谨慎标准

最高人民法院在赫伯罗特股份公司与锦太洋（连云港）新材料有限公司、新华海天北方国际货运代理（天津）有限公司等海上、通海水域货物运输合同纠纷案②中，针对运输的危险货物化学发泡剂 CELLCOMAH-919P 和 CELLCOMA80，主要从妥善即客观技术标准层面，对于承运人的管货义务进行了一定分析：

> 从原审查明的事实看，涉案集装箱位于甲板船艏位置，集装箱悬空安放且周围并未发现热源，箱体上部和两侧均积载了其他集装箱，以满足遮蔽防止热辐射的效果，赫伯罗特公司积载涉案集装箱并不存在违反《国际海运危险货物规则》要求的情形，以尽到适当的管货义务。锦太洋连云港公司认为赫伯罗特公司作为承运人对火灾事故的发生很有可能存在重大过失，但未能提供确凿证据予以证明。

实践中引发更多争议的是承运人对于大豆、豆粕类货物的管货义务，主要体现在通风和测温两个方面。例如，山东省高级人民法院在萨么科股份有限公司、山东晨曦粮油有限公司海上、通海水域货物运输合同纠纷案③中认为：

> 在存储、运输过程中，大豆因呼吸作用产生热量和水分，易发生损害。是否发生热损，与大豆本身含水量、外界温湿度环境息息相关。涉案大豆装载时的平均含水量为 12.88%，低于收购、储存、运输大豆国家标准 GB1352—2009 规定的 13%。

---

① 张永坚：《国际海运公约》，法律出版社 2018 年版，第 184 页。

② 最高人民法院（2016）最高法民申 1271 号民事裁定书。

③ 青岛海事法院（2018）鲁 72 民初 1245 号民事判决书；山东省高级人民法院（2020）鲁民终 1573 号民事判决书。

根据《专家分析意见》的内容，在适宜的温度、湿度下，涉案大豆是可以无损运输的，并不必然发生热损。承运人在运输责任期间内，应根据大豆的自然特性、按照行业认可的实践规则，妥善、谨慎地管理，以保持适宜的环境温湿度。对本案“阿德兰特”轮来讲，萨么科公司应做且能做的管理措施即尽职尽责测量货物及外界温湿度，通过适时开启通气孔、舱盖等方式对货物进行通风。《专家分析意见》及专家辅助人员王建平就货损发生的原因、通风对大豆品质保持的影响等问题作出专业性分析，虽表示货舱的自然通风对大豆货物是否发生热损没有实质性影响，但并不否认通风对大豆表面热量的散发有一定作用，《专家分析意见》亦记载在航行中对各个货舱采取通风措施是“符合航运的通常做法和良好船艺”。据此，在运输大豆过程中，对货舱谨慎地自然通风虽不能避免大豆的自热现象，但可以尽可能地平衡舱内外温湿度，降低货损，是承运人应尽的管货义务。本案可以证明萨么科公司如何采取通风措施的证据为“货舱温度及通风记录”。该证据备注部分记载以“三度规则”① 确定是否需要通风，记录的内容包括日期、货仓温度、是否通风及其原因的简要备注等。其中仅显示，承运人在运输期间，每日对每货舱仅进行一次温湿度测量，在一日之内采取单一的通风或未通风的措施。该管货措施与海上运输舱内外温湿度、天气频繁发生变化的情况不相适应，不能体现萨么科公司对在船货物尽到了谨慎的注意义务。且该通风记录与航海日志关于通风情况的记录内容不一致。在此情况下，萨么科公司的证据不能充分体现其对船载货物采取了谨慎的通风管理措施。本院认定，萨么科公司管货不当，应对因此造成的货损承担赔偿责任。

典型案例

青岛海事法院2020年十起典型案例

中国太平洋财产保险股份有限公司青岛分公司与岱荣航运公司等海上货物运输合同货损纠纷案

【案情简介】

2019年1月31日，被告岱荣航运公司所有、被告MMSL私人有限公司光租的“天鹰座”轮船长签署了四套提单，将54,178公吨含水量为13.23%的巴西大豆运至中国。3月21日

① 三度规则，是指通过对比装货时的平均货物温度和外部空气温度，如果外部空气的干球温度比装货时的平均货物温度低至少3℃，此时允许通风。

抵达青岛港锚地，5月20日完成卸货。承运人在运输期间采用“三度规则”进行通风，有在适宜通风的时间未予通风的现象。

卸货前经联合检验，发现货舱表层大豆均有明显霉变。原告认为霉变系未及时有效地通风造成，被告认为系装货港时品质状况和青岛港的迟延卸货所导致。

涉案大豆检验出含有多种杂草，海关要求收货人进行除害处理。中国大豆国家标准载明大豆水分含量应小于等于13%。

原告依据保险合同约定赔付收货人后取得代位求偿权，请求依法判令两被告连带赔偿原告经济损失489万元及相应利息。

【裁判结果】

青岛海事法院认为，本案系涉外海上货物运输合同货损纠纷，适用中华人民共和国法律作为准据法。一、原告与两被告之间的法律关系。岱荣公司虽然为涉案船舶登记所有人，船长显然系光租人MMSL公司而非岱荣公司的代表，MMSL公司系承运人，应承担承运人责任，岱荣公司并非承运人。原告作为涉案货物的保险人，取得代位求偿权。二、货损责任的承担。涉案大豆受损的原因应当从案涉大豆品质是否适合海上运输要求、责任期间内的通风措施是否得当、迟延卸货对货损发生的影响三个方面进行分析。本案中，大豆水分稍高，且有杂草，有一定的品质缺陷，但并非不适合海上运输；“天鹰座”轮通风不当，未尽妥善、谨慎的管货义务，与货损有必然因果关系；货物在船舱滞留，迟延卸货38天，也与货损有必然因果关系。综合考虑上述因素，根据承运人违反其所应负责任和义务的过错程度，本院确定MMSL公司对本案货物损失承担50％的赔偿责任较为合理。三、货损金额的确定。489万元系因货损产生的必要的修复费用，且金额较为合理，原告也已对外实际支付，本院予以支持。MMSL公司依照50%的比例承担赔偿责任。故判决：MMSL公司赔偿原告损失人民币244.5万元及利息。判决后双方均服判未上诉。

【典型意义】

本案系一起复杂的涉及中国、巴拿马、新加坡、英国、巴西等多个国家的涉外海上货物运输合同下大豆货损纠纷案。被告光租人MMSL公司为“一带一路”成员国中的新加坡公司，本案审理中公平公正地对待外方当事人，切实为“一带一路”建设提供了司法保障，取得了良好的示范效果，本案的审理具体有以下两方面的指导意义。

一方面，创新庭审方式，提升涉外司法效能。2020年11月，因新加坡公司委托的专家鉴定人Chris教授所在的英国疫情严重，青岛海事法院首次采用远程视频方式允许其出庭作证，接受双方当事人的质询，并全程网上直播。整个庭审跨越了半个地球，跨国连线全程顺畅无障碍，为案件事实查明奠定了基础，取得了良好的庭审效果，有效地提升了涉外案件的审判质效，也体现了中国海事司法的国际化、专业化、智能化水平。

另一方面，本案确定的裁判规则对同类大豆货损案具有可资借鉴的指导意义。大豆热损案较多，双方抗辩一般集中在货物品质、通风措施、迟延卸货三个方面，本案中对此进行了深入详尽的分析认定。最终根据货方与船方违反各自义务的过错程度，确定了5：5的责任比例。新加坡公司服从判决并自动履行了付款义务。

大豆货损往往涉及外国船东、光船承租人、大期租租家、小期租租家、程租租家等一系列租船合同下的法律主体，因此本案作出的判决效力不仅及于本案的中外当事人，还是新加坡公司向其下家租家挪威公司索赔的依据。判决后被告选择不上诉也是与其下家租家共同确认接受法院判决的结果。因此本案的服判息诉意味着中国法院的裁判规则获得了除当事人之外更多外国公司的认可，对于不断增强中国海事审判在国际社会的话语权和影响力，提高中国海事司法的国际公信力，具有积极意义。

典型案例

上海海事法院涉"一带一路"十大典型案例

在生鲜货品海上运输中，承运人有义务确保其提供的冷藏箱处于符合运输合同目的的使用状态。如果因冷藏箱故障导致货损，承运人应承担赔偿责任。

【基本案情】

原告常瀛公司自菲律宾进口一批新鲜香蕉，被告太平船务承运该批货物并提供了冷藏集装箱。被告签发的提单显示冷藏箱温度设定为13.5℃，交接方式为堆场到堆场（CY/CY）。货物抵港交付后，仍装载于原集装箱内，其间箱内温度发生异常，开箱发现香蕉冻损。经查，货损原因系送风温度传感器失灵，无法探测箱内实际温度，误以为箱内温度很高，故持续发出制冷指令，以致冷藏箱箱内温度不断下降至0℃左右，造成货物冻伤。原告遂请求判令被告赔偿货物损失。被告辩称货损并非发生在承运人责任期间，且被告对涉案集装箱及货物已尽到谨慎处理和妥善管货义务，对于货损的发生没有过失，不应承担赔偿责任。

法院经审理认为：被告是运输合同项下的承运人，也是冷藏箱的提供方，提供冷藏箱是招揽业务、赚取运费的对价，确保冷藏箱处于符合运输合同目的的使用状态是其履行运输合同义务的一部分。《海商法》关于承运人责任期间的规定并未免除因承运人原因造成责任期间外货物灭失或者损坏时，承运人应当承担的赔偿责任。本案货损虽发生于责任期间届满后，但货损原因系被告提供的冷藏箱发生故障所致，被告未能履行确保冷藏箱适于保管货物的义务，应对货损承担赔偿责任。

【典型意义解读】

本案属于“一带一路”沿线国家生鲜货品进口中常见的纠纷类型，涉及因冷藏箱自身故障致货物于责任期间届满后受损，承运人是否承担赔偿责任的问题。本案判决明确：在海上货物运输合同关系中，如承运人提供冷藏箱用于装载货物的，承运人负有义务确保冷藏箱在约定使用期间内处于正常使用状态。因冷藏箱自身故障致货物受损即使是在责任期间届满后，但承运人因未按约确保冷藏箱处于正常运行状态，仍应对货损承担赔偿责任。

三、船舶不进行不合理绕航

（一）《海商法》关于承运人不绕航义务的规定

1. 承运人不绕航义务的基本内涵

《海商法》第49条规定：

> 承运人应当按照约定的或者习惯的或者地理上的航线将货物运往卸货港。
>
> 船舶在海上为救助或者企图救助人命或者财产而发生的绕航或者其他合理绕航，不属于违反前款规定的行为。

承运人据此负有船舶不进行不合理绕航的义务，通常也简称为不绕航义务。绕航（deviation），是指船舶有意地脱离约定的或习惯的或地理上的航线。我国台湾地区称为“偏航”。绕航受到法律规制的原因在于其可能产生两个方面的负面影响：一是影响船舶迅速到达目的港；二是可能导致遭遇额外的风险。

根据《海商法》第49条第1款的规定，承运人运输货物的航线应按以下三个层次的顺序确定：

（1）约定的航线：承运人与托运人事先通过合同或其他方式约定的航线；

（2）习惯的航线：如果没有约定的航线，船舶应当按照装货港和卸货港之间的习惯航线行驶；

（3）地理上的航线：如果没有约定的和习惯的航线，船舶应在保证船舶和货物安全的前提下，按照装货港和卸货港之间距离最近的航线行驶，即安全和距离两项条件均需满足。

与承运人不绕航义务密切相关的概念应是合理速遣（reasonable dispatch）。合理速遣是承运人在英国普通法下负有的默示义务。例如，英国学者 John F.Wilson 在 Carriage of Goods by Sea 一书认为：

> 每个运输合同项下的第二个义务是，船东或承运人应以合理的速度履行其合同义务。即使合同条文没有对特定义务的履行作出明确规定，（普通法上）也有默示的义务要求在合理的时间内履行，或者在合理的期限内航行和装卸货物。①

2. 合理绕航

根据《海商法》第 49 条第 1 款的规定，法律只是禁止不合理的绕航，而承运人的合理绕航行为并不违反船舶不进行不合理绕航的义务。合理绕航主要包括以下两种情形：

（1）海上为救助或企图救助人命或财产而发生的绕航。通常认为，财产救助构成合理绕航，必须是合理的救助行为。但是，人命救助不要求必须是合理的救助行为，原因在于救助海上人命本是船方在公法上负有的义务。《海上交通安全法》第 75 条规定："船舶、海上设施、航空器收到求救信号或者发现有人遭遇生命危险的，在不严重危及自身安全的情况下，应当尽力救助遇险人员。"《船员条例》第 16 条第 6 项也规定船员的职责之一是"在不严重危及自身安全的情况下，尽力救助遇险人员"。《中华人民共和国船员条例释义》一书指出：

> 救助水上遇险人员、对于他船遇险信号作出响应，是航海活动的一个古老传统，也是法律规定的一项应尽义务。《中华人民共和国海上交通安全法》、《中华人民共和国海商法》、《中华人民共和国内河交通安全管理条例》和《1974 年国际海上人命安全公约》、《1979 年国际海上搜寻和救助公约》等，都有关于救助水上遇险人员的规定，义务主体涉及船舶、船长、船员和岸基救助机构。对于船员而言，救助水上遇险人员是普遍适用的法定义务，不只是人道义务。②

（2）其他合理绕航。为了船货共同利益或者其他合理需要而发生的绕航，如躲避台风等恶劣天气、疫情、战争，或者运送船上病重人员上岸治疗。

部分观点认为"船舶不进行不合理绕航"作为承运人义务的名称不尽恰当。例如，傅廷中主张称其为"直航义务"：

① ［英］约翰·F. 威尔逊：《海上货物运输法》（第 7 版），袁发强译，法律出版社 2014 年版，第 14 页。
② 刘功臣、赵晓光、何建中主编：《中华人民共和国船员条例释义》，人民交通出版社 2007 年版，第 53 页。

在国内的一些教科书中，普遍将承运人的直航义务称作不得进行不合理绕航的义务，此种表述并未反映出立法的本意。首先，从该项义务所强调的重点来看，法律之所以要求承运人要按照约定航线或习惯的航线或地理上的航线运输货物，本身就是对直航的要求。至于该条第 2 款所提到的为救助或企图救助人命或者财产而发生的绕航或者其他合理绕航，只是对直航义务的例外规定。根据这一例外规定将承运人直航义务反向概括为不得进行不合理绕航的义务，实际上是颠倒了例外规定与基本规定的关系，犯了本末倒置的错误。①

上述观点虽然不无道理，但从“直航”一词的本意来看，主要是指两地之间的船舶不经过第三地而直接通航，②而《海商法》第 49 条第 1 款规定的航线未必是此种意义上的直航，特别是优先适用的约定的航线完全可能背离直航的要求；而且，结合第 2 款进行分析，此项义务要求的航线未必是所谓的直航航线，也可以是符合合理绕航的航线，因而“不得进行不合理绕航”较之“直航”的概括更为全面，而不必以辞害意追求所谓的正向概括。而且，国外的主流著作大多也采类似表述，如 Carriage of Goods by Sea 一书称为“Obligation not to deviate from the agreed route”，③即不偏离约定航线的义务。

案例模型

合理绕航与不合理绕航

合理绕航与不合理绕航的典型情形举例如下：

- 原定的航线出现军事交火，船舶绕道其他较远的航线驶往目的港，属于合理绕航。
- 一名船员突发疾病，船舶绕道附近港口将其送往岸上救治，属于合理绕航。
- 承运人为额外揽货赚取运费，绕道至临时增加的挂靠港装运货物，属于不合理绕航。
- 船长为安排船上偷渡人员上岸而绕道其他港口，属于不合理绕航。

① 傅廷中：《海商法》（第 2 版），法律出版社 2017 年版，第 116 页。
② 中国社会科学院语言研究所词典编辑室编：《现代汉语词典》（第 7 版），商务印书馆 2016 年版，第 1681 页。
③ John F. Wilson，*Carriage of Goods by Sea*，Pearson Education Limited，2010，p.16.

典型案例

人民法院第二批涉“一带一路”建设典型案例

合理填补《国际海运固体散装货物规则》空白　完善国际海事裁判规则

——徐州天业金属资源有限公司与圣克莱蒙特航运股份公司、东京产业株式会社海上货物运输合同纠纷再审审查案

【基本案情】

2010年12月29日，徐州天业与CJ公司签订买卖合同，向其购买5万吨（加减10%）散装印度尼西亚红土镍矿。2011年1月28日，承运人圣克莱蒙特航运和东京产业共同所有的“海运漓江（MaritimeLijiang）”轮驶抵印度尼西亚北克纳韦港受载货物，因质疑货物水分过高而决定该轮自2011年2月12日起停留北克纳韦港锚地开舱晒货并取样检验。之后，该轮于2011年3月27日航行两天后于3月29日抵达菲律宾达沃港继续开舱晒货并检验，5月16日驶离达沃港，于5月23日抵达目的港连云港。CJ公司作为托运人取得承运人为涉案货物签发的全套正本清洁指示提单，徐州天业通过信用证付款方式取得了该套正本提单。徐州天业于2011年6月28日以承运人违反了不得绕航和速遣义务为由向上海海事法院起诉，请求判令承运人赔偿其货物市价下跌损失人民币1414万元及其利息。

【裁判结果】

上海海事法院一审认为，承运人在装货港及达沃港采取停航、晒货、检验等行为不属于不合理绕航，不违反合理速遣义务，据此判决驳回徐州天业的诉讼请求。徐州天业不服，提起上诉。

上海市高级人民法院二审认为，“海运漓江”轮绕道达沃港停留属于不合理绕航，但徐州天业不能证明其货物转卖损失的客观性与合理性，遂判决驳回上诉，维持原判。双方当事人均不服二审判决，申请再审。

最高人民法院经审查认为：根据双方当事人的一致选择，本案纠纷应当适用中华人民共和国法律审理；中华人民共和国作为经修正的《1974年国际海上人命安全公约》的缔约国，《国际海运固体散装货物规则》（以下简称《散货规则》）依据该公约成为强制性规则，于2011年1月1日对中国生效；根据《散货规则》的规定，托运人在装载前须向船长或其代表提供易流态化货物的水分含量、适运水分极限等适当信息的声明与测试证书，以便能够采取必要的措施对货物进行妥善积载和安全运输；易流态化货物除装载于专门建造或装有专用设备的船舶上外，只有在实际含水量少于适运水分极限时方可装载运输。托运人和承运人提

供的检验报告等证据均没有载明涉案货物中尺寸大于7毫米或者6.7毫米货物的适运水分极限和整批货物的适运水分极限，承运人在装货港判断货物不适合安全运输的理据相对充分，船舶航行至达沃港，属于合理绕航。据此，裁定驳回双方当事人的再审申请。

【典型意义】

本案是发生在“一带一路”沿线国的海上货物运输合同纠纷案件。最高人民法院进行再审审查并作出裁定，具有以下典型意义：第一，填补国际海事规则空白，提出合理裁判标准。《散货规则》对单一细小颗粒的含水量与其适运水分极限（TML，transportable moisture limit）对比有明确规定，但对于类似该案中细小颗粒与较大块货物混合的散装固体货物如何对比（是以整体含水量与细小颗粒的TML对比，还是以同类细小颗粒的含水量与同类细小颗粒的TML对比），没有专门规定。尽管托运人和承运人提供的检验报告没有载明规格大于7毫米或者6.7毫米货物的TML和整批货物的TML，主要原因很可能是受到流盘测试方法的限制，但最高人民法院合理解读《散货规则》的体系和相关条款的文意，从维护海运安全的价值取向出发，认定《散货规则》规定的TML系指整批货物的TML（而不仅仅是其中细小颗粒的TML），认定货物是否适运应当对比整批货物的含水量与整批货物的TML；在托运人没有提供检验报告载明整批货物的含水量与整批货物的TML情况下，承运人有合理依据判断货物不适合安全运输。第二，为维护“一带一路”海上运输安全，发挥规范指导作用。印度尼西亚和菲律宾等东南亚地区是世界上镍矿石的主产区，近十年国际需求不断增长。而镍矿石是易流态化散装固态货物，一旦其实际水分含量超过TML则很可能出现液态化，使船舶失去稳性导致船舶倾覆。就在涉案货物装运的同期，自2010年10月27日至12月3日，三艘装载镍矿的船舶［“建富星（JianFuStar）”轮、“南远钻石（NascoDiamond）”轮、“宏伟（HongWei）”轮］在自印度尼西亚驶往中国途中沉没，44名中国船员死亡或失踪；自2011年12月25日至2013年8月14日，又有三艘装运印尼红土镍矿的船舶［越南籍“皇后（VinalinesQueen）”轮、巴拿马籍“HaritaBauxite”轮、香港籍“夏长（TransSummer）”轮］沉没，导致37名船员遇难。运输此类货物存在一系列潜在的危险性和复杂性，包括托运人申报水分含量不实、检测取样不具代表性、检测后露天堆放和装运时下雨等因素，承运人有必要适当加强观察、检测和把关，一旦有合理依据怀疑货物运输安全性，应及时向托运人质疑并可拒绝装运。本案是近年来运载易流态化散装固体货物船舶及时预防倾覆事故的一个成功范例，最高人民法院在认定承运人有合理依据怀疑货物水分含量过高的基础上，支持其采取停航晒货等合理措施，体现了保障航运安全的价值取向。

司法实践

合理绕航与不合理绕航

我国司法实践涉及绕航问题较少，对此分析较为详尽的案例即是前引上海市高级人民法院审理的徐州天业金属资源有限公司与圣克莱蒙特航运股份公司、东京产业株式会社海上货物运输合同纠纷案[①]：

“漓江”轮装载货物后驶往锚地并长时间停留，后绕道达沃港并长时间停留是否构成不合理绕航的问题。《国际海运固体散货规则》(以下简称《散货规则》) 第 4.2.1 条规定，在装载前托运人须充分提前向船长或其代表提供货物的适当信息，以便能够采取必要的措施对货物进行妥善积载和安全运输。第 4.3.2 条规定，当船舶装运精矿或其他货物时，托运人须向船长或其代表提供一份经签字的适运水分极限证书和一份经签字的水分含量证书或声明。该适运水分极限证书须包括或另附测定适运水分极限的试验结果。该水分含量声明须包括或附有托运人的声明：就其所知和看法，在将该声明提交船长时，货物的水分含量是当时货物的平均水分含量。本案中，“漓江”轮抵达装货港后，托运人 CJ 公司于 2011 年 1 月 28 日向船方出具一份货物申报单 (CARGODECLARATION)，记载货物含水量为 26.71%，适运水分极限为 28.76%，流动水分点为 31.95%，表明涉案货物适运。因天雨，托运人 CJ 公司又于 2 月 7 日出具一份货物申报单，记载货物含水量为 29.20%，适运水分极限为 30.00%，流动水分点为 33.33%，仍然表明货物适运。

涉案航海日志记载，1 月 29 日至 2 月 11 日，除 2 月 3 日、9 日和 11 日之外，其余每天都有下雨，因货物严重潮湿拒装 12 次。《散货规则》第 4.5.1 条规定，固体散装货物的适运水分极限的测定试验须在装货之日前 6 个月内进行。尽管有此规定，如果货物成分或性质因某种原因发生了变化，在有理由认为此种变化已经发生的情况下，须再次进行试验以测定适运水分极限。第 4.5.2 条规定，测定水分含量的采样和试验时间应尽可能与装货时间接近。若从试验到装货期间遇到大的雨雪，则须进行核对试验，以确保货物水分含量仍低于适运水分极限。据此，如果“漓江”轮船长认为装货前天雨，对托运人两次提交的货物申报单上记载的数据产生怀疑，其可以等待进一步的检测结果以决定是装船还是拒装。但“漓江”轮于 2 月 11 日装货完毕，船长签发了正本清洁提单。本院认为，清洁提单是船方认可涉案货物适运的初步证据。在装货完毕并签发了正本清洁提单的前提下，“漓江”轮船长却作出拒绝

① 上海海事法院（2011）沪海法商初字第 753 号民事判决书；上海市高级人民法院（2013）沪高民四（海）终字第 24 号民事判决书。

开航，并将船驶往锚地停留、后绕道不在习惯或地理航线上的达沃港停留的决定，就船长的前述决定正确与否，应当由圣克莱蒙特航运和东京产业承担举证责任。

现有证据表明，“漓江”轮于2011年2月12日驶往装港锚地后，CCIC新加坡于2月21日出具的货量证书和质量证书显示，涉案货物的水分含量为29.54%，该货物含水量数据与货方第二次申报的数据基本一致，亦符合买卖合同的约定。在装港锚地停留的近一个半月内，若干个检验机构对涉案货物进行了取样检验，其中天祥公司于2011年2月26日出具的检验报告显示，混合样品含水量为29.76%，大于7毫米规格颗粒含水量为20.73%，小于7毫米规格颗粒含水量为35.81%；小于7毫米规格颗粒的适运水分极限为31.07%；新加坡MTD于同年3月2日出具的样品分析报告显示，大于6.7毫米规格颗粒的含水量基本在20%左右，小于6.7毫米规格颗粒的含水量基本在35%左右，整船混合样品小于6.7毫米规格颗粒的适运水分极限为29.80%。圣克莱蒙特航运和东京产业主张船方系将小颗粒货物的水分含量与小颗粒货物的适运水分极限相比对后，认定涉案货物整体不适运。本院认为，涉案货物系大小颗粒混杂的原矿，前述检测数据显示，大颗粒的水分含量明显低于小颗粒的水分含量，而船方仅选取检测数据中的小颗粒货物的水分含量与小颗粒货物的适运水分极限相比对，从而认定货物整体上不适运，依据尚不充分。

同时，《海商法》第六十八条第二款规定，承运人知道危险货物的性质并已同意装运的，仍然可以在该项货物对于船舶、人员或者其他货物构成实际危险时，将货物卸下、销毁或者使之不能为害，而不负赔偿责任。但本案中，从涉案货物被装上船至被运抵目的港期间，没有证据显示货物在整个运输过程中产生过任何实际危险。综上，本院认为，“漓江”轮船长判定涉案货物不适运的依据不充分，圣克莱蒙特航运和东京产业主张援引经修正的《1974年国际海上人命安全公约》第34-1条“船长的决定权”和《海商法》第六十八条第二款的规定，亦缺乏事实依据。徐州天业关于“漓江”轮绕道达沃港并停留属于不合理绕航的上诉理由成立。

（二）国际公约关于承运人不绕航义务的规定

至于国际公约关于船舶不进行不合理绕航义务的规定，《海牙规则》未直接规定承运人的此项义务，但第4条第4款规定了合理绕航，与《海商法》的规定基本一致：“为救助或企图救助海上人命或财产而发生的绕航，或任何合理绕航，都不能作为破坏或违反本公约或运输合同的行为；承运人对由此而引起的任何灭失或损害，都不负责。”《汉堡规则》和《鹿特丹规则》均未针对船舶不进行不合理绕航义务进行专门规定。

四、约定时间内在卸货港交付货物

除谨慎处理使船舶适航、妥善和谨慎地管理货物、船舶不进行不合理绕航三项主要的法定最低义务外，承运人同时负有在约定时间内在约定的卸货港交付货物的义务。

（一）迟延交付的概念

《海商法》第 50 条规定：

> 货物未能在明确约定的时间内，在约定的卸货港交付的，为迟延交付。
>
> 除依照本章规定承运人不负赔偿责任的情形外，由于承运人的过失，致使货物因迟延交付而灭失或者损坏的，承运人应当负赔偿责任。
>
> 除依照本章规定承运人不负赔偿责任的情形外，由于承运人的过失，致使货物因迟延交付而遭受经济损失的，即使货物没有灭失或者损坏，承运人仍然应当负赔偿责任。
>
> 承运人未能在本条第一款规定的时间届满六十日内交付货物，有权对货物灭失提出赔偿请求的人可以认为货物已经灭失。

承运人据此负有在明确约定的时间内在约定的卸货港交付货物的义务，否则即构成迟延交付（delay in delivery）。《海商法》第 50 条第 1 款仅规定了“明确约定的时间”一种情形，因而如果承运人与托运人未明确约定交付货物的时间，即使承运人未能在合理时间内交付货物，仍不构成迟延交付，无须承担由于货物未能在合理时间内交付而导致的灭失或损坏以外的其他经济损失的赔偿责任。关于交付货物时间的约定，不限于书面约定，而可以是任何能够证明的约定形式。

理论探讨

《海商法》第 50 条第 1 款与《民法典》第 811 条的关系

原《合同法》第 290 条规定：“承运人应当在约定期间或者合理期间内将旅客、货物安全运输到约定地点。”较之《海商法》第 50 条第 1 款增加了“合理期间”的情形。《民法典》第 811 条延续了此种规定，仅在措辞方面将“期间”修改为“期限”。该条规定：“承运人应当在约定期限或者合理期限内将旅客、货物安全运输到约定地点。”

上述规定能否适用于国际海上货物运输合同，意味着承运人未能在合理时间内交付货物是否构成迟延交付。从法律效力位阶的角度，《海商法》较之《民法典》属特别法，而《民法典》较之《海商法》属新法。此时“特别法优于一般法”和“新法优于旧法”两项规则存在冲突。《立法法》第 94 条第 1 款规定：“法律之间对同一事项的新的一般规定与旧的特别规定不一致，不能确定如何适用时，由全国人民代表大会常务委员会裁决。”因此，此种情形本应由全国人民代表大会常务委员会裁决。但是，实践中全国人民代表大会常务委员会作出裁决的情况实属罕见，更多还是由法院在具体适用法律时通过法律解释进行处理。

原《合同法》时代我国司法实践的通说观点认为，海上货物运输的承运人承担迟延交付赔偿责任需以明确约定货物交付时间为前提，[①] 即《合同法》第 290 条不适用于国际海上货物运输合同。理由在于《海商法》对于未在合理时间内交付货物是否属于迟延交付不属于特别法未作规定，而是有意地否定了此种情形构成迟延交付，因而不存在适用原《合同法》一般规定的空间。例如，上海市高级人民法院在青岛旭日伟业进出口有限公司与俄远东海洋轮船运输有限公司运输合同纠纷案[②] 中认为：

> 关于涉案货物是否构成迟延交付及相应的责任问题：依据我国《海商法》第五十条的明确规定，构成货物迟延交付赔偿责任以“明确约定”货物交付时间为前提，本案中没有证据证明各方曾经明确约定了涉案货物的交付时间，故不构成我国海商法下的迟延交付。

虽然《民法典》生效以来我国海事审判的实践尚不充分，但考虑到《民法典》第 811 条的规定与原《合同法》第 290 条的规定实质相同，且二者与《海商法》第 50 条第 1 款的效力关系也无差异，因而上述司法实践的立场在《民法典》时代应当予以延续。

（二）迟延交付的法律后果

根据《海商法》第 50 条第 2、3 款的规定，除非存在法律规定的免责事由，如果由于迟延交付导致货物灭失或损坏，或者遭受其他经济损失，如市场波动造成的价格下跌，承运人应负赔偿责任。根据最高人民法院民事审判第四庭《涉外商事海事审判实务问题解答》第 135 条的规定，此种经济损失主要包括以下三项：

---

① 王淑梅主编：《海上货物运输合同纠纷案件裁判规则》，法律出版社 2021 年版，第 62 页。

② 上海海事法院（2011）沪海法商初字第 965 号民事判决书；上海市高级人民法院（2012）沪高民四（海）终字第 92 号民事判决书。

（1）市场差价损失；

（2）利息损失；

（3）已经实际支付给第三人的违约损失。

上述经济损失应以在签订海上货物运输合同时，承运人可以合理预见或者应当预见的因违反合同可能造成的损失为限。

此外《海商法》第 82 条规定："承运人自向收货人交付货物的次日起连续六十日内，未收到收货人就货物因迟延交付造成经济损失而提交的书面通知的，不负赔偿责任。"收货人据此应当在货物交付次日起连续 60 日内提交书面通知，否则承运人不负赔偿责任。《汉堡规则》第 19 条第 5 款也规定："对延迟交付所引起的损失，无需给付赔偿，除非在货物移交给收货人之日后连续六十日内给予运送人以书面通知。"

案例模型

迟延交付的时间标准与损失通知

● 托运人委托承运人运输一批圣诞帽，合同未约定交付时间，承运人实际交付货物的日期是 12 月 31 日，导致托运人错过圣诞节的销售周期，圣诞帽的价格大幅下跌。由于合同关于交付时间未有明确约定，承运人的行为不构成迟延交付，无须承担托运人由于市场价格下跌遭受的经济损失。

● 托运人委托承运人运输一批圣诞帽，合同约定应在 2020 年 12 月 20 日前交付，但承运人实际交付货物的日期是 12 月 31 日，导致托运人错过圣诞节的销售周期，圣诞帽的价格大幅下跌。由于合同关于交付时间存在明确约定，承运人的行为构成迟延交付，应当承担托运人由于市场价格下跌遭受的经济损失。

·托运人在 2021 年 3 月 1 日提交了货物因迟延交付造成经济损失的书面通知。根据《海商法》第八十二条的规定，交付货物的次日为 1 月 1 日，连续 60 日至迟为 3 月 1 日，因而托运人提交通知的时间符合法律规定，承运人应当承担赔偿责任。

·托运人在 2021 年 3 月 2 日提交了货物因迟延交付造成经济损失的书面通知，由于超出了法律规定的时间，承运人不负赔偿责任。

典型案例

宁波海事法院涉外、涉港澳台案件十大典型案例（2016—2020）

承运人在中途错误卸货导致交付迟延，应当承担相应违约赔偿责任。

【基本案情】

2014年12月28日，宁波萌恒工贸有限公司（以下简称萌恒公司）将一个集装箱提花布在宁波港装船，并取得代理签发的马士基公司提单，提单记载卸货港为非洲贝宁科托努港。货物出运后萌恒公司查询得知涉案集装箱于2015年3月11日被卸至喀麦隆的杜阿拉港，因货物销售具有季节性，萌恒公司多次要求马士基公司尽快将货物运往目的港。根据马士基公司的要求，萌恒公司提供货物商业发票用于杜阿拉港清关，后集装箱再次起运并于同年5月29日到达目的港科托努港，因目的港当局调查原因集装箱又被拉至邻国尼日利亚的拉哥斯清关，货物最终于同年6月25日由收货人提取。萌恒公司与收货人的往来邮件显示：涉案提花布的颜色和花型系收货人为当地2015年3月的销售季节采购，当年6月系提花布的另一个销售季节（但颜色和花型不适合）。经与收货人协商，萌恒公司最终收回50%货款。萌恒公司以马士基公司将货物运错目的港导致错过销售季节为由，要求马士基公司赔偿其一半货款损失。案件诉至法院前，马士基公司已将涉案集装箱全额海运费退还萌恒公司。

【裁判要旨】

宁波海事法院经审理认为，萌恒公司系涉案集装箱托运人，其有权要求承运人马士基公司履行妥善谨慎地运输货物的义务，双方就履行合同产生争议，原告当然有诉权，收货人也未就涉案同一事实向马士基公司索赔，不存在重复诉讼问题。集装箱自宁波港海运至科托努港正常航程为2个月左右，涉案集装箱抵达目的港前在杜阿拉港停留2个多月，且需清关才能重新装船，不符合正常的集装箱中转流程，此系马士基公司错误地将杜阿拉港视为卸货港并卸货报关引起，虽然涉案集装箱在5个月后得以交货，造成的后果表现为货物迟延交付，但因承托双方对货物交付时间未有明确约定，涉案运输并不符合《海商法》第五十条规定的迟延交付情形，本案应认定为马士基公司违反了《海商法》第四十八条规定的承运人妥善处理货物的义务而承担相应的违约责任。由于货物迟延到港错过了第一个销售季节，此后又因目的港清关迟延错过了第二个销售季节。根据萌恒公司与收货人就货物错过销售季节后货款的多次交涉，认定萌恒公司仅收回一半货款，货物贬值50%，考虑货物贬值原因、萌恒公司承担的减损义务及马士基公司应预见的延误风险，酌定马士基公司违约致使货物迟延到港需赔偿萌恒公司损失为货值的25%及涉案货物运费，同时马士基公司对此不享有赔偿责任限制。马士基公司不服，提起上诉，浙江省高级人民法院二审判决驳回上诉，维持原判。

【典型意义】

在国际贸易要求班轮运输更快更精准、航运风险可预测性及航运技术大大提高的大背景下，有必要在迟延交货问题上重新权衡船货双方利益并确立相应的裁判规则。本案在准确把握海商法有关承运人责任规定的精神基础上，确立一条裁判规则：承运人因自身过错致超出合理时间交付货物，托运人有权在遭受货物价值损失后向承运人提起诉讼，承运人不得主张依据《海商法》第八十二条关于收货人未在交付货物后六十日内书面通知索赔、承运人不负赔偿责任的规定免除赔偿责任，承运人违反妥善管理货物的基本义务与货物价值损失存在因果关系时，应当承担相应的违约赔偿责任。本案系中途错误卸箱导致到港延误，不同于一般的迟延交货，被告马士基公司主张参照业内赔付运费的惯常做法处理，缺乏事实依据。最终，对承运人过错与责任作出合理追究，保护了国内出口商的合法权益，社会效果良好。

（三）国际公约关于迟延交付的规定

《海牙—维斯比规则》未规定迟延交付，《海商法》第50条关于迟延交付的规定主要吸收了《汉堡规则》第5条第2款的规定："货物未于明白约定的期限内，或在并无此种约定时，未于考虑到实际情况、可以合理要求勤勉运送人遵守的期限内，在海上运送合同所规定的卸货港交付，即为延迟交付。"二者的主要区别在于，《汉堡规则》在约定时间标准外同时采纳了合理时间标准。《海商法》作出不同于《汉堡规则》的处理主要是基于以下三个方面的原因：

（1）《海商法》制定时国际上普遍适用的《海牙—维斯比规则》未规定迟延交付，迟延交付仅规定于《汉堡规则》，而后者当时尚未生效，更未被主要航运和贸易国家采纳，且主要航运和贸易国家的国内立法也未规定迟延交付。如果《海商法》按照《汉堡规则》针对迟延交付同时规定约定时间和合理时间两种标准，将会明显增加我国国际航运企业的负担，影响其在国际航运市场的竞争力。

（2）海上货物运输需要的时间受到船舶航行中天气、装卸两港的具体情况等承运人无法实际控制的诸多原因的影响，而且海上运输较之其他运输方式具有运量大、运价低的特点，保证货物在卸货港交付的时间对于承运人而言并不完全合理。

（3）船货双方对于合理时间的确定颇易产生争议，从而影响法律规则的可操作性。

《鹿特丹规则》第21条仅采用了约定时间标准："未在约定时间内在运输合同约定的目的地交付货物，为迟延交付。"虽然较之我国《海商法》减少了"明确"的表述，但二者的规定实质上并无区别，原因在于认定约定是否明确主要是法律解释的结果。

第二节　承运人的责任期间

一、承运人责任期间的概念

承运人的责任期间（period of responsibility），是指承运人对于货物应当承担责任的区间，理论上应当是承运人及其受雇人和代理人掌管货物的全部期间。

如果货物在此期间发生灭失或损坏，或者导致货物灭失或损坏的原因发生在此期间，同时不存在可以免责的事由，承运人应当承担赔偿责任。

二、《海商法》关于承运人责任期间的规定

《海商法》第46条第1款规定："承运人对集装箱装运的货物的责任期间，是指从装货港接收货物时起至卸货港交付货物时止，货物处于承运人掌管之下的全部期间。承运人对非集装箱装运的货物的责任期间，是指从货物装上船时起至卸下船时止，货物处于承运人掌管之下的全部期间。在承运人的责任期间，货物发生灭失或者损坏，除本节另有规定外，承运人应当负赔偿责任。"承运人的责任期间据此分为两种情况：

（1）集装箱货物的责任期间：从装货港接收货物时起，至卸货港交付货物时止。主要吸收了《汉堡规则》的规定，通常称为"港至港"原则。

（2）非集装箱货物的责任期间：从货物装上船时起，至货物卸下船时止。主要吸收了《海牙—维斯比规则》的规定，通常称为"钩至钩，舷至舷"原则。关于"钩至钩，舷至舷"的具体理解，通常认为在使用船上吊货设备进行装卸作业时，起止时间为从装货吊机的吊钩勾住货物时起，至卸货吊机的吊钩脱离货物时止的时间范围；至于使用岸上设备或者非承运船舶的装卸设备进行装卸的情况下，起止时间为从货物在装货港越过船舷时起，至货物在卸货港越过船舷时止的时间范围。[①]

---

① 张永坚：《国际海运公约》，法律出版社2018年版，第182页。

理论探讨

散装液体货物的责任期间

散装液体货物在物理形态上明显不同于一般的散装货物，因而如何理解承运人责任期间中的装上船和卸下船也不同于一般货物。《最高人民法院关于南京石油运输有限公司与华泰财产保险股份有限公司石家庄分公司海上货运运输保险代位求偿一案有关适用法律问题的请示的复函》对此作出了答复：

> 关于承运人对散装液体货物运输责任期间的认定。我国《海商法》第 46 条规定，承运人对于非集装箱装运的货物责任期间是从货物装上船时起至卸下船时止，货物处于承运人掌管之下的全部期间。由于散装液体货物在形态上不同于其他散装货物，因此，承运人对于散装液体货物运输的责任期间，应自装货港船舶输油管线与岸罐输油管线连接的法兰盘末端时起至卸货港船舶输油管线与岸罐输油管线连接的法兰盘末端时止，货物处于承运人掌管之下的全部期间。

根据上述复函，承运人对于散装液体货物的责任期间，自装货港船舶输油管线与岸罐输油管线连接的法兰盘末端时起，至卸货港船舶输油管线与岸罐输油管线连接的法兰盘末端时止。

《海商法》第 46 条第 2 款规定："前款规定，不影响承运人就非集装箱装运的货物，在装船前和卸船后所承担的责任，达成任何协议。"承运人和托运人据此可以就非集装箱货物在装船前和卸船后的承担责任另作约定。同时也说明《海商法》规定的承运人责任期间实质是强制责任期间，而非承运人承担责任的唯一期间，承运人仍有可能根据合同约定在责任期间以外承担责任。实践中承托双方时常会在海上货物运输合同中订立"装前卸后条款"(before and after clause)。如果承托双方未作此种约定，在此期间发生的争议应当适用《民法典》第三编"合同"的一般规定。

案例模型

承运人的责任期间

- 货物灭失或损坏发生在承运人责任期间，且不存在免责事由，承运人应当承担赔偿责任。

● 货物灭失或损坏未发生在承运人责任期间，但导致灭失或损坏的原因发生在责任期间，且不存在免责事由，承运人应当承担赔偿责任。

● 非集装箱货物的灭失或损坏发生在装船前或卸船后，承托双方在海上货物运输合同中订有装前卸后条款，承运人是否承担赔偿责任依据条款内容确定。

● 非集装箱货物的灭失或损坏发生在装船前或卸船后，承托双方在海上货物运输合同中未订有装前卸后条款，承运人是否承担赔偿责任应当依据《民法典》第三编“合同”的一般规定。

理论探讨

合同约定责任期间背离《海商法》规定的效力

如果承托双方在海上货物运输合同或提单中约定的承运人责任期间背离了《海商法》的规定，我国海事审判实践总体上倾向于认定此种约定无效。以上海市高级人民法院审理的地中海航运公司与南通刚正薄板有限公司运输合同纠纷案[①]为例，该案海上货物运输合同约定：承运人对于货物的责任期间自货物到承运人仓库时起至海关封箱时止，货物处于承运人掌管期间，但不包括实际承运人掌控货物的期间。上海海事法院在一审判决中认为：

> 关于该外贸运输合同中责任期间的约定，与合同约定的承运人义务相矛盾，且属于减轻承运人义务的条款，违反法律的禁止性规定，该条款无效。

二审法院上海市高级人民法院维持了一审判决。

《海商法》第44条规定了该法第四章规定的强制性。责任期间是承运人责任在时间层面的范围，责任期间的长短也在很大程度上决定了承运人承担责任的限度。因此，缩短承运人责任期间的约定应当属于违反法律强制性规定的合同条款。

① 上海海事法院（2010）沪海法商初字第413号民事判决书；上海市高级人民法院（2011）沪高民四（海）终字第148号民事判决书。

三、国际公约关于承运人责任期间的规定

《海牙规则》并未直接规定承运人的责任期间，但其第 1 条第 e 项规定："'货物运输'是指自货物装上船时起，至卸下船时止的一段期间。"学理上一般据此认为承运人的责任期间即为"钩至钩，舷至舷"原则。同时，《海牙规则》第 7 条也针对装前卸后的责任承担作出了专门规定："本条约中的任何规定，都不妨碍承运人或托运人就承运人或船舶对海运船舶所载货物于装船以前或卸船以后所受灭失或损害，或与货物的保管、照料和搬运有关的灭失或损害所应承担的责任与义务，订立任何协议、规定、条件、保留或免责条款。"可见《海牙规则》关于承运人责任期间的规定实质上与《海商法》关于非集装箱货物责任期间的规定一致。

《汉堡规则》第 4 条第 1、2 款规定：

> 在本公约下，运送人对于货物在装货港、在运送途中及在卸货港由其掌管的全部期间，担负责任。
>
> 为本条第 1 款的目的，运送人在以下所述起讫期间视为掌管货物：
>
> （a）自他从以下的人、当局或其他第三方接收货物之时起：
>
> （一）托运人或代表他行事的人；或
>
> （二）依据装货港适用的法律或规章，货物必须交其装船的当局或其他第三方；
>
> （b）迄他依以下方式交付货物之时为止：
>
> （一）把货物交给收货人；或
>
> （二）收货人不自运送人收受货物时，按照合同或卸货港适用的法律或特定行业惯例，把货物留给收货人处置；或
>
> （三）把货物交给依据卸货港适用的法律或规章货物必须交给的当局或其他第三方。

《汉堡规则》对于承运人的责任期间采取"港至港"原则，即与《海商法》关于集装箱货物的责任期间一致。至于其中规定的将货物交给当局的情形，主要是指南美洲部分国家的法律强制规定，运输至该国港口的货物必须交付当地海关或者港口当局。

《鹿特丹规则》第 12 条第 1 款规定："承运人根据本公约对货物的责任期间，自承运人或者履约方为运输而接收货物时开始，至货物交付时终止。"《鹿特丹规则》规定的承运人责任期间，自接收货物时起至交付货物时止。由于公约同时调整包含海运区段的国际货物多式

联运合同,因而接收和交货的地点不再限于港口,从而体现了“门到门”运输的特点,较之《汉堡规则》也有一定程度的发展。

第三节　承运人责任的归责与免责

承运人的归责原则与免责事由密切相关，原因在于免责事由的设置方式往往决定了对于承运人责任采取何种归责原则，特别是在过错责任原则的体系内部，采取完全还是不完全的过错责任原则。

一、承运人责任的归责原则

（一）归责原则的概念与种类

归责原则，是指基于一定的归责事由而确定责任成立的法律原则，也即基于一定的归责事由而确定行为人是否承担责任的法律原则。具体至合同法领域，归责原则是指基于一定的归责事由而确定违约责任成立的法律原则。①

归责原则主要分为以下两种类型：

（1）过错责任原则。除非法律另有规定，任何人因且仅因过错，即故意或过失侵害他人民事权益造成损害，方才承担损害赔偿责任。② 此时过错是行为人承担损害赔偿责任的唯一事由。过错责任的特殊情形是过错推定责任，即在损害事实发生后，基于特定的客观事实或条件而推定行为人存在过错，从而减轻或免除受害人对于过错的证明责任，并由被推定者证明自己不存在过错。③

（2）无过错责任原则。无论行为人对于损害的发生是否存在过错，只要行为人侵害了他人的民事权益并造成了损害，即应承担损害赔偿责任。④ 英美法系或国际公约对此更多称为“严格责任原则”。

上述过错责任原则与无过错责任原则中的过错，是对行为人主观心理状态的否定性评价，分为故意和过失。⑤ 故意是指行为人追求损害结果发生或者明知损害结果发生概率较大

① 崔建远：《合同法》（第 3 版），北京大学出版社 2016 年版，第 336 页。
② 程啸：《侵权责任法》（第 3 版），法律出版社 2021 年版，第 112 页。
③ 程啸：《侵权责任法》（第 3 版），法律出版社 2021 年版，第 112 页。
④ 程啸：《侵权责任法》（第 3 版），法律出版社 2021 年版，第 123 页。
⑤ 程啸：《侵权责任法》（第 3 版），法律出版社 2021 年版，第 290 页。

而放任自己的行为，从而引发损害结果发生的主观心理状态；[①] 过失是指行为人对于损害结果的发生应当注意或者能够注意却未能注意的主观心理状态。

《民法典》第577条规定："当事人一方不履行合同义务或者履行合同义务不符合约定的，应当承担继续履行、采取补救措施或者赔偿损失等违约责任。"由于其中未出现"但当事人能够证明自己没有过错的除外"之类的措辞，因而被认为是采取了无过错责任原则，或谓严格责任原则。同时，《民法典》也对部分典型合同特别采取了过错责任原则。例如，《民法典》第897条针对保管合同保管人的责任规定："保管期内，因保管人保管不善造成保管物毁损、灭失的，保管人应当承担赔偿责任。但是，无偿保管人证明自己没有故意或者重大过失的，不承担赔偿责任。"《民法典评注》一书指出：

> 本法合同编在归责原则上主要采用严格责任原则。违反保管合同的责任，在归责原则上具有特殊性，即原则上应采过错责任，在例外情况下，采严格责任。本条规定，保管期内，因保管人保管不善造成保管物毁损、灭失的，保管人应当承担赔偿责任。但是，无偿保管人证明自己没有故意或者重大过失的，不承担赔偿责任。此处规定的"保管不善"即指保管人主观上具有过错或保管人没有尽到善良管理人的注意义务。从这里的规定可以看出，保管人合同损害赔偿责任实行过错责任原则。[②]

《民法典》对于货运合同承运人责任采取的归责原则也是无过错责任原则，其中第832条规定："承运人对运输过程中货物的毁损、灭失承担赔偿责任。但是，承运人证明货物的毁损、灭失是因不可抗力、货物本身的自然性质或者合理损耗以及托运人、收货人的过错造成的，不承担赔偿责任。"如果货物在运输过程中发生灭失或损坏，承运人据此应当承担赔偿责任，不能主张自己无过错而免责，除非存在本条规定的免责事由，即不可抗力、货物本身的自然性质或者合理损耗以及托运人、收货人的过错。

归责原则在海上货物运输国际公约中通常称为"责任基础"（basis of liability），如《汉堡规则》第5条的标题即为"责任的基础"。

（二）《海商法》关于归责原则的规定

《海商法》第四章"海上货物运输合同"对于承运人责任采取的归责原则，通常称为不

---

① 张新宝：《中国民法典释评·侵权责任编》，中国人民大学出版社2020年版，第7页。

② 谢鸿飞、朱广新主编：《民法典评注·合同编：典型合同与准合同》（第4册），中国法制出版社2020年版，第59页。

完全的过错责任原则，也即在过错责任原则的基础上列明特定的过失免责，即航海过失免责和火灾过失免责。

《海商法》第 51 条第 1 款移植了《海牙—维斯比规则》的规定：

> 在责任期间货物发生的灭失或者损坏是由于下列原因之一造成的，承运人不负赔偿责任：
>
> （一）船长、船员、引航员或者承运人的其他受雇人在驾驶船舶或者管理船舶中的过失；
>
> （二）火灾，但是由于承运人本人的过失所造成的除外；
>
> （三）天灾，海上或者其他可航水域的危险或者意外事故；
>
> （四）战争或者武装冲突；
>
> （五）政府或者主管部门的行为、检疫限制或者司法扣押；
>
> （六）罢工、停工或者劳动受到限制；
>
> （七）在海上救助或者企图救助人命或者财产；
>
> （八）托运人、货物所有人或者他们的代理人的行为；
>
> （九）货物的自然特性或者固有缺陷；
>
> （十）货物包装不良或者标志欠缺、不清；
>
> （十一）经谨慎处理仍未发现的船舶潜在缺陷；
>
> （十二）非由于承运人或者承运人的受雇人、代理人的过失造成的其他原因。

上述规定应从“过错责任原则”和“不完全”即特定过失免责两个方面进行分析。

1. 过错责任原则

《海商法》第 51 条第 1 款第 3 项至第 12 项排除了承运人不存在过错的情形，特别是第 12 项明确规定承运人及其受雇人、代理人不存在过错的情形均属于免责事由，因而承运人责任的归责原则是以过错责任原则为基础。易言之，《海商法》第 51 条第 1 款第 3 项至第 12 项的免责事由即使不作规定，作为承运人不存在过错的情形，基于过错责任原则本身也无须承担损害赔偿责任。

《海商法》的制定早于我国除原《民法通则》外的绝大多数民事法律，因而《海商法》全文对于承运人的主观心理状态均采“过失”的表述。虽然过错分为故意和过失两种情形，但并不意味着承运人在故意的情形下不必承担责任，而主要是由于当时我国民事立法的语言文字表述尚不成熟。根据“举轻以明重”的法律漏洞填补方法，承运人在过失的情形下尚且不能免责，对于主观心理状态更为严重的故意情形，自然也应承担赔偿责任。

2. 特定过失免责

特定的过失免责主要是指《海商法》第 51 条第 1 款第 1 项规定的船长、船员、引航员或承运人的其他受雇人在驾驶船舶或管理船舶中的过失，以及第 2 项规定的除承运人本人过失原因以外导致的火灾。前者通常称为航海过失免责，后者即为火灾过失免责，其中包括船长、船员或承运人的其他受雇人、代理人在导致火灾发生或灭火措施中的过失。

无论是航海过失免责抑或火灾过失免责，承运人不完全过错责任原则规定的特定过失免责，其中的过失均为承运人的受雇人或代理人的过失，而不是承运人本人的过失。依据合同法原理，债务人对于受雇人、代理人等第三人的行为本应承担责任，此亦合同相对性的要求。《民法典》第 593 条明确规定："当事人一方因第三人的原因造成违约的，应当依法向对方承担违约责任。当事人一方和第三人之间的纠纷，依照法律规定或者按照约定处理。"因此，承运人对于上述船长、船员等受雇人、代理人的航海过失和火灾过失，基于过错责任原则本应不能免责。但是，《海商法》基于特殊考量仍然允许承运人对于此类过失享有免责的权利，此即承运人过错责任原则的不完全之处。

案例模型

承运人责任的归责原则

● 基于无过错责任原则：

· 货物在运输途中遭遇海盗抢劫，承运人虽不存在过错，但仍应承担赔偿责任；

· 大豆在运输途中遭遇大雨天气，承运人未及时关闭舱盖，导致货物受潮发生结块和霉变，承运人由于未能妥善履行管货义务而存在过错，应当承担赔偿责任。

● 基于过错责任原则：

· 货物在运输途中遭遇海盗抢劫，由于承运人不存在过错，因而无须承担赔偿责任；

· 大豆在运输途中遭遇大雨天气，承运人未及时关闭舱盖，导致货物受潮发生结块和霉变，承运人由于未能妥善履行管货义务而存在过错，应当承担赔偿责任；

· 船舶在航行途中由于违反《国际海上避碰规则》而与他船发生碰撞，导致货物灭失，虽然造成货物灭失的原因是船长和船员在驾驶船舶时的航海过失，但承运人基于过错责任原则，仍应为船长和船员的行为承担赔偿责任。

● 基于不完全的过错责任原则：

·货物在运输途中遭遇海盗抢劫，由于承运人不存在过错，因而无须承担赔偿责任；

·大豆在运输途中遭遇大雨天气，承运人未及时关闭舱盖，导致货物受潮发生结块和霉变，承运人由于未能妥善履行管货义务而存在过错，应当承担赔偿责任；

·船舶在航行途中由于违反《国际海上避碰规则》而与他船发生碰撞，导致货物灭失，但船长和船员在驾驶船舶时存在航海过失，但承运人基于特定的过失免责事由仍然无须承担赔偿责任。

（三）国际公约关于归责原则的规定

《海牙规则》第4条第2款规定：

不论承运人或船舶，对由于下列原因引起或造成的灭失或损坏，都不负责：

（a）船长、船员、引水员或承运人的雇佣人员，在航行或管理船舶中的行为、疏忽或不履行义务。

（b）火灾，但由于承运人的实际过失或私谋所引起的除外。

（c）海上或其它能航水域的灾难、危险和意外事故。

（d）天灾。

（e）战争行为。

（f）公敌行为。

（g）君主、当权者或人民的扣留或管制，或依法扣押。

（h）检疫限制。

（i）托运人或货主、其代理人或代表的行为或不行为。

（j）不论由于任何原因所引起的局部或全面罢工、关厂停止或限制工作。

（k）暴动和骚乱。

（l）救助或企图救助海上人命或财产。

（m）由于货物的固有缺点、性质或缺陷引起的体积或重量亏损，或任何其它灭失或损坏。

（n）包装不善。

（o）唛头不清或不当。

（p）虽恪尽职责亦不能发现的潜在缺点。

（q）非由于承运人的实际过失或私谋，或者承运人的代理人，或雇佣人员的过失或疏忽所引起的其它任何原因；但是要求引用这条免责利益的人应负责举证，证明有关的灭失或损坏既非由于承运人的实际过失或私谋，亦非承运人的代理人或雇佣人员的过失或疏忽所造成。

上述规定列举的17项免责事由虽在数量上与《海商法》第51条第1款稍有差异，但免责事由整体上的内涵却并无不同。因此，《海牙规则》对于承运人责任同样采取不完全的过错责任原则，允许承运人享有航海过失免责和火灾过失免责的权利。

《汉堡规则》未采用列明免责事由的立法模式，而且取消了承运人的航海过失免责和火灾过失免责，其第5条第1款规定了承运人的责任基础："运送人对于货物的损失或损坏以及延迟交付所引起的损害，如引致损失、损坏或延迟的事件发生于第四条所订明的货物由他掌管的期间，须负赔偿责任，但运送人能证明本人、其受雇人或代理人为避免该事件发生及其后果曾采取所能合理要求的一切措施者，不在此限。"《汉堡规则》据此对于承运人责任采取的是完全的过错责任原则，其中规定的"运送人能证明本人、其受雇人或代理人为避免该事件发生及其后果曾采取所能合理要求的一切措施者"，即指承运人无过错的情形。

《鹿特丹规则》第17条第1款首先规定了承运人的责任基础："如果索赔人证明，货物灭失、损坏或者迟延交付，或者造成、促成了灭失、损坏或者迟延交付的事件或者情形是在第4章规定的承运人责任期间内发生的，承运人应当对货物灭失、损坏和迟延交付负赔偿责任。"同时，第17条第3款重新采用了列明免责事由的立法模式：

除证明不存在本条第2款规定的过失之外，如果承运人证明下列一种或者数种事件或者情形造成、促成了灭失、损坏或者迟延交付，也可免除承运人根据本条第1款规定所负的全部或者部分赔偿责任：

（a）天灾；

（b）海上或者其他通航水域的风险、危险和事故；

（c）战争、敌对行动、武装冲突、海盗、恐怖活动、暴乱和民变；

（d）检疫限制；政府、公共当局、统治者或者人民的干涉或者造成的障碍，包括非由承运人或者第18条述及的任何人所造成的滞留、扣留或者扣押；

（e）罢工、关厂、停工或者劳动受限；

（f）船上发生火灾；

（g）通过合理的谨慎无法发现的潜在缺陷；

（h）托运人、单证托运人、控制方或者根据第33条或者第34条托运人或者单证托运人对其作为承担责任的其他任何人的作为或者不作为；

（i）按照第 13 条第 2 款所述及的约定进行的货物装载、操作、积载或者卸载，除非承运人或者履约方代表托运人、单证托运人或者收货人实施此项活动；

（j）由于货物固有缺陷、品质或者瑕疵而造成的数量或者重量损耗或者其他任何灭失或者损坏；

（k）非由承运人或者代其行事的人所做包装不良或者标志欠缺、不清；

（l）海上救助或者试图救助人命；

（m）海上救助或者试图救助财产的合理措施；

（n）避免或者试图避免对环境造成危害的合理措施；或者

（o）承运人根据第 15 条和第 16 条所赋权利的作为。

上述规定取消了承运人的航海过失免责和火灾过失免责权利，其中列举的免责事由均是承运人在过错责任原则下本身即可免责的事由，即承运人不存在过错的情形。虽然上述列举的免责事由包括“船上发生火灾”，但《鹿特丹规则》第 17 条第 4 款同时规定，如果索赔人证明火灾是由于承运人或其受雇人、代理人的过失导致，承运人仍应承担赔偿责任。[①] 因此，《鹿特丹规则》对于承运人责任与《汉堡规则》同样采取完全的过错责任原则。

二、承运人责任的免责事由

（一）《海商法》关于免责事由的规定

免责事由，是指能够导致法律责任不成立的事由。《海商法》第 51 条第 1 款规定了 12 项免责事由，虽然其中包含“货物发生的灭失或者损坏”的表述，但此种表述主要是由于立法当时的缺陷。从法律解释的角度，该款规定的免责事由仍应理解为同样适用于迟延交付，而不是仅限于货物灭失或损坏。《海商法》第 50 条第 2、3 款规定的“除依照本章规定承运人不负赔偿责任的情形外”，主要即指第 51 条第 1 款规定的免责事由。

1. 船长、船员、引航员或承运人的其他受雇人在驾驶船舶或管理船舶中的过失

此项免责事由即通常所称航海过失免责，属于法律特别规定的过失免责，主要对应《海

---

① 《鹿特丹规则》第 17 条第 4 款规定：“虽有本条第 3 款规定，有下列情形之一的，承运人仍应当对灭失、损坏或者迟延交付的全部或者部分负赔偿责任：（a）索赔人证明，承运人或者第 18 条述及的人的过失造成、促成了承运人所依据的事件或者情形；或者（b）索赔人证明，本条第 3 款所列事件或者情形以外的事件或者情形促成了灭失、损坏或者迟延交付，且承运人无法证明，该事件或者情形既不能归责于其本人的过失，也不能归责于第 18 条述及的任何人的过失。”

牙规则》第 4 条第 2 款第 a 项规定的“船长、船员、引水员或承运人的雇佣人员，在航行或管理船舶中的行为、疏忽或不履行义务”。

航海过失免责的法理基础主要体现在两个方面：

一是海上运输活动具有较大的特殊风险，导致关于陆上运输的法律制度和其他一般民事法律制度对于海上运输的调整具有不适应性，需要创设与此种相对风险适应的特别法律制度，[①] 其中基本的价值取向在于鼓励航运业发展。海上运输和其他海上商业活动具有较大相对风险的同时，也需要巨额投资方才能够持续发展。为免投资者面对海上风险裹足不前，《海商法》在规范设置方面给予了船方较为明显的利益倾斜。

二是在航海技术尚不非常发达的时期，基于船舶操纵和管理具有的高度技术性，承运人难以完全介入，而船长等承运人的受雇人的些许过失可能导致巨额损害。[②] 而且，船舶一旦开航便脱离了承运人的控制，即使在现代通信技术条件下承运人也无法像工厂管理工人一般绝对及时、有效地管理船员，数量众多的船员在技术水准和航海经验方面也不可能整齐划一。[③]

随着航海技术、通信技术等科学技术的快速发展，承运人抵御海上特殊风险的能力不断提高，关于应否废除航海过失免责的争论由来已久，《汉堡规则》和《鹿特丹规则》均取消了航海过失免责，21 世纪以来完成国内海商法修改的部分大陆法系典型法域，如德国也废止了航海过失免责。即使是在我国《海商法》起草当时对于规定航海过失免责也存在诸多反对意见。例如，当时一些部门、单位、公司和专家认为：

> 90 年代的今天，雷达控制，卫星导航，海船增加了一系列复杂的技术装备，海运风险已远不是 1924 年时的那种情况。以国际海运船舶船员平均人数为例，已从每条船 30 ~ 40 人减少到 20 个人左右，有的国家减少到 8 个人。这个数字的变化足以说明风险减小的程度。同时，由于运输手段的现代化，船长、船员与船东随时保持着密切的联系，作出任何重大的决定之前，不可能不请示船东。……如果今天仍然维持着这个极不合理的条款，未免过于偏袒船方的利益了。[④]

---

① 胡正良主编：《海事法》（第 3 版），北京大学出版社 2016 年版，第 5 页。

② ［日］中村真澄、［日］箱井崇史：《日本海商法》，张秀娟、李刚、朴鑫译，法律出版社 2015 年版，第 233 页。

③ 傅廷中：《海商法》（第 2 版），法律出版社 2017 年版，第 119 页。

④ 郭日齐：《我国〈海商法〉立法特点简介》，交通部政策法规司、交通部交通法律事务中心编：《〈海商法〉学习必读》，人民交通出版社 1993 年版，第 31 页。

航海过失免责分为以下两个部分：

（1）驾驶船舶过失：船长、船员和引航员等在船舶航行或者停泊操纵方面的过失。前者主要表现为船舶违反了海上航行的避碰规则，如《1972 年国际海上避碰规则》（International Regulations for Preventing Collisions at Sea，1972）；后者如船舶锚泊的位置不当或方式错误。

（2）管理船舶过失：船长、船员等在维持船舶性能和有效状态方面的过失。例如，船舶在大风浪中航行时，船长未采取适当的压载措施以维持船舶良好的稳性，导致船舶倾覆。

值得注意的是，英国最高法院在 CMA CGM LIBRA 案[①]中指出：承运人的行为在构成航海过失的同时，可能导致船舶不适航。如果此种不适航发生在船舶开航前或开航当时，且与货物灭失或损坏之间存在因果关系，承运人不能援引航海过失作为免责事由。[②]

司法实践

航海过失免责

● 最高人民法院在苏黎世财产保险（中国）有限公司、中国平安财产保险股份有限公司湖南分公司等与上海捷喜国际货物运输代理有限公司、上海恒鑫航运有限公司等海上、通海水域货物运输合同纠纷案[③]中认为，船长应对台风天气的决策失误构成驾驶船舶的过失：

根据航海日志、船员拍摄的视频以及相关气象证明等证据材料，同时考虑到台风的不对称结构以及平均风和阵风的线性关系，一审法院认定"尤利"轮长时间遭遇了 12 级以上风力、船舶横摇 35 度以上的恶劣海况，并无不当。另外，在台风已然迫近且呈转向趋势的时候，"尤利"轮贸然决定离开锚地，驶向不利避台的狭小海域，缺乏足够谨慎。一审、二审法院因"尤利"轮船长避台决策有过失而认定船长驾驶船舶过失，并无不当。根据《海商法》第五十一条第一款第一项、第六十一条的规定，承运人和实际承运人对于船长驾驶船舶过失造成的货损可以免责。故原审判决承运人和实际承运人对因此造成的损失不承担赔偿责任，并无不当。

● 广州海事法院在广东立信鞋业有限公司与广州市东方船务有限公司、吴某某海上、通海水域货物运输合同纠纷案[④]中认为，船长、船员违反《1972 年国际海上避碰规则》的行为构成驾驶船舶的过失：

① Alize 1954 and another v. Allianz Elementar Versicherungs AG and others ［2021］ UKSC 51.

② 郑睿：《有缺陷的航行计划会使船舶不适航》，载 https://mp.weixin.qq.com/s/ussYmV86l3zZHWTsiS50Zg，最后访问日期：2021 年 11 月 15 日。

③ 最高人民法院（2016）最高法民申 1602 号民事裁定书。

④ 广州海事法院（2017）粤 72 民初 19 号民事判决书。

"穗东方 332"轮没有利用一切有效手段及早发现来船并采取有效措施避免碰撞，在两轮相距约 500 米时才发现"铭扬洲 179"轮，违反了《1972 年国际海上避碰规则》第五、八条的规定；两轮形成碰撞危险对遇局面，在"铭扬洲 179"轮要求会红灯的情况下，"穗东方 332"轮没有对会遇局面作出正确的判断，仍然认为应绿灯会遇，并向左转向，导致碰撞事故的发生，违反了《1972 年国际海上避碰规则》第十四条的规定；"铭扬洲 179"轮在两轮相距约 1000 米形成对遇局面、构成碰撞危险时，未密切关注来船的航行动态，在发现来船要求绿灯会船及避让行动异常的情况下，未能及早采取有效措施，包括减速、停车、倒车或大幅度的转向以及其他可能背离规则的有效措施，以避免碰撞，违反了《1972 年国际海上避碰规则》第八条的规定；综合考虑两轮对造成本案船舶碰撞的过失程度，"穗东方 332"轮应承担本案碰撞事故 70% 的过失责任，"铭扬洲 179"轮应承担本案碰撞事故 30% 的过失责任；因此判决两被告应对本案船舶碰撞事故承担 70% 的过失赔偿责任，吴某某对本案船舶碰撞事故承担 30% 的过失赔偿责任。……因本案货损系船员驾驶船舶的过失造成，根据《海商法》第五十一条第一款第一项关于"船长、船员、引航员或者承运人的其他受雇人在驾驶船舶或者管理船舶中的过失"造成的货损承运人不承担赔偿责任的规定，两被告对原告的本案货损不承担赔偿责任。

理论探讨

管船过失与管货过失的区别

承运人的管船过失在实践中常与履行管货义务的过失存在混淆。我国学理通说认为，区分两种过失的主要标准是行为的对象和目的。如果一项行为是针对货物，目的是为管理货物，应当属于管理货物的行为；反之则是管理船舶的行为。

例如，船舶在航行中遭遇大风浪，需要向压载舱打入压载水以提高船舶的稳性，但船员误将海水打入货舱，导致货物遭受湿损。由于船员行为的目的是管理船舶，因而此时的过失属于管理船舶的过失，承运人可以主张航海过失免责；又如，船舶载运水泥，航行途中船员为进入货舱查看舱内货物而打开舱盖，但出舱时忘记关闭舱盖，后因突降大雨导致货物受损。由于船员行为的目的是管理货物，因而此时的过失属于管理货物的过失，承运人由于违反管货义务而应承担赔偿责任。[①]

① 司玉琢主编：《海商法》（第 4 版），法律出版社 2018 年版，第 91 页。

也有学者就此提出不同观点，如郭瑜认为：

> 一项行为是针对船或货的并不表明这项行为中的过失就是管船或管货过失。如船舶尾轴发生故障，船员为进入船舱修理尾轴而揭去了用于遮盖货物的帆布，结果雨淋湿了货物。这里修理尾轴的行为是针对船舶的，但在修理过程中发生的疏忽——忘记盖好帆布却是针对货物的，因此这是一项管货过失，承运人不能免责。[①]

上述举例实则稍显极端。虽然修理尾轴是针对船舶，但揭开遮盖货物的帆布应当属于另一行为，且是针对货物的行为，而且导致承运人重新进入尚未妥善履行管货义务的状态。区分管船过失与管货过失，除分析特定行为的对象和目的外，还应着重分析是否存在涉及管理货物的行为，主要原因有二：一是违反管货义务是承运人责任成立的积极要件，而管船过失作为免责事由是消极要件；二是货物处于船舶的整体环境之中，管理船舶的行为是多数情况，而管理货物的行为是少数情况。

2. 火灾

此项免责事由规定的火灾不包括承运人本人过失造成的火灾，因而主要是指船长、船员等承运人的受雇人或代理人的过失造成的火灾，属于法律特别规定的过失免责，主要对应《海牙规则》第 4 条第 2 款第 b 项规定的“火灾，但由于承运人的实际过失或私谋所引起的除外”。

关于火灾过失免责的理解，重点在于以下两个方面：

（1）火灾导致的货物灭失或损坏不限于直接的燃烧或烟熏，也包括采取合理的救火措施造成的损失，较为典型的即向着火的货舱注水用于灭火导致货物湿损。

（2）如果承运人是法人，承运人本人包括法定代表人以及其他经营管理人员。

理论探讨

火灾与爆炸的关系

关于火灾作为免责事由，实践中较常引起争议的是火灾与爆炸的关系。我国司法实践总体上倾向于将爆炸归入火灾的范畴，同样作为免责事由。例如，天津海事法院在中国人民

① 郭瑜：《海商法教程》（第 2 版），北京大学出版社 2012 年版，第 92 页。

财产保险股份有限公司北京分公司与潘太那快运公司、韩进海运有限公司、利德雷公司、海上货物运输保险代位求偿纠纷案[1]中认为：

根据理论常识，爆炸是物质发生变化不断急剧增速并在极短时间内放出大量能量的现象，爆炸时，温度和压力突然升高，产生爆破作用或推动作用。爆炸分为物理爆炸和化学爆炸，化学爆炸从性质上是一种快速燃烧。火灾是在时间上失去控制的燃烧造成的灾害，火灾与爆炸难以区分，火灾发生时，常伴随爆炸，而爆炸（特别是化学爆炸）通常导致火灾，检验是事后进行的，很难区分爆炸和火灾先后及界限，因此对伴随爆炸的火灾适用火灾造成的货物灭失或损坏赔偿规定。

3. 天灾和海上或其他可航水域的危险或者意外事故

本项免责事由合并了《海牙规则》第 4 条第 2 款第 d 项规定的“天灾”，以及第 c 项规定的“海上或其它能航水域的灾难、危险和意外事故”。

天灾（act of god）主要是英美法系的概念，是指没有人力干涉而完全由自然力导致的事件，[2]作为承运人的免责事由则应限于采取合理预期的措施仍然无法防止或抵御的自然现象，如地震、飓风、暴雨、雷击等。天灾与不可抗力不同，后者可能包括战争等人为事件。

海上或者其他可航水域的危险或者意外事故，通常认为是指除天灾外的海上危险，包括海浪、台风、海啸、浓雾、暗礁、浅滩等自然风险。而且，此类风险作为免责事由还需达到无法合理预见且超出适航船舶抵御范围的程度，即海上航行通常可能遭遇的风险不在此列。

典型案例

2019 年全国海事审判典型案例

深圳市恒通海船务有限公司与吉安恒康航运有限公司航次租船合同纠纷案

【基本案情】

深圳市恒通海船务有限公司（以下简称恒通海公司）于 2015 年 9 月 23 日与吉安恒康航运有限公司（以下简称吉安公司）签订航次租船合同，恒通海公司委托吉安公司从深圳运

---

① 天津海事法院（2004）津海法商初字第 179 号民事判决书。

② 薛波主编：《元照英美法词典》（缩印版），北京大学出版社 2013 年版，第 24 页。

输 3000 吨散装玉米至湛江。吉安公司“吉安顺”轮到达湛江后，遭遇台风“彩虹”，船舶走锚，海水和雨水从舱盖的缝隙处流入舱内，货物受损，恒通海公司请求吉安公司赔偿货物损失，吉安公司辩称本案是由于不可抗力所导致，并反诉恒通海公司要求赔偿船体损失。

【裁判结果】

广州海事法院一审认为，判断台风是否属于不可抗力需要结合案情具体分析。中央气象台、广东海事局网站发布了台风“彩虹”在海南琼海到广东湛江一带沿海登陆的预报，吉安公司疏于履行对天气预报的注意义务，并怠于履行采取防台措施的义务，其仅基于台风“彩虹”实际强度与预报强度不符，从而认为台风“彩虹”属于不可预见的抗辩主张没有事实依据，不予支持。吉安公司在“吉安顺”轮锚泊防台过程中，明知“吉安顺”轮货舱水密性较差，针对货物仅采取加盖三层帆布并用绳子加固舱盖的防台措施，单凭此防台措施，没有对舱盖的缝隙进行及时有效的处理，不足以保证货舱的水密性，也不足以保证货物的安全，具有管货过失。恒通海公司作为承租人，既未操纵驾驶船舶，也不负责采取防台措施，仅凭其迟延卸货的事实，不足以导致“吉安顺”轮的损害。判决吉安公司赔偿恒通海公司货物损失及利息，并驳回吉安公司反诉请求。吉安公司不服一审判决，提起上诉。

广东省高级人民法院二审认为，吉安公司是专业运输公司，每日关注案涉船舶拟将航行相关海域天气情况系其基本工作要求，因台风来临前两天中央气象台、广东海事局网站已经对台风“彩虹”进行预报，此后于台风登陆前两天仍不断地对台风强度和路径予以修正，故一审法院认定台风“彩虹”对吉安公司而言属于可以预见的客观情况故未支持吉安公司关于不可抗力的主张并无不当，判决驳回上诉，维持原判。吉安公司不服二审判决，向最高人民法院申请再审。最高人民法院裁定驳回吉安公司的再审申请。

【典型意义】

在海上货物运输实务中，台风是一个较为常见的自然灾害，因台风引发货主、码头、船舶损失进而诉至法院的情况屡见不鲜，责任方往往抗辩台风构成不可抗力而免责。台风是否构成不可抗力，目前司法实践对该问题存在分歧。本案对不可抗力的三个构成要件进行分析。首先，判断台风是否属于不可抗力，系针对案件当事人在案涉事故发生时的判断，需要结合案情具体分析，在同一次台风事故中，不同的承运人预见能力不同，不同的承运船舶防风能力不同，不能以相同的要求来衡量不同的承运人。其次，如果责任人以台风预报误差为不可抗力理由的，应举证证明其基于不同级别的台风采取了何种防台措施，以及台风实际强度与预报强度之间的差异足以影响其防台措施的效果。最后，在航运实践中，因台风造成货损的情况下，往往还同时存在承运人管货过失的因素，法官应正确区分管货过失与不可抗力之间就造成货损的原因力比例与作用大小，从而准确区分责任。本案对判断台风是否构成不可抗力的构成要件进行深入分析，为类似案件的处理提供了参考。

【一审案号】(2017)粤72民初533、1152号

【二审案号】(2018)粤民终1257、1258号

【再审案号】(2019)最高法民申3906、3907号

典型案例

上海海事法院涉“一带一路”十大典型案例

对海上运输中台风免责抗辩的司法审查，重点要审查海况的恶劣程度是否属于正常的海上风险，还要进一步审查因果关系。在多种原因共同作用的情况下，应按照各原因力的比例判定责任承担。

涉案船舶“尤利”轮由被告俄罗斯船东莫曼斯科公司出租给案外人K公司，K公司转租给案外人香港恒鑫，均为定期租船方式。涉案航次时，香港恒鑫将“尤利”轮出租给被告上海恒鑫，上海恒鑫出租给被告上海捷喜，均为航次租船方式。原告中联国贸为将一批货物从中国运往印度，与被告上海捷喜签订《印度履带吊项目年度运输协议》。被告上海捷喜以自己名义向船方交付了涉案货物，并由被告上海恒鑫负责涉案货物的装卸、绑扎和系固。运输途中，船长采取了避台措施，但“尤利”轮仍近距离遭遇了转向的台风造成的极端恶劣天气，船载货物发生严重货损。

原告认为，涉案货损是由于货物积载配载、系固绑扎不当，即承运人和实际承运人管货不当所导致，为此诉请三被告连带赔偿各项损失。三被告提出事发时的天气情况属于“极端天气”“恶劣海况”“不可抗力”“天灾”等抗辩意见。

法院经审理认为，涉案船舶近距离遭遇台风带来的恶劣海况，已非属正常的海上风险，足以构成海商法下“天灾”性质的“海上风险”，承运人依法可以享受免责。此外，船长在避台决策上的过失属于在驾驶或者管理船舶中的过失，依法亦可免责。此外，虽然恶劣海况系货损的最主要的和决定性的原因，但绑扎系固的缺陷使绑扎系统更加容易受到损坏甚至提前崩溃，因此认定涉案货损是由于绑扎系固的缺陷以及船舶遭遇恶劣海况的共同原因造成的。最终判定上海捷喜对货损承担20%的赔偿责任，而船东莫曼斯科免责。一审宣判后，原告和被告上海捷喜提出上诉。上海市高级人民法院二审判决驳回上诉，维持原判。

【典型意义解读】

本案属于“一带一路”沿线海上运输中的纠纷类型之一，是适用“海上风险”免责抗辩的典型案例，明确了“海上风险”免责抗辩不应等同于“不可抗力”抗辩。对台风免责抗辩的司法审查，“不可预见性”不应作为绝对性因素，重点要审查海况的恶劣程度是否属于正常的海上风险。风力及持续时间、浪高及船舶吨位是两组重要的指标，能见度、横摇角度以及本船及附近他船的受损程度等可以作为辅助指标。“海上风险”免责抗辩常与船舶适航性、管货义务及管理和驾驶船舶过失等问题交织在一起，在认定海况是否构成“海上风险”之后，还要进一步审查因果关系，在多种原因共同作用的情况下，应按照各原因力的比例判定责任承担。

司法实践

天灾与海上危险

司法实践有时也将部分海上危险归入天灾。例如，广州海事法院在广东奥科特新材料科技股份有限公司与广东中外运国际货代有限公司、金星轮船有限公司海上、通海水域货运代理合同纠纷案[①]中认为台风也属于天灾：

> 天灾，是指足以直接造成货损的自然现象。本案货物在南沙港公司集装箱堆场存放期间因遭受“天鸽”台风影响被水浸泡导致货损，属于天灾的范畴，且该天灾属于承运人或其受托方采取了合理措施后仍不能抵御和防止的。在托运人未举证证明承运人因其他违约行为造成本案货损的情况下，承运人金星公司对因天灾“天鸽”台风造成的货物损坏不承担赔偿责任。

又如，广州海事法院在中国太平洋财产保险股份有限公司厦门分公司与金星轮船有限公司海上货物运输合同纠纷案[②]中，也将台风认定为天灾：

> 根据《海商法》第五十一条第一款第三项、第八项、第十项和第二款规定，在承运人责任期间货物发生的灭失或者损坏是因天灾及托运人、货物所有人或者他们的代理人的行为、货物包装不良或者标志欠缺、不清等原因之一造成的，承运人不负赔偿责任；承运人依照前款规定免除赔偿责任的，应当负举证责任。该条载明的

① 广州海事法院（2018）粤72民初261号民事判决书。
② 广州海事法院（2019）粤72民初2262号民事判决书。

天灾，是指承运人通过采取合理预期的各种措施后，仍不能抵御或防止，并直接造成货物灭失或损害的自然现象，属于不能预见、不能避免并不能克服的自然客观情况的不可抗力范畴。本案货物存放在东江仓码头期间，被告对货物的保管通过港口经营人东江仓码公司实施，东江仓码公司对本案货物的保管措施也是被告在承运责任期间内对本案货物的保管措施。根据查明的事实，在台风“山竹”发生前，虽然中国气象局中央气象台、广东省气象局、国家海洋局南海预报中心多次对台风“山竹”登陆时间、风力、影响范围及引起的风暴潮等进行了预报，但无法准确反映台风“山竹”将要发生的实际情况，且上述预报也没有对台风“山竹”引起的强风暴潮叠加天文大潮导致江水倒灌的后果作出准确预报，因此，被告对台风“山竹”引起的强风暴潮叠加天文大潮导致江水倒灌造成本案货物损失不能预见。台风“山竹”是有记录以来广州影响最大、暴潮增水最强的台风，引起的黄埔地区潮水位高达3.27米，黄埔水文站记录的最高水位达到3.10米，超历史最高水位和三百年一遇水位，潮水位超过东江仓码头的设计高程，造成江水倒灌入码头，导致包括本案货物在内的部分集装箱货物被水浸受损。港口经营人东江仓码公司在台风“山竹”到来之前根据制定的码头防台风、防洪专项预案，采取了调整低洼区域的集装箱和单栋柜集装箱，对大型机械和集装箱进行防风绑扎加固，对下水道、排水渠进行清理、准备应急救援器材和物质等防台抗台措施，且没有证据证明被告或东江仓码公司采取其他有效措施能够避免或克服江水倒灌造成本案货物损失的后果。因此，被告对超强台风“山竹”造成的江水倒灌码头导致本案货物受损也是无法避免并不可克服的。即本案货物水湿受损是不可抗力的天灾造成的。被告作为承运人，根据《海商法》第五十一条第一款第三项的规定，对本案货物损失不负赔偿责任。

4. 战争或武装冲突

此项免责事由对应《海牙规则》第4条第2款第e项规定的“战争行为”。

战争和武装冲突均是国际公法的概念。传统国际法要求战争的开始以宣战为条件，[①] 但此处战争作为民事主体之间合同关系的免责事由，还纳入了不构成战争的武装冲突，因而此项免责事由应当涵盖各种类型的军事冲突，包括国家或地区之间的内战，以及没有正式宣战的战争，[②] 乃至战争和武装冲突在和平时期造成的影响。

---

① 白桂梅：《国际法》（第3版），北京大学出版社2015年版，第563页。
② 吴焕宁主编：《国际海上运输三公约释义》，中国商务出版社2007年版，第54页。

案例模型

战争或武装冲突

战争或武装冲突作为免责事由的典型举例如下：

- 原定航线爆发武装冲突，承运人必须绕道其他航线完成货物运输，导致迟延交付，此时承运人可以武装冲突为由主张免责。
- 和平时期船舶在航行期间，触发战争时期投放的水雷，导致船舶沉没、货物灭失，此时承运人可以战争为由主张免责。

5. 政府或主管部门的行为、检疫限制或司法扣押

此项免责事由合并了《海牙规则》第 4 条第 2 款第 g 项规定的“君主、当权者或人民的扣留或管制，或依法扣押”，以及第 h 项规定的“检疫限制”。

政府或主管部门的行为，是指一国政府或主管部门采取的禁止装货或卸货、禁运、封锁港口，以及针对船舶或货物的管制、没收、征用、扣押等行为。例如，两国政府外交关系恶化，互相扣押对方在本国港口停靠的船舶。

司法实践

政府或主管部门的行为

我国司法实践中成功援引政府或主管部门行为的情形并不多见。例如，天津海事法院在凯尔森国际贸易有限公司与地中海航运有限公司海上、通海水域货物运输合同纠纷案[①]中认为：

> MSCUQU641562 号提单项下货物被使用虚假提单提货，地中海公司发现后向相关方报警，申请乌干达法院对 MSCUQU641562 号提单项下货物进行了扣押，肯尼亚蒙巴萨港口警察局介入调查从而滞留了 MSCUXF627363 号提单项下货物，对凯尔森公司处置该货物构成限制。前述乌干达、肯尼亚相关部门对货物的滞留是地中海公司未能准确识别提单进而报案引发，不属于《海商法》第五十一条第一款第五项规定“政府或者主管部门的行为、检疫限制或者司法扣押”免责事由的范畴。本院对地中海公司的免责主张不予支持，地中海公司应对由此给凯尔森公司造成的损失承担赔偿责任。

① 天津海事法院（2020）津 72 民初 700 号民事判决书。

> 但是，也有部分判决认可了承运人主张的政府或主管部门行为。以上海海事法院一审、上海市高级人民法院二审的长沙合康化工有限公司与上海丹佑国际物流有限公司等多式联运合同纠纷案[①]为例，一审法院上海海事法院认为：
>
> 关于责任，首先，应判明货物未交付收货人，即货物滞留中转港泰国林查班的原因。……涉案货物未能清关的原因是泰国海关及工业部门为执行该国法律规定而不予清关或颁发许可证，是该国的政府行为，并非丹佑公司的行为所造成。至于货物之所以未能由该国政府部门办理清关的原因，林查班海关回函直接说明是未收到工业部门的进出口批文，老挝大使馆的函件中亦说明是企业家缺乏有关进口和过境的法律知识和理解，没有工业部门的进出口许可证，三份函件的内容互相佐证，共同证明未能清关的原因是缺乏泰国工业部门的进出口许可。……仅就货物滞留中转港未交付收货人的原因而言，在案有效证据可以证明系由于泰国政府部门的行为所导致，属于法律规定的承运人可以免责的事由。虽然丹佑公司作为本案多式联运经营人依法应对全程运输负责，但因丹佑公司已举证证明货物滞留港口未交付收货人的原因系中转国泰国政府或主管部门的行为，故依法不负赔偿责任。
>
> 二审法院上海市高级人民法院维持了上述判决。但是，本案货物由于缺少进出口许可而无法清关，至少不是典型的政府或主管部门行为。缺少进出口许可的原因应是国际货物买卖合同的其中一方当事人，未能履行办理进出口手续的义务，即可能是托运人的过错导致。

检疫限制，是指一国检疫主管机关根据检疫法规，发现挂靠本国港口的船舶存在疫情或者来自发生疫情的港口等情况，禁止船舶进港装卸货物，或者要求对于船舶和货物进行熏蒸等消毒处理。

司法扣押，是指港口国司法主管机关依据法律对于船舶或货物实施扣押的行为，因而可能与政府或主管部门的行为存在交集。但是，此处司法扣押不包括因商务原因引发的扣押行为，即以财产保全、执行判决或裁定为目的的扣押，因为此类扣押通常是由承运人一方的原因导致。最高人民法院民事审判第四庭《涉外商事海事审判实务问题解答》第139条也明确指出：“因承运人的民事责任引起的司法扣押，不能免除其对责任期间发生的货物灭失或者损坏引起的赔偿责任。”

---

① 上海海事法院（2019）沪72民初2337号民事判决书；上海市高级人民法院（2020）沪民终605号民事判决书。

司法实践

司法扣押

上海海事法院在中国中材东方国际贸易有限公司与山海国际货运代理（北京）有限公司海上、通海水域货物运输合同纠纷案[①]中认为：

关于被告主张货物灭失系由司法扣押造成，承运人可以免责的问题，本院认为，承运人免责原因中的司法扣押不包括商务纠纷原因引起的法院扣船或扣货，故承运人不得援用此原因享受免责。

案例模型

司法扣押

2013年9月13日，中国海航旅业控股集团有限公司旗下的豪华邮轮“海娜号”，因与江苏沙钢集团有限公司旗下的沙钢船务有限公司存在法律纠纷，后者向韩国济州地方法院提起诉讼，法院随即扣押了“海娜号”，导致船上2300多人，包括1659名游客滞留船上。如果该船是货运船舶，扣押期间导致货物迟延交付，或者冷冻货物变质受损，由于遭到扣押的原因是承运人与他人的商务纠纷，承运人不得以司法扣押为由主张免责。

6. 罢工、停工或劳动受到限制

此项免责事由对应《海牙规则》第4条第2款第j项规定的“不论由于任何原因所引起的局部或全面罢工、关厂停止或限制工作”。

罢工，是指由于工资、劳动条件等方面的劳资纠纷或者工潮等原因，工人集体拒绝工作的行为。

停工，是指除罢工外而由于其他原因而停止工作的行为。

劳动受到限制，是指除罢工和停工外而由于其他原因无法获得工人的劳动。

上述免责事由不包括承运人应当承担责任的原因，如不履行与船员之间的劳动合同，未能按时支付船员工资。

---

① 上海海事法院（2013）沪海法商初字第1307号民事判决书。

案例模型

罢工、停工与劳动受到限制

罢工、停工或劳动受到限制作为免责事由的典型举例如下：

● 港口工人出于不满港口工作条件，集体罢工表示抗议，导致港口无法进行装卸作业，进而引发货物迟延交付。承运人此时可以罢工为由主张免责。

● 港口出于新冠肺炎疫情防控需要，暂停货物装卸作业进行集体核酸检测，导致货物迟延交付。承运人此时可以停工为由主张免责。

● 港口附近海域爆发武装冲突，大量工人出于人身安全考虑未到岗工作，导致装卸作业进度缓慢，进而引发货物迟延交付。承运人此时可以劳动受到限制为由主张免责。

● 承运人未按时支付船员工资，导致船员集体罢工，船舶无法按时开航，进而引发货物迟延交付。此时由于罢工属于承运人应当承担责任的原因，承运人不得据此主张免责。

7. 海上救助或企图救助人命或财产

此项免责事由对应《海牙规则》第 4 条第 2 款第 l 项规定的“救助或企图救助海上人命或财产”，应从以下三个方面理解：

（1）救助与企图救助的区别：救助是指已经实际实施了救助行为，而企图救助是指尚未实施救助行为，如前往救助的途中遇险船舶已经脱险。

（2）人命救助与财产救助的标准区别：通常认为财产救助作为免责事由，必须是合理的救助行为。但是，人命救助不要求必须是合理的救助行为，原因在于船长本就负有救助海上人命的义务。例如，《海商法》第 174 条规定：“船长在不严重危及本船和船上人员安全的情况下，有义务尽力救助海上人命。”《鹿特丹规则》第 17 条第 3 款第 l 项和第 m 项也对此进行了区别规定。

（3）救助作为免责事由与合理绕航的区别：《海商法》第 49 条第 2 款规定了救助属于合理绕航的情形，与此项免责事由的区别在于，救助并不必然发生绕航，绕航也不必然发生货物灭失、损坏或迟延交付，但如果救助在不导致绕航的情况下造成了货物灭失、损坏或迟延交付，承运人仍可主张免责。

案例模型

海上救助或企图救助人命或财产

海上救助或企图救助人命或财产作为免责事由的典型举例如下：

- 本船接到他船发出的求救信号，前往出险地点进行救助，无论救助是否取得效果，均属于已经实际实施了救助行为。
- 本船接到他船发出的求救信号，前往出险地点的途中得知他船已经脱险，此时属于企图救助的情形。
- 本船接到他船发出的求救信号，一艘载有5000余人的邮轮起火且有沉没的危险。本船实施救助需要绕道较远的距离，而且由于火势较大亦有受到牵连的可能，但仍然前往救助，导致本船部分货物受损。此时由于主要是人命救助，因而不必考虑救助行为的合理性，承运人均可主张免责。
- 本船接到他船发出的求救信号，一艘船舶搁浅遇险，但由于违禁运输军火而不愿等待国家主管机关的救助力量。船长考虑到他船许诺的高额报酬仍然前往救助，救助行为导致本船部分货物受损。此时由于财产救助行为不尽合理，承运人不得主张免责。

8. 托运人、货物所有人或其代理人的行为

此项免责事由对应《海牙规则》第4条第2款第i项规定的“托运人或货主、其代理人或代表的行为或不行为”，主要是指债权人的过错。《民法典》第832条也规定，承运人证明货物的灭失、损坏是因托运人、收货人的过错造成的，不承担赔偿责任。①

除《海商法》第51条第1款第10项专门规定的“货物包装不良或者标志欠缺、不清”外，托运人、货物所有人或其代理人的行为通常表现为托运人对于货物的申报信息错误、故意瞒报危险货物、托运人提供的集装箱内货物绑扎固定不当等情形。

司法实践

托运人、货物所有人或其代理人的行为

- 上海海事法院在江苏省设备成套有限公司、宿迁市金润东方新能源有限公司与亚斯

---

① 《民法典》第832条规定：“承运人对运输过程中货物的毁损、灭失承担赔偿责任。但是，承运人证明货物的毁损、灭失是因不可抗力、货物本身的自然性质或者合理损耗以及托运人、收货人的过错造成的，不承担赔偿责任。”

奇运输有限公司、新海丰集装箱运输有限公司海上货物运输合同纠纷案[1]中认为，托运人自行绑扎装箱的集装箱发生钮锁松开、断裂导致箱体位移的情况，属于承运人的免责事由：

根据法律规定，因托运人、货物所有人或者他们代理人的行为；或由于天灾，海上或者其他可航水域的危险或者意外事故，在承运人责任期间货物发生灭失或者损坏的，承运人不负赔偿责任。涉案“VEGASCORPIO”轮从日本横滨港至名古屋港途中遭遇“塔拉斯”台风等恶劣天气，连接货物与平板集装箱的绑扎带断裂，丧失了原有将货物固定于平板集装箱的作用，造成货物位移，进而发生碰撞，最终形成货物的损坏。涉案平板集装箱在整个事故过程中并未发生钮锁松开、断裂并致箱体位移的情形。因此，本次货物损失的直接原因是将货物固定于平板集装箱上的绑扎带断裂，而该绑扎装箱的行为系由托运人自行完成。此外，船舶在航行过程中遭遇恶劣天气也是造成本次事故的原因之一。但无论是因托运人的原因还是诸如台风等恶劣天气的原因，承运人对涉案货物损坏均不负赔偿责任。

● 上海海事法院在中国太平洋财产保险股份有限公司航运保险事业营运中心与马克劳德公司等海上、通海水域货物运输合同纠纷案[2]中也认为，由于托运人未采用适当的绑扎程序和物料导致的货物和集装箱受损属于承运人的免责事由：

PGS 公司接受瑞典保赔协会香港有限公司的委托，就运抵目的港的 19 个集装箱货物进行检验并于 2015 年 10 月 1 日出具检验报告，该检验报告称涉案货物中 10 个集装箱及货物严重受损，并被卸至露天堆场，6 个集装箱部分受损被卸至码头，其余 3 个集装箱完好无损；2015 年 8 月 24 日，承运人中远公司告知收货人 GMI 公司搬移受损集装箱和货物，并要求 GMI 公司向承运人支付保证金；集装箱损坏发生在船舶从中国上海驶往中国宁波的途中遭遇恶劣天气期间，因绑扎物料和绑扎程序不充分，当船舶遭遇巨浪时，绑扎条全部断裂，钢卷与集装箱两侧箱壁碰撞，货物和集装箱受损是由于托运人未采用适当的绑扎程序和物料所造成的。

……

啸金公司和环世公司出具担保函称，经专业检验机构认定，涉案货损是由于集装箱内货物装箱不当、加固绑扎不当造成。太保公司主张该担保函系为使中远公司在目的港放货而被迫出具，与实际情况不符，涉案货物妥善绑扎系固并无不当。本院认为，啸金公司和环世公司系出具担保函的当事人，太保公司未提供证据证明啸金公司和环世公司提出该担保函系

① 上海海事法院（2012）沪海法商初字第 1255 号民事判决书。
② 上海海事法院（2016）沪 72 民初 2846 号民事判决书。

被迫出具的主张，且环世公司根据担保函向中远公司承担了涉案集装箱修理费。太保公司作为代位行使被保险人啸金公司请求赔偿的权利的保险人，否认啸金公司之前所作的担保函，应当提供证据加以证明。太保公司未就其有关涉案货物已妥善绑扎系固的主张提供证据，也未就 Henderson 公司和 PGS 公司的检验报告中关于涉案货物的绑扎系固未达到海上安全运输所需的标准的意见提供有效反驳，因此，本院对太保公司关于担保函出具并非啸金公司和环世公司真实意思，涉案货物妥善绑扎系固并无不当的主张不予认可。

根据《海商法》第五十一条的规定，承运人对因托运人、货物所有人或者他们的代理人的行为所造成的货物损坏不负赔偿责任，故 M 公司、C 公司和中远公司关于涉案货物损坏系因货物绑扎系固不当所致，承运人和实际承运人应当免责的主张成立，本院予以认可。

9. 货物的自然特性或固有缺陷

此项免责事由对应《海牙规则》第 4 条第 2 款第 m 项规定的“由于货物的固有缺点、性质或缺陷引起的体积或重量亏损，或任何其它灭失或损坏”。《民法典》第 832 条也规定：承运人证明货物的灭失、损坏是因货物本身的自然性质或合理损耗造成的，不承担赔偿责任。[①]

《全国法院涉外商事海事审判工作座谈会会议纪要》第 54 条对于货物的自然特性或固有缺陷作出了具体定义：

> 【“货物的自然特性或者固有缺陷”的认定】海商法第五十一条第一款第九项规定的“货物的自然特性或者固有缺陷”是指货物具有的本质的、固有的特性或者缺陷，表现为同类货物在同等正常运输条件下，即使承运人已经尽到海商法第四十八条规定的管货义务，采取了合理的谨慎措施仍无法防止损坏的发生。

货物的自然特性，是指由货物的成分、品质决定的物理化特性，如吸湿、粘附、自热、自燃、锈蚀等。

货物的固有缺陷，是指货物本身具有的容易引起货物损坏的缺点或瑕疵。[②]

如果货物由于自然特性或固有缺陷导致正常损耗，甚至损坏或灭失，承运人可以主张免责而不负赔偿责任。

---

① 《民法典》第 832 条规定：“承运人对运输过程中货物的毁损、灭失承担赔偿责任。但是，承运人证明货物的毁损、灭失是因不可抗力、货物本身的自然性质或者合理损耗以及托运人、收货人的过错造成的，不承担赔偿责任。”

② 司玉琢、张永坚、蒋跃川编著：《中国海商法注释》，北京大学出版社 2019 年版，第 93 页。

案例模型

货物的自然特性与固有缺陷

货物的自然特性或固有缺陷主要包括以下情形：

- 谷物在运输途中会有水分蒸发；
- 矿粉等扬尘货物在装卸过程中会有少量随风飘散；
- 散装油类货物会有部分黏附于舱壁或者结块沉淀而无法从舱内泵出；
- 活动物在运输途中因生病或者胆怯而死亡；
- 水果、兽皮等易腐烂货物在运输途中容易发生腐烂或者变质；
- 谷物在运输途中容易发热变质或者虫蚀；
- 煤炭在运输途中容易自燃；
- 部分液体货物在运送途中可能发酵、发酸或者冒泡。①

司法实践

货物的自然特性与固有缺陷

青岛海事法院在中国太平洋财产保险股份有限公司青岛分公司与岱荣航运公司、MMSL私人有限公司海上、通海水域货物运输合同纠纷案②中认为，大豆的水分不符合航运实践的安全水分标准以及国家标准，且混有杂草，属于存在固有缺陷：

本案应按照国家标准、行业标准认定大豆质量标准。我国适用于收购、储存、运输、加工和销售的商品大豆国家标准GB1352—2009规定大豆水分含量指标不应超过13.00%，本案大豆装船前已进行了品质检验，货物质量证书显示大豆水分含量的规格要求为不高于14.00%，本案大豆经检验含水量为13.23%，超过我国国家标准。对此，原告主张，13.00%含水量的国家标准系我国关于大豆存储的标准，而非大豆运输的含水量标准。该标准系我国规定，本案涉及进口的大豆以及远洋运输，不同国家关于大豆含水量均有不同规定，国际上关于大豆远洋运输亦无统一规范，在大豆装货时品质检测合格的情况下，大豆品质没有问题。被告主张，根据南美到中国的大豆海上运输实践，12.50%以下的含水量是相对安全的数值，

① 司玉琢主编：《海商法》（第4版），法律出版社2018年版，第93页。

② 青岛海事法院（2020）鲁72民初1236号民事判决书。

可以满足绝大多数常规航程的安全运输需求。本案大豆的水分既不符合航运实践中的安全水分标准，也不符合中国的国家标准，存在固有缺陷。

对此，本院认为，GB1352—2009的国家标准明确适用于收购、储存、运输、加工和销售的商品大豆，该水分含量的标准应当被视为可以满足大豆储存、运输、商业流通等环节的一般要求，而非仅限于储存环节，本案系海上货物运输环节，也应符合国家标准。原告关于仅系储存标准，而非运输标准的主张本院不予支持。但正如原告所主张的，本案涉及进口的大豆以及远洋运输，不同国家关于大豆含水量均有不同规定，国际上关于大豆远洋运输亦无统一规范，本案大豆虽然水分高于13.00%，但并非不可以远洋运输和必然货损的货物。大华公司的《检验报告》中载明货物在航程中发热的内在原因是水分过高，货损最终发生和加剧的原因是卸货迟延，证明水分含量高并非货损的直接原因。对于涉案大豆水分含量高事宜，融信达公司鉴定人出庭接受质询时也认可13.23%的水分含量较高。另外，根据青岛海关在对涉案货物检验检疫后出具的《检测结果报告单》和《检验检疫处理通知书》，涉案54,178吨大豆检验出含有检疫性杂草刺蒺藜草、豚草及多种其他杂草，海关要求收货人对全部大豆货物进行除害处理。由于检疫性杂草及其他杂草不可能在航行途中进入货舱，这些杂草肯定在装货前应已经存在于货物之中，会进一步提高发热受损的风险。因此本案大豆还存在混有杂草的品质缺陷。

此外，《全国法院涉外商事海事审判工作座谈会会议纪要》第56条规定了承运人对于大宗散装货物短少的责任承担，要求承运人如果主张大宗散货的短少是由于自然损耗等原因，应当负担证明短少原因及相关行业标准或惯例的举证责任：

【承运人对大宗散装货物短少的责任承担】根据航运实践和航运惯例，大宗散装货物运输过程中，因自然损耗、装卸过程中的散落残漏以及水尺计重等的计量允差等原因，往往会造成合理范围内的短少。如果卸货后货物出现短少，承运人主张免责并举证证明该短少属于合理损耗、计量允差以及相关行业标准或惯例的，人民法院原则上应当予以支持，除非有证据证明承运人对货物短少有不能免责的过失；如果卸货后货物短少超出相关行业标准或惯例，承运人又不能举证区分合理因素与不合理因素各自造成的损失，请求人要求承运人承担全部货物短少赔偿责任的，人民法院原则上应当予以支持。

10. 货物包装不良或标志欠缺、不清

此项免责事由合并了《海牙规则》第 4 条第 2 款第 n 项规定的“包装不善”，以及第 o 项规定的“唛头[①]不清或不当”，同样属于债权人的过错。

货物包装不良，是指货物包装的方式、强度或者状态不能承受货物装卸和运输过程中的正常风险。同时，承运人能否援引货物包装不良主张免责，还需考虑提单对于货物表面状况的批注情况。

理论探讨

货物包装的含义应作广义理解

关于货物包装的具体含义，我国司法实践总体上倾向于作广义理解，即货物如果由托运人装箱和堆存，集装箱和托盘内的积载和堆存也属于广义的包装。例如，上海市高级人民法院在上海汉虹精密机械有限公司与太阳联合保险（中国）有限公司海上保险合同纠纷案[②]中认为：

> 根据《海商法》第二百四十三条之规定：“除合同另有约定外，因下列原因之一造成货物损失的，保险人不负赔偿责任：……（三）包装不当。”本院认为，本条中的“包装”概念同样也应该理解为包括集装箱或托盘内的积载。据此，本院对原审法院关于货损原因不在太阳保险保险责任范围内，太阳保险不负赔偿责任的认定予以确认。

司法实践

货物包装不良

山东省高级人民法院在马士基航运有限公司、石家庄鑫隆威化工有限公司海上、通海水域货物运输合同纠纷案[③]中认为，装有硝酸的塑料桶采取的衬垫加固措施不当导致未被有

① “唛头”是粤语对于 mark 的音译，即指商标或标记。

② 上海海事法院（2010）沪海法商初字第 714 号民事判决书；上海市高级人民法院（2011）沪高民四（海）终字第 28 号民事判决书。

③ 山东省高级人民法院（2019）鲁民终 1097 号民事判决书。

效固定，属于货物包装不良：

涉案货物为塑料桶包装的硝酸，每桶280千克，鑫隆威公司负责将装有硝酸的塑料桶装入TCLU2316172号集装箱。青岛迪远国际物流有限公司出具的《集装箱装运危险货物装箱证明书》载明，TCLU2316172号集装箱适合装货，装箱包件完好无损、装箱正确、衬垫加固合理，货物已均匀分布在箱内。上述证明书为装箱正确和衬垫加固合理的初步证据。然而，涉案货物发生泄漏后，打开集装箱时可见，集装箱门与塑料桶之间的两根宽木条中，上面的一根折断，表明集装箱内的塑料桶在运输途中发生了位移，因此，可以认定塑料桶未被有效地固定，鑫隆威公司采取的衬垫加固措施不当，属于货物包装不良。在没有证据证明承运人对集装箱照管不当导致货物泄漏的情况下，应当认定包装不良导致了货物泄漏。

货物标志欠缺、不清，可能导致承运人无法准确辨认货物，造成货物混载或者错误交付；或者由于货物未标识禁止上下倒置、易碎品、防湿或者禁止使用手钩等标志，导致货物在装卸等环节容易发生损坏。

司法实践

货物标志欠缺、不清

● 天津市高级人民法院在中国太平洋财产保险股份有限公司青岛分公司、上海恒鑫航运有限公司海上、通海水域货物运输合同纠纷案[①]中认为，承运人在港口作业中通常不负有标识货物吊点的义务：

从中远特运公司是否在涉案货物装运中负有标识涉案货物吊点义务来看，首先，基于法定托运人责任及承运人免责事由，《海商法》第六十六条第一款规定，托运人托运货物，应当妥善包装，并向承运人保证，货物装船时所提供的货物的品名、标志、包数或者件数、重量或者体积的正确性。该款其后虽规定“由于包装不良或者上述资料不正确，对承运人造成损失的，托运人应当负赔偿责任”，与本案情形即托运人向承运人主张赔偿责任不一致。但依照该款规定并结合《海商法》第五十一条第一款第十项“货物包装不良或者标志欠缺、不清”之规定，可知托运人对托运货物具有提供准确品名、标志、包数或者件数、重量或者体积信

① 天津市高级人民法院（2019）津民终490号民事判决书。

息的责任（正确申报托运货物信息的责任），如托运人未尽上述责任导致在承运人责任期间货物发生灭失或者损坏，承运人不负赔偿责任；如托运人未尽上述责任对承运人造成损失，托运人应当负赔偿责任。其次，基于认知范围，涉案货物为汽车起重机，系属于大型车辆，具有形状不规则特性，其吊点何在这一信息，在无相反证据证明时，属于托运人而非承运人了解或者应当了解的事项，按照合同形成的买卖合同法律关系，中水电公司可以向卖方要求以交付起重机操作保养手册等方式提供吊点信息，而按照与涉案货物运输相关的其他合同文本，涉案两份确认通知书中“足够的吊耳/加固点；特殊设备的装卸……用于装卸大件货和特殊货的吊耳、吊梁、吊货等必须由托运人随同货物一起提供”的约定、绿通公司与天津港一公司《天津港港口货物作业合同》中“有特殊作业及保管要求的货物,甲方（绿通公司）要在向乙方（天津港一公司）交付货物前与乙方约定货物作业保管的特殊方式和条件……甲方向乙方交付货物的名称、件数……识别标志要在货物上标识清楚准确，凡由于甲方没有标识准确，造成乙方作业时发生事故的责任由甲方承担”、富利公司与绿通公司《长期作业合同》《集疏港作业安全管理协议》中富利公司“应根据货物装卸和运输的需要对货物进行妥善包装，准确标注重心、吊点……”以及富利公司负责提供给绿通公司“翔实的货物相关信息（单重、吊点等）”等约定亦均可佐证：由托运人或离托运人距离更近的主体提供吊点信息，系海上货物运输及相应港口作业中的通常理解。综合上述理由，中远特运公司不负有标识涉案货物吊点义务。

● 上海市高级人民法院在中国平安财产保险股份有限公司上海分公司与上海通运国际物流有限公司海上货物运输合同纠纷案[①]中认为，托运人提供的货物重量信息不实，也未标注吊装、系固、重心位置，属于承运人的免责事由：

《海商法》第五十一条亦同时规定了在承运人的责任期间，货物发生损坏是由于托运人、货物所有人或者他们的代理人的行为，或者货物包装不良或者标志欠缺、不清所造成的，承运人不负赔偿责任。根据在案事实，涉案货物系大型特殊货物，福伊特公司作为托运人，在货物装船前，所提供的涉案货物重量信息与实际不符。在涉案货物外包装上也没有标注相应的吊装、系固、重心位置，仅提供了涉案货物在工厂吊装时的照片给通运公司作为吊装方案参考，涉案货物吊装所需的特殊吊环亦由福伊特公司提供给通运公司。通运公司在福伊特公司委托的代理现场监督下，据此进行吊装作业，福伊特公司的代理亦未对此提出任何异议。综上，本院认为，通运公司作为承运人，在操作涉案货物吊装过程中并无过错。本院对一审关于通运公司不应对涉案货损承担赔偿责任的判定，予以确认。

① 上海海事法院（2019）沪72民初530号民事判决书；上海市高级人民法院（2020）沪民终52号民事判决书。

11. 经谨慎处理仍未发现的船舶潜在缺陷

此项免责事由对应《海牙规则》第 4 条第 2 款第 p 项规定的“虽恪尽职责亦不能发现的潜在缺点”，同时也与承运人谨慎处理使船舶适航的义务关联。

如果仅从法律条文的文义分析，《海商法》与《海牙规则》的规定存在一定区别：《海商法》强调的是“仍未发现”，即以确已谨慎处理为前提，重点在于承运人处理的主观结果；《海牙规则》强调的是“不能发现”，即潜在缺陷的客观性，而不考虑承运人实际已经谨慎处理。此种区别主要是《海商法》立法当时的表述缺陷。国际上对于《海牙规则》规定的普遍解释认为，即使承运人事实上并未谨慎处理或谓恪尽职责，但如果能够证明特定缺陷即使谨慎处理也不能发现，仍可援引此项免责。①

我国司法实践总体而言也采类似立场：承运人如果援引经谨慎处理仍未发现的船舶潜在缺陷主张免责，应当举证证明缺陷系承运人按照法律规定和专业人员的一般注意义务标准对于船舶进行检查而不能发现的缺陷，而且潜在缺陷与货物灭失、损坏或迟延交付之间存在因果关系。②

典型案例

2016 年全国法院海事审判十大典型案例

绍兴县金斯顿针纺织有限公司诉商船三井株式会社（Mitsui O.S.K.Lines，Ltd.）海上货物运输合同纠纷案

【基本案情】

2013 年 6 月，金斯顿公司委托三井株式会社将一批货物自宁波出运至沙特。三井株式会社作为承运人签发提单。6 月 17 日，承运船舶“MOL COMFORT”轮航行至印度洋海域时，船体中部横向断裂成两截沉没。船上货物全部灭失。金斯顿公司持正本提单起诉要求承运人三井株式会社承担货损赔偿责任。

【裁判结果】

本案经宁波海事法院一审，浙江省高级人民法院二审。两级法院均认为，承运船舶存在经谨慎处理仍未发现的潜在缺陷，且该缺陷引起船舶断裂导致船舶沉没、货物灭失。根据

① 司玉琢主编：《海商法》（第 4 版），法律出版社 2018 年版，第 93 页。

② 王淑梅主编：《海上货物运输合同纠纷案件裁判规则》，法律出版社 2021 年版，第 62 页。

《海商法》第五十一条第十一项的规定，承运人依法不负赔偿责任。遂判决驳回金斯顿公司的诉讼请求。

【典型意义】

“MOL COMFORT”轮事故系迄今以来人民法院审理海事案件所涉最大的集装箱船事故，受到了国际国内航运界广泛关注。本案的主要争议焦点在于承运人能否免除赔偿责任。承运人的免责制度是基于国际海上航运业的特殊风险而给予船舶所有人等航运从业者的特殊保护。我国海商法坚持与通行国际公约对接的立法精神，借鉴吸收《海牙规则》《汉堡规则》等国际公约的规定，形成了具有中国特色的海上货物运输合同规范。该法第五十一条规定了十二项承运人免责事由，其中包括“经谨慎处理仍未发现的船舶潜在缺陷”。因涉案船舶沉没无法打捞，船上数据已随船舶一起沉没，本案一审、二审法院根据日本船级社等机构对事故船姊妹船的调查报告和专家证人意见，结合船舶按时检验和保养、未发现设计缺陷、船舶处于适航状态等事实，认定涉案船舶沉没原因系设计上的潜在缺陷所致，承运人三井株式会社可以依据法律规定不负赔偿责任。至于托运人金斯顿公司的权利，则可以通过保险等途径予以保障。本判决系我国首次适用《海商法》第五十一条第十一项的规定判决承运人免责的案件，引起了国际航运和海事司法界的关注，对于今后同类案件的审判实践具有一定的指导意义。

典型案例

宁波海事法院海上货物运输合同纠纷典型案例

经谨慎处理仍未发现的船舶潜在缺陷导致货损事故承运人不承担赔偿责任

【案情摘要】

2013年6月1日，巴圆纺织品公司向财保宁波分公司投保货物运输险，保险金额为25,238.4美元。同日，货物装上“HYUNDAI BRAVE”轮，途中装上“MOL COMFORT”轮，三井株式会社作为承运人签发了涉案提单，载明托运人为巴圆公司，货物价值为56,468.16美元，起运港为宁波，目的港为沙特吉达港。2013年6月17日，“MOL COMFORT”轮在印度洋海域船体中部断裂沉没，船上货物全部灭失。财保宁波分公司支付巴圆公司保险赔偿款25,238.4美元后，向本院提起诉讼，要求三井株式会社赔偿货损25,238.4美元及相应利息。另查明：三井株式会社对“MOL COMFORT”轮进行日常检验，均未发现涉案船舶存在设计上的潜在缺陷。后日本船级社和日本国土交通部分别出具调查报告，对事故船的姊妹船进行安全检查发现，船体断裂很可能系安全余量不足，存在设计缺陷所致。

【裁判结果】

本院经审理认为，“MOL COMFORT”轮设计上的潜在缺陷导致沉没事故的发生。三井株式会社按时委托船级社进行日常检验，船级社在检验中从未发现“MOL COMFORT”轮存在设计缺陷，也从未提示承运人该轮存在潜在缺陷。根据保养记录，三井株式会社定期完成对船舶的日常维护、检查，船体断裂的6号舱从未发生过变形，故其已对“MOL COMFORT”轮进行了谨慎处理，确实无法发现该潜在缺陷，根据《海商法》第五十一条第一款第（十一）项的规定，三井株式会社据此可以免责，最终判决驳回财保宁波分公司的诉讼请求。

【典型意义】

根据我国《海商法》规定，在海上货物运输环节，承运人承担不完全过失责任，承运人对《海商法》第五十一条规定的12项特定事由可享受免责，如货损原因系货物自然特性或包装不良所致等，除火灾外，其他免责事由均需由承运人承担举证责任。航运实务中，部分航运企业系单船公司，管理不规范、未能严格按照规定对船舶进行日常保养检验，并完好保存保养记录，致使承运人举证比较困难。本案涉案船舶沉没，无法对其进行打捞检验，但承运人提供了船舱保养记录和事故发生前的船级社检验报告，能够证明承运人已定期对船舶进行日常维护检查。通过日本船级社和国土交通部对事故船的姊妹船进行安全检查并模拟发现，事故系由涉案船舶设计体系中安全余量不足，导致船舶外板变形断裂所致，其系承运人经谨慎处理仍未发现的船舶潜在缺陷，法院据此判定承运人对货损免责。

典型案例

厦门海事法院涉台审判典型案例

阳明海运股份有限公司与美达船务有限公司等海上货物运输合同纠纷案

【基本案情】

“景云”轮是海峡两岸直航的香港籍集装箱班轮。2005年7月17日，该轮从福州马尾港载货后起航。由于遭遇“海棠”台风，船舶抵达高雄时，港口封港，同时因“海棠”台风南下发生罕见的逆时针打转现象，船舶与台风中心迅速贴近，在锚地先后遭遇了9～12级大风和巨浪袭击，198个集装箱倒塌，部分落海。事故发生后，船舶所有人大诺控股有限公司（以下简称大诺公司）申请设立了1200余万元的海事赔偿责任限制基金，阳明海运股份有限公司（以下简称阳明海运）等数十名货方向厦门海事法院办理债权登记并提起诉讼。阳明海运认为，“景云”轮在船舶适航、开航、管货、驾驶、抗避台风、船舶安全管理等各个方面存在过失，美达船务有限公司（以下简称美达公司）作为承运人、大诺公司作为实际承运人应全额承担赔偿责任，无权享受海事赔偿责任限制，要求判决二者连带赔偿其损失388,749.74美元及利息。美达公司、大诺公司认为事故是船员驾驶过失、管船过失、天灾、海上危险、主管部门的行为、经谨慎处理仍未发现的船舶潜在缺陷、不可抗力等所致，船方依法可以免责。

【裁判结果】

厦门海事法院就事故原因委托司法鉴定，前后分三次对包括本案在内的本次事故项下案件进行了为时9日的开庭审理，30余名诉讼代理人、专门知识人员、鉴定人到庭参加了诉讼。法院就事故地点的实际风力和海况、事故中风浪的作用和影响、船舶相关设备的损坏、甲板上集装箱的系固、开航决策和执行经过、船上接收气象信息的范围、开航决定前的气象信息、风移动方向的改变、高雄港的封港、船舶采取的抗台风措施、船舶安全管理等争议问题进行了详细分析论证，认定事故和货损原因是承运人经谨慎处理仍未发现的舱盖板上固定式集装箱绑扎设备的潜在缺陷（脱焊）和船长在驾驶船舶上的过失。鉴于事故和货损原因二者均属于《海商法》规定的承运人的免责事由，美达公司、大诺公司可以免责，厦门海事法院判决驳回阳明海运的诉讼请求。判决后，大诺公司上诉，因未交纳上诉费，福建省高级人民法院裁定按自动撤回上诉处理。一审判决发生法律效力。

【典型意义】

本案作为海上货物运输合同纠纷，双方争议覆盖运输全程的各个环节，既包括船舶适航、管货责任等问题，又牵涉ISM规则下船舶安全管理，案情复杂。同时由于承运船系海峡两岸直航班轮，三方当事人分别为我国台湾地区、我国香港特别行政区、外国企业，争议标的大，受到两岸业界和社会的关注。厦门海事法院坚持程序公正与实体公正并重，判决书聚焦货损事故原因这一核心争点，分七个部分、十四个专题详尽阐述证据采信和事实认定依据、法律适用和判案理由，条分缕析，论证周密，细致入微。该判决生效后，阳明海运提出认可申请，我国台湾基隆地方法院于2008年6月9日裁定予以认可。两岸相互认可民商事判决，是两岸司法互信的重要例证。

司法实践

经谨慎处理仍未发现的船舶潜在缺陷

最高人民法院在中国人民财产保险股份有限公司宁波市分公司、富森航运有限公司海上、通海水域货物运输合同纠纷案[①]中认为，该案的船舶潜在缺陷通过常规的检修保养难以发现，需要通过坞内检验工程认真监修以及船舶日常营运中细致检查，采用较为谨慎合理的方式才能发现，因而属于承运人的免责事由：

双方当事人之间的争议焦点主要在于引发货损的原因是否为“经谨慎处理仍未发现的船舶潜在缺陷”。首先，根据一审法院委托专家鉴定形成的《5人意见书》中的意见，该潜在缺陷虽经常规的检修保养仍然难以发现，“从船舶例行检修保养工作、轮机工程技术管理角度、通过坞内检验工程认真监修以及船舶日常营运中细致检查，采用较为谨慎合理方式，可以发现该管路腐蚀隐患所构成的潜在缺陷”等内容来看，该潜在缺陷需要通过坞内检验工程认真监修以及船舶日常营运中细致检查，采用较为谨慎合理方式才能发现。其次，案涉船舶的船籍为巴拿马。《5人意见书》载明，根据《“富森”轮工程签收单》的记载，案涉船舶2012年1月坞修时进行了“所有管路查漏”“做负荷试验”，对相关部位的海水管进行了换新或改管，对海水冷却管路进行了细致的检查，对无明显磨损和锈蚀的海水管路未进行换新。修理完毕后，对副机的所有管路进行了重新检查，并做了负荷试验，检查结果正常。《5人意见书》还载明，“富森”轮下一次坞修特检计划安排在2014年3月，即事故后的两个月。而事故发生的前一个月，轮机部主管轮机员和二管轮负责人按照SMS体系规定的检查周期和内容对相关海水泵、管路系统、海水阀进行了除锈清洁等日常维护保养。综合考虑事故发生时天气恶劣，存在大风、骇浪，以及2012年6月、2013年1月和5月该船的三次PSC检查均无滞留记录等情况，原判决对人保宁波公司关于承运人采用较为谨慎合理的方式可以觉察出管路潜在缺陷的主张不予支持，并无不当。在此基础上，原判决结合富森公司作为承运人，将其所属“富森”轮进坞全面检修、聘用适任船员、日常维护保养，定期接受相关海事部门各项检查，经认可符合航行安全要求并取得相应船舶证书等因素，对人保宁波公司关于船舶不适航的主张未予采纳，对其货损主张也未予支持，亦无不当。

12. 非由于承运人或其受雇人、代理人过失造成的其他原因

《海牙规则》第4条第2款第f项规定的“公敌行为”，以及第k项规定的“暴动和骚乱”，

① 最高人民法院（2019）最高法民申4594号民事裁定书。

《海商法》未作明文列举，但仍可归入“非由于承运人或者承运人的受雇人、代理人的过失造成的其他原因”。

《汉堡规则》未采用明文列举免责事由的立法模式，因而实质上废除了航海过失免责、火灾过失免责等承运人的过失免责；《鹿特丹规则》第 17 条第 3 款列举的免责事由，较之《海牙—维斯比规则》以及《海商法》主要存在以下变化：

（1）废除了航海过失免责等承运人的过失免责；

（2）第 c 项增加了“海盗、恐怖活动”的表述；

（3）第 d 项对于滞留、扣留和扣押明确限定为“非由承运人或者第 18 条述及的任何人所造成的”；

（4）第 f 项将火灾限定为“船上发生的火灾”；

（5）第 l 项和第 m 项对于人命救助和财产救助分别进行规定，其中财产救助强调应是“合理措施”；

（6）第 n 项增加规定“避免或者试图避免对环境造成危害的合理措施”，体现了现代海商立法重视海洋环境保护的价值取向；

（7）增加规定第 o 项“承运人根据第 15 条和第 16 条所赋权利的作为”。第 15 条①和第 16 条②分别是关于“可能形成危险的货物”和“海上航程期间牺牲货物”的规定，赋予了承运人在特定情形下处置或牺牲货物的权利，体现了现代海商立法重视海上安全的价值取向。③

（二）承运人免责事由与适航义务的关系

关于承运人的免责事由与适航义务的关系，国际上关于《海牙规则》的通行解释认为，承运人援引免责事由应以履行适航义务为前提，即将适航义务视为承运人的首要义务。我国司法实践早期也有部分判决持有类似观点。例如，海南省高级人民法院在福州开发区华港船务公司与洋浦祥兴物流有限公司海上货物运输合同纠纷案④中认为：

> 适航责任与免责是一种权利与义务的对应关系——适航是义务，免责是权利。华港公司要享受免责的权利，就必须要先履行使船舶适航的义务。华港公司作为承

---

① 《鹿特丹规则》第 15 条规定：“虽有第 11 条和第 13 条规定，如果货物已对人身、财产或者环境形成实际危险，或者适度显现有可能在承运人责任期间内形成此种危险，承运人或者履约方可以拒绝接收或者装载货物，且可以采取包括将货物卸下、销毁或者使之不能致害等其他合理措施。”

② 《鹿特丹规则》第 16 条规定：“虽有第 11 条、第 13 条和第 14 条规定，承运人或者履约方仍可以在海上牺牲货物，但应是为了共同安全，或者是为了保全同一航程中人命或者其他财产，使之免遭危险而合理作出此种牺牲。”

③ 胡正良、於世成、郑丙贵等：《〈鹿特丹规则〉影响与对策研究》，北京大学出版社 2014 年版，第 123 页。

④ 海南省高级人民法院（2003）琼民二终字第 46 号民事判决书。

运人在不能举出充分的证据证明已尽适当的谨慎使船舶适航的情况下，即使存在《海商法》第 51 条第 1 款第 1 项规定的“船长、船员在驾驶船舶或管理船舶中的过失”等情况，也不能援引法定的免责事由以逃避其应当承担的赔偿责任。

但是，我国《海商法》的立场实则与此不同。《海商法》第 54 条规定：

货物的灭失、损坏或者迟延交付是由于承运人或者承运人的受雇人、代理人的不能免除赔偿责任的原因和其他原因共同造成的，承运人仅在其不能免除赔偿责任的范围内负赔偿责任；但是，承运人对其他原因造成的灭失、损坏或者迟延交付应当负举证责任。

上述规定来自《汉堡规则》第 5 条第 7 款：

运送人、其受雇人或代理人的过失或疏忽与另一原因结合而产生损失、损坏或延迟交付时，运送人仅于损失、损坏或延迟交付可以归因于此种过失或疏忽的限度内负赔偿责任，但运送人须证明不可归因于此种过失或疏忽的损失、损坏或延迟交付的数额。

根据上述规定，如果导致货物灭失、损坏或迟延交付的原因，既有承运人可以援引的免责事由，又有承运人违反适航义务等不能免除赔偿责任的原因，此时应当根据不同原因对于货物灭失、损坏或迟延交付的原因力大小即影响程度比例，确定承运人可以免除以及应当承担的责任。承运人对此应当负担举证责任，如《中国海商法注释》一书认为：

承运人必须负责举证将两种原因所造成的损失区分开，如果他不能完成此种举证，即便承运人不能免除赔偿责任的原因在所有原因中只是一个次要原因，或者它所造成的损失在全部损失中实际上只占很小的比例，承运人也必须对全部损失承担赔偿责任。[①]

（三）承运人免责事由的举证责任

《海商法》第 51 条第 2 款规定：“承运人依照前款规定免除赔偿责任的，除第（二）项规定的原因外，应当负举证责任。”因此，如果承运人援引第 51 条第 1 款规定的除第 2 项外的其他免责事由，应当承担举证责任，证明货物的灭失、损坏或迟延交付是由免责事由导致

① 司玉琢、张永坚、蒋跃川编著：《中国海商法注释》，北京大学出版社 2019 年版，第 104 页。

的。但是，如果承运人援引其中第 2 项规定的火灾免责，请求人需要承担火灾是由承运人本人过失造成的举证责任。此时举证责任发生倒置，原本依据“谁主张，谁举证”的举证责任的一般规则，[①]应由承运人证明火灾不是由其本人过失造成的。此项举证责任分配主要是出于平衡船货利益的考量，即请求人得以成功证明火灾是由承运人本人过失造成的可能性较低，意味着承运人能够在多数情况下享受此项免责权利。《海牙规则》第 4 条第 2 款第 q 项也规定：“……但是要求引用这条免责利益的人应负责举证，证明有关的灭失或损坏既非由于承运人的实际过失或私谋，亦非承运人的代理人或雇佣人员的过失或疏忽所造成。”

《汉堡规则》由于采取完全的过错责任原则，第 5 条第 1 款规定：承运人如果能够证明已为避免事故发生及其后果而采取了一切能够合理要求的措施，不负赔偿责任。[②]

《鹿特丹规则》第 17 条关于赔偿责任基础的规定将举证责任分为三个层次：

（1）根据第 1 款的规定，首先应由索赔人证明货物的灭失、损坏或迟延交付发生在承运人的责任期间；[③]

（2）根据第 2 款的规定，如果承运人证明货物灭失、损坏或迟延交付的原因不能归责于承运人或相关主体的过失，承运人不负赔偿责任；[④]

（3）根据第 3 款的规定，如果承运人证明货物的灭失、损坏或迟延交付是由免责事由导致的，承运人不负赔偿责任。[⑤]

三、承运人对于特殊货物运输的免责

《海商法》针对活动物和舱面货两类特殊货物的运输专门规定了免责事由。但是，承运人对于此类特殊货物的运输仍须履行谨慎处理使船舶适航、妥善和谨慎地管理货物、船舶不

---

① 《民事诉讼法》第 67 条第 1 款规定：“当事人对自己提出的主张，有责任提供证据。”

② 《汉堡规则》第 5 条第 1 款规定：“运送人对于货物的损失或损坏以及延迟交付所引起的损害，如引致损失、损坏或延迟的事件发生于第四条所订明的货物由他掌管的期间，须负赔偿责任，但运送人能证明本人、其受雇人或代理人为避免该事件发生及其后果曾采取所能合理要求的一切措施者，不在此限。”

③ 《鹿特丹规则》第 17 条第 1 款规定：“如果索赔人证明，货物灭失、损坏或者迟延交付，或者造成、促成了灭失、损坏或者迟延交付的事件或者情形是在第 4 章规定的承运人责任期间内发生的，承运人应当对货物灭失、损坏和迟延交付负赔偿责任。”

④ 《鹿特丹规则》第 17 条第 2 款规定：“如果承运人证明，灭失、损坏或者迟延交付的原因或者原因之一不能归责于承运人本人的过失或者第 18 条述及的任何人的过失，可免除承运人根据本条第 1 款所负的全部或者部分赔偿责任。”

⑤ 《鹿特丹规则》第 17 条第 3 款规定：“除证明不存在本条第 2 款规定的过失之外，如果承运人证明下列一种或者数种事件或者情形造成、促成了灭失、损坏或者迟延交付，也可免除承运人根据本条第 1 款规定所负的全部或者部分赔偿责任：……”

进行不合理绕航等最低法定义务。同时，以下规定虽然均有“灭失或者损坏”等类似表述，理论上也可适用于迟延交付，但由于活动物或舱面货的特殊风险导致迟延交付的情形并不多见。

（一）活动物运输

1.《海商法》关于活动物运输的规定

《海商法》第52条规定：“因运输活动物的固有的特殊风险造成活动物灭失或者损害的，承运人不负赔偿责任。但是，承运人应当证明业已履行托运人关于运输活动物的特别要求，并证明根据实际情况，灭失或者损害是由于此种固有的特殊风险造成的。”本条主要吸收了《汉堡规则》第5条第5款的规定。

根据上述规定，如果运输期间由于活动物固有的特殊风险造成活动物灭失或损害，承运人不负赔偿责任。活动物固有的特殊风险主要是指动物在运输期间由于胆怯、惊吓、传染疾病、环境不适等原因生病、受伤或死亡。承运人援引活动物固有的特殊风险主张免责，需要承担两项证明责任：

（1）证明已经履行了托运人关于活动物运输的特别要求，如要求按时投喂指定的饲料；

（2）证明活动物的灭失或损害是由固有的特殊风险导致的。

2. 国际公约关于活动物运输的规定

《海牙规则》第1条第c项明确将活动物排除在货物的范围之外：“‘货物’包括货物、制品、商品和任何种类的物品，但活牲畜以及在运输合同上载明装载于舱面上并且已经这样装运的货物除外。”因此，《海牙规则》未对活动物运输进行规定。

《汉堡规则》第5条第5款的规定与《海商法》第52条基本一致：“关于活的动物，运送人对于此类运送固有的任何特别危险所引起的损失、损坏或延迟交付不负赔偿责任。如果运送人能证明他已遵行托运人所给予他的关于动物的任何特别指示，而且按照实际情况，损失、损坏或延迟交付可以归因于此种危险时，除经证明损失、损坏或延迟交付的全部或一部是由于运送人、其受雇人或代理人的过失或疏忽所造成外，应即推定损失、损坏或延迟交付是由于此种危险所引致。”

《鹿特丹规则》第81条第a项设置了活动物运输可以背离公约规定的特别规则：

> 虽有第79条的规定，在不影响第80条的情况下，运输合同可以排除或者限制承运人和海运履约方的义务或者赔偿责任，条件是：
>
> （a）货物是活动物，但如果索赔人证明，货物灭失、损坏或者迟延交付，是由

于承运人或者第 18 条述及的人故意造成此种货物灭失、损坏或者此种迟延损失的作为或者不作为所导致的，或者是明知可能产生此种灭失、损坏或者此种迟延损失而轻率地作为或者不作为所导致的，则任何此种排除或者限制均属无效；或者

上述规定是作为《鹿特丹规则》第 79 条关于限制合同自由规定的例外之一，较之《海商法》以及《汉堡规则》关于活动物运输的规定，主要存在以下三个方面的区别：

（1）《鹿特丹规则》的规定涉及承运人的义务与赔偿责任，而《海商法》和《汉堡规则》只是关于活动物运输的免责规定。

（2）《鹿特丹规则》规定导致不得援引此项免责的原因是承运人故意造成活动物的灭失或损害，而《海商法》和《汉堡规则》仅要求以承运人的过失为条件。前者规定的情形在实践中较为少见；而后者比较常见。

（3）《鹿特丹规则》未规定托运人对于照料活动物的要求，而《海商法》和《汉堡规则》将此作为承运人援引免责的举证责任之一。[①]

（二）舱面货运输

1.《海商法》关于舱面货运输的规定

舱面货又称甲板货（deck cargo）。《海商法》第 53 条第 1 款规定："承运人在舱面上装载货物，应当同托运人达成协议，或者符合航运惯例，或者符合有关法律、行政法规的规定。"

根据上述规定，承运人将货物装载在舱面需要满足以下三项条件之一，否则必须依据《海商法》第 53 条第 3 款的规定承担赔偿责任："承运人违反本条第一款规定将货物装载在舱面上，致使货物遭受灭失或者损坏的，应当负赔偿责任。"

（1）与托运人达成协议，可以是在海上货物运输合同中的约定，也可以其他形式达成协议。

（2）符合航运惯例，较为典型的航运惯例是专用集装箱船甲板装载集装箱，以及木材船甲板装载木材。

（3）符合法律、行政法规的规定，但现行法规未对特定类型的货物必须装载在舱面进行规定。

《海商法》第 53 条第 2 款规定："承运人依照前款规定将货物装载在舱面上，对由于此种装载的特殊风险造成的货物灭失或者损坏，不负赔偿责任。"如果承运人在满足以上三项

① 吴焕宁主编：《鹿特丹规则释义——联合国全程或者部分海上国际货物运输合同公约》，中国商务出版社 2011 年版，第 306~307 页。

条件之一的情形下将货物装载在舱面，而货物由于舱面货运输的特殊风险导致灭失或损坏，承运人可以主张免责；但是，如果货物的灭失或损坏与舱面货运输的特殊风险无关，承运人仍应依据法律规定承担赔偿责任。

案例模型

舱面货物运输的特殊风险

舱面货物运输的特殊风险主要包括以下情形：

- 货物由于雨淋或大风浪中甲板上浪而水湿；
- 货物由于船舶在大风浪中剧烈摇摆而落入海中；
- 货物由于装载在舱面而被偷盗。①

司法实践

舱面货物运输

- 上海海事法院、上海市高级人民法院在中国外运华东有限公司与太平财产保险有限公司上海分公司海事海商纠纷案②中，围绕舱面货运输如何理解同托运人达成协议认为：

一审法院上海海事法院认为：中外运公司主张就托运人上海外经与其一致同意装载于舱面上的货物所造成的损失，中外运公司应予免责，托运人未对提单记载的货物装于舱面提出异议，应视为其同意货物可装载在舱面上运输。一审法院认为，在上海外经与中外运公司签订的散货国际运输合同中明确约定，对上海外经所有委托散货海运的货物，中外运公司必须安排装入船舶舱内；如有特殊物件只能在舱面装载，必须经由上海外经同意。根据《海商法》的规定，承运人在舱面上装载货物，应当同托运人达成协议，违反该规定将货物装载于舱面上，致使货物遭受损失的，应当负赔偿责任。由此可见，托运人同意货装甲板，应当作出明确的表示，未表示异议不能推定同意。故中外运公司主张的本案托运人未对提单记载货装舱面提出异议，不能视为同意货装舱面。在中外运公司未能举证证明货物装载于舱面系经上海外经同意的情况下，其应对货物装载于舱面上所引发的风险承担责任。

---

① 司玉琢主编：《海商法》（第 4 版），法律出版社 2018 年版，第 94 页。

② 上海海事法院（2017）沪 72 民初 2330 号民事判决书；上海市高级人民法院（2018）沪民终 404 号民事判决书。

二审法院上海市高级人民法院认为：关于涉案部分货物装载于舱面是否获得上海外经的同意，中外运公司是否可以据此享受舱面货免责。本院认为，根据《海商法》第五十三条的规定，承运人在舱面上装载货物，应当同托运人达成协议，或者符合航运惯例，或者符合有关法律、行政法规的规定；承运人违反本条第一款规定将货物装载在舱面上，致使货物遭受灭失或者损坏的，应当负赔偿责任。本案中，上海外经与中外运公司签订的散货国际运输合同中明确约定，对上海外经所有委托散货海运的货物，中外运公司必须安排装入船舶舱内，如有特殊物件只能在舱面装载，必须经由上海外经同意。无论是法律规定，还是合同约定，对于货装舱面都要求上海外经的明确同意。在上海外经并未明确表示同意涉案货物装载于舱面的情况下，仅凭上海外经接受涉案提单的行为，不能推定上海外经同意货装舱面。本院对中外运公司关于上海外经同意货装舱面，中外运公司不承担舱面货损失赔偿责任的上诉理由不予采纳。

● 上海海事法院在中国太平洋财产保险股份有限公司浙江分公司与新海丰集装箱运输有限公司等海上货物运输合同纠纷案[①]中，围绕集装箱船甲板装载集装箱是否符合航运惯例认为：

关于货物装载在舱面上的问题。《海商法》规定，承运人在舱面上装载货物，应当同托运人达成协议，或者符合航运惯例，或者符合有关法律、行政法规的规定。涉案船舶为集装箱船，由于集装箱船船体结构的因素，集装箱货物不再像传统货船那样主要装于船舱内，集装箱船的甲板上及船舱内均有大量的集装箱装载位置。集装箱船的甲板和货舱口盖上均有系固设备，可以安全地固定住集装箱，保证在甲板上堆放三至四层集装箱。涉案货物为大型设备，使用框架集装箱进行运输即因为超高超宽超长或者外形不规范等原因无法装进普通集装箱，因此，这样超过标准规格的集装箱装入船舱需要受到船舶自身条件的限制，涉案船舶堆放框架集装箱的位置只有两个区域，均在甲板上，两被告将涉案集装箱堆放于甲板第二层并不违反法律规定。并且，涉案货损事故中，固定集装箱的钮锁并未松开，五个集装箱相对于甲板均未发生位移，证明了承运人在履行积载义务时并无过错。

● 武汉海事法院在中国人民财产保险股份有限公司宁波市分公司与金光航运有限公司、湖北琴台船务有限公司海上、通海水域货物运输合同纠纷案[②]中认为，船舶沉没导致舱面货灭失不属于舱面货的特殊风险：

17B01 提单项下的 5703.743 立方米原木虽装载在船舶甲板上，但该原木的灭失系船舶

---

① 上海海事法院（2018）沪 72 民初 4163 号民事判决书。

② 武汉海事法院（2017）鄂 72 民初 801 号民事判决书。

沉没所致，并非舱面货特殊风险所致，承运人不应享有舱面货灭失免责的权利，现有证据亦无法证明承运人金光公司存在其他承运人免责事由，故被告金光公司应对本案所涉的全部货物的灭失承担赔偿责任。

● 上海海事法院在中国太平洋财产保险股份有限公司航运保险事业营运中心与莫曼斯科航运股份有限公司海上、通海水域货物运输合同纠纷案[①]中认为，承运人虽未就舱面货运输与托运人达成协议，但提单明确记载货物装载在舱面，表明托运人认可舱面货运输：

因涉案1件钢结构货物装载在舱面上，被告就此主张舱面（甲板）货免责。而原告则认为被告未提供托运人同意货装舱面的书面证据，因而不能享受舱面货免责。本院认为，我国《海商法》第五十三条规定："承运人在舱面上装载货物，应当同托运人达成协议，或者符合航运惯例，或者符合有关法律、行政法规的规定。""承运人依照前款规定将货物装载在舱面上，对由于此种装载的特殊风险造成的货物灭失或者损坏，不负赔偿责任。"虽然被告未能就货装舱面提供与山东电建之间的书面协议，但联合船代SHM06提单上明确记载了1件货物装在舱面上，山东电建对此未曾提出过异议。在审理期间，本院向山东电建了解涉案货物积载情况时，山东电建也未对此提出异议。此外，在原告所提交的山东电建补发货物的证据材料中，补发的钢结构货物仍然是装载在舱面上。据此，本院认为，山东电建对于该货物装载在舱面上应是认可的，而且基于该货物的特性，装载在舱面上亦是符合航运要求的，对原告的抗辩不予采信。根据已查明的事实，该装载在舱面的钢结构货物不同于其他舱内货，应系遭遇恶劣海况而落海灭失，属于舱面货的特殊风险，承运人就该1件钢结构货物可以免责。

● 上海海事法院在中国平安财产保险股份有限公司江苏分公司与中交国际航运有限公司海上、通海水域货物运输合同纠纷案[②]中认为，承运人对于舱面货运输仍然负有管货义务：

关于被告能否以舱面货风险免责。本院认为，涉案货物为工程船，工程船装在半潜船的舱面，系合同双方当事人的约定，也符合该类货物运输的航运惯例，故本院认定本案为舱面货运输。根据法律规定，承运人有谨慎运输、装卸所运货物的义务。由于涌浪是造成货损的主要原因，被告选择卸货下潜地点的涌浪高度超出其制定的安全运输方案规定的涌浪，并导致货损事故发生，故本院认定被告未尽谨慎的管货义务。虽货损原因为涌浪和工程船自身的缺陷共同导致，但被告不当选择卸货下潜点，就货损仍应承担相应的责任。虽然被告在卸货前召开了会议，就卸货时间和地点进行了协商并征得第三人同意，但并不能就此免除被告谨慎的管货义务。故被告以舱面货风险免责的理由，本院不予采纳。

① 上海海事法院（2013）沪海法商初字第337号民事判决书。
② 上海海事法院（2014）沪海法商初字第29号民事判决书。

2. 国际公约关于舱面货运输的规定

（1）《海牙规则》

《海牙规则》第 1 条第 c 项同样明确将舱面货排除在货物的范围之外，因而《海牙规则》未对活动物运输进行规定。

（2）《汉堡规则》

《汉堡规则》第 9 条针对舱面货运输作出了较之《海商法》更为详细的规定：

> 1. 运送人只有按照同托运人的协议或特定行此惯例，或依据法定规章的要求，才有权将货物装载在仓面。
>
> 2. 如运送人和托运人约定货物应当或可以装载在仓面，运送人必须在提单或作为海上运送合同证明的其他文件上列入此种声明。如无此种声明，运送人应担负证明曾就装载在仓面取得协议的责任；但运送人无权引用这种协议来对抗善意取得提单的第三方，包括收货人。
>
> 3. 违反本条第 1 款的规定将货物装载在仓面，或运送人按照本条第 2 款不得引用装载在仓面的协议时，尽管有第五条第 1 款的规定，运送人仍须对单独由于装载在仓面而导致的货物的损失或损坏以及延迟交付担负赔偿责任，其限度视情况分别按照本公约第六条或第八条的规定决定。
>
> 4. 违反将货物装载在仓内的明确协议而将货物装载在仓面，视为第八条意义范围内的运送人的行为或不行为。

上述规定较之《海商法》第 53 条主要存在以下两项区别：

第一，明确规定了承运人就舱面货运输与托运人达成协议的具体形式，即在提单或作为海上货物运输合同证明的其他文件上列入约定内容，否则承运人必须承担举证责任。

第二，规定如果承运人违反了与托运人之间达成的将货物装载在货舱内的协议，而将货物装载在舱面，构成承运人故意或者明知可能造成货物灭失、损坏或者迟延交付而轻率地作为或者不作为，此时承运人丧失单位赔偿责任限制的权利。

（3）《鹿特丹规则》

《鹿特丹规则》第 25 条针对舱面货运输作出了更为详细的规定：

> 1. 在船舶舱面上载运货物，只能限于下列情形：
>
> （a）根据法律的要求进行此种运输；

（b）货物载于适合舱面运输的集装箱内或者车辆内，而舱面专门适于载运此类集装箱或者车辆；或者

（c）舱面运输符合运输合同或者相关行业的习惯、惯例或者做法。

2. 本公约有关承运人赔偿责任的规定，适用于根据本条第 1 款在舱面上载运的货物的灭失、损坏或者迟延交付，但根据本条第 1 款第（a）项或者第（c）项载运货物的，对于舱面载运货物涉及的特殊风险所造成的货物灭失、损坏或者迟延交付，承运人不负赔偿责任。

3. 在舱面上载运货物，不是本条第 1 款所准许的情形的，对于完全由于舱面载运货物所造成的货物灭失、损坏或者迟延交付，承运人负赔偿责任，且无权享有第 17 条规定的抗辩。

4. 第三方已善意取得可转让运输单证或者可转让电子运输记录的，承运人无权对其援用本条第 1 款第（c）项的规定，除非合同事项载明可以在舱面上载运货物。

5. 承运人与托运人明确约定货物将载于舱内的，如果货物载于舱面造成任何灭失、损坏或者迟延交付，对于此种灭失、损坏或者迟延交付，承运人无权享有限制赔偿责任的利益。

上述规定较之《海商法》第 53 条主要存在以下两项区别：

第一，明确规定了集装箱船舱面装载集装箱的情形；

第二，规定如果承运人违反了与托运人之间达成的将货物装载在货舱内的约定，而将货物装载在舱面,此时承运人丧失单位赔偿责任限制的权利。此种规定与《汉堡规则》一致。

第四节 承运人的单位赔偿责任限制

一、承运人单位赔偿责任限制的概念

承运人的赔偿责任限制，是指对于承运人不能免责的原因造成的货物灭失、损坏或货物迟延交付造成的其他经济损失，将其赔偿责任在数额上限定在一定范围之内。承运人对于货物灭失或损坏的赔偿责任限额，以货物件数等货运单位或重量计算，因而又称为承运人的单位赔偿责任限制（package limitation of liability）。

海上运输活动具有较大的特殊风险。海商法各项法律制度的产生、发展与消亡均与海上风险，尤其是人们抵御风险的能力密切相关。海上风险是指船舶在海上或其他可航水域进行运输或者其他海上商业活动遇到的各类风险，包括碰撞、搁浅、触礁、火灾、台风、海啸、恶劣天气、战争、海盗等，而无论海上风险是自然原因还是人为原因所致。

海上风险可以从绝对风险和相对风险两个层面进行理解。海上绝对风险是指客观存在的风险。海上相对风险可以理解为海上绝对风险、人们从事海上运输和其他海上商业活动的成本与收益，以及抵御此种风险的能力之间的函数关系。因此，海上绝对风险总体保持不变，而海上相对风险处于变化之中，尤其是抵御此种风险的能力随着技术的进步而不断提高。海上相对风险通常意味着航运生产力发展的水平。海上运输和其他海上商业活动的绝对风险较之陆上运输的绝对风险明显更大。同时，海上运输和其他海上商业活动具有投资大、运量大，但运费或其他收入低的特点，由此决定了海上运输和其他海上商业活动也具有较大的相对风险。

此种较大的海上风险，尤其是较大的海上相对风险，正是海商法各项制度得以存在的主要客观基础。海上运输和其他海上商业活动具有较大的相对风险，导致关于陆上运输的法律制度和其他一般民事法律制度对于海上运输和其他海上商业活动的调整具有不适应性，从而需要创设与此种相对风险适应的特别法律制度，[①] 其中基本的价值取向在于鼓励航运业发展。海上运输和其他海上商业活动具有较大相对风险的同时，也需要巨额投资方才能够持续发展。为避免投资者面对海上风险裹足不前，海商法在规范设置方面给予了船方较为明显的利益倾斜。例如，郭瑜在《海商法的精神——中国的实践和理论》一书中认为：

> 即使在今天，海上航行仍然是一项充满风险、挑战人的勇气和能力的事业。海洋上的风急浪高不能阻止住人们利用海洋的热情，而海商法的任务首先就在于保护这种热情，通过对海上风险的防范和合理分摊，对海运这一高风险行业提供特殊保护，并使所有参与海上航行的各方都能得到公正的对待。从产生的那一天起，海商法就和海上风险紧密相连，海商法中绝大多数特殊制度都是围绕对海上运输所具有的特殊风险进行防范和分配而建立起来的。[②]

民事损害赔偿的最高原则是完全赔偿原则，力求促使受害人回复到尚未遭受侵害时应

① 胡正良主编：《海事法》（第3版），北京大学出版社2016年版，第5页。
② 郭瑜：《海商法的精神——中国的实践和理论》，北京大学出版社2005年版，第68~69页。

处之状态，[①] 也即“赔偿被害人所受之损害，俾于赔偿之结果，有如损害事故未曾发生者然”。[②]《海商法》基于鼓励航运业发展的特殊价值目标，突破民法的完全赔偿原则，给予承运人限制自身赔偿责任的权利，以此在船货双方之间尽量实现利益的实质平衡。因此，承运人单位赔偿责任限制的本质是承运人赔偿责任的部分免除。

二、承运人对于货物灭失或损坏的赔偿数额

（一）《海商法》关于赔偿数额的规定

承运人单位赔偿责任限制适用的基本前提，应是承运人本应赔偿的数额高于责任限额；如果本应赔偿的数额低于责任限额，承运人仍应承担完全赔偿责任，而无适用单位赔偿责任限制的空间。因此，首先必须确定承运人的赔偿数额，特别是对于货物灭失或损坏的赔偿数额。

1. 赔偿数额的计算方法

《海商法》第 55 条第 1 款规定：“货物灭失的赔偿额，按照货物的实际价值计算；货物损坏的赔偿额，按照货物受损前后实际价值的差额或者货物的修复费用计算。”据此货物灭失或损坏的赔偿数额按照以下规则计算：

（1）货物灭失：货物的实际价值。

（2）货物损坏：如果货物已经修复，按照货物受损前后实际价值的差额；如果货物尚未修复，按照货物的修复费用。

典型案例

上海海事法院自贸区典型海事案例

强化公知品牌商销性意识保护货损索赔权充分行使

——杭州杭丝时装进出口有限公司诉美集物流运输（中国）有限公司海上货运代理合同纠纷案

【基本案情】

某知名 E 品牌公司向原告杭州杭丝时装进出口有限公司（以下简称杭丝公司）订购一

① 程啸：《侵权责任法》，法律出版社 2015 年版，第 664 页。

② 曾世雄：《损害赔偿法原理》，詹森林续著，台北，新学林出版股份有限公司 2005 年版，第 17 页。

批女式服装，海运自中国至德国。杭丝公司为此向被告美集物流运输（中国）有限公司（以下简称美集公司）订舱，并按美集公司通知将货物送至指定自贸区内某仓库等待出运。货物存放期间，因仓库发生火灾，致使部分货物受损。经勘验，6075件服装中，1281件不同程度烧毁；984件外包装烧毁或有收缩，但服装本身未受到燃烧损伤；另有3810件包装和服装外观无恙。后由于买方拒收货物，杭丝公司遂起诉美集公司，称案涉货物系E品牌公司专门订购，商标和款式均有知识产权保护要求，并提供了买方在拒收货物同时明确禁止杭丝公司将残存服装流入市场的相关证据，故请求法院判令美集公司按货物全损进行赔偿。

美集公司辩称，杭丝公司和E品牌公司之间的贸易合同与美集公司无关，现部分货物并无明显焚毁痕迹、部分货物尚有残值可以利用，不应被视为全损。

【裁判结果】

上海海事法院一审认为，虽然除1281件不同程度烧毁的服装外，其余服装外观正常，但并不意味着完好无损。E品牌是具有较高公众知名度的品牌，当涉案服装经过烟熏火燎，即使未直接烧毁，其耐久度、洁净度等方面均可能存在潜在瑕疵，出于维护良好商誉和对消费者负责的缘由，E品牌公司提出较为严格的产品质量要求，并拒收货物无可厚非。同时，E品牌服装通常通过专卖店或授权专柜销售，擅自转卖、销售其品牌服装，或更换品牌标识后销售同款式的服装，均可能构成侵权。美集公司不能要求杭丝公司以可能侵权的方式来实现减损目的。在杭丝公司既不能将该批服装按原贸易合同顺利销售给E品牌公司，也不能在市场上转卖、销售的情况下，可以视为杭丝公司遭受全损。此外，杭丝公司在审理过程中表示，在美集公司按全损价值向原告进行赔偿后，同意将所有剩余货物权益交由美集公司享有；若美集公司坚持认为涉案服装尚有残值或作减损处理的可能，可嗣后自行处置。一审按货物全损作出判决后，美集公司提起上诉。上海市高级人民法院经审理认为，一审判决认定事实清楚，适用法律正确，驳回上诉，维持原判。

【典型意义】

海关特殊监管区是自贸区的重要组成，其特殊的出入境监管和税收制度，为发展保税加工、保税物流、保税服务以及高技术含量、高附加值的境内外维修、制造业提供了强大的竞争优势。也正因为大量业务的存在，诸如服装、电子设备、汽车零部件等产品的制造、贴牌、加工在物流环节遭受货损时有发生。其中货损价值认定历来是争议焦点，也是司法认定的难点。比较突出的问题之一就是货物单纯从“物”的角度而言确实仍有一定价值，但从商业角度而言，出于公共安全、企业商誉或知识产权保护等原因，已不适合投入市场销售，此时应如何确定责任人的赔偿范围。本案遵循了市场化的商事逻辑，并在海事审判中贯注了对商标权、专利权的保护意识，未采纳被告关于可以通过降价转售涉案服装达到减损目的的抗辩意见。同时，在双方就货损程度各持己见，且货方主张货物全损具有一定合理性的情形下，采取类似"保险委付"的方式，由责任人获得残余货物权利，亦不失为相对公平的处理方式。

2. 实际价值的计算方法

计算货物的实际价值，首先需要认定货物的价值。司法实践中用以证明货物价值的证据材料通常包括信用证、报关单、合同、商业发票、保单等。此类证据的证明力通常并无绝对的顺序。[①]

关于货物实际价值的计算，《海商法》第55条第2款规定："货物的实际价值，按照货物装船时的价值加保险费加运费计算。"此处实际价值即CIF价格，也即通常所称"成本＋运费＋保险费"。此种计算方法在司法实践中主要存在以下两个方面的问题：

（1）基于完全赔偿原则，当事人一方不履行合同义务或者履行合同义务不符合规定而造成对方损失，损害赔偿额应当相当于因违约造成的损失，包括合同履行后可以获得的利益。[②]即违约导致的损失可以表现在两个方向：一是违约行为导致现有财产减少；二是违约行为阻碍将来财产增加。后者即为可得利益损失，也称为所失利益。[③]《民法典》第584条规定："当事人一方不履行合同义务或者履行合同义务不符合约定，造成对方损失的，损失赔偿额应当相当于因违约所造成的损失，包括合同履行后可以获得的利益；但是，不得超过违约一方订立合同时预见到或者应当预见到的因违约可能造成的损失。"但是，根据《海商法》第55条第2款规定的CIF价格，索赔人无法索赔可得利益损失，不合理地背离了完全赔偿原则；反之，如果索赔人销售货物的价格低于成本，即本身可能亏损的情形，此时由于实际价值仍然依据货物装船时的价值计算，亏损数额基于CIF价格反而转嫁至承运人。

司法实践

货物实际价值的计算方法

山东省高级人民法院在烟台腾泰国际物流有限公司、韩进海运（中国）有限公司青岛分公司海上、通海水域货物运输合同纠纷案[④]中，采用货物报关单的价值确定实际价值：

---

① 茆荣华主编：《上海法院类案办案要件指南》（第2册），人民法院出版社2020年版，第224页。

② 韩世远：《合同法总论》（第4版），法律出版社2018年版，第795页。

③ 朱广新、谢鸿飞主编：《民法典评注·合同编·通则》（第2卷），中国法制出版社2020年版，第391页。

④ 青岛海事法院（2017）鲁72民初1603号民事判决书；山东省高级人民法院（2019）鲁民终193号民事判决书。

关于损失的数额问题，腾泰公司起诉主张按照涉案9票货物的报关单总价值268,036美元，折合人民币1,777,078.68元计算，并支付自起诉之日起至实际支付之日止，按中国人民银行同期贷款利率计算的利息，腾泰公司为此提交了报关单予以证明。根据《海商法》第五十五条第一款的规定，货物灭失的赔偿额按照货物的实际价值计算。本案中，腾泰公司以报关单记载的货物总价值268,036美元为标准，按照起诉之日的美元兑人民币汇率折合人民币1,777,078.68元，主张涉案货物的损失数额，符合法律的规定，本院予以支持。腾泰公司关于从起诉之日计算利息损失的请求，主张合理，本院予以支持。

（2）货物损坏后的CIF价格通常无法确定，导致货物受损前后实际价值的差额也无法计算。目前实践中主要以货物贬损率计算方法替代，即以目的港货物完好的市场价值减去受损货物的销售价值，除以货物完好的市场价值，得出贬损率，然后通过贬损率计算货物因运输损坏造成的价值损失数额。

典型案例

人民法院为“一带一路”建设提供司法服务和保障的典型案例

完善海上货损赔偿规则　有效规范国际航运秩序

——哈池曼海运公司与上海申福化工有限公司、日本德宝海运株式会社海上货物运输合同货损赔偿纠纷案

【基本案情】

2008年8月23日，涉案1001.53吨苯酚在西班牙维尔瓦港装船，承运人德宝公司签发了清洁指示提单。申福公司经背书受让了该提单，并据此在卸货港青岛港提取了船载货物。因承运期间苯酚色度升高造成货损，申福公司提起诉讼，要求德宝公司和实际承运人哈池曼公司连带赔偿货物损失人民币8,347,849.57元及其利息损失等。

青岛海事法院以货物修复费用计算货损赔偿额，判令德宝公司、哈池曼公司连带赔偿申福公司货物损失人民币3,715,676.30元及利息；驳回申福公司的其他诉讼请求。山东省高级人民法院采用实际价值差额法，予以部分改判。哈池曼公司向最高人民法院申请再审。

【裁判结果】

最高人民法院于2013年12月6日作出再审判决，认为：《海商法》第五十五条规定：“……货物损坏的赔偿额，按照货物受损前后实际价值的差额或者货物的修复费用计算。货

物的实际价值，按照货物装船时的价值加保险费加运费计算。……”本案不涉及修复费用，应以货物实际价值差额即货物受损前后的到岸价之差计算货损。《海商法》第五十五条排除了市价损失，故承运人对涉案苯酚的市价损失无赔偿责任。本案应采纳货物贬损率计算方法，即以目的港货物完好的市场价值减去受损货物的销售价值，再除以货物完好的市场价值，得出贬损率，再通过贬损率来计算货物因运输损坏造成的价值损失额。据此，撤销一审、二审判决，改判哈池曼公司、德宝公司连带赔偿申福公司货物损失人民币2,055,837.30元及利息，并驳回申福公司的其他诉讼请求。

【典型意义】

本案是一起具有涉外因素的海上货物运输合同货损赔偿纠纷，当事人对适用我国《海商法》处理本案纠纷没有异议。根据我国《海商法》第五十五条的规定，承运人对责任期间货物损坏的赔偿额，有两种计算方法，按照货物受损前后实际价值的差额或者货物的修复费用计算。一审判决以货物修复费用计算货损赔偿额，但根据查明的事实，本案受损货物并未实际修复。二审采用实际价值差额法，但未扣除因货物市价下跌造成的损失。再审判决采用货物贬损率的计算方式，认定涉案货物的赔偿额，排除了市场价格波动对货损赔偿额的影响，符合《海商法》的规定，也为海事司法实践所采纳。本案完善了货损赔偿额的计算规则，有效规范了国际航运秩序，对今后司法实践具有重要的指导意义。

典型案例

宁波海事法院涉外、涉港澳台案件十大典型案例（2016—2020）

目的港完好货物市场价及价格波动情况难以查明，可酌定按货物受损前的CIF进口价与受损货物的销售价差额计算货损赔偿额。

【基本案情】

2015年4月8日，亚洲阿斯帕拉有限公司(Asia Aspara Limited,以下简称阿斯帕拉公司)所有的“亚洲阿斯帕拉”轮从印度尼西亚卢布克刚港开往中国乍浦港，该轮该航次装载了两种货物，棕榈仁油和脂肪酸，每种货物船代代表船长分别签发了两套清洁提单，收货人均凭指示，且均投保了货物运输险，具体为：编号为LBG/ZHP-01的提单载明脂肪酸为5000吨；编号为LBG/ZHP-02的提单载明脂肪酸为5499.775吨。上述脂肪酸均散装于1-3P/S、5-6P/S、SLOPP/S货舱，总量10,499.775吨，即本案中国人民财产保险股份有限公司嘉兴市分公司（以下简称嘉兴人保）承保的货物，通知方均为浙江省轻纺供销有限公司（以下简称轻纺公司）和太平洋香港国际有限公司，被保险人为轻纺公司，该货物系轻纺公司向境外客户购买，价格条件为 CFR 中国乍浦。编号为 LBG/ZHP-03 的提单载明棕榈仁油为 1470.915 吨，通知方为嘉化公司；编号为 LBG/ZHP-04 的清洁提单载明棕榈仁油为 980 吨，通知方为轻纺公司和太平洋香港国际有限公司。该两份提单项下棕榈仁油均散装于 4P/S 货舱，总量 2450.915 吨。

2015 年 4 月 18 日，涉案船舶抵达嘉兴乍浦港锚地；同年 4 月 20 日靠泊乍浦泰地码头，经卸货前货物计量与取样，检测结果显示数量及品质完好。同年 4 月 21 日 00：50 船上卸货歧管出口与码头卸货软管管头完成连接，01：10 开始卸载 4P/S 舱棕榈仁油，后相继开始卸载其他舱脂肪酸，次日，上述棕榈仁油及脂肪酸全部卸载完毕。

涉案卸货过程中，船上共使用了 1 号、3 号、4 号卸货歧管。按照计划，4 号卸货歧管通过软管连接岸上棕榈仁油专用管线，将 4P/S 舱棕榈仁油卸入 T5101C 棕榈仁油专用岸罐。1 号、3 号卸货歧管通过软管及 U 形三通管连接岸上脂肪酸专用管线，将其他舱脂肪酸卸入 T5202B、T5206 岸罐。因阿斯帕拉公司在卸货过程中，操作失误，使原本应从 1 号或 3 号卸货歧管卸往 T5202B、T5206 岸罐的 683.534 吨脂肪酸，实际通过 4 号卸货歧管，卸入棕榈仁油专用管线并进入 T5101C 岸罐，与该罐内 2450.915 吨棕榈仁油混合，并造成货损。就该混货事故，轻纺公司遭受脂肪酸损失 945,491.57 元。嘉兴人保作为该货物保险人，依据保险合同于 2015 年 10 月 8 日向轻纺公司支付理赔款 975,041.86 元。后轻纺公司向嘉兴人保出具赔款收据及权益转让书。嘉兴人保认为阿斯帕拉公司作为承运人，应对涉案货损承担赔偿责任，故诉请判令阿斯帕拉公司赔偿 975,041.86 元及利息。

【裁判要旨】

宁波海事法院经审理认为，嘉兴人保已向被保险人轻纺公司支付保险赔款，后者亦出具权益转让书，嘉兴人保已依法取得代位求偿权。根据《最高人民法院关于南京石油运输有限公司与华泰财产保险股份有限公司石家庄分公司海上货物运输保险代位求偿一案有关适用法律问题的请示的复函》，承运人对于散装液体货物运输的责任期间，应自装货港船舶输油管线与岸罐输油管线连接的法兰盘末端时起，至卸货港船舶输油管线与岸罐输油管线连接的法兰盘末端时止，货物处于承运人掌管之下的全部期间。阿斯帕拉公司作为涉案货物承运人，应妥善地、谨慎地卸载所运货物。涉案卸货过程中，阿斯帕拉公司将原本应卸往 T5202B、T5206 岸罐的 683.534 吨脂肪酸，实际卸入 T5101C 棕榈仁油岸罐，与该罐内 2450.915 吨棕榈仁油混合，造成货损，应当认定货损发生在承运人的责任期间，阿斯帕拉公司应负赔偿责任。因该混货事故，轻纺公司遭受脂肪酸损失 945,491.57 元，阿斯帕拉公司应赔付给嘉兴人保。

至于嘉兴人保实际对外理赔超过法院认定应赔付的差额损失，由其自行处理。涉案货物损失明显未超出法定责任限额，故责任限制并不适用。依照《海商法》第四十六条第一款等规定，判决阿斯帕拉公司支付嘉兴人保损失945,491.57元及相应利息，驳回嘉兴人保的其他诉讼请求。嘉兴人保与阿斯帕拉公司均不服一审判决，分别提起上诉，浙江省高级人民法院经审理后作出二审判决，驳回上诉，维持原判。

【典型意义】

本案系同一混货事故引起的具有涉港因素的系列海上货物运输合同纠纷之一。围绕混货是否发生在承运人责任期间的问题，案例详细分析各方提供的公估报告，突破常规，肯定软管取样的合理性，并结合现场码头及岸罐区勘验、专家证人证言等，从五大方面论证船方操作失误造成混货具有高度可能性。通常情况下，卸货取样应在船舶卸货歧管放残处提取，不能超出卸货歧管法兰盘，因承运人告知卸货后经压缩空气吹扫，放残处无样可取，经双方在场见证，可在与歧管出口直接连接的软管取样，取样结果对承运人有拘束力。关于货物损失的计算方法，因涉案货物国内使用较少，无成熟现货市场，双方当事人均不能提供目的港完好货物市场价及价格波动情况，也无同类同质货物参照，无法参照最高人民法院（2013）民提字第6号案件计算货物贬值率，故采用"直接相减法"计算货损，对于此后审理同类案件具有一定参考价值。

3. 实际价值的扣减

《海商法》第55条第3款规定："前款规定的货物实际价值，赔偿时应当减去因货物灭失或者损坏而少付或者免付的有关费用。"此处需要扣减的费用，主要是指进口关税、增值税、卸货费用等货物灭失或损坏后无须支付的费用。

上述规定存在的问题在于，由于货物灭失或损坏而少付或免付的费用，应当都是以货物正常出售为前提，即必须考虑可得利益的因素。由于索赔人无法索赔可得利益，扣减进口关税、增值税等数额后，理论上可能产生负值的赔偿数额。

（二）国际公约关于赔偿数额的规定

《海牙—维斯比规则》第4条第5款第b项规定：

全部赔偿金额应参照货物根据契约从船上卸下或应卸下的当地当时的价值计算。货物价值应按照商品交易所价格确定，或者如无此种价格时，则按现行市场价格确定，或者如既无商品交易所价格又无现行市场价格时，则参照同类同质货物的正常价值确定。

《汉堡规则》未专门规定货物灭失或损坏的赔偿数额计算规则。《鹿特丹规则》第 22 条规定：

1. 除第 59 条另有规定外，承运人对货物灭失或者损坏应支付的赔偿额，参照货物在根据第 43 条确定的交货地和交货时间的价值计算。

2. 货物价值根据商品交易价格确定，无此种价格的，根据其市场价格确定，既无商品交易价格又无市场价格的，参照交货地同种类和同品质货物的通常价值确定。

3. 货物发生灭失或者损坏的，承运人对超出本条第 1 款和第 2 款所规定的赔偿额不负任何赔偿责任，除非承运人与托运人在第 16 章的限度内约定了赔偿额的不同计算方法。

《鹿特丹规则》和《海牙—维斯比规则》规定的赔偿数额计算规则基本一致，即依次按照交易价格、市场价格、相同品种和质量的货物的正常价值计算。

三、承运人的单位赔偿责任限额

（一）货物灭失或损坏的单位赔偿责任限额

1.《海商法》的规定

《海商法》第 56 条第 1 款规定："承运人对货物的灭失或者损坏的赔偿限额，按照货物件数或者其他货运单位数计算，每件或者每个其他货运单位为 666.67 计算单位，或者按照货物毛重计算，每公斤为 2 计算单位，以二者中赔偿限额较高的为准。但是，托运人在货物装运前已经申报其性质和价值，并在提单中载明的，或者承运人与托运人已经另行约定高于本条规定的赔偿限额的除外。"据此承运人对于货物灭失或损坏的单位赔偿责任限额为每件或者每个其他货运单位 666.67 SDR，或者毛重每公斤 2 SDR，二者以较高者为准。同时，限额可以通过两种方式另行约定：

（1）托运人在装运前申报货物的性质和价值并在提单中载明，此时承运人的赔偿责任限额以托运人申报的货物价值为准。

（2）承运人与托运人另行约定了高于上述规定的赔偿限额，此时承运人的赔偿责任限额即以承托双方的约定为准。但是，由于《海商法》第四章规定的强制性，承托双方不得另行约定低于上述规定的赔偿限额。

关于货运单位的计算，应从以下三个方面进行理解：

（1）关于计算赔偿责任限额的基本单位，“件”主要是指箱、桶、包、捆等包装单位；“其他货运单位”则是指不属于包装的自然单位，如一台设备、一辆汽车；至于无包装的散装货物而言，赔偿责任限额应当按照货物毛重计算。

（2）《海商法》第56条第2款规定：“货物用集装箱、货盘或者类似装运器具集装的，提单中载明装在此类装运器具中的货物件数或者其他货运单位数，视为前款所指的货物件数或者其他货运单位数；未载明的，每一装运器具视为一件或者一个单位。”因此，如果货物是以集装箱等装运器具集装，货运单位的数量计算分为两种情况：如果提单已经载明了装运器具内部的货物数量，货运单位数量即按此数量计算；如果提单未载明装运器具内部的货物数量，每个装运器具为1个货运单位。

（3）《海商法》第56条第3款规定：“装运器具不属于承运人所有或者非由承运人提供的，装运器具本身应当视为一件或者一个单位。”因此，如果集装箱等装运器具不属于承运人所有或者不是承运人提供，每个装运器具本身也计算1个货运单位，即在上述第2款的计算结果的基础上另行增加1个货运单位。

案例模型

单位赔偿责任限制中单位的理解

- 提单载明集装箱内装有300箱服装，集装箱是由承运人提供，此时为300个货运单位；
- 提单载明集装箱内装有300箱服装，集装箱是由托运人提供，此时为301个货运单位；
- 提单未载明集装箱内的货物数量，集装箱是由承运人提供，此时为1个货运单位；
- 提单未载明集装箱内的货物数量，集装箱是由托运人提供，此时为2个货运单位。

至于《海商法》第56条提及的“计算单位”，《海商法》第277条规定：“本法所称计算单位，是指国际货币基金组织规定的特别提款权；其人民币数额为法院判决之日、仲裁机构裁决之日或者当事人协议之日，按照国家外汇主管机关规定的国际货币基金组织的特别提款权对人民币的换算办法计算得出的人民币数额。”因此，计算单位是指特别提款权。特别提款权是国际货币基金组织于1969年创设的一种用于补充成员国官方储备的国际储备资产，其价值由美元、欧元、人民币、日元和英镑组成的一篮子储备货币决定。

2. 国际公约的规定

（1）《海牙—维斯比规则》

《海牙规则》规定针对货物灭失或损坏规定的单位赔偿责任限额为每件或每单位 100 英镑或与其等值的其他货币，其中第 4 条第 5 款规定：

> 承运人或是船舶，在任何情况下对货物或与货物有关的灭失或损害，每件或每计费单位超过一百英镑或与其等值的其他货币的部分，都不负责；但托运人于装货前已就该项货物的性质和价值提出声明，并已在提单中注明的，不在此限。
>
> 该项声明如经载入提单，即作为初步证据，但它对承运人并不具有约束力或最终效力。
>
> 经承运人、船长或承运人的代理人与托运人双方协议，可规定不同于本款规定的另一最高限额，但该最高限额不得低于上述数额。
>
> 如托运人在提单中，故意谎报货物性质或价值，则在任何情况下，承运人或是船舶，对货物或与货物有关的灭失或损害，都不负责。

《维斯比规则》在此基础上将单位赔偿责任限额修改为每件或每单位 10,000 法郎，或者毛重每公斤 30 法郎。此处法郎因以黄金作为定值标准，通常称为“金法郎”（gold franc）。《海牙—维斯比规则》第 4 条第 5 款规定：

> （a）除非在装货前，托运人已声明该货物的性质和价值，并载入提单，否则，在任何情况下，承运人或船舶对货物所遭受的或有关的任何灭失或损害，每件或每单位的金额超过 10,000 法郎的部分，或按灭失或损害的货物每公斤毛重超达 30 法郎的部分，均不负责任，两者以较高的金额为准。
>
> （b）全部赔偿金额应参照货物根据契约从船上卸下或应卸下的当地当时的价值计算。货物价值应按照商品交易所价格确定，或者如无此种价格时，则按现行市场价格确定，或者如既无商品交易所价格又无现行市场价格时，则参照同类同质货物的正常价值确定。
>
> （c）如果货物是用集装箱、托盘或类似的装运器具拼装时，提单中所载明的、装在这种装运器具中的件数或单位数，应视为就本款所指的件数或单位数；除上述情况外，应视为此种装运器具即是件或单位。
>
> （d）一个法郎是指一个含有纯度为千分之九百的黄金六十五点五毫克的单位。裁决的赔偿数额兑换成国家货币的日期，应由受理该案法院的法律规定。

(e) 如经证实损失是由于承运人蓄意造成损失而作出的行为或不行为或明知可能会产生损失但仍不顾后果而作出的行为或不行为产生的，则承运人或船舶无权享受本款所规定的责任限制的利益。

(f) 本款 (a) 项所提到的声明，如载入提单时，应作为初步证据，但对承运人不具有约束力或最终效力。

(g) 承运人、船长或承运人的代理人和托运人之间的协议，可以规定高于本款 (a)项规定的另外最高金额,但这样规定的最高金额不得低于(a)项所列的最高金额。

(h) 如托运人在提单中，故意谎报货物性质或价值，则在任何情况下，承运人或船舶对货物或与货物有关的灭失或损害概不负责任。

《特别提款权议定书》进一步将单位赔偿责任限额修改为每件或每单位 666.67 SDR，或者毛重每公斤 2 SDR,《海商法》的规定与此一致。修订后的《海牙—维斯比规则》第 4 条第 5 款第 a 项规定："除非托运人在货物装运前已声明货物的性质和价值并已载入提单，在任何情况下，承运人或船方对每包或每单位超过 666.67 记账单位；或者，灭失或损坏的货物毛重每公斤超过 2 个记账单位（两者中以较高者为准）的灭失或损坏，均不承担责任。"

(2)《汉堡规则》

《汉堡规则》将单位赔偿责任限额提高为每件或每单位 835 SDR，或者毛重每公斤 2.5 SDR，较之《海商法》和《海牙—维斯比规则》约提高了 25%。《汉堡规则》第 6 条第 1 款第 a 项规定："运送人按照第五条的规定对于货物的损失或损坏引起的损害所负的赔偿责任，限于相当于所损失或损坏的货物每包或其他货运单位 835 记账单位或总重量每公斤 2.5 记账单位的数额，以较高的数额为准。"

(3)《鹿特丹规则》

《鹿特丹规则》将单位赔偿责任限额提高为每件或每单位 875 SDR，或者毛重每公斤 3 SDR，较之《海商法》和《海牙—维斯比规则》分别约提高了 31% 和 50%，较之《汉堡规则》约分别提高了 5% 和 20%。《鹿特丹规则》第 59 条规定：

1. 除第 60 条以及第 61 条第 1 款另有规定外，承运人对于违反本公约对其规定的义务所负赔偿责任的限额，按照索赔或者争议所涉货物的件数或者其他货运单位计算，每件或者每个其他货运单位 875 个计算单位，或者按照索赔或者争议所涉货物的毛重计算，每公斤 3 个计算单位，以两者中较高限额为准，但货物价值已由托运人申报且在合同事项中载明的，或者承运人与托运人已另行约定高于本条所规定的赔偿责任限额的，不在此列。

2. 货物载于集装箱、货盘或者拼装货物的类似装运器具内，或者载于车辆内运输的，合同事项中载列的载于此种装运器具内或者车辆内的货物件数或者货运单位数，视为货物件数或者货运单位数。未载列的，载于此种装运器具内或者车辆内的货物视为一个货运单位。

3. 本条述及的计算单位，是国际货币基金组织定义的特别提款权。本条述及的限额，须按照一国国家货币在判决日或者裁决日，或者在当事人约定日的币值折算成该国货币。一缔约国是国际货币基金组织成员国的，该国货币对特别提款权的比价，须按照国际货币基金组织当日对其业务和交易实行的计价换算方法计算。一缔约国不是国际货币基金组织成员国的，该国货币对特别提款权的比价，须按照该国确定的方式计算。

国际公约和《海商法》规定的货物灭失或损坏的单位赔偿责任限额对比见表 4。

表 4　国际公约和《海商法》规定的货物灭失或损坏的单位赔偿责任限额

国际公约或国内立法	货物灭失或损坏的单位赔偿责任限额	
	每件或其他货运单位	毛重每公斤
《海商法》	666.67 SDR	2 SDR
《海牙规则》	100 英镑	—
《维斯比规则》	10,000 法郎	30 法郎
《特别提款权议定书》	666.67 SDR	2 SDR
《汉堡规则》	835 SDR	2.5 SDR
《鹿特丹规则》	875 SDR	3 SDR

（二）货物迟延交付的单位赔偿责任限额

1.《海商法》的规定

《海商法》第 57 条规定："承运人对货物因迟延交付造成经济损失的赔偿限额，为所迟延交付的货物的运费数额。货物的灭失或者损坏和迟延交付同时发生的，承运人的赔偿责任限额适用本法第五十六条第一款规定的限额。"

根据上述规定，承运人对于迟延交付造成经济损失的单位赔偿责任限额为货物的运费数额。如果货物的迟延交付与灭失或损坏同时发生，单位赔偿责任限额适用《海商法》第56条第1款规定的限额，即货物灭失或损坏的单位赔偿责任限额，但限制以前的赔偿数额应当同时包括货物灭失或损坏的赔偿数额，以及迟延交付导致的其他经济损失数额。

2. 国际公约的规定

《海牙—维斯比规则》未规定迟延交付，因而也未规定对应的单位赔偿责任限额。

《汉堡规则》规定迟延交付的单位赔偿责任限额为迟交货物的2.5倍运费，但不得超过海上货物运输合同的运费总额，其中第6条第1款第b项规定："运送人按照第五条的规定对于延迟交付所负的赔偿责任，限于相当于对延迟的货物所应支付的运费二倍半的数额，但不得超过按照海上货物运送合同所应支付的运费总额。"

《鹿特丹规则》同样规定迟延交付的单位赔偿责任限额为迟交货物的2.5倍运费，但不得超过货物全损时的单位赔偿责任限额，其中第60条规定："除第61条第2款另有规定外，对迟延造成货物灭失或者损坏的赔偿额，应当按照第22条计算，对迟延造成经济损失的赔偿责任限额，是相当于迟交货物应付运费两倍半的数额。根据本条以及第59条第1款确定的赔付总额，不得超过所涉货物全损时根据第59条第1款确定的限额。"

国际公约和《海商法》规定的货物迟延交付的单位赔偿责任限额对比见表5。

表5　国际公约和《海商法》规定的货物迟延交付的单位赔偿责任限额

国际公约或国内立法	货物迟延交付的单位赔偿责任限额
《海商法》	1倍运费
《海牙—维斯比规则》	—
《汉堡规则》	2.5倍运费
《鹿特丹规则》	2.5倍运费

四、承运人单位赔偿责任限制权利的丧失

（一）《海商法》关于单位赔偿责任限制权利丧失的规定

《海商法》第59条第1款规定："经证明，货物的灭失、损坏或者迟延交付是由于承运人的故意或者明知可能造成损失而轻率地作为或者不作为造成的，承运人不得援用本法第五十六条或者第五十七条限制赔偿责任的规定。"据此如果承运人的故意或者明知可能造成损失而轻率地作为或不作为导致了货物的灭失、损坏或迟延交付，承运人即丧失了单位赔偿

责任限制的权利，而应进行完全赔偿。

我国学理通说认为，上述规定中的“故意”是指民法上的直接故意，而“明知可能造成损失而轻率地作为或者不作为”是指间接故意。直接故意是指行为人明知其行为可能发生侵害他人民事权益的后果，仍然有意为之而追求后果发生的主观心理状态；间接故意是指行为人明知其行为可能发生侵害他人民事权益的后果,仍然放任后果发生的主观心理状态。[①]此处直接故意与间接故意共同构成民法上与过失并列的故意。因此，如果承运人仅是过失的心理状态，即行为人对于侵害他人民事权益的后果发生应当注意或者能够注意而未注意的主观心理状态，仍然能够主张单位赔偿责任限制的权利。（如图 9 所示）

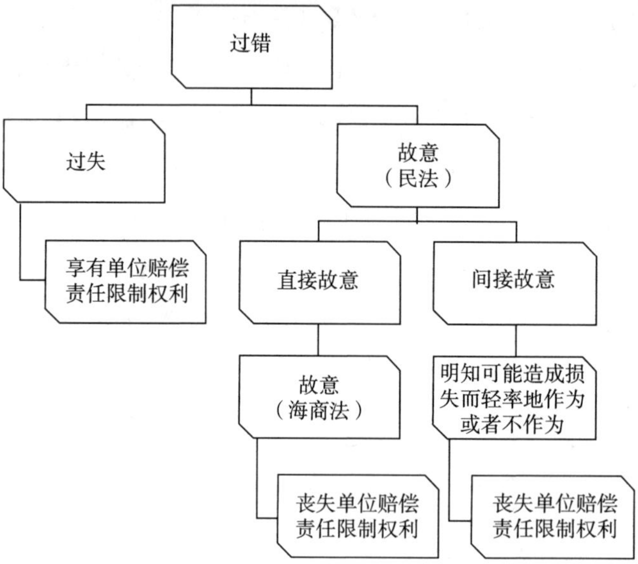

图 9　承运人单位赔偿责任限制丧失条件与过错的关系

上述理解符合承运人责任的不完全过错责任原则，即承运人承担责任的前提本是存在过错，因而导致丧失单位赔偿责任限制权利的主观心理状态范围必须小于过错，否则造成的结果将是凡属承运人应当承担责任的情形，均符合丧失单位赔偿责任限制权利的条件，导致单位赔偿责任限制制度沦为具文。国际海商法律实践对于承运人单位赔偿责任限制权利的丧失条件普遍进行限制性解释，目的是保障责任限制的权利不会轻易丧失，避免单位赔偿责任限制制度落空从而破坏立法设计的船货利益平衡。

此外，《海商法》第 59 条第 2 款规定：“经证明，货物的灭失、损坏或者迟延交付是由于承运人的受雇人、代理人的故意或者明知可能造成损失而轻率地作为或者不作为造成

① 程啸：《侵权责任法》（第 3 版），法律出版社 2021 年版，第 292 页。

的，承运人的受雇人或者代理人不得援用本法第五十六条或者第五十七条限制赔偿责任的规定。”即承运人的受雇人和代理人同样可能丧失单位赔偿责任限制的权利。但是，承运人的受雇人或代理人的直接故意或间接故意，不影响承运人主张单位赔偿责任限制的权利。

司法实践

承运人单位赔偿责任限制权利的丧失

● 上海海事法院在中国平安财产保险股份有限公司上海分公司与上海通运国际物流有限公司、日本通运株式会社、上海海华轮船有限公司海上货物运输合同纠纷案①中认为，承运人明知本应装载在舱内的货物装载在甲板上可能造成货损但仍轻率作为，不能享受单位赔偿责任限制的权利：

关于承运人可否援用限制赔偿责任的规定。根据法律规定，货物的损坏是由于承运人的故意或明知可能造成损失而轻率地作为或者不作为造成的，承运人不得援用限制赔偿责任的规定。现有证据表明，日本通运作为承运人，在承托双方约定货装舱内的情况下，仍将货物装载在甲板上，且未将货装甲板的情况告知托运人。本院认为，由于框架集装箱没有箱体保护，货物在舱面必然会遭受风浪的影响。日本通运明知本应装载在舱内的货物装载在甲板上可能会造成货损，但仍轻率为之，依据法律规定，其不能享受限制赔偿责任。

● 天津海事法院在太阳联合保险（中国）有限公司与中宇物流集团有限公司海上货物运输合同纠纷案②中认为，承运人在明知可能造成损失的情况下仍未谨慎管理货物，不能享受单位赔偿责任限制的权利：

对于被告提出的要求享受单位责任限制的主张。我国《海商法》第五十九条第一款规定，经证明，货物的灭失、损坏或者迟延交付是由于承运人的故意或者明知可能造成损失而轻率地作为或者不作为造成的，承运人不得援用本法第五十六条或者第五十七条限制赔偿责任的规定。本案中，托运人向被告订舱时已在委托书中注明“货物怕压，装箱放上面”，被告在已经知道涉案货物易受损的情况下，仍然接受货物并予以拼箱装运，并且还向托运人额外收取了难度作业费，证明被告在运输涉案货物时对于货物容易受损是明知的。被告在明知可能造成损失的情况下，仍然未能谨慎管理货物并造成损失，依法不能享受责任限制，因而本院对被告的主张不予支持。

① 上海海事法院（2014）沪海法商初字第1660号民事判决书。
② 天津海事法院（2014）津海法商初字第693号民事判决书。

● 武汉海事法院在乐爱金财产保险（中国）有限公司与汎韩物流（青岛）有限公司上海分公司、中外运集装箱运输有限公司海上、通海水域货物运输合同纠纷案[①]中认为：

本院认为，(1) 根据我国《海商法》第五十六条、第五十九条相关规定，承运人不享受单位赔偿限额包括两种情形，一是托运人在货物装运前已经申报货物性质和价值，且在提单中载明，或者承、托双方已另行约定货物赔偿金额高于赔偿限额；二是货损系因承运人的故意或者明知可能造成损失而轻率地作为或者不作为造成。(2) 涉案《国际货物运输委托代理合同》是对南京乐金公司与被告汎韩公司存在委托合同关系时双方权利义务的约定，虽有因被告汎韩公司或其委托的承运人的原因导致货损由被告汎韩公司赔偿直接损失的条款，但该条款仅应为委托合同的特别约定，并不能据此认定被告汎韩公司为合同承运人。被告汎韩公司签发了涉案货物提单，其与南京乐金公司之间的权利义务应依据提单确定，本次货物运输与《国际货物运输委托代理合同》约定无关。(3)《情况说明》为二被告事后应要求出具，从文字内容看，二被告并没有作出认可南京乐金公司在货物装运前已向其申报了货物性质和价值的明确意思表示，不能证明二被告对货物价值是明知并同意承运的事实，且提单上亦未载明货物价值，不能推定《情况说明》构成二被告对"承托双方对货物价值另有明确约定"的追认。(4) 现代评估公司的《公估报告》明确货损原因是海水湿损，虽然被告汎韩公司在《情况说明》中提及船舱进水，被告外运公司庭审中确认了船舱进水导致共计10余只集装箱受损的事实，但没有证据证明开航前船舶不适航，或承运人没有妥善地、谨慎地积载、运输和保管所运货物。同时，从报告内容看，也没有证据可证明关于承运人履行管货义务有故意或者明知可能造成损失而轻率地不作为的事实存在。据此，原告乐爱金财保公司主张承运人不能享有单位赔偿责任限制证据不足，其理由不能成立。

● 上海海事法院在中国太平洋财产保险股份有限公司江苏分公司与塞克怀德航运公司海上货物运输合同纠纷案[②]中认为：

关于承运人是否可依法享受单位责任限制。根据检验报告的记载涉案货损是装卸公司将涉案货物从船上卸载时操作不当所导致，并非承运人或者承运人的受雇人、代理人的故意或者明知可能造成损失而轻率地作为或者不作为造成的，故本院认为承运人可以依法享受单位责任限制。

① 武汉海事法院（2018）鄂72民初181号民事判决书。
② 上海海事法院（2015）沪海法商初字第217号民事判决书。

（二）国际公约关于单位赔偿责任限制权利丧失的规定

国际公约关于承运人丧失单位赔偿责任限制权利的规定与《海商法》基本一致。《海牙—维斯比规则》第 4 条第 5 款第 e 项规定："如经证实损失是由于承运人蓄意造成损失而作出的行为或不行为或明知可能会产生损失但仍不顾后果而作出的行为或不行为产生的，则承运人或船舶无权享受本款所规定的责任限制的利益。"

《汉堡规则》第 8 条第 1 款规定："如经证明损失、损坏或延迟交付是由于运送人有意造成这种损失、损坏或延迟所作出的行为或不行为而产生，或由于运送人明知可能造成这种损失、损坏或延迟而冒险作出的行为或不行为所产生，则运送人无权享受第六条所规定的责任限度的利益。"

《鹿特丹规则》第 61 条规定：

1. 如果索赔人证明，违反本公约规定的承运人义务所造成的损失，是由于声称有权限制赔偿责任的人本人故意造成此种损失的作为或者不作为所导致的，或者是明知可能产生此种损失而轻率地作为或者不作为所导致的，则承运人或者第 18 条述及的任何人，无权根据第 59 条的规定或者按照运输合同的约定享有限制赔偿责任的利益。

2. 如果索赔人证明，迟延交付是由于声称有权限制赔偿责任的人本人故意造成迟延损失的作为或者不作为所导致的，或者是明知可能产生此种损失而轻率地作为或者不作为所导致的，则承运人或者第 18 条述及的任何人，无权根据第 60 条的规定享有限制赔偿责任的利益。

第五节　非合同请求

非合同请求（non-contractual claim），是指非基于违约提出的索赔请求，对于海上货物运输合同而言主要分为两种情形：

（1）请求人与被请求人之间不存在合同关系，主要是指托运人、收货人等货方主体向承运人的受雇人、代理人以及实际承运人提出索赔请求。

（2）请求人与被请求人之间虽然存在合同关系，但请求人以侵权关系而非合同关系提出索赔请求。例如，海上货物运输期间货物灭失或损坏，承运人既由于违约行为而侵害了托运人的债权，也由于货物损害而侵害了托运人或收货人对于货物的物权，请求人针对后者本应可以基于侵权关系提出索赔请求。

一、违约责任与侵权责任的竞合

（一）《海商法》关于违约责任与侵权责任竞合的规定

如果行为人实施的行为符合多种民事责任的构成要件，可以导致多种民事责任成立，但受害人只能选择其中一种民事责任提出请求，此种现象称为“民事责任竞合”。民事责任竞合在实践中最为常见的当属违约责任与侵权责任的竞合，二者均以赔偿损失为内容，因而债权人不能双重请求，只能择一主张，以防债权人获得不当的利益。[①]

《民法典》第 186 条规定:“因当事人一方的违约行为，损害对方人身权益、财产权益的，受损害方有权选择请求其承担违约责任或者侵权责任。”据此，受害人对于违约责任和侵权责任的竞合本可自由选择其中一种请求权行使。

《海商法》第 58 条第 1 款规定 :“就海上货物运输合同所涉及的货物灭失、损坏或者迟延交付对承运人提起的任何诉讼，不论海事请求人是否合同的一方，也不论是根据合同或者是根据侵权行为提起的，均适用本章关于承运人的抗辩理由和限制赔偿责任的规定。”据此，海上货物运输合同的索赔人虽然针对违约责任和侵权责任仍然可以选择请求权，但适用的法律规范均是《海商法》第四章“海上货物运输合同”的规定，而且承运人均可援引该章规定的免责事由和单位赔偿责任限制权利，而不是《民法典》第七编“侵权责任”的规定。因此，至少在法律适用效果的层面，《海商法》第 58 条第 1 款本质上其实否定了违约责任与侵权责任的竞合。

案例模型

违约责任与侵权责任的竞合

托运人托运一批服装，船员在航行途中由于操作失误而向货舱内大量注水，导致货物严重损失。此时承运人由于未能履行海上货物运输合同下将货物妥善运输至约定地点的义务，因而侵害了托运人基于合同而产生的债权，同时也侵犯了托运人对于货物的物权即所有权。

① 韩世远：《合同法总论》（第 4 版），法律出版社 2018 年版，第 884~885 页。

如果托运人向承运人提起违约之诉，应当适用《海商法》第四章“海上货物运输合同”的规定；如果托运人向承运人提起侵权之诉，同样应当适用《海商法》第四章“海上货物运输合同”的规定，而不是《民法典》第七编“侵权责任”的规定。承运人在符合条件的情况下均可援引法律规定的免责事由和单位赔偿责任限制权利。

（二）国际公约关于违约责任与侵权责任竞合的规定

国际公约关于违约责任与侵权责任竞合的规定与《海商法》一致。《海牙—维斯比规则》第4条之一第1款规定：“本公约规定的抗辩和责任限制，应适用于就运输合同所涉及的有关货物的灭失或损害对承运人所提起的任何诉讼，不论该诉讼是以合同为根据还是以侵权行为为根据。”

《汉堡规则》第7条第1款规定：“本公约规定的辩护理由和责任限度适用于因海上运送合同所包括的货物的损失或损坏以及延迟交付而对运送人提起的任何诉讼，不论这种诉讼是根据合同、侵权行为或其他。”

《鹿特丹规则》第4条第1款规定：

> 本公约的规定，凡可为承运人提供抗辩或者限制其赔偿责任的，适用于以合同、侵权行为或者其他理由为依据，就运输合同所涉货物的灭失、损坏或者迟延交付，或者就违反本公约规定的其他任何义务，对下列人提起的任何司法程序或者仲裁程序：
>
> （a）承运人或者海运履约方；
>
> （b）船长、船员或者在船上履行服务的其他任何人；或者
>
> （c）承运人或者海运履约方的受雇人。

二、承运人与其他责任主体的责任分担

（一）对于承运人受雇人和代理人的索赔

1. 援引承运人免责事由和单位赔偿责任限制权利

《海商法》第58条第2款规定：“前款诉讼是对承运人的受雇人或者代理人提起的，经承运人的受雇人或者代理人证明，其行为是在受雇或者受委托的范围之内的，适用前款规定。”据此如果索赔人向承运人的受雇人或代理人提出索赔请求，无论基于违约责任还是侵权责任，受雇人或代理人均可援引承运人的免责事由和单位赔偿责任限制权利。

上述规定是海上货物运输合同常见的“喜马拉雅条款”（Himalaya Clause）的法定化。喜马拉雅条款导源于1953年英国的Alder诉Dickson一案。[①] 该案中喜玛拉雅号客船在挂靠比利时安特卫普港时，乘客Alder在船上由于舷梯倒塌而受伤。由于旅客客票的免责条款规定承运人对于此类损害免责，Alder便以侵权行为为由直接起诉船长Dickson等承运人的受雇人。英国上诉法院判决承运人的受雇人无权援引承运人的免责事由，Alder由此获得全部赔偿。此后承运人陆续在运输合同中增订条款，规定承运人的受雇人或代理人可以援引承运人的免责事由或者责任限制，此类条款由于该案船名即被称为喜马拉雅条款。

案例模型

承运人的受雇人和代理人援引承运人的
免责事由和单位赔偿责任限制权利

船长在指挥船舶航行期间，由于判断错误导致与他船发生碰撞，船上货物受损。

如果托运人向船长提起侵权之诉，由于船长的行为是在受承运人雇佣的范围之内，船长可以援引承运人的免责事由，以驾驶船舶过失为由主张航海过失免责。

《海牙—维斯比规则》第4条之一第2款同样规定了喜马拉雅条款：“如果这种诉讼是对承运人的雇佣人员或代理人（而该雇佣人员或代理人不是独立的缔约人）提出的，则该雇佣人员或代理人适用按照本公约承运人所可援引的各项答辩和责任限制。”此项规定特别排除了“独立合同人”（independent contractor）或称“独立订约人”，主要针对港口经营人、装卸公司等主体,而《海商法》并无类似表述。独立合同人是指虽然受雇承担特定工作任务，但可以自由从事该项工作并选择完成工作方法的人。[②] 独立合同人与雇员最为主要的区别在于，雇主应为雇员承担替代责任，而通常不为独立合同人承担责任。《海商法》未作类似规定的原因，主要在于我国民事立法具有较为鲜明的大陆法系色彩，而独立合同人主要是英美法系的概念，如果直接在法律条文中采用独立合同人的表述可能造成理解的混乱，但并非意将独立合同人涵盖在内。因此,《海商法》第58条第2款适用的受雇人和代理人范围应与《海牙—维斯比规则》作出相同解释，即排除港口经营人、装卸公司等独立合同人。

《海商法》设置喜马拉雅条款的实际意义其实并不明显，原因在于我国法律本身就有

---

① [1954] 2 Lloyd's Rep. 267.

② 薛波主编：《元照英美法词典》（缩印版），北京大学出版社2013年版，第682页。

雇员行为由雇主负责、代理人行为由委托人负责的规定。前者主要见于《民法典》第 162 条[①],后者主要见于第 1191 条[②]和第 1192 条[③]。而且,《民法典》的一般规定甚至不考虑受雇人的主观心理状态，即是否存在故意或明知可能造成损失而轻率地作为或不作为。

至于其他国际公约,《汉堡规则》第 7 条第 2 款也规定："对运送人的受雇人或代理人提起这种诉讼时，这种受雇人或代理人如能证明他是在他的雇用范围内行事，则有权利用运送人根据本公约有权引用的辩护理由和责任限度。"《鹿特丹规则》的类似规定同样见于上文引述的第 4 条第 1 款。

2. 单位赔偿责任限制权利的丧失

《海商法》第 59 条第 2 款规定："经证明，货物的灭失、损坏或者迟延交付是由于承运人的受雇人、代理人的故意或者明知可能造成损失而轻率地作为或者不作为造成的，承运人的受雇人或者代理人不得援用本法第五十六条或者第五十七条限制赔偿责任的规定。"

根据上述规定，如果承运人的受雇人或代理人存在故意或明知可能造成损失而轻率地作为或不作为的主观心理状态，导致货物的灭失、损坏或迟延交付，受雇人或代理人同样也将丧失本可援引的承运人单位赔偿责任限制的权利。

案例模型

承运人受雇人和代理人单位赔偿责任限制权利的丧失

船员检查货物情况后忘记关闭货舱舱盖。突然天降暴雨，该船员想起此事，但沉迷与其他船员赌博而迟于处理，导致货物严重湿损。

托运人向该船员提起侵权之诉。虽然该船员的行为属于受承运人雇佣的范围之内，但由于构成明知可能造成损失而轻率地不作为，因而该船员无权援引承运人的单位赔偿责任限制权利。

① 《民法典》第 162 条规定: "代理人在代理权限内,以被代理人名义实施的民事法律行为,对被代理人发生效力。"

② 《民法典》第 1191 条第 1 款规定: "用人单位的工作人员因执行工作任务造成他人损害的，由用人单位承担侵权责任。用人单位承担侵权责任后，可以向有故意或者重大过失的工作人员追偿。"

③ 《民法典》第 1192 条第 1 款规定: "个人之间形成劳务关系，提供劳务一方因劳务造成他人损害的，由接受劳务一方承担侵权责任。接受劳务一方承担侵权责任后，可以向有故意或者重大过失的提供劳务一方追偿。提供劳务一方因劳务受到损害的，根据双方各自的过错承担相应的责任。"

《海牙—维斯比规则》第4条之一第4款规定："但是，如经证实，损失是由于该雇佣人员或代理人蓄意造成损失而作出的行为或不行为，或明知可能会产生损失，但仍不在意而作出的行为或不行为产生的，则该承运人的雇佣人员或代理人不得适用本条的各项规定。"

《汉堡规则》第8条第2款也规定："尽管有第七条第2款的规定，如经证明损失、损坏或延迟交付是由于运送人的受雇人或代理人有意造成这种损失、损坏或延迟所作出的行为或不行为而产生，或由于他明知可能造成这种损失、损坏或延迟而冒险作出的行为或不行为所产生，则该受雇人或代理人无权享受第六条所规定的责任限度的利益。"《鹿特丹规则》的类似规定同样见于第61条。

（二）对于实际承运人的索赔

《海商法》第60条至第65条是关于实际承运人的规定，主要吸收了《汉堡规则》第10条的规定。《海牙—维斯比规则》未设实际承运人的概念，而《鹿特丹规则》则是采用了履约方和海运履约方的概念。

1. 承运人对于实际承运人行为的责任

《海商法》第60条第1款规定："承运人将货物运输或者部分运输委托给实际承运人履行的，承运人仍然应当依照本章规定对全部运输负责。对实际承运人承担的运输，承运人应当对实际承运人的行为或者实际承运人的受雇人、代理人在受雇或者受委托的范围内的行为负责。"

除非承托双方之间另有约定，承运人委托实际承运人履行海上货物运输合同，无须征得托运人的同意。根据上述规定，承运人原则上应对实际承运人的行为负责，即承运人对于全部运输负责，而实际承运人对其实际承担的运输负责。而且，此处实际承运人不限于实际承运人本人，还包括实际承运人的受雇人和代理人。

《海商法》第60条第2款是对第1款的例外规定，即承运人不为实际承运人行为负责的情形："虽有前款规定，在海上运输合同中明确约定合同所包括的特定的部分运输由承运人以外的指定的实际承运人履行的，合同可以同时约定，货物在指定的实际承运人掌管期间发生的灭失、损坏或者迟延交付，承运人不负赔偿责任。"据此承运人不为实际承运人的行为负责，需要同时满足四项条件：

（1）需要在海上货物运输合同中明确约定；

（2）实际承运人限于指定的实际承运人；

（3）约定的内容一是部分运输由实际承运人履行；

（4）约定的内容二是货物在指定的实际承运人掌管期间发生的灭失、损坏或者迟延交付，承运人不负赔偿责任。

司法实践

承运人对于实际承运人行为的责任

上海市高级人民法院在MCC运输新加坡有限公司、韩国韩松物流株式会社与三星财产保险（中国）有限公司、韩松国际货运（上海）有限公司海上货物运输合同纠纷案[①]中认为：

韩国韩松和MCC公司的法律地位问题。根据我国《海商法》规定，承运人是指本人或者委托他人以本人名义与托运人订立海上货物运输合同的人。一审法院查明，韩国韩松接受托运人MDI委托，将涉案货物由韩国釜山运至中国江苏省苏州市，并就此签发了装船清洁提单，故韩国韩松系涉案运输承运人。韩国韩松上诉称其与MCC公司责任期间同为CY/CY，但未能提供有效证据证明，因此本院对韩国韩松该上诉理由不予采纳。实际承运人是指接受承运人委托，从事货物运输或者部分运输的人，包括接受转委托从事此项运输的其他人。MCC公司接受承运人韩国韩松委托负责涉案海运区段运输，签发了装船清洁海运提单，同时也确认其与运输船舶船东存在舱位互换协议，故可以推定其系涉案运输实际承运人。《海商法》第六十条第一款规定，承运人将货物运输或者部分运输委托给实际承运人履行的，承运人仍然应当依照本章规定对全部运输负责。对实际承运人承担的运输，承运人应当对实际承运人的行为或者实际承运人的受雇人、代理人在受雇或者受委托的范围内的行为负责。且第六十三条规定，承运人与实际承运人都负有赔偿责任的，应当在此项责任范围内负连带责任。如前所述，目前在案证据显示涉案货损发生在海运区段，在无其他约定的情况下，韩国韩松作为承运人，对于委托实际承运人运输中发生的货损需依法承担赔偿责任，而MCC公司作为提单证明的海上货物运输合同的实际承运人，对于发生在其责任期间内的货物损失依法也应承担赔偿责任。综上，韩国韩松和MCC公司理应对一审法院确认的海上运输中发生的53,364.04美元货物损失承担连带赔偿责任。

《汉堡规则》第10条第1款也规定："运送人将运送或其一部分委托实际运送人执行时，不论根据海上运送合同是否有此自由，运送人仍须按照本公约的规定对全部运送负其责任。关于实际运送人所执行的运送，运送人须对实际运送人及其受雇人和代理人在雇用范围内的

① 上海海事法院（2014）沪海法商初字第1119号民事判决书；上海市高级人民法院（2016）沪民终37号民事判决书。

行为或不行为担负责任。”

2. 实际承运人适用关于承运人的规定

《海商法》第 61 条规定：“本章对承运人责任的规定，适用于实际承运人。对实际承运人的受雇人、代理人提起诉讼的，适用本法第五十八条第二款和第五十九条第二款的规定。”

根据上述规定，《海商法》第四章关于承运人责任的规定均适用于实际承运人，包括责任期间、法定义务、免责事由、单位赔偿责任限制权利及其丧失等。如果索赔人针对实际承运人的受雇人或代理人提起诉讼，应当适用《海商法》第 58 条第 2 款和第 59 条第 2 款关于承运人的受雇人和代理人的规则。

《汉堡规则》第 10 条第 2 款也规定：“本公约关于运送人责任的一切规定亦适用于实际运送人对其所执行的运送所负的责任，如对实际运送人的受雇人或代理人提起诉讼时，应适用第七条第 2 和 3 款和第八条第 3 款的规定。”

《全国法院涉外商事海事审判工作座谈会会议纪要》第 52 条关于实际承运人责任的法律适用进一步规定：

> 海商法是调整海上运输关系的特别法律规定，应当优先于一般法律规定适用。就海上货物运输合同所涉及的货物灭失或者损坏，提单持有人选择仅向实际承运人主张赔偿的，人民法院应当优先适用海商法有关实际承运人的规定；海商法没有规定的，适用其他法律规定。

3. 承运人特别协议对于实际承运人的效力

《海商法》第 62 条规定：“承运人承担本章未规定的义务或者放弃本章赋予的权利的任何特别协议，经实际承运人书面明确同意的，对实际承运人发生效力；实际承运人是否同意，不影响此项特别协议对承运人的效力。”

上述规定主要对应《海商法》第 45 条关于规定承运人增加自身责任和义务的规定。承运人如果与托运人达成增加自身义务或放弃自身权利的特别约定，此类约定如果要对实际承运人发生效力，需要经过实际承运人的书面明确同意。但是，即使实际承运人不同意，此种特别约定对于承运人仍然有效。

《汉堡规则》第 10 条第 3 款也规定：“运送人据以承担本公约所未课加的义务或放弃本公约所赋予的权利的任何特别协议，非经实际运送人以书面明示同意，不得对他发生影响。无论实际运送人是否如此同意，运送人仍受由于这种特别协议而导致的义务或放弃权利的拘束。”

4. 承运人与实际承运人的连带责任

《海商法》第 63 条规定："承运人与实际承运人都负有赔偿责任的，应当在此项责任范围内负连带责任。"

根据上述规定，如果承运人和实际承运人对于货物灭失、损坏或迟延交付均负有赔偿责任时，二者应当在此项责任的范围之内承担连带责任。连带责任是指两个以上的债务人就共同负担的债务分别负有全部清偿的责任。[①]《民法典》第 178 条第 1 款规定："二人以上依法承担连带责任的，权利人有权请求部分或者全部连带责任人承担责任。"债权人可以要求其中任一债务人承担全部责任，债务人承担责任后可按自身的责任比例，向其他连带债务人主张追偿。《民法典》第 178 条第 2 款规定："连带责任人的责任份额根据各自责任大小确定；难以确定责任大小的，平均承担责任。实际承担责任超过自己责任份额的连带责任人，有权向其他连带责任人追偿。"

《汉堡规则》第 10 条第 4 款也规定："如果运送人和实际运送人都担负责任，则在这种限度内，他们应共同和各别担负责任。"

司法实践

承运人与实际承运人的连带责任

上海海事法院在中国太平保险（香港）有限公司与兴运船务国际有限公司、兴华国际货代（中国）有限公司海上货物运输合同纠纷案[②]中认为：

关于三被告的法律地位和责任承担。承运人是指本人或者委托他人以本人名义与托运人订立海上货物运输合同的人，兴运船务提单抬头处记载涉案货物的承运人是被告兴运船务，签章处亦有兴运船务签字，结合日本邮船海运提单中兴运船务为托运人的记载，可以认定兴运船务是涉案货物的承运人。被告兴华货代虽然向宝达公司交付提单，但兴运船务提单上并没有被告兴华货代系承运人的记载，被告兴华货代亦未在提单上进行签章或有其他承运货物的行为，原告太平保险也未能进一步举证证明兴华货代与涉案运输存在其他关联，故原告关于兴华货代也是涉案货物的承运人，应当承担连带赔偿责任的主张，本院不予支持。实际承运人是指接受承运人委托，从事货物运输或者部分运输的人，被告日本邮船接

---

① 北京大学法学百科全书编委会编：《北京大学法学百科全书：民法学·商法学》，北京大学出版社 2004 年版，第 595 页。

② 上海海事法院（2013）沪海法商初字第 1746 号民事判决书。

受承运人兴运船务的委托，向兴运船务签发海运提单，并实际运输了涉案货物，被告日本邮船虽辩称其只是海上运输的实际承运人，陆路段运输的实际承运人应为其委托的卡车公司 CONTRANSHULENTERPRISE，却并未提供该卡车公司实际从事陆路段运输以及日本邮船与该卡车公司之间存在委托关系的相关证据，结合日本邮船提单运输方式为堆场到门（CY/DOOR）以及货物订舱明细单中“货物在阿卡胡特拉清关后，由船公司卡车送交客户”的相关记载，本院认定被告日本邮船为涉案货物全程的实际承运人。

涉案货物为集装箱货，承运人的责任期间从接收货物时起至交付货物时止，货物处于承运人掌管之下的全部期间。两份提单记载的起运地均为上海，交货地均为洪都拉斯圣佩德罗苏拉，现承运人被告兴运船务、实际承运人被告日本邮船至今未在交货地向其签发提单记载的收货人或正本提单持有人交付货物，均确认货物已经灭失，故本院认可原告所称的货物在承运人责任期间灭失的主张。被告兴运船务表示未实际掌控货物，故对货物灭失原因不清楚，应由实际承运人承担赔偿责任，被告日本邮船则辩称货物灭失原因系遭遇武装分子暴力抢劫，属于不可抗力和海运提单上约定的承运可以免责的事由。本院认为，日本邮船所称的货物遭遇抢劫的事实没有有效证据加以证明，且原告予以否认，不能认定为货物灭失的原因。即使日本邮船所称原因属实，对于日本邮船提单正面“对于在危地马拉境内被袭击或抢劫的货物，承运人及其委托人、分包人不承担赔偿责任，该风险应由独立保险人承保”的免责条款，原告或宝达公司或C公司均未参与订立，也没有其他接受该条款的意思表示，故该条款对原告并无约束力。再者，从该条款的订立来看，被告日本邮船对于货物在陆路运输区段可能遭遇抢劫应有一定的预见，不符合不可抗力不能预见、不能避免、不能克服的成立条件。根据现有证据，本案中没有承运人可不负赔偿责任的情形及其他承运人可免除赔偿责任的法定或约定事由，承运人被告兴运船务与实际承运人被告日本邮船未能合理、谨慎地履行运输和保管货物的义务，应在货物灭失的责任范围内负连带赔偿责任。

5. 承运人与实际承运人的赔偿总额

《海商法》第64条规定：“就货物的灭失或者损坏分别向承运人、实际承运人以及他们的受雇人、代理人提出赔偿请求的，赔偿总额不超过本法第五十六条规定的限额。”

根据上述规定，索赔人无论采取何种方式向承运人和实际承运人及其受雇人、代理人提出索赔，获得赔偿的总额不得超过承运人的单位赔偿责任限额，避免索赔人通过分别索赔不当得利，除非其中存在丧失单位赔偿责任限制权利的情形。

《汉堡规则》第10条第5款也规定：“可向运送人、实际运送人和他们的受雇人和代理人取得补偿的数额总计，不得超过本公约所规定的责任限度。”

6. 承运人与实际承运人之间的追偿

《海商法》第65条规定：“本法第六十条至第六十四条的规定，不影响承运人和实际承运人之间相互追偿。”

根据上述规定，基于承运人与实际承运人之间的连带责任，如果其中一方实际承担的责任超过了自身的责任份额，有权向对方进行追偿。

《汉堡规则》第10条第6款也规定：“本条的规定不妨碍运送人和实际运送人之间的任何追索权。”

司法实践

承运人与实际承运人之间的追偿

湖北省高级人民法院在东京海上A火灾保险（中国）有限公司与B船务公司、C海运公司海上货物运输合同纠纷案[①]中认为：

C公司和B公司的责任承担。上诉人以承运人C公司和实际承运人B公司为共同被告，请求判令其承担连带责任。本院认为，C公司作为承运人应承担责任，B公司作为实际承运人不应承担责任。理由如下：

第一，我国《海商法》第六十一条规定：“本章对承运人责任的规定，适用于实际承运人……”该条对承运人与实际承运人相互之间的权利义务关系作了一般性规定。至于承运人和实际承运人责任的承担，《海商法》第六十条和第六十三条作出了更为具体的规定。依据《海商法》第六十条，承运人将货物运输或者部分运输委托给实际承运人履行的，承运人仍然应当对全部运输负责。对实际承运人承担的运输，承运人应当对实际承运人的行为负责；而《海商法》第六十三条规定，“承运人与实际承运人都负有赔偿责任的，应当在此项责任范围内负连带责任”。依据第六十三条，实际承运人并非无条件与承运人承担连带责任，其是否与承运人承担连带责任，取决于其是否负有赔偿责任。因此，《海商法》中所规定的承运人与实际承运人的连带责任，是指承运人对实际承运人的全部运输行为连带承担责任，而实际承运人不一定对承运人的全部行为连带承担责任，实际承运人是否连带承担承运人应承担的责任，需判断实际承运人是否负有赔偿责任。

① 武汉海事法院（2009）武海法商字第406号民事判决书；湖北省高级人民法院（2012）鄂民四终字第00016号民事判决书。

第二，实际承运人B公司应否担责，取决于其实际运输过程中是否存在管货过失。上诉人最初称涉案货损发生在海运运输途中，后称货损在装船前即已发生，但承运人不当签发了清洁提单，而且货损在海运运输途中被进一步扩大。被上诉人则称，涉案货物的运输区段历经驳船内河运输和海上运输，上诉人无证据证明货损发生在海运途中。而且，根据上诉人自己提供的证据，损害在货物装上海船之前即已发生，故承运人不应担责。

本院认为，根据上诉人提供并经本院核实、由鹏华船务常熟分公司出具的大副收据及作为大副收据附件的至恒公司出具的装船前检验报告，涉案提单项下钢卷在装船前即已普遍存在“镀锌外包装部分发暗，氧化或部分生锈”“绑扎钢带生锈”等不良状况。而且，上诉人向原审法院提交的、被上诉人船东互保协会工作人员发给上诉人并抄送被上诉人的邮件亦称，问题钢卷的包装表面也许已经有湿损痕迹，在装货时这一点已经予以记录。因此，上诉人自己提交的证据可以证明，涉案钢卷装船前其镀锌外包装即已经存在肉眼可见的发暗、氧化或部分生锈的不良状况，而两被上诉人原审时提交的涉案船舶相关证书及航海日志可证明涉案船舶开航时处于适航状态，航程中未遭受恶劣天气，考虑到目的港货损检验报告明确指出货物中未检出氯化物，以及货物在装上“星海”轮前历经了武汉至常熟的内河水路运输，本院认为货损发生于货物装上“星海”轮之前的可能性，大于货损发生于海运途中的可能性，且上诉人未能举证证明实际承运人B公司存在管货过失以致装船前可能已经存在的货损在海运途中被进一步被扩大。故上诉人无证据证明货损或扩大的货损发生在实际承运人B公司的运输责任期间。又因B公司并非涉案提单的签发人，在无事实和法律依据认定B公司应承担赔偿责任的情况下，不存在要求其与承运人C公司承担连带赔偿责任的基础。

第三，承运人C公司应承担责任的理由是，承运人签发的是清洁提单，表明其认可接收货物时货物表面是清洁的，而本案证据证明其实际接收货物装船时，货物外表已经存在镀锌外包装部分发暗、氧化或部分生锈的状况，涉案钢卷的外包装的部分发暗、氧化或部分生锈氧化固然不能当然表明钢卷本身已经出现锈蚀，但由于外包装与钢卷均为金属制品，在金属外包装出现不良状况的情况下，钢卷自身其时出现发暗、氧化或部分生锈的可能性亦不能排除。承运人在此情况下选择签发清洁提单、不批注大副收据上的相关批注，即表明承运人作出了这样一种选择和判断：涉案钢卷仅仅是外包装不良，钢卷自身未受锈蚀。一般而言，在卸货港卸货时，如果仅仅是外包装不良但货物内在仍然完好，提单持有人一般不会以此为由向承运人索赔，毕竟买卖双方是针对货物而非货物外包装进行买卖。但是，承运人作出这样一种选择和判断存在潜在的风险和责任，即金属外包装出现发暗、氧化和生锈的状况时，钢卷自身极有可能出现了同样的状况。如果承运人在提单上对货物外包装状况如实进行了批注，外包装的不良是否意味着内在货物同样存在不良，该判断则转交由收货人（买方）去作出，由收货人（买方）基于其判断采取相关对应措施，由此带来的风险或责任亦随之转由收货人（买方）去承担。提单对货物的描述虽然仅仅针对的是货物外表或货物外包装，但这样的描述对收货人（买方）仍具有重要的现实意义，这也是要求承运人签发提单时如实描述货物外表这一制度的意义所在。当承运人擅自替代收货人（买方）作出这样的判断和选择时，即意味着承运人选择了因判断失误（货物外表或外包装实际上与货物本身存在同样的不良）所带来的风险和责任。其结果，即使钢卷货物的货损是出现在承运人的责任期间开始之前即装船之前，承运人通过签发清洁提单的行为表明，对在其法定责任期间之前出现货损的风险，其愿意承受。本案中，承运人C公司通过清洁提单的签发，表明对于货物装船之前可能即已存在的货损，该风险其愿意承受。当装货港的货损风险在目的港演变为货损现实时，签发清洁提单的承运人即应担责。

第六节　承运人的权利

一、运费和其他费用请求权

承运人基于海上货物运输合同享有的最为主要的权利即为运费请求权。运费的支付方式分为预付运费和到付运费。

预付运费（freight prepaid，advance freight）即运费在运输开始之前支付。除非承托双方另有约定，托运人通常应在货物装船后，船方签发提单或者其他运输单证之前付清运费，否则船方有权拒绝签发载明运费已付的提单或其他运输单证。

理论探讨

预付运费概不退还

《民法典》第835条规定："货物在运输过程中因不可抗力灭失，未收取运费的，承运人不得请求支付运费；已经收取运费的，托运人可以请求返还。法律另有规定的，依照其规定。"但是，国际海上货物运输实践大多约定预付运费概不退还。

关于此项约定的合同条款主要措辞通常包括"预付"（prepaid）、"视为已经赚取"（deemed

earned)、"不可退还"(non returnable)和"无论船舶或货物灭失与否"(vessel and/or cargo lost or not lost)。国际航运实务术语称为"FDEDANRSAOCLONL",即"Freight Deemed Earned, Discountless And Non-Returnable (Refundable) Ship And Or Cargo Lost Or Not Lost"的简称。

预付运费概不退还作为法律规则的形成,应当认为导源于英国法。运费基于普通法原则上本应在货物交付时支付,因为此时船方已经完全履行了自身基于运输合同负有的全部义务。但是,目前航运实践中占到多数的通行做法是运费在货物装船后即应预付。如果合同双方当事人选择预付运费,必须通过明确的表述加以约定方能推翻普通法关于运费支付时间的有力推定。

虽然运费支付和赚取的时间在普通法下本应一致,但如果当事人通过合同条款作出了运费预付等改变运费支付时间的约定,即有可能导致二者出现分野。如果船方希望在货物交付前赚取运费,同样必须通过合同条款作出明确约定。一旦运费已经赚取,即使由于船舶或货物灭失或者航次无法履行而导致合同受阻,货方仍然无权要求退回运费,也即由货方负担预付运费的风险。因此,虽然通常的表述方法是预付运费概不退还,但本质上应是已经赚取的运费概不退还。

到付运费(freight to be collected)即运费在交付货物时支付。除非海上货物运输合同另有约定,货方通常应在承运人交付货物时付清运费;如果合同约定运费在货物交付后支付,承运人将丧失对于货物的留置权。到付运费通常由收货人支付,但并不必然解除托运人支付运费的义务。《海商法》第69条第2款规定:"托运人与承运人可以约定运费由收货人支付;但是,此项约定应当在运输单证中载明。"

司法实践

到付运费支付的义务主体

上海海事法院在深圳市华展国际物流有限公司与上海得翼国际货运代理有限公司海上货物运输合同纠纷案[①]中认为,承运人在运费到付条件下,通常只有在目的港无人提货或收货人拒绝提货时,方可向托运人主张运费:

① 上海海事法院(2019)沪72民初2585号民事判决书。

本院认为，运费到付的收费方式，对承运人而言，既意味着收费时间的延后，也增加了向收货人收取运费存在障碍的风险。本案中，被告在订舱委托书中注明运费到付，原告接受了该条件并在提单中加以载明，说明原告作为承运人自愿承担相应的运费收取风险。在运费到付条件下，通常只有在目的港无人提货或收货人拒绝提货等情况下，承运人方可向托运人主张运费；当目的港收货人提取货物时，收货人是支付运费的义务方，承运人应当及时向其主张运费，并通过对运输单证和货物流转的实际控制以降低运费收取风险，而无权向托运人索要运费。原告在未从收货人处收到运费的情况下，便向收货人的代理NCL公司寄送正本海运提单，并因此丧失货物控制权。因原告怠于收取运费所致损失应由其自行承担，不应转而要求作为托运人的被告支付运费。原告关于其在收货人拒不支付到付运费的情况下，有权向被告收取运费及利息的主张于法无据，本院不予支持。

承运人除运费外，还享有亏舱费、滞期费、共同海损分摊、为货物垫付的必要费用等其他费用的请求权。

1. 亏舱费，又称空舱费：是指托运人因其提供的货物少于约定的数量，导致船舶舱位发生剩余，而对承运人因此受到的运费损失的赔偿。除另有约定外，亏舱费按照约定的货物数量与托运人实际提供的货物数量之差，乘以约定的运费率，扣减因船舶亏舱而使承运人节省的费用以及另行装运货物取得的运费计算。①

2. 滞期费：主要是指航次租船合同的承租人未能在合同约定的装卸时间内将货物全部装卸完毕，延误时间导致的出租人损失的赔偿。②如果承运人和托运人约定了滞期费，或者航次租船合同的滞期费条款并入根据该合同签发的提单或其他运输单证，货方负有支付滞期费的义务。

3. 共同海损分摊：共同海损分摊是指一方遭受的共同海损损失由各个受益方按照各自受益财产的价值比例进行分摊。③《海商法》第193条第1款规定："共同海损，是指在同一海上航程中，船舶、货物和其他财产遭遇共同危险，为了共同安全，有意地合理地采取措施所直接造成的特殊牺牲、支付的特殊费用。"

4. 为货物垫付的必要费用：例如，承运人在货物卸载后支付的本应由收货人承担的货

① 司玉琢主编：《海商法》（第4版），法律出版社2018年版，第89页。
② 郭萍编著：《租船实务与法律》，大连海事大学出版社2014年版，第108页。
③ 胡正良主编：《海事法》（第3版），北京大学出版社2016年版，第357~358页。

物仓库保管费、过驳费等。[①]

二、货物留置权

（一）货物留置权的概念

《海商法》第 87 条规定："应当向承运人支付的运费、共同海损分摊、滞期费和承运人为货物垫付的必要费用以及应当向承运人支付的其他费用没有付清，又没有提供适当担保的，承运人可以在合理的限度内留置其货物。"

留置权属于物权。《民法典》第 447 条第 1 款规定："债务人不履行到期债务，债权人可以留置已经合法占有的债务人的动产，并有权就该动产优先受偿。"根据物权法定原则，物权的种类和内容由法律规定，而不得由当事人自由创设。[②]《民法典》第 116 条也规定："物权的种类和内容，由法律规定。"因此，承运人对于货物的留置权仅能依据法律规定产生，而不能依据合同等约定途径设定。

司法实践

承运人货物留置权的物权法定

上海海事法院在赛拉雷卡斯船务有限公司与中国矿产有限责任公司运输合同纠纷案[③]中认为，当事人可以约定货物不适用留置权，但不能自由约定留置权的产生条件：

赛拉雷公司对涉案货物是否享有留置权。留置权为法定担保物权，具有法定性。留置权只能直接依据法律规定产生，当事人可以约定不适用留置权的货物，不能自由设定留置权的产生。

（二）货物留置权的行使条件

根据《海商法》第 87 条的规定，承运人行使货物留置权的条件应当从以下四个方面进行理解：

① 司玉琢主编：《中华人民共和国海商法问答》，人民交通出版社 1993 年版，第 95 页。

② 崔建远：《物权法》，中国人民大学出版社 2021 年版，第 20 页。

③ 上海海事法院（2009）沪海法商初字第 465 号民事判决书；上海市高级人民法院（2010）沪高民四（海）终字第 58 号民事判决书。

（1）托运人、收货人等债务人未向承运人支付应当支付的费用，包括运费、共同海损分摊、滞期费和承运人为货物垫付的必要费用以及其他费用。但是，如果海上货物运输合同或提单等运输单证记载的运费支付方式是预付运费，承运人不能以运费未付为由主张行使货物留置权。《全国法院涉外商事海事审判工作座谈会会议纪要》第 60 条规定："提单或者运输合同载明'运费预付'或者类似性质说明，承运人以运费尚未支付为由，根据海商法第八十七条对提单持有人的货物主张留置权的，人民法院不予支持，提单持有人与托运人相同的除外。"

（2）债务人未提供适当担保。但是，根据《民法典》第二编"物权"关于留置权的一般规定，债务人未提供适当担保不是行使留置权的条件，而留置权人接受债务人另行提供的担保，却是留置权消灭的条件之一。《民法典》第 457 条进一步规定："留置权人对留置财产丧失占有或者留置权人接受债务人另行提供担保的，留置权消灭。"

（3）留置货物应在合理限度之内。合理限度是指留置的货物价值与债权数额即未支付费用的数额基本相当，但货物为不可分物的除外。《民法典》第 450 条规定："留置财产为可分物的，留置财产的价值应当相当于债务的金额。"

（4）留置的货物应是债务人所有的货物。关于《海商法》规定的"其货物"，我国司法实践通常认为"其"是指应向承运人支付运费或其他费用的人即债务人，"其货物"是指债务人所有的货物。但是，《民法典》第 836 条规定："托运人或者收货人不支付运费、保管费或者其他费用的，承运人对相应的运输货物享有留置权，但是当事人另有约定的除外。"此处"相应的运输货物"通常认为不限于债务人所有的货物，但承运人对于货物的占有应当基于运输合同产生。[①] 即只要发生运输费用的货物均可留置，留置物的权属状况不影响承运人行使留置权。[②] 国际海上货物运输合同承运人的留置权应当适用《海商法》的规定，即货物必须是债务人所有的货物。

---

① 谢鸿飞、朱广新主编：《民法典评注·合同编：典型合同与准合同》（第 3 册），中国法制出版社 2020 年版，第 340~342 页。

② 最高人民法院民法典贯彻实施工作领导小组主编：《中华人民共和国民法典合同编理解与适用》，人民法院出版社 2020 年版，第 2176 页。

司法实践

货物留置权的行使条件

最高人民法院民事审判第四庭《涉外商事海事审判实务问题解答》第138条规定：

沿海内河运输中，托运人或者收货人不支付运费、保管费以及其他运输费用的，依照《合同法》的规定，承运人对相应的运输货物享有留置权，除非当事人之间另有约定；非我国港口之间的海上货物运输，依照《海商法》的有关规定，应当向承运人支付的运费、共同海损分摊、滞期费和承运人为货物垫付的必要费用以及应当向承运人支付的其他费用没有付清，又没有提供适当担保的，承运人可以在合理的限度内留置债务人所有的货物。审判实践中应当注意不同的法律规定就留置权的行使所作的不同规定。

理论探讨

留置财产是否要求与债权属于同一法律关系？

留置财产与债权是否属于同一法律关系，学理上有时也称为“牵连关系”。《民法典》第448条规定：“债权人留置的动产，应当与债权属于同一法律关系，但是企业之间留置的除外。”据此企业之间的留置不要求同一法律关系，此种留置权也称为“商事留置权”。作出此种规定的原因在于，商事交易的场合交易不断发生且交易内容相互交叉，发生违约事件时债权人以留置的形式迫使债务人履行债务，如果要求符合同一法律关系的要求，债权人行使在法律上将会面临巨大的困难，因而应当允许债权人留置其因营业行为占有的债务人的动产，而不受同一法律关系的限制。①

《海商法》第87条规定的货物留置权是否适用《民法典》第448条的规定，学理上存在争议，司法实践的态度也不甚明朗。仅从法律适用的基本规则来看，《海商法》第87条作为特别法对于牵连关系未作规定，应当具备适用一般法即《民法典》第448条的空间。但是，根据《全国法院涉外商事海事审判工作座谈会纪要（初稿）》的态度，最高人民法院当时似乎倾向于否定商事留置权对于国际海上货物运输承运人货物留置权的适用，其中第61条规定：

> 根据海商法第八十七条的规定，海上货物运输承运人有权留置的货物限定在应当向承运人支付相关费用没有付清又没有提供适当担保的债务人所有的货物，运输

① 孙宪忠、朱广新主编：《民法典评注·物权编》（第4册），中国法制出版社2020年版，第426页。

合同当事人约定不得留置货物的除外；运输合同当事人约定留置货物范围超出前述法律规定的留置范围的，承运人不能依据合同约定行使留置权。

2021年12月31日正式印发的《全国法院涉外商事海事审判工作座谈会会议纪要》未保留上述规定。

典型案例

上海海事法院涉长三角区域海事海商纠纷典型案例

当货运代理企业基于一定法律关系对委托人的货物成立间接占有，对委托人的货物仍有事实上的管领力和控制力，应认定为构成“合法占有债务人的动产”，符合债权人享有留置权的法定要件。

【基本案情】

原告与被告签订协议，约定被告委托原告代办订舱、拖车、报关、报检等货运代理事项并代缴相关费用；若被告未确认费用或确认后未依约支付款项，原告有权留置被告委托办理业务的相关单证和货物；若被告仍不履行付款义务，原告有权变卖、处理已留置单据或货物。协议签订后，被告曾确认业务中未付款项金额，并向原告出具了《付款保函》，确认欠付费用金额和付款期限。

数月后，原告再次接受被告委托，办理一批货物的进口货代事务，提单载明的收货人以及报关单载明的经营单位和收货单位都是被告。原告从承运人处提取货物后，将货物存放在案外人的仓库中。因被告欠付费用，原告要求被告支付拖欠费用后才安排提货及送货，但被告未予理会。原告遂向被告发出《律师函》催讨欠款，并通知被告留置了上述进口货物。

原告诉至法院，请求判令被告支付相关货运代理费、堆存费并确认原告有权留置上述进口货物，并有权依法变卖该提单项下货物优先用于偿还被告欠付原告的费用。被告辩称货物堆存在他人仓库，原告没有留置权。

法院经审理认为，双方成立海上货运代理合同关系。原告根据被告的委托，提供了货运代理服务，被告亦确认费用，应当依照协议约定向原告支付。被告欠付费用的行为已构成违约，应当向原告承担继续履行、赔偿损失等违约责任。关于原告是否有权留置货物的问题，原告受托事项包括清关及内陆运输，对该批货物具有内陆运输和保管义务，系合法占有。该批货物为被告所有，报关价格与当时被告对原告所负的到期债务数额相当，且原告至今仍间接占有该批货物，不影响留置权效力。综上，判决确认原告对该提单项下货物享有留置权。一审宣判后，被告提出上诉，后因未缴纳案件受理费按自动撤回上诉处理。本案判决现已生效。

【典型意义】

海上货运代理合同纠纷是上海海事法院受理的涉长三角海商纠纷中数量最多的一类，其中货运代理人因委托人欠付费用而留置货物产生的纠纷较为常见。本案案例是货运代理人合法行使留置权的典型示例。货运代理人在经营中面临委托人拖欠费用的情形时，若以留置委托人的货物作为救济手段，需要符合较为严格的条件。除需要注意留置货物价格与到期债权数额相当、留置后应给予合法债务履行期间并妥善保管货物外，还应注意合法占有委托人动产的形式，间接占有也可以成立留置权。

（三）货物留置权的实现

关于承运人货物留置权的实现，《海商法》第 88 条第 1 款规定："承运人根据本法第八十七条规定留置的货物，自船舶抵达卸货港的次日起满六十日无人提取的，承运人可以申请法院裁定拍卖；货物易腐烂变质或者货物的保管费用可能超过其价值的，可以申请提前拍卖。"

根据上述规定，承运人实现货物留置权的途径主要是申请法院裁定拍卖。《民法典》第 453 条第 1 款前段规定："留置权人与债务人应当约定留置财产后的债务履行期限；没有约定或者约定不明确的，留置权人应当给债务人六十日以上履行债务的期限，但是鲜活易腐等不易保管的动产除外。"承运人实现货物留置权需要满足以下两项条件之一：

（1）货物自船舶抵达卸货港次日起满 60 日无人提取；

（2）货物易腐烂变质或者货物的保管费用可能超过货物的价值。

由于《海商法》第 88 条第 1 款采取的措辞是"可以申请法院裁定拍卖"，因而法院裁定拍卖应当不是承运人实现货物留置权的唯一途径。《民法典》第 453 条第 1 款后段规定："债务人逾期未履行的，留置权人可以与债务人协议以留置财产折价，也可以就拍卖、变卖留置财产所得的价款优先受偿。"因此，承运人应当也可通过折价、变卖等途径实现货物留置权。

司法实践

货物留置权的实现方式

上海海事法院在徐州秋明建筑材料有限公司与上海汇进国际货运代理有限公司海上货

物运输合同纠纷案[①]中认为，承运人可以变卖留置的货物：

根据《海商法》第八十七条的规定，应当向承运人支付的运费、滞期费等费用没有付清，又没有提供适当担保的，承运人可以在合理的限度内留置货物。涉案两批货物于2019年3月8日和3月14日到港卸货，在长时间无人提取的情况下，海运费无人支付，且会产生集装箱超期使用费和堆存费等费用，汇进公司此时主张留置货物，并向秋明公司发出通知，符合法律规定。《海商法》第八十八条规定，留置货物自船舶抵达卸货港的次日起满60日无人提取的，承运人可以申请法院裁定拍卖……拍卖所得价款，用于清偿保管、拍卖货物的费用和运费以及应当向承运人支付的其他有关费用；不足的金额，承运人有权向托运人追偿；剩余的金额，退还托运人。汇进公司在2019年6月4日向秋明公司发出处置货物的通知，此时涉案货物已经到港超过60日。汇进公司称根据以色列当地法律，在以色列并无申请司法拍卖的途径，且申请官方拍卖将拖延更多的时间，造成更大损失。综合我国法律规定和国际航运市场的一般惯例，本院认为汇进公司留置货物并予以变卖的做法并无不妥之处。

至于货物留置权实现后所得价款，《海商法》第88条第2款规定："拍卖所得价款，用于清偿保管、拍卖货物的费用和运费以及应当向承运人支付的其他有关费用；不足的金额，承运人有权向托运人追偿；剩余的金额，退还托运人；无法退还、自拍卖之日起满一年又无人领取的，上缴国库。"据此货物留置权实现后所得价款应按以下规则处理：

（1）货物留置权实现后所得价款用于清偿保管、折价、拍卖、变卖等费用，以及运费和其他应当向承运人支付的费用。

（2）如果价款不足以清偿上述费用，剩余部分应由债务人清偿。《民法典》第455条规定："留置财产折价或者拍卖、变卖后，其价款超过债权数额的部分归债务人所有，不足部分由债务人清偿。"

（3）如果价款清偿上述费用后还有剩余，应当退还托运人；如果无法退还，且自折价、拍卖、变卖之日起满1年无人领取，应当上缴国库。

三、目的港无人提货等情形的货物处置权

《海商法》第86条规定："在卸货港无人提取货物或者收货人迟延、拒绝提取货物的，船长可以将货物卸在仓库或者其他适当场所，由此产生的费用和风险由收货人承担。"本条

① 上海海事法院（2019）沪72民初2159号民事判决书。

规定了承运人在目的港无人提货等情形下的货物处置权，此时对于货物的处置构成象征性交付，即实际交付无法达成时的例外情况。本条规定应从以下四个方面进行理解：

（1）主要适用于三种情形：一是目的港无人提货；二是收货人迟延提货；三是收货人拒绝提货。

（2）行使货物处置权的主体是船长。

（3）卸货地点包括仓库以及其他适当场所，其中其他适当场所是指根据货物和卸货港的具体情况，通常用于或能够用于存放货物的仓库以外的地点，如码头露天堆场、驳船。[①]此类场所要求达到适当的标准，即地点适当、货物保管人适当，而且通常能够保障货物的安全。

（4）产生的风险由收货人承担，风险主要是指货物灭失、损坏以及遭到海关罚没的可能性。

但是，航运实践中收货人弃货的情形颇为常见，此时由于无法找到收货人，规定费用和风险由收货人承担也就存在可操作性的缺陷。为了解决《海商法》第86条存在的问题，《全国法院涉外商事海事审判工作座谈会会议纪要》第61条关于目的港无人提货的费用承担，一定程度上作出了与此不同的规定："提单持有人在目的港没有向承运人主张提货或者行使其他权利的，因无人提取货物而产生的费用和风险由托运人承担。承运人依据运输合同关系向托运人主张运费、堆存费、集装箱超期使用费或者其他因无人提取货物而产生费用的，人民法院应予支持。"据此如果提单持有人在目的港未主张提货或行使其他权利，此时目的港无人提货的费用和风险，包括运费、堆存费、集装箱超期使用费等费用，应由托运人承担。

此外，《民法典》第837条规定："收货人不明或者收货人无正当理由拒绝受领货物的，承运人依法可以提存货物。"广义的提存是指将金钱、有价证券及其他财产寄存于提存部门，再由他人从提存部门领取该财产，进而达到特定目的的制度。[②]此处提存是指狭义的提存，即清偿提存。《民法典》第570条第1款规定："有下列情形之一，难以履行债务的，债务人可以将标的物提存：（一）债权人无正当理由拒绝受领；（二）债权人下落不明；（三）债权人死亡未确定继承人、遗产管理人，或者丧失民事行为能力未确定监护人；（四）法律规定的其他情形。"提存制度的功能在运输合同法律制度中尤为突出，有助于承运人在货运合同履行受阻时，及时完成合同履行，终止合同关系，免于因长期保管货物而影响继续开展后续

① 司玉琢主编：《中华人民共和国海商法问答》，人民交通出版社1993年版，第95页。

② 韩世远：《合同法总论》（第4版），法律出版社2018年版，第713页。

的运输业务。[①] 因此，承运人如果依据《民法典》第 837 条提存货物，原本负有的交付货物义务即告履行。

司法实践

目的港无人提货等情形的货物处置权

最高人民法院在 A.P. 穆勒–马士基有限公司浙江隆达不锈钢有限公司海上货物运输合同纠纷案[②] 中认为：

《海商法》第八十六条规定："在卸货港无人提取货物或者收货人迟延、拒绝提取货物的，船长可以将货物卸在仓库或者其他适当场所，由此产生的费用和风险由收货人承担。"马士基公司将涉案货物运至目的港后，因无人提货，将货物卸载至目的港码头符合前述法律规定。马士基公司于 2014 年 7 月 9 日通过邮件回复隆达公司距抵达目的港不足 2 日。隆达公司已了解货物到港的大体时间并明知涉案货物在目的港无人提货，但在长达 8 个月的时间里未采取措施处理涉案货物致其被海关拍卖。隆达公司虽主张马士基公司未尽到谨慎管货义务，但并未举证证明马士基公司存在管货不当的事实。隆达公司的该项主张缺乏依据，本院不予支持。依据《海商法》第八十六条的规定，马士基公司卸货后所产生的费用和风险应由收货人承担，马士基公司作为承运人无须承担相应的风险。二审判决判令马士基公司承担涉案货物一半的损失，缺乏事实依据，适用法律不当，应予纠正。

拓展阅读

1. 韩世远：《合同法总论》（第 4 版），法律出版社 2018 年版，第十章"违约责任"、第十二章"合同法及其周边"第一节"合同法与侵权法的交错"。

2. 曾世雄：《损害赔偿法原理》，詹森林续著，台北，新学林出版股份有限公司 2005 年版。

3. 尹东年、郭瑜：《海上货物运输法》，人民法院出版社 2000 年版，第三章"海上货物运输合同下的责任分配"。

4. 将跃川：《论适航义务是否是承运人的首要义务》，载《中国海商法年刊》2008 年 1 月。

5. 赵月林、胡正良：《我国〈海商法〉是否应该取消航海过失免责的研究》，载《大连

① 最高人民法院民法典贯彻实施工作领导小组主编：《中华人民共和国民法典合同编理解与适用》，人民法院出版社 2020 年版，第 2182 页。

② 最高人民法院（2017）最高法民再 412 号民事判决书。

海事大学学报（社会科学版）》2003 年第 1 期。

6. 周琦、林源民:《从承运人迟延交付的几种常见情况看我国〈海商法〉相关规定的缺陷》，载《海商法研究》2000 年第 2 辑，法律出版社 2000 年版。

7. 袁绍春 :《实际承运人法律制度研究》，法律出版社 2009 年版。

8. 朱红亮、孙思琪 :《〈民法典〉视野下预付运费退还的法理检视与规则构造》，载《大连海事大学学报（社会科学版）》2020 年第 6 期。

9. John F. Wilson，*Carriage of Goods by Sea*，Pearson Education Limited，7th edition，2010.

第四章
托运人与收货人的义务与权利

【知识提要】

本章主要讲解作为海上货物运输合同一方当事人的托运人的义务与权利，包括托运人责任的归责原则，支付运费和其他费用、妥善包装和正确申报货物、及时办理货物运输手续、妥善托运危险货物等义务，以及要求签发运输单证、中途停运权等权利；同时讲解作为主要参与人的收货人的义务与权利，主要包括支付运费和其他费用、及时提取货物、发出货物灭失或损坏的书面通知等义务。

第一节 托运人的义务与权利

一、托运人责任的归责原则

《海商法》第70条第1款规定："托运人对承运人、实际承运人所遭受的损失或者船舶所遭受的损坏，不负赔偿责任；但是，此种损失或者损坏是由于托运人或者托运人的受雇人、代理人的过失造成的除外。"据此托运人对于承运人、实际承运人或者运输船舶遭受的损失或损坏，原则上依据过错责任原则承担责任。托运人承担责任的情形包括以下两种：

（1）托运人或其受雇人、代理人存在过错，但根据"谁主张，谁举证"的举证责任一般规则，此种过错的举证责任应由承运人或实际承运人承担。实践中较为常见的纠纷类型是集装箱超期使用费纠纷。

（2）适用无过错责任原则的例外情形，即依据《海商法》第66条至第68条的规定，托运人未履行妥善包装和正确申报货物、及时办理货物运输手续、妥善托运危险货物的义务，造成了承运人的损失。

至于托运人的受雇人和代理人的责任，《海商法》第70条第2款规定："托运人的受雇人、代理人对承运人、实际承运人所遭受的损失或者船舶所遭受的损坏，不负赔偿责任；但是，这种损失或者损坏是由于托运人的受雇人、代理人的过失造成的除外。"据此对于托运人的受雇人和代理人的责任，同样采取过错责任原则。但是，根据我国法律关于雇员行为由雇主负责、代理人行为由委托人负责的规定，此种责任实际仍应由托运人承担。

司法实践

托运人责任的归责原则

● 青岛海事法院在以星综合航运有限公司与盛远国际科技有限公司、青岛全球捷运物流有限公司海上、通海水域货物运输合同纠纷案[①]中认为，托运人未向承运人准确表明货物的自热自燃性质，由于存在过失而应承担赔偿责任：

以星公司与盛远公司之间是国际海上货物运输合同关系，《海商法》第七十条第一款规定："托运人对承运人、实际承运人所遭受的损失或者船舶所遭受的损坏，不负赔偿责任；但是，此种损失或者损坏是由于托运人或者托运人的受雇人、代理人的过失造成的除外。"根据以上规定，托运人由于其过失造成承运人的损失，托运人应负赔偿责任。《合同法》（现已废止）第三百零四条规定："托运人办理货物运输，应当向承运人准确表明收货人的名称或者姓名或者凭指示的收货人，货物的名称、性质、重量、数量，收货地点等有关货物运输的必要情况。因托运人申报不实或者遗漏重要情况，造成承运人损失的，托运人应当承担损害赔偿责任。"本案中，检验报告得出的火灾是由炭质水烟片自热自燃造成的结论，证明盛远公司托运的水烟片在运输过程中、在正常的运输条件下发生自热自燃，表明涉案货物具有自热自燃的性质，但是盛远公司在托运涉案货物前未向承运人准确表明涉案货物的该性质，盛远公司违反了法定义务，具有过失，且以星公司因此遭受了损失，盛远公司应当向以星公司承担赔偿责任。

● 武汉海事法院在南通戈马国际贸易有限公司、江苏莱欣国际货运代理有限公司海上、通海水域货物运输合同纠纷案[②]中认为，目的港无人提货导致承运人的集装箱无法流转而遭

① 青岛海事法院（2018）鲁72民初1986号民事判决书。
② 武汉海事法院（2015）武海法商字第00224号民事判决书。

受损失，托运人应当承担损害赔偿责任：

因涉案货物在目的港无人提货，当地海关扣押涉案货物，致使原告马士基公司因集装箱无法流转而遭受损失，原告马士基公司作为涉案货物承运人，按照《海商法》第七十条第一款的规定，要求托运人承担赔偿责任，于法有据，应予支持。涉案海运单载明托运人为被告戈马公司，但被告莱欣公司当庭确认订舱确认单系套用被告戈马公司的合约号，海上货物运输实践中亦不乏套用他人合约号进行订舱的操作，在原告未提交其他补强证据的情况下，海运单不能单独作为认定托运人的依据，原告据此向被告戈马公司主张集装箱超期使用费，本院不予支持。被告航华公司披露其系接受被告莱欣公司的委托向原告订舱，被告莱欣公司披露被告翎睿公司系涉案货物的托运人，并提交了运费发票、集装箱装箱记录和出口货物报关单作为证据。本院认为，被告莱欣公司和被告翎睿公司所披露的事实均有相应证据予以印证，两被告作为涉案货物运输的代理人，已经尽到披露义务。被告翎睿公司虽不认可其托运人身份，但未提交充分证据予以反驳，应当承担举证不能的不利后果。本院据此认定涉案货物系由被告翎睿公司向原告交付，被告翎睿公司系涉案货物的托运人，原告向其主张集装箱超期使用费，具有事实和法律依据，本院予以支持。

《汉堡规则》第 12 条的规定与《海商法》基本一致："托运人对运送人或实际运送人遭受的损失或船舶遭受的损害不负赔偿责任，除非这种损失或损害是由于托运人、其受雇人或代理人的过失或疏忽所造成。托运人的受雇人或代理人对这种损失或损害也不负赔偿责任，除非这种损失或损害是由于他自己的过失或疏忽所造成。"

《鹿特丹规则》第 30 条规定：

1. 对于承运人遭受的灭失或者损坏，如果承运人证明，此种灭失或者损坏是由于违反本公约规定的托运人义务而造成的，托运人应当负赔偿责任。

2. 灭失或者损坏的原因或者原因之一不能归责于托运人本人的过失或者第 34 条述及的任何人的过失的，免除托运人的全部或者部分赔偿责任，但托运人违反第 31 条第 2 款和第 32 条对其规定的义务所造成的灭失或者损坏，不在此列。

3. 托运人根据本条被免除部分赔偿责任的，托运人仅对因其本人的过失或者第 34 条述及的任何人的过失所造成的那部分灭失或者损坏负赔偿责任。

二、托运人的具体义务

托运人作为海上货物运输合同的当事人，主要义务包括四项：一是支付运费和其他费用；二是妥善包装和正确申报货物；三是及时办理货物运输手续；四是妥善托运危险货物。

《海商法》第 42 条第 3 项规定了两种托运人，即契约托运人和实际托运人或称发货人。关于两种托运人分别应当承担的义务，契约托运人作为与承运人签订海上货物运输合同的人，应当承担法律规定以及合同约定的托运人的全部义务；实际托运人仅负有与向承运人交付货物相关的义务，主要是妥善包装和正确申报货物，以及及时办理货物运输手续的义务。但是，实际托运人负有的义务并不解除契约托运人的同一义务。

（一）支付运费和其他费用

支付运费是托运人基于海上货物运输合同负有的主给付义务，同时也与承运人收取运费的权利存在对应关系。《海商法》第 69 条规定：

> 托运人应当按照约定向承运人支付运费。
>
> 托运人与承运人可以约定运费由收货人支付；但是，此项约定应当在运输单证中载明。

根据上述规定，除托运人负有支付运费的义务外，承托双方还可约定运费由收货人支付，通常用于运费到付的情形，但此项约定必须在提单或其他运输单证中载明。

此外，托运人还应支付亏舱费、滞期费、共同海损分摊、为货物垫付的必要费用等其他费用。

典型案例

上海海事法院自贸区典型海事案例

明辨海外投资风险影响分清损失责任承担主体

——上海捷喜国际货物运输代理有限公司诉重庆公路工程（集团）股份有限公司海上货运代理合同纠纷案

【基本案情】

2014 年 11 月 12 日，原告上海捷喜国际货物运输代理有限公司（以下简称捷喜公司）与被告重庆公路工程（集团）股份有限公司（以下简称重庆公司）签订运输协议，约定由捷喜公司代重庆公司办理涉案161台车辆设备的出运事宜，装货港为中国上海港，卸货港为也门荷台达港。货物运抵目的港顺利交货后，重庆公司未能按约向捷喜公司支付运输协议下的应付费用。2015年2月4日，重庆公司向捷喜公司出具付款承诺书，称由于也门局势不稳定和沙特国王突然离世，其无法在约定时间内从沙特项目基金收到工程预付款，故而拖欠捷喜公司费用，并承诺将于2015年3月2日前付清所有拖欠费用，但此后并未支付。庭审中，重庆公司以目的港所在国也门发生战乱为由，主张援引不可抗力免责。经查，涉案货物原本将用于重庆公司在也门承接的“阿姆兰—亚丁高速公路”项目建设，该项目团队人员在2015年3月的“也门撤侨”行动中已撤回国内，项目因此搁置。

【裁判结果】

上海海事法院一审认为，海上货运代理合同订立的目的是受托人协助委托人办理货物运输的相关事宜，系为使货物顺利运输而签订。捷喜公司已完成重庆公司所委托货物出运的相关事宜，涉案货物也已顺利运抵目的港，故捷喜公司已完成其合同主要义务，重庆公司理应按照合同约定向捷喜公司支付全部费用。目的港所在国也门发生战乱固是事实，重庆公司的偿付能力因此受到波及亦是情有可原，但该原因与重庆公司未能支付捷喜公司在涉案货运代理合同项下的费用不存在法律上的必然关系，重庆公司不能因为其无法收到公路建设项目下的合同款项而免除应向捷喜公司承担的付款义务。即战乱这一不可抗力事件影响的是公路建设项目，而非涉案海上货运代理合同。遂判决支持捷喜公司要求重庆公司支付所拖欠费用的诉讼请求。重庆公司不服，提出上诉。上海市高级人民法院二审判决，驳回上诉，维持原判。

【典型意义】

上海自贸区作为国家实施“一带一路”建设的开放平台、枢纽节点和战略支撑，自贸区企业在承接和参与“一带一路”相关国家重大基础设施建设中发挥着重要作用。由于“一带一路”沿线国家众多，政治、经济、民族、宗教、法律、文化、地理状况复杂各异，遭遇政局动荡、战乱、罢工、自然灾害等不可抗力事件或者其他不可预测的风险在所难免，诸如涉及中缅电力合作项目缅甸克钦邦北部230kV国家主干电网工程、中印电力合作项目印度尼西亚棉兰工业园2*150MW燃煤电厂建设等的物流纠纷都曾在上海海事法院通过诉讼得到解决。本案则是此类情形中较为特殊和典型的一例。

本案海上运输的目的地为也门，所运送的货物系用于国内企业通过海外竞标承接的重大基础设施建设项目“阿姆兰—亚丁高速公路”（注：该项目是贯通也门南北的交通大动脉，北邻沙特，南抵亚丁，建成后将成为连接也门与北部阿拉伯国家的重要通道），纠纷的产生与也门局势突变存在一定关联，准确划分合同当事人在类似事件下的责任界限和风险负担，对依法保障企业海外投资利益，鼓励和促进企业参与“一带一路”建设具有现实意义。本案判决明确了海上货运代理合同的委托人不因其投资项目遭受不可抗力无法履行，而免除其在海上货运代理合同下对受托人应承担的合同义务，从而避免海外投资建设领域的意外风险向为之提供物流保障服务的航运产业链不当转嫁。该原则也同样适用于海上货物运输合同以及为海外投资项目提供诸如物资、融资等的其他相关合同的履行场合。

（二）妥善包装和正确申报货物

《海商法》第66条第1款规定：“托运人托运货物，应当妥善包装，并向承运人保证，货物装船时所提供的货物的品名、标志、包数或者件数、重量或者体积的正确性；由于包装不良或者上述资料不正确，对承运人造成损失的，托运人应当负赔偿责任。”

根据上述规定，托运人的此项义务主要分为两个方面，一是妥善包装货物；二是提供正确的货物品名、标志、包数或件数、重量或体积等信息，即正确申报货物。同时，托运人在此之前首先负有提供约定货物的义务，即应当在约定的地点托运种类和数量均符合约定的货物。

1. 妥善包装货物

托运人对于需要包装的货物，应当采用妥善的方法进行包装。此处的包装是指运输包装，不同于货物作为产品的包装，而是指为了保证货物运输安全以及运输工具安全而进行的包装。[①] 至于妥善的方法具体含义，《海商法》未作规定，而《民法典》第827条第1款规定：“托运人应当按照约定的方式包装货物。对包装方式没有约定或者约定不明确的，适用本法第六百一十九条的规定。”其中援引的第619条是关于买卖合同[②] 的规定：“出卖人应当按照约定的包装方式交付标的物。对包装方式没有约定或者约定不明确，依据本法第五百一十条[③] 的规定仍不能确定的，应当按照通用的方式包装；没有通用方式的，应当采取足以保护标的物且有利于节约资源、保护生态环境的包装方式。”据此采用妥善方法包装货物的认定，应当分为以下四个层次：

① 最高人民法院民法典贯彻实施工作领导小组主编：《中华人民共和国民法典合同编理解与适用》，人民法院出版社2020年版，第2135页。

② 《民法典》第646条规定：“法律对其他有偿合同有规定的，依照其规定；没有规定的，参照适用买卖合同的有关规定。”据此《民法典》关于买卖合同的规定，同时具有有偿合同通则规定的性质。

③ 《民法典》第510条是关于合同未约定或约定不明的补救措施的规定：“合同生效后，当事人就质量、价款或者报酬、履行地点等内容没有约定或者约定不明确的，可以协议补充；不能达成补充协议的，按照合同相关条款或者交易习惯确定。”

（1）首先应当达到承托双方基于海上货物运输合同或者其他方式，关于货物包装作出的约定。

（2）如果承托双方未约定或约定不明，可以补充协议；无法达成补充协议时，应当按照合同相关条款或交易习惯确定。

（3）依照上述方式仍然无法确定包装方法时，应当采用通用的包装方法。例如，大理石、陶瓷、玻璃等易碎货物，通常应当采用高度防震的包装方法；食品货物应当采用保证新鲜、安全的包装方法。①

（4）如果没有通用的方法，应当采用足以保护货物的包装方法，即在通常的照管和运输条件下，能够保护货物避免多数的轻微损害。② 同时，包装方法还应满足有利于节约资源、保护生态环境的要求。此项要求较之原《合同法》第 156 条属于新增规定，体现了《民法典》第 9 条规定的绿色原则。③

托运人如果未能履行妥善包装货物的义务，产生的法律后果分为以下两个方面：

（1）承运人可以拒绝运输。《民法典》第 827 条第 2 款规定："托运人违反前款规定的，承运人可以拒绝运输。"

（2）如果对于承运人造成损失，托运人应当承担赔偿责任。根据《海商法》第 66 条第 1 款第 2 句的规定，托运人承担赔偿责任不考虑是否存在过错，即采用无过错责任原则。

案例模型

托运人妥善包装货物的义务

托运人托运一批工艺品，并为此从正规渠道采购了包装材料进行保护。但是，该包装材料实为伪劣产品，船舱温度稍一升高即发生严重破裂，而且大量黏连在船舱内壁，导致承运人额外支出了清理费用。

虽然货物包装不良并非由于托运人的过错，但托运人仍应赔偿由此对于承运人造成的损失。

① 谢鸿飞、朱广新主编：《民法典评注·合同编：典型合同与准合同》（第 1 册），中国法制出版社 2020 年版，第 115 页。

② 郭瑜：《海商法教程》（第 2 版），北京大学出版社 2012 年版，第 120 页。

③ 《民法典》第 9 条规定："民事主体从事民事活动，应当有利于节约资源、保护生态环境。"

司法实践

托运人妥善包装货物的义务

● 山东省高级人民法院在马士基航运有限公司、石家庄鑫隆威化工有限公司海上、通海水域货物运输合同纠纷案①中认为：

涉案货物为塑料桶包装的硝酸，每桶280千克，鑫隆威公司负责将装有硝酸的塑料桶装入TCLU2316172号集装箱。青岛迪远国际物流有限公司出具的《集装箱装运危险货物装箱证明书》载明，TCLU2316172号集装箱适合装货，装箱包件完好无损、装箱正确、衬垫加固合理，货物已均匀分布在箱内。上述证明书为装箱正确和衬垫加固合理的初步证据。然而，涉案货物发生泄漏后，打开集装箱时可见，集装箱门与塑料桶之间的两根宽木条中，上面的一根折断，表明集装箱内的塑料桶在运输途中发生了位移，因此，可以认定塑料桶未被有效地固定，鑫隆威公司采取的衬垫加固措施不当，属于货物包装不良。在没有证据证明承运人对集装箱照管不当导致货物泄漏的情况下，应当认定包装不良导致了货物泄漏。

关于第二个焦点问题。根据《海商法》第六十六条第一款的规定，托运人托运货物，应当妥善包装。由于包装不良，对承运人造成损失的，托运人应当负赔偿责任。马士基公司有权要求鑫隆威公司就货物泄漏给其造成的损失承担赔偿责任。

关于专家差旅费3420欧元、咨询费18,200欧元，马士基公司没有提交证据证明专家从意大利到现场并提供咨询的必要性。关于设备改造预付款35,000欧元，该项目为预付款，并非最终结算款项，且用以证明该35,000欧元支付的证据仅为电子邮件中的内容，并无经公证认证的付款凭证予以证实。漏酸处理操作费38,149.37欧元，其中36,713.37欧元的费用附有工作项目清单，列明了拖车使用、机械修理、沥青修补、包装墙、氮羧酸紧急处理、堆存和拆箱人工等项费用的数额。鑫隆威公司没有提交证据证明上述收费存在不合理之处，可以认为上述费用是处理涉案事故的必要费用。漏酸处理操作费77,052.44欧元，马士基公司没有提交证据证明上述费用的合理性。

马士基公司主张，TCLU2316172号集装箱的箱体损失以新集装箱价值减去十年折旧费用计算，为1785美元。马士基公司的上述主张具有合理性，其有权要求鑫隆威公司赔偿上述箱体损失。

马士基公司要求鑫隆威公司承担MSKU4123879号集装箱超期使用费2600美元，并要求

① 青岛海事法院(2018)鲁72民初1386号民事判决书；山东省高级人民法院(2019)鲁民终1097号民事判决书。

鑫隆威公司返还 MSKU4123879 号集装箱，如不能还箱的，则应赔偿该集装箱损失 2600 美元。本院认为，涉案货物装入 MSKU4123879 号集装箱，并非马士基公司与鑫隆威公司协商一致的结果，马士基公司要求鑫隆威公司承担该集装箱的超期使用费及赔偿该集装箱的损失，没有事实和法律依据。

综上，鑫隆威公司应当赔偿马士基公司漏酸处理操作费 36,713.37 欧元（按照起诉之日中国人民银行公布的 1 欧元兑 7.8759 元人民币的汇率中间价折算，合人民币 289,151 元）、TCLU2316172 号集装箱的箱体损失 1785 美元（按照起诉之日中国人民银行公布的 1 美元兑 6.7891 元人民币的汇率中间价折算，合人民币 12,119 元），并赔偿上述款项的利息损失。

● 上海海事法院在地中海航运公司与百奥明饲料添加剂（上海）有限公司、上海联东地中海国际船舶代理有限公司海上货物运输合同纠纷案[①]中认为：

MSC 公司提供的证据表明，各方联合对泄漏集装进行开箱检验，箱内货物铁架坍塌，右侧一排底层的桶已经垮塌，内部液体全部泄漏，右侧上层的桶倾斜；凯瑞公司出具检验报告认为，涉案货物泄漏系因箱内货物装载未妥善垫衬、货物包装填充不当（强度不足）致货物在箱内垮塌所致。百奥明公司提供的证据未涉及箱内货物装载垫衬是否妥善、铁架强度是否充分，不足以反驳检验报告结论，结合泄漏集装箱装载于舱内及涉案另一集装箱货物未发生泄漏的事实，涉案泄漏货物包装不良具有高度可能性，本院认定涉案泄漏货物包装不良。百奥明公司未提供有效证据证明涉案货物泄漏系因船舶遭遇台风或因 MSC 公司积载不当所致，应承担不利的后果，本院对其百奥明公司的该抗辩主张不予认可。

托运人对因货物包装不良对承运人造成的损失，应当负赔偿责任。本案中，MSC 公司因涉案货物泄漏共支付各项费用 136,335 元。百奥明公司提出异议称，涉案货物中仅有一个集装箱货物泄漏，MSC 公司未及时安排货物重新出运减少码头费用，且码头费用标准不明确。本院认为，MSC 公司在深圳赤湾码头对发生泄漏的集装箱货物、同一提单下的 MEDUXXXXXXX 号集装箱货物卸下，对污染集装箱进行清洗、要求百奥明公司在重新出运前对涉案货物进行加固包装以确保运输安全，MSC 公司相关措施并无不必要或不合理之处。百奥明公司亦未就其主张提供相应的证据，其关于费用必要性和合理性的异议均不能成立。MSC 公司有权要求百奥明公司向其赔偿上述费用损失及相应的利息，MSC 公司有关利息损失的主张合理，本院予以确认。

● 天津海事法院在地中海航运有限公司与天津市泰戈国际贸易有限公司海上货物运输

① 上海海事法院（2016）沪 72 民初 2409 号民事判决书。

合同纠纷案[①]中认为：

经当地海关批准后，在主管机关的监督下由赤湾集装箱码头有限公司工作人员对涉案两个集装箱进行了开箱查勘与排险。尾号为2543的集装箱中发现15包货物包装破损，另一个集装箱中发现64包货物包装破损，内装固态货物仍在持续渗漏。7月15日，在主管机关监督下存在破损的79包货物由深圳市东江环保股份有限公司运出码头做无害处理。其余货物仍装在涉案两个集装箱内，亦出现泄漏。8月1日至2日，按照被告提出的方案经过当地主管机关批准后，被告安排了作业人员将货物重新包装、积载，装入了三个集装箱存放在赤湾码头。8月20日，被告向原告出具了终止运输保证函，声明涉案运输行程终止。随后，在得到相关批准后被告将涉案货物由深圳赤湾码头运回生产工厂。

泄漏发生后，原告委托唛士通公证行有限公司对货物、集装箱及箱内包装袋的情况进行检查，该公司于7月12日到现场并出具了调查报告。调查结论为，由于高温和持续的降雨导致装有硫氢化钠的集装箱内空气潮湿，硫氢化钠变成液体流出将箱板污染；并在补充的报告中指出，货物因为不当的且泄漏的包装导致货物在集装箱内与潮湿的空气发生反应，因此导致了该事故的发生。原告为此向该公司支付了港币2280元。原告随后又委托民太安财产保险公估有限公司对货物破损的确切情况、损坏程度和原因等进行调查，该公司分别于7月16日、8月2日和4日到现场调查并出具报告，报告中记录了货物状况、处理方案等，检验人员认为一个或几个不合格包装可能导致产品暴露于湿热空气中，并且因此产生反应和集装箱内的货物泄漏。原告向该公司支付检验费用1115美元。同时，原告又委托了希腊的公司PolyecoS.A到现场参与事情的处理，该公司委派的两名工作人员从希腊来到深圳赤湾码头进行了集装箱检验、气体测量、报告、协调与监督等工作。原告为此向该公司支付了25日的费用共计122,700欧元。

为处理涉案货物泄漏，原告向深圳中外运船务代理有限公司支付费用共计人民币34,388元，其中包括为希腊调查员办理手续的相关费用人民币14,236元；向赤湾集装箱码头有限公司支付劳工费用、起重费用、称重费用、材料费用、处理费用、存储费用等共计人民币161,993元；发生了修箱费人民币305.85元。

2014年12月10日，原告向被告出具账单共计165,564.63美元+人民币196,686.85元。被告认为费用不合理至今未付，遂成讼。

……

① 天津海事法院（2015）津海法商初字第614号民事判决书。

《海商法》第六十六条第一款规定，托运人托运货物，应当妥善包装，并向承运人保证，货物装船时所提供的货物的品名、标志、包数或者件数、重量或者体积的正确性；由于包装不良或者上述资料不正确，对承运人造成损失的，托运人应当负赔偿责任。本案中，原告为承运人，被告为托运人。涉案货物的包装袋破损，货物发生泄漏，被告应对由此给承运人造成的损失承担赔偿责任。

2. 正确申报货物

正确申报货物，是指托运人应当提供正确的货物品名、标志、包数或件数、重量或体积。《民法典》第825条第1款规定："托运人办理货物运输，应当向承运人准确表明收货人的姓名、名称或者凭指示的收货人，货物的名称、性质、重量、数量，收货地点等有关货物运输的必要情况。"

托运人违反此项义务而造成承运人损失，应当承担赔偿责任。《民法典》第825条第2款规定："因托运人申报不实或者遗漏重要情况，造成承运人损失的，托运人应当承担赔偿责任。"据此托运人的赔偿责任限于"申报不实"和"遗漏重要情况"两种情形。[①]《海商法》第66条第1款第2句的规定更为严格，只要托运人申报的信息不正确且造成了承运人的损失，即应承担赔偿责任，而不考虑托运人是否存在过错，即采取无过错责任原则。

理论探讨

托运人未正确申报货物的更正

即使托运人最初提交的货物信息有误，如果托运人在合理时间内得以成功更正，应当认为托运人仍然履行了正确申报货物的义务。[②]例如，上海市高级人民法院在法国达飞轮船股份有限公司、上海龙飞国际物流有限公司与上海华安国际集装箱储运有限公司、上海懂景集装箱运输有限公司、永富国际货物运输代理有限公司、上海亿通国际股份有限公司海上货物运输合同纠纷案[③]中认为：

法国达飞公司主张在涉案4个集装箱的货重数据被申报错误的问题上，集装箱

① 谢鸿飞、朱广新主编：《民法典评注·合同编：典型合同与准合同》（第3册），中国法制出版社2020年版，第280页。

② 司玉琢、王彦君、关正义主编：《中国海事案例裁判要旨通纂》（海上货物运输卷）（上册），北京大学出版社2017年版，第390页。

③ 上海市高级人民法院（2011）沪高民四（海）终字第149号民事判决书。

的托运人及其代理人、受雇人均有过错，华安公司、永富公司、龙飞公司、懂景公司和亿通公司分别作为托运人或者托运人的代理人、受雇人，应承担相应责任（其在二审中不再要求永富公司和亿通公司承担责任）。根据二审查明的事实，涉案4个集装箱的货重数据在2008年1月12日首次录入时确实被录入错误，但根据《上海市海上国际集装箱电子装箱单运作规则（试行）》第十三条的规定，允许集装箱托运人以规定的方式申请更改错误录入的相关数据。本案中，4个集装箱货重数据错误录入的情况被发现后，4个集装箱的托运人（或其代理人、受雇人）在允许的合理时间内向相关部门申请更改货重数据，并更改成功，即履行了更正义务。外理公司于1月13日从EDI平台获取的进港装箱单报文中涉案4个集装箱货重数据已是更改后的正确数据、法国达飞公司依照4个集装箱的正确货重数据于1月15日签发了涉案提单、法国达飞公司的上海代理华港船代按规定于1月17日通过EDI平台发送给海关等部门的出口清洁舱单上记载的4个集装箱的货重数据均是正确的等事实可以证明，最终被有效采纳的涉案4个集装箱的货重数据是申报正确的。据此，原审法院关于涉案4个集装箱的货重数据被申报错误、集装箱的托运人及代理人、受雇人应承担责任的认定有误，龙飞公司的此节上诉理由可以成立。

国际公约关于托运人正确申报货物义务的规定与《海商法》基本一致，《海牙规则》第3条第5款规定："托运人应被视为已在装船时向承运人保证，由他提供的唛头、号码、数量和重量均正确无误；并应赔偿给承运人由于这些项目不正确所引起或导致的一切灭失、损坏和费用。承运人的这种赔偿权利，并不减轻其根据运输合同对托运人以外的任何人所承担的责任和义务。"

《汉堡规则》第17条第1款规定："托运人应视为已向运送人保证他所提供列入提单的有关货物的一般性质、标记、件数、重量和数量的细节正确不误。托运人必须赔偿运送人因为这些细节不正确而引起的损失。托运人即使已将提单转让，仍须负赔偿责任。运送人获得此种赔偿的权利，绝不减少他根据海上运送合同对托运人以外的任何人所负的赔偿责任。"

此外，《海商法》第66条第2款规定："承运人依照前款规定享有的受偿权利，不影响其根据货物运输合同对托运人以外的人所承担的责任。"此项规定主要是针对作为海上货物运输合同第三人的提单持有人。如果托运人已经通过提单的流转转让了货物，同时又由于托运人未能妥善包装或者正确申报货物导致货物灭失或损坏，此时承运人仍应根据法律规定向提单持有人承担赔偿责任，但在承担责任后可以向托运人追偿；如果符合法律规定的免责事由，如《海商法》第 51 条第 1 款第 10 项规定的“货物包装不良或者标志欠缺、不清”，承运人仍可主张免责。

案例模型

托运人正确申报货物的义务

托运人为少交运费而谎报了货物重量，导致承运人的起重设备损坏，货物也因此摔落受损。托运人在运输期间已将货物转卖，买方在目的港凭提单提取货物时，发现货物严重损坏，遂向承运人主张损害赔偿。

虽然货物损坏的原因是托运人申报的货物资料不正确，即托运人未履行正确申报货物的义务，但承运人根据《海商法》第 66 条第 2 款的规定，仍应向提单持有人承担赔偿责任。但是，承运人承担责任后可向托运人追偿，托运人还应赔偿承运人起重设备损坏造成的损失。

（三）及时办理货物运输手续

《海商法》第 67 条规定：“托运人应当及时向港口、海关、检疫、检验和其他主管机关办理货物运输所需要的各项手续，并将已办理各项手续的单证送交承运人；因办理各项手续的有关单证送交不及时、不完备或者不正确，使承运人的利益受到损害的，托运人应当负赔偿责任。”

根据上述规定，托运人负有及时办理货物运输手续的义务，具体包括两个方面：一是及时向港口、海关、检疫、检验和其他主管机关办理货物运输需要的各项手续；二是将已办理各项手续的单证送交承运人。《民法典》第 826 条也规定：“货物运输需要办理审批、检验等手续的，托运人应当将办理完有关手续的文件提交承运人。”

托运人如果未能履行及时办理货物运输手续的义务，即办妥各项手续的单证送交不及时、不完备或不正确，而且造成了承运人的损失，应当承担赔偿责任。此项责任同样不以托运人存在过错为条件，即采用无过错责任原则。

案例模型

托运人及时办理货物运输手续的义务

托运人托运一批货物，已经办妥了货物的运输手续，但在赴承运人的办公地点送交单证期间，由于驾驶的汽车自燃导致单证烧毁。

虽然托运人未能及时送交单证并非由于托运人的过错，但仍应赔偿由此对于承运人造成的损失。

司法实践

托运人及时办理货物运输手续的义务

● 青岛海事法院在法国达飞海运集团与江苏汇鸿国际集团中锦控股有限公司海上、通海水域货物运输合同纠纷案①中认为，托运人提供伪造的植物检疫证书导致承运人遭受损失，应当承担损害赔偿责任：

本院已生效的（2017）鲁72民初773号民事判决书中载明，中华人民共和国黄岛出入境检验检疫局经审查发现编号EC/LV/001422和EC/LV/001423植物检疫证书均系伪造证书，该局对上述证书予以扣留。涉及上述两份植检证书的货物不符合出入境检验检疫机关的报检条件，不能办理通关手续。本院在（2017）鲁72民初773号一案中，调取的国家检验检疫局与拉脱维亚驻华大使馆的往来邮件中载明：拉脱维亚国家植物保护机关告知，植物检疫证书是伪造的，他们并没有签发该证书。……上述证书在18项，显示的签字人员AtisEgle，从未担任过拉脱维亚国家植物保护机关的检验人员。拉脱维亚国家植物保护机关不会为注册在其他国家的企业签署植物检疫证书。该两份伪造的证书签发日期显示为2016年7月4日。

……

《海商法》第六十七条规定：托运人应当及时向港口、海关、检疫、检验和其他主管机关办理货物运输所需要的各项手续，并将已办理各项手续的单证送交承运人；因办理各项手续的有关单证送交不及时、不完备或者不正确，使承运人的利益受到损害的，托运人应当负赔偿责任。据此可知，原告作为承运人因托运人DAMMIXAS提供伪造的植物检疫证书的行为而遭受的损失，应当由托运人承担赔偿责任，原告要求被告江苏汇鸿赔偿其滞箱费等损失，于法无据，本院不予支持。

● 上海海事法院在地中海航运公司与百奥明饲料添加剂（上海）有限公司、上海联东地中海国际船舶代理有限公司海上货物运输合同纠纷案②中认为，货物由于欠缺授权而被海

① 青岛海事法院（2017）鲁72民初1388号民事判决书。

② 上海海事法院（2016）沪72民初2409号民事判决书。

关查验滞留，托运人未办妥海关手续导致承运人遭受损失，应当承担赔偿责任：

装有涉案货物的集装箱被送达码头场站后，被告作为托运人应保证已向海关等主管机关办理货物运输所需要的各项手续。涉案货物因欠缺授权的原因被海关查验滞留，被告未能在规定的时间内将集装箱装船付运，造成作为承运人的原告利益受到损害，根据《海商法》第六十七条关于“托运人应当及时向港口、海关、检疫、检验和其他主管机关办理货物运输所需要的各项手续，并将已办理各项手续的单证送交承运人；因办理各项手续的有关单证送交不及时、不完备或者不正确，使承运人的利益受到损害的，托运人应当负赔偿责任”的规定，被告作为托运人应负赔偿责任。

（四）妥善托运危险货物

1.《海商法》关于妥善托运危险货物的规定

危险货物主要是指易燃、易爆、有毒、有腐蚀性、有放射性的货物。关于托运人妥善托运危险货物的义务，《海商法》第 68 条规定：

> 托运人托运危险货物，应当依照有关海上危险货物运输的规定，妥善包装，作出危险品标志和标签，并将其正式名称和性质以及应当采取的预防危害措施书面通知承运人；托运人未通知或者通知有误的，承运人可以在任何时间、任何地点根据情况需要将货物卸下、销毁或者使之不能为害，而不负赔偿责任。托运人对承运人因运输此类货物所受到的损害，应当负赔偿责任。
>
> 承运人知道危险货物的性质并已同意装运的，仍然可以在该项货物对于船舶、人员或者其他货物构成实际危险时，将货物卸下、销毁或者使之不能为害，而不负赔偿责任。但是，本款规定不影响共同海损的分摊。

上述规定应从以下四个方面进行理解：

（1）托运人的义务具体分为三项：一是妥善包装危险货物；二是设置危险品标志和标签；三是将危险货物的正式名称和性质以及应当采取的预防危害措施，以书面形式通知承运人。三项义务的履行均须依照海上危险货物运输的规定，主要表现为《国际海运危险货物规则》（International Maritime Dangerous Goods Code，IMDG Code）。

（2）关于托运人违反上述第一项、第二项义务，即妥善包装危险货物、设置危险品标志和标签义务的法律后果，《海商法》未作规定。《民法典》第 828 条第 1 款规定：“托运人托运易燃、易爆、有毒、有腐蚀性、有放射性等危险物品的，应当按照国家有关危险物品运输的规定对危险物品妥善包装，做出危险物品标志和标签，并将有关危险物品的名称、性质和防范措施的书面材料提交承运人。”第2款规定：“托运人违反前款规定的，承运人可以拒绝运输，也可以采取相应措施以避免损失的发生，因此产生的费用由托运人负担。”据此托运人如果未妥善包装危险货物，或者未设置危险品标志和标签，承运人可以选择拒绝运输，也可以采取措施避免损失发生，并要求托运人负担由此产生费用。

典型案例

宁波海事法院海上货物运输合同纠纷典型案例

托运人对危险品货物包装不当致使货物泄漏污染船货，承运人采取措施使之无害，提单持有人无权主张货物灭失损失。

【案情摘要】

2009年11月，奥燃公司向美洲发展公司购买780吨不饱和无环烃。同年12月31日，以星公司在委内瑞拉关塔接受773.19吨不饱和无环烃，运往中国宁波，其签发提单记载托运人为PROJECT公司，通知人为奥燃公司。货物在牙买加的金斯顿港转船后装载于“ZIM HAIFA”轮第022W航次。在驶往美国长滩途中，该货物严重泄漏。2010年2月15日，船舶抵达长滩港，经开箱检验，发现每个集装箱内有两个软囊，囊内货物均在泄漏。经检验，泄漏原因系软囊材质与货物不兼容，涉案货物为《联合国关于危险货物运输的建议书》第3082号危险品，为对环境有害的液态物质。以星公司将涉案货物进行卸载、转移等处理，并对船舶、货舱和其他集装箱进行防污清洁。“ZIM HAIFA”轮到达宁波港后，奥燃公司持有美洲发展公司背书的正本提单未能提到货物，故诉至法院，要求以星公司交付涉案货物，否则赔偿货值损失397,800美元。

【裁判结果】

本院认为，托运人托运涉案货物时未向承运人进行危险品申报，运输途中，因包装货物的软囊气密性很差，材质与货物不相兼容，导致货物向外泄漏，污染船舶和其他货物，以星公司在美国长滩将货物卸下，使之不能为害，系正当处置措施，依法不负赔偿责任。据此，判决驳回奥燃公司的诉讼请求，得到二审法院维持。

【典型意义】

在古老的航海事业中，航海曾是风险的代名词。随着科技进步和通信手段的发达，海上风险与此前相比大为不同，但确保船货安全，仍是承运人考虑的首要目标。其措施之一为对危险品货物运输应采取更为严格的规定。托运人对此负有妥善包装、如实申报的义务，否则应承担不利后果。本案中，托运人未能如实申报危险品并妥善包装，致使货物泄漏，导致船货遭受污染。承运人据此将货物卸载销毁，对此不负赔偿责任，并有权向托运人索赔由此产生的合理费用。

（3）如果托运人未能履行书面形式通知承运人的义务，包括未通知或者通知有误，承运人享有的权利通常称为自由处置权，即可以在任何时间、任何地点根据情况需要将货物卸下、销毁或者使之不能为害，而不必向托运人承担赔偿责任；相反对于承运人因此遭受的损失，托运人应当承担赔偿责任。此处“根据情况需要”，表明承运人采取的措施应当符合当时实际情况的需要，尽量减少采取措施可能造成的损失。同时，根据《民法典》第828条第2款的规定，承运人也可以选择拒绝运输，或者要求托运人负担由于采取措施而产生的费用。此处对于托运人责任采取的同样是无过错责任原则，即不考虑托运人是否存在过错。

案例模型

托运人妥善托运危险货物的义务

托运人作为国际货物买卖合同的买方托运一批胡椒粉，但卖方实为恐怖分子，向其销售的货物则是火药。运输期间火药发生爆炸导致船舶沉没。

虽然托运人未能如实将危险货物的情况如实通知承运人并非由于托运人的过错，但仍应赔偿由此对于承运人造成的损失。

（4）即使承运人已经知道危险货物的性质，并且同意装运该货物，仍然可以在货物对于船舶、人员或者其他货物构成实际危险时，将货物卸下、销毁或者使之不能为害，而不必向托运人承担赔偿责任。据此首先可以明确，托运人托运危险货物，必须首先与承运人达成协议，即征得承运人的同意。其次，承运人采取此种处置措施的前提是危险已经实际存在，而不只是预计可能出现。此外，承运人采取此种措施不影响共同海损的分摊，即承运人仍应承担按照共同海损分摊措施造成的损失。

司法实践

托运人妥善托运危险货物的义务

● 天津海事法院在北英保赔协会与凯丰工业有限公司、天津市凯丰化工有限公司海上、通海水域货物运输合同纠纷案[①]中认为，托运人未如实申报危险品，对于由此造成的损失应当承担赔偿责任：

本案中，北英保赔协会提交的《专家报告》《联合备忘录》《爆炸事故原因报告》《事故原因调查报告》与出口货物报关单相互印证，证明了涉案货物系次氯酸钙，为危险品。凯丰工业公司作为托运人在向承运人订舱时将货物名称记载为“clearaquaagent”，中文译文“净水剂”，未作危险品申报。凯丰工业公司未履行托运危险品的告知义务，将危险品作为普通货物进行托运，导致承运人未能按《国际海运危险货物规则》的要求进行运输，对由此造成损失，凯丰工业公司应承担赔偿责任。

● 上海海事法院在中海集装箱运输（香港）有限公司与濮阳宏业进出口贸易有限公司海上货物运输合同纠纷案[②]中认为，托运人未如实申报危险品的品名，导致本应装载于舱面的装载在舱内，对于由此造成的损失应当承担赔偿责任：

在涉案的提单及报关单中，宏业公司申报的两个集装箱货物的品名均为强力还原剂（L—蛋氨酸）。在CSLU1559547号集装箱发生严重泄漏事故后，经检验认定CSLU1559547及CCLU2671519号集装箱内装载的货物不是L—蛋氨酸，而是一种名为二氧化硫脲的化学物质，该物质在国际危险货物运输规则中被列为UN3341类物质，其积载类型为D，即仅限装载在甲板上。本院认为，由于宏业公司未如实申报货物品名，致使危险货物二氧化硫脲被当成一般化工品L—蛋氨酸装载在船舱内，最终遇热发生化学反应造成了本次事故，宏业公司应对本次事故给承运人造成的损失承担赔偿责任。

● 宁波海事法院在武汉昊诚能源科技有限公司与宁波均泽国际物流有限公司、宁波美设国际货运代理有限公司海上、通海水域货运代理合同纠纷案[③]中认为，托运人未如实申报危险品，对于由此造成的损失应当承担赔偿责任：

昊诚公司作为专门生产电池的公司，应当知道涉案部分货物的危险性及预防危害措施，昊诚公司持有的两种型号电池的《货物运输条件鉴定报告书》也可佐证其已经知晓涉案部分

① 天津海事法院（2019）津72民初610号民事判决书。
② 上海海事法院（2014）沪海法商初字第584号民事判决书。
③ 宁波海事法院（2020）浙72民初970号民事判决书。

货物系海运危险品，故昊诚公司仅提供电池型号，而未将其中两种型号的电池作为危险品申报，显然违反了法律规定的强制性义务。均泽公司作为昊诚公司的代理人，在昊诚公司未向其披露涉案货物系危险品前提下，其无申报危险品的法定或约定义务，故昊诚公司有关均泽公司未向其提出危险品申报要求而应由均泽公司承担责任的抗辩，于法有悖，本院不予采纳。美设公司作为无船承运人，理应了解危险品运输的申报义务，其在明知货物为锂电池的情况下，接受涉案货物的承运业务，美设公司未尽谨慎审核义务要求托运人申报货物更为详细信息，一定程度上存在放任危险品当作普通货物运输的过错，综合以上分析，本院认为涉案危险品瞒报应由托运人昊诚公司负主要责任，无船承运人美设公司负次要责任，具体责任比例本院酌定由昊诚公司承担80%，美设公司自担20%。

● 广州海事法院在地中海航运有限公司与浏阳市新里程贸易有限公司海上货物运输合同纠纷案[①]中认为，托运人在托运货物时虽未如实申报危险品，但在起运后提供的提单补料中如实告知了危险品的情况，此时承运人仍按一般货物向海关申报导致货物被查扣，也应承担相应责任：

《海商法》第六十八条第二款规定，“承运人知道危险货物的性质并已同意装运的，仍然可以在该项货物对于船舶、人员或者其他货物构成实际危险时，将货物卸下、销毁或者使之不能为害，而不负赔偿责任”。被告在托运货物时虽然未向原告如实申报危险品货物，但货物起运后，被告向原告提供的提单补料如实告知了托运的货物为烟花爆竹，原告的代理根据被告提供的提单补料签发了提单，提单注明了货物为烟花爆竹，表明涉案货物在运抵意大利焦亚陶罗港之前原告已知道被告托运的货物为危险品货物。作为善意、谨慎的承运人，原告应当在货物抵达意大利焦亚陶罗港之前通知被告补充提交烟花爆竹的申报单证，并如实向抵运港申报危险品货物。但原告未尽善意、谨慎之义务，仍以一般货物申报，因此原告对涉案货物被意大利焦亚陶罗海关查扣，亦应承担相应的责任。

● 厦门海事法院在中海集装箱运输股份有限公司与厦门诚达运通国际货运代理有限公司海上、通海水域货物运输合同纠纷案[②]中认为，托运人未如实申报危险品，对于由此造成的损失应当承担赔偿责任：

根据《海商法》第六十八条第一款的规定，托运人托运危险货物，应当按照有关海上危险货物运输的规定，妥善包装，作出危险品标志和标签，并将其正式名称和性质以及应当

① 广州海事法院（2011）广海法初字722号民事判决书。
② 厦门海事法院（2016）闽72民初717号民事判决书。

采取的预防危害措施书面通知承运人。本案中，诚达公司主张，案涉货物中的锂电池不属于危险品，没有按照危险货物进行申报的必要。因此，本案有必要先对 SEGU4164932 集装箱的货物是否属于危险货物进行判断。

综合本案证据和相关规定来看，本案应当认定 SEGU4164932 集装箱中含锂离子电池的移动电源属于危险货物。理由是：首先，海运危险货物是指在海上运输过程中因其本身的易燃、易爆、腐蚀、有毒、放射性等物理、化学性质，从而可能使船舶、货物、人员、环境遭受损害而需要特别防护的货物。由于锂金属的化学特性非常活泼，使锂金属的加工、保存、使用和运输对环境的要求非常高，在遇到破坏性短路、外部应力过分集中、水分含量过高等情况下容易发生爆炸或自燃。在现代社会，含有锂离子电池的移动电源在日常生活中广泛使用，因锂离子电池引发的爆炸、自燃事故也并不少见。正因为锂离子电池的特殊属性，不仅《国际海运危险货物规则》将锂离子电池组划分为第 9 类危险品，而且《联合国关于危险货物运输建议书规章范本》也将锂电池组列为危险品，应进行二类包装运输。而且，我国交通管理部门制定的《危险货物品名表》亦将锂电池组列为“第 9 类：杂项危险货物和物品”。可见，无论是根据国际规则还是国内法规，含锂离子电池的移动电源均应认定为危险货物。其次，虽然《国际海运危险货物规则》特殊规则第一百八十八条规定，交付运输的锂离子电池如满足该条所列条件，则可如同非危险货物一般进行运输。本案中，诚达公司、健子方公司并未举证证明其托运的锂离子电池满足特殊规则第一百八十八条规定的条件。虽然诚达公司、健子方公司提供的 MSDS 报告表明，其检验的 ZZ18650 型号圆柱形锂离子电池符合有效的 UN38.3 试验要求，但没有证据证明 SEGU4164932 集装箱中的锂离子电池是 ZZ18650 型号。特别是，欧亚公司的《检验报告》明确指出，SEGU4164932 集装箱中装载的锂离子电池货物未配备有如化学品安全技术说明书和有效的 UN38.3 试验报告等资料。这进一步证明，诚达公司、健子方公司主张的案涉锂离子电池均符合有效的 UN38.3 试验要求，可以不用作危险货物申报的结论并不成立。恒晟威公司单方的声明也不足为信。由此可见，诚达公司未将其托运的含锂离子电池的移动电源作危险货物申报，明显违反了《海商法》第六十八条第一款的规定。

2. 国际公约关于妥善托运危险货物的规定

国际公约关于托运人妥善托运危险货物义务的规定与《海商法》基本一致，《海牙规则》第 4 条第 6 款规定：“承运人、船长或承运人的代理人对于事先不知性质而装载的具有易燃、爆炸或危险性的货物，可在卸货前的任何时候将其卸在任何地点，或将其销毁，或使之无害，而不予赔偿；该项货物的托运人，应对由于装载该项货物而直接或间接引起的一切损害或费用负责。如果承运人知道该项货物的性质，并已同意装载，则在该项货物对船舶或货载发生危险时，亦得同样将该项货物卸在任何地点，或将其销毁，或使之无害，而不负赔偿责任，但如发生共同海损不在此限。”

《汉堡规则》第13条规定：

> 1. 托运人对危险货物必须以适当方式附加危险的标记或签条。
>
> 2. 托运人将危险货物交给运送人或实际运送人时，必须将货物的危险特性告知他，必要时并告知应采取的预防措施。如托运人不这样做，而此种运送人或实际运送人又未从其他方面得知货物的危险特性，则：
>
> （a）托运人对运送人和任何实际运送人由于运送这种货物而引起的损失负赔偿责任，及
>
> （b）对这种货物，可视情况需要，随时予以起卸、销毁、或使其成为无害，而不需给付补偿。
>
> 3. 任何人如在运送期间明知货物的危险特性而加以接管，即不得援引本条第2款的规定。
>
> 4. 如本条第2款（b）项的规定不适用或不能加以援引，而危险货物对生命或财产构成实际危险时，可视情况需要，将货物起卸、销毁、或使其成为无害，而不需给付补偿，除非有分担共同海损的义务存在，或运送人按照第5条的规定负有赔偿责任。

《鹿特丹规则》第15条规定：“虽有第11条和第13条规定，如果货物已对人身、财产或者环境形成实际危险，或者适度显现有可能在承运人责任期间内形成此种危险，承运人或者履约方可以拒绝接收或者装载货物，且可以采取包括将货物卸下、销毁或者使之不能致害等其他合理措施。”同时，第32条规定：

> 当货物因本身性质或者特性而已对人身、财产或者环境形成危险，或者适度显现有可能形成此种危险时：
>
> （a）托运人应当在货物交付给承运人或者履约方之前，及时将货物的危险性质或者特性通知承运人。托运人未履行此项义务，且承运人或者履约方无法以其他方式知道货物危险性质或者特性的，托运人应当就未发通知所导致的灭失或者损坏向承运人负赔偿责任；
>
> （b）托运人应当根据货物预定运输任何阶段所适用的公共当局的法律、条例或

者其他要求，对危险货物加标志或者标签。托运人未履行此项义务的，托运人应当就由此导致的灭失或者损坏向承运人负赔偿责任。

三、托运人的权利

托运人作为海上货物运输合同的当事人，最为基本的权利应是两项：

（1）要求承运人按照合同约定将货物安全运输至卸货地点并交付收货人；

（2）承运人违约造成损失时，依据合同约定或法律规定请求损害赔偿的权利。[①]

托运人除此以外另享有两项权利：一是要求承运人签发提单或其他运输单证；二是要求中止运输、返还货物、变更卸货地点或收货人。

（一）要求承运人签发提单或其他运输单证

《海商法》第72条第1款规定："货物由承运人接收或者装船后，应托运人的要求，承运人应当签发提单。"据此托运人在货物由承运人接收或装船后，有权要求承运人签发提单。如果货物已经装船，承运人签发的是已装船提单（shipped B/L，on board B/L）；如果货物仅接收而未装船，承运人签发的是收货待运提单（received for shipment B/L）。

《海商法》第72条第2款规定："提单可以由承运人授权的人签发。提单由载货船舶的船长签发的，视为代表承运人签发。"据此提单应由承运人或其授权的人签发，如承运人在装货港委托的代理人。如果载货船舶的船长签发提单，视为代表承运人签发。船长签发提单的此项权力由法律明确赋予，无须承运人的事先授权，而代理人签发提单必须得到承运人的授权。

托运人要求承运人签发提单的权利，仅限于与真实情况相符的提单，否则承运人有权拒绝。例如，托运人不得要求承运人签发倒签提单（anti-dated B/L），即在货物装船后签发、以早于货物实际装船日期为签发日期的提单。

《海商法》第42条第3项规定了两种托运人，即契约托运人和实际托运人或称发货人。两种托运人依据法律规定均有权要求承运人签发提单，但如果二者同时要求承运人签发提单，承运人应当如何处理，目前我国法律尚无明确规定。司法实践总体上倾向于承运人应向实际托运人签发提单。

---

① 司玉琢主编：《海商法》（第4版），法律出版社2018年版，第99页。

司法实践

契约托运人与实际托运人同时存在时承运人签发提单的对象

最高人民法院在裕升国际货运代理（上海）有限公司宁波分公司与浙江奋飞橡塑制品有限公司海上、通海水域货运代理合同纠纷案[①]中认为：

裕升公司确认涉案货物是奋飞公司从其工厂直接交付给裕升公司，根据《最高人民法院关于审理海上货运代理纠纷案件若干问题的规定》第八条第三款即“实际托运人是指本人或者委托他人以本人名义或者委托他人为本人将货物交给与海上货物运输合同有关的承运人的人”的规定，奋飞公司应为涉案货物的实际托运人。该条第一款规定：“货运代理企业接受契约托运人的委托办理订舱事务，同时接受实际托运人的委托向承运人交付货物，实际托运人请求货运代理企业交付其取得的提单、海运单或者其他运输单证的，人民法院应予支持。”因此，即使裕升公司接受了马蒂公司的委托代为订舱，其在取得承运人签发的正本提单后也应将该提单交予实际托运人奋飞公司。按照上述司法解释的规定，货运代理人在接受买方委托订舱并同时接受卖方委托向承运人交付货物的情况下，货运代理人有义务履行买方委托的货运代理事项，并将从承运人处取得的单证交付给卖方，这是作为代理人应尽的义务，也是提单系代表货物所有权单证的性质所决定，除非卖方在委托时约定或事后同意裕升公司可以将提单交付其他人。裕升公司关于其向马蒂公司交付提单的行为不存在过错的主张缺乏事实和法律依据，本院不予支持。

如果海上货物运输合同约定的运输单证是海运单或电子提单等其他运输单证，托运人也有权要求承运人签发对应的运输单证。

（二）要求中止运输、返还货物、变更卸货地点或收货人

《民法典》第 829 条规定：“在承运人将货物交付收货人之前，托运人可以要求承运人中止运输、返还货物、变更到达地或者将货物交给其他收货人，但是应当赔偿承运人因此受到的损失。”该条规定了托运人中途停运权，具体至海上货物运输合同即要求承运人中止运输、返还货物、变更卸货港或将货物交给其他收货人。本书第一章第三节在介绍海上货物运输合同的变更与解除时对此已有讨论。

---

① 最高人民法院（2015）民申字第 1337 号民事裁定书。

关于托运人的中途停运权的理解，需要着重关注以下两个方面：

（1）托运人的中途停运权规定在《民法典》，而《民法典》语境下的托运人仅限于契约托运人，因而具体至海上货物运输合同领域也仅有契约托运人享有中途停运权，实际托运人不享有此项权利。

司法实践

托运人的中途停运权

最高人民法院在骏荣内衣有限公司与宏鹰国际货运（深圳）有限公司与美国总统轮船（中国）有限公司深圳分公司海上、通海水域货物运输合同纠纷案[①]中认为：

根据原审认定的事实，本案中并无证据证明骏荣公司与美总深圳公司签订了海上货物运输合同，仅凭货代货物收据不能证明骏荣公司与宏鹰深圳公司订立了海上货物运输合同。骏荣公司并非与承运人订立运输合同的托运人，其主张适用《合同法》（现已废止）第三百零八条的规定行使中途停运权，缺乏依据。

（2）如果提单已经流转至第三人，承运人既需要向托运人履行海上货物运输合同，也受到提单的约束，包括在提单记载的卸货地点向提单持有人交付货物。如果托运人行使中途停运权，导致承运人无法在提单记载的卸货地点交付货物，承运人须向提单持有人承担赔偿责任。承运人遭受的此种损失应由托运人承担。

第二节　收货人的义务与权利

除托运人与收货人是同一主体的情形外，收货人本身不是海上货物运输合同的当事人。但是，由于海上货物运输合同具有涉他合同的特征，海上货物运输法律仍然在一定程度上规定了收货人的义务与权利。《海商法》第 78 条第 1 款规定："承运人同收货人、提单持有人之间的权利、义务关系，依据提单的规定确定。"

收货人的权利主要包括两项：一是提取货物的权利；二是承运人违约造成损失时请求损害赔偿的权利。收货人的义务主要涉及以下三项：一是支付运费和其他费用；二是及时提

① 最高人民法院（2016）最高法民申 1413 号民事裁定书。

取货物；三是发出货物灭失或损坏的书面通知。但是，收货人承担上述义务的前提，应是收货人向承运人主张提货或者请求损害赔偿，即因主张权利而承担义务。

一、支付运费和其他费用

《海商法》第 69 条第 2 款规定："托运人与承运人可以约定运费由收货人支付；但是，此项约定应当在运输单证中载明。"据此收货人首先负有在到付运费情形下支付运费的义务，但承托双方关于为收货人设定此项义务的约定必须在提单等运输单证中载明。

《海商法》第 78 条第 2 款规定："收货人、提单持有人不承担在装货港发生的滞期费、亏舱费和其他与装货有关的费用，但是提单中明确载明上述费用由收货人、提单持有人承担的除外。"据此如果提单中明确记载卸货港发生的滞期费、亏舱费等与装货相关的费用由收货人承担，收货人应当支付此类费用。

此外，收货人还应根据承运人的要求支付卸货港发生的船舶滞期费、共同海损分摊，以及其他不应由承运人承担的与卸货相关的费用。

二、及时提取货物

收货人负有及时提取货物的义务，否则将会由于占用承运人的仓库、设备、运输工具以及人力等资源而影响承运人的利益。[①]《民法典》第 830 条第 1 句规定："货物运输到达后，承运人知道收货人的，应当及时通知收货人，收货人应当及时提货。"此处同时也为承运人设定了通知义务，即承运人在货物运输到达后应当及时通知收货人，主要是由于收货人一般无法准确知晓到货时间。

收货人如果未能履行及时提取货物的义务，应当承担由此产生的费用以及风险。《民法典》第 830 条第 2 句规定："收货人逾期提货的，应当向承运人支付保管费等费用。"《海商法》第 86 条进一步规定："在卸货港无人提取货物或者收货人迟延、拒绝提取货物的，船长可以将货物卸在仓库或者其他适当场所，由此产生的费用和风险由收货人承担。"但是，司法实践通常认为此处规定的费用不包括集装箱超期使用费。

① 最高人民法院民法典贯彻实施工作领导小组主编：《中华人民共和国民法典合同编理解与适用》，人民法院出版社 2020 年版，第 2149 页。

典型案例

2017 年全国法院海事审判十大典型案例

招商局物流集团（天津）有限公司与以星综合航运有限公司、合肥索尔特化工有限公司海上货物运输合同纠纷案

【基本案情】

以色列以星航运公司与我国招商物流公司签订的订舱协议约定，招商物流公司委托以星航运公司作为其在天津的进出口货物运输承运人；若货物在目的港无人提取，招商物流公司将与托运人对因此给以星航运公司所造成的一切责任、后果和费用承担连带责任。2014 年 8 月，招商物流公司委托以星航运公司将一个 20 尺集装箱货物从天津新港运至乌克兰敖德萨港。以星航运公司签发了托运人为索尔特公司的指示提单，提单载明了集装箱的免费使用期与超期收费标准。货物到港后，一直没有收货人持正本提单提货。后货物在目的港被销毁，以星航运公司为此支付了目的港产生的销毁费用、堆存费、装卸费等。以星航运公司提起本案诉讼，请求判令招商物流公司、索尔特公司连带赔偿其目的港各项费用及集装箱超期使用费等经济损失 20,310 美元及利息。案件审理中，以星航运公司与招商物流公司均主张适用中国法律处理本案合同争议。

【裁判结果】

天津海事法院一审判令招商物流公司赔偿以星航运公司在目的港支付的货物处置费用及按照购置成本基础计算的集装箱超期使用费共计 66,152.52 元人民币及利息，驳回以星航运公司的其他诉讼请求。招商物流公司不服一审判决，提起上诉。

天津市高级人民法院二审认为：涉案提单系以星航运公司基于招商物流公司按照订舱协议提出的订舱要求所签发，虽提单记载托运人并非招商物流公司，但以星航运公司仍有权按照由订舱所形成的运输合同法律关系向订舱的托运人主张权利，当货物在目的港无人提货时，以星航运公司有权向合同相对方招商物流公司主张相应权利。承运人留置货物仅为其主张债权的方式之一，不留置货物并不影响承运人向托运人主张相关费用的权利。就货物销毁费用、堆存费、装卸费等损失，以星航运公司提交的在乌克兰目的港形成的相关证据经过公证认证，可相互印证。遂判决驳回上诉，维持原判。二审终审后，招商物流公司主动履行了判决确定的义务。

【典型意义】

本案系一起发生在“一带一路”沿线国家，因目的港无人提货引起的海上货物运输合

同纠纷。具有以下典型意义：一是明确了目的港无人提货给承运人造成损失的责任主体。在卸货港无人提取货物的情况下，承运人有权基于海上货物运输合同关系，向合同相对方托运人主张相应权利。二是明确了《海商法》第八十七条、第八十八条规定的承运人留置权并非其向托运人索赔的前置条件。留置货物仅为承运人主张债权的方式之一，承运人不留置货物并不影响其向托运人主张相关费用的权利。三是不把公证认证作为判断域外证据证明力的唯一标准，而是结合具体案情、域外证据种类、待证事实、可否与其他证据相互印证等因素，运用经验法则与逻辑推理，对域外证据进行综合认定，充分展示了“一带一路”建设背景下人民法院涉外商事海事审判的应有水平。

典型案例

大连海事法院国际海上货物运输合同纠纷典型案例五则

马士基公司诉鸿洋公司、华扬公司海上货物运输合同纠纷案

【案情摘要】

华扬公司作为货运代理人向马士基公司订舱后，马士基公司签发提单，记载托运人为鸿洋公司，收货人为 KARAVELA SIA，货物冻鲭鱼装载于 3 个 40 英尺超高冷冻集装箱内。货物到达卸货港拉脱维亚里加港后，马士基公司告知华扬公司收货人拒绝提货，华扬公司回复称鸿洋公司已收到货款，不再参与卸货港货权处理等事宜，拒绝退运并拒绝承担退运费用和卸货港发生的费用。马士基公司以货物长期滞留卸货港并占用集装箱为由在大连海事法院提起诉讼，请求判令鸿洋公司、华扬公司对滞箱费、卸货港费用和不能返还集装箱造成的集装箱损失承担连带赔偿责任。法院认为，各方当事人在庭审中均明示选择适用中国法，中国法为解决本案争议的准据法。马士基公司与鸿洋公司之间存在以提单证明的海上货物运输合同关系，鸿洋公司作为托运人与承运人约定将涉案货物交付提单记名的收货人，属于约定由第三人向债权人履行债务，收货人不履行收货义务导致装载货物的集装箱被长期占用而不能及时返还，应当由托运人鸿洋公司承担违约责任。但是马士基公司在无人提货的情况下，未采取重置同类型新集装箱等措施防止损失扩大，导致按其主张的费率计算的滞箱费数额已远远超过鸿洋公司订立合同时预见到或应当预见到的因违反合同可能造成的损失，因此判决鸿洋公司向马士基公司承担赔偿责任的滞箱费数额以市场同期同类规格新集装箱的重置价格为限。辽宁省高级人民法院二审维持原判决。

【典型意义】

承运人提供集装箱装载货物并将货物安全运抵卸货港，托运人指定的收货人应及时提取货物并向承运人返还集装箱。收货人因与托运人发生买卖合同纠纷而拒绝受让提单或受让提单后又拒绝换单提货，导致集装箱被长期占用而无法投入正常周转时，提单所证明的运输合同下的当事方仍是承运人和托运人。托运人具有默示保证收货人在卸货港按时提货的义务，根据合同相对性原则和由第三人履行债务的法律规定，应由托运人承担违约责任。托运人不能以货物已转让给收货人或已收到全额货款为由置之不理，而是应及时就退运、转港事宜与承运人进行协商或对货物处理作出指示，避免损失扩大。关于滞箱费的合理性，法院通常结合货物滞港时间长短、费用总金额的高低及承托双方在此过程中采取的减损措施等诸多因素作出合理认定，承运人未能及时告知托运人或未尽到减损义务而产生的扩大损失不应由托运人承担。

司法实践

收货人及时提取货物的义务

● 最高人民法院在中远集装箱运输有限公司与上海腓尼基国际物流有限公司、深圳腓尼基国际物流有限公司青岛分公司等海上、通海水域货物运输合同纠纷案[①]中认为,《海商法》第 86 条规定的费用，系指在卸货港无人提取货物或者收货人迟延、拒绝提取货物时，船长将货物卸在仓库或者其他适当场所产生的相关费用，而不包括集装箱超期使用费：

首先，涉案运输事实和提单 COPY 件可以证明该提单 COPY 件项下托运人与中远公司之间运输合同关系的存在，上海腓尼基向中远公司换取提货单的事实也可以证明其系提取该运输合同项下货物的收货人。但是，根据原审查明的事实，涉案货物运输存在两个运输合同关系：中远公司为实际承运人的海上货物运输合同关系以及 MTSLOGISTICS 为无船承运人的提单运输合同关系。MTSLOGISTICS 就涉案货物运输签发了正本提单，用于贸易流转。在中远公司为实际承运人的海上货物运输合同关系中，中远公司并未签发正本提单，而只是出具了提单 COPY 件，记载托运人为 T.E.A.MTRADE 公司，收货人为腓尼基国际物流有限公司。上海腓尼基虽然办理了换取提货单的手续，但并无证据证明其与中远公司存在运输合同关系，也并不

① 最高人民法院（2016）最高法民申 2157 号民事裁定书。

因换取提货单而负有正本提单关系项下收货人的合同义务。在此情况下，上海腓尼基仅仅是该提单 COPY 件证明的运输合同关系中，托运人指定在目的港提取货物的人。就该运输合同项下因未及时返还集装箱而造成的违约损失，承运人中远公司应当按照运输合同的约定向合同相对方托运人主张权利，上海腓尼基并不负有向中远公司支付集装箱超期使用费的合同义务。其次，《海商法》第八十六条规定所指的费用，系指在卸货港无人提取货物或者收货人迟延、拒绝提取货物时，船长将货物卸在仓库或者其他适当场所而产生的相关费用。该规定并不能成为由上海腓尼基承担集装箱超期使用费的法律依据。故二审判决上海腓尼基不承担涉案集装箱超期使用费的判决结果并无明显不当。

● 山东省高级人民法院在马士基航运有限公司、山东金海洋纸业有限公司海上、通海水域货物运输合同纠纷案①中认为，集装箱超期使用费、堆存费和码头操作费不是因收货人弃货而合理卸载产生的损失：

本案所涉买卖合同订立时，962266480 号提单项下货物装船时，金海洋纸业持有中华人民共和国限制进口类可用作原料的固体废物进口许可证，有效截止日期为 2017 年 12 月 31 日，但在货物到达目的港后，金海洋纸业提货前，上述许可证到期且未能办理出新的许可证，导致金海洋纸业不能办理通关手续提取货物，2018 年 5 月 18 日，金海洋纸业向马士基航运发出《弃货声明》，该行为构成拒绝提货。《海商法》第八十六条规定：在卸货港无人提取货物或者收货人迟延、拒绝提取货物的，船长可以将货物卸在仓库或者其他适当场所，由此产生的费用和风险由收货人承担。根据上述规定，马士基航运在金海洋纸业弃货后合理卸载产生的费用应由金海洋纸业承担。马士基航运在本案中作为原告提起赔偿的损失有两项，即（1）集装箱超期使用费，（2）堆存费和码头操作费，但该两项损失均不是因收货人弃货而合理卸载产生的损失，承运人关于依运价表约定每日支付一定数额的滞箱费为约定损失的赔偿条款，约定损失赔偿条款的目的是，当货方未能在约定的免费期内归还集装箱给承运人时，确定合同违约的损失数额。而堆存费和码头操作费显然系拒收货物前发生的费用，而不是收货人拒收货物后为处理货物而产生的损失，故马士基航运主张的损失不能依据《海商法》第八十六条的规定由金海洋纸业承担。

① 山东省高级人民法院（2019）鲁民终 2275 号民事裁定书。

三、发出货物灭失或损坏的书面通知

（一）《海商法》的规定

承运人向收货人交付货物时，如果货物发生了灭失或损坏，收货人应将此种情况书面通知承运人。《海商法》第 81 条第 1 款规定："承运人向收货人交付货物时，收货人未将货物灭失或者损坏的情况书面通知承运人的，此项交付视为承运人已经按照运输单证的记载交付以及货物状况良好的初步证据。"

根据上述规定，如果托运人未发出书面通知，承运人的交付行为视为已按运输单证记载交付货物，以及货物状况良好的初步证据（*prima facie*[①] evidence）。此后如果收货人主张货物存在灭失或损坏，应当承担举证责任。此处举证责任包括对于货物灭失或损坏发生期间的举证，即如果可能发生货损的原因或区间存在多种情形，收货人的举证不仅必须证明货损可能发生在承运人的责任期间，同时还要排除货损发生在承运人责任期间以外的可能性。《全国法院涉外商事海事审判工作座谈会会议纪要》第 55 条规定：

> 根据海商法第四十六条的规定，承运人对其责任期间发生的货物灭失或者损坏负赔偿责任。请求人在货物交付时没有根据海商法第八十一条的规定提出异议，之后又向承运人主张货损赔偿，如果可能发生货损的原因和区间存在多个，请求人仅举证证明货损可能发生在承运人责任期间，而不能排除货损发生于非承运人责任期间的，人民法院不予支持。

但是，《海商法》第 81 条第 1 款关于收货人应在货物交付时将货物灭失或损坏的情况书面通知承运人的规定，涉及以下两项例外情形：

（1）货物灭失或损坏的情况不是显而易见的情形。《海商法》第 81 条第 2 款规定："货物灭失或者损坏的情况非显而易见的，在货物交付的次日起连续七日内，集装箱货物交付的次日起连续十五日内，收货人未提交书面通知的，适用前款规定。"据此收货人在此情形下，发出书面通知的时间不再限定为交付货物时，而是根据货物是否属于集装箱货物，分别拓展至货物交付次日的连续 7 日或 15 日之内。

---

① "*prima facie*"系拉丁语，意为初步的、表面的。

司法实践

货物灭失或损坏的情况不是显而易见时收货人的通知义务

浙江省高级人民法院在上海展濠国际货运代理有限公司宁波分公司与浙江欧感机械制造有限公司海上货物运输合同纠纷案[①]中认为：

关于涉案海上货物运输是否存在货损以及责任承担问题。首先，对货损是否存在，双方自始至终均未持疑义，只是就损失范围、原因和责任各持不同观点；事后修理活动也反映了货损的客观存在，故认定涉案货物确实存在损坏。其次，对货损责任的承担问题，展濠宁波公司认为，欧感公司无证据证明货损发生在展濠宁波公司的责任期间，展濠宁波公司不应承担赔偿责任；而欧感公司则认为，涉案集装箱完好无损，现有证据中的照片可以排除在收货人卸货时发生货损的可能，货损最有可能发生在起运港展濠宁波公司装箱时。从双方的主张中可以看出，本案货损最有可能发生在货物从仓库装入集装箱和目的港收货人从集装箱中卸出货物两个过程中，当然也不能完全排除从仓库运至起运港堆场、整个海运过程、从堆场运至收货人场地等环节中发生货损的可能性。本案中，提单载明责任期间为CY-CY，但本案实际上是欧感公司将货物交至展濠宁波公司指定仓库。根据《海商法》第四十六条“承运人对集装箱装运的货物的责任期间，是指从装货港接收货物时起至卸货港交付货物时止，货物处于承运人掌管之下的全部期间”的规定，展濠宁波公司的责任期间是自仓库接收货物时起至目的港堆场向收货人交付货物时止。虽然涉案货损发生区段和原因存在多种可能性，表面上看欧感公司除了推测外，无明确证据证明货损具体发生区间段，也没有最终排除货方（收货人）行为导致货损，但《海商法》第八十一条第一款规定：“承运人向收货人交付货物时，收货人未将货物灭失或者损坏的情况书面通知承运人的，此项交付视为承运人已经按照运输单证的记载交付以及货物状况良好的初步证据。”第八十一条第二款规定：“货物灭失或者损坏的情况非显而易见的，在货物交付的次日起连续七日内，集装箱货物交付的次日起连续十五日内，收货人未提交书面通知的，适用前款规定。”本案中，欧感公司作为托运人在接到收货人有关发现货损的邮件后，立即向展濠宁波公司进行了通知，通知邮件中也较为清楚地说明了受损的情况，并附有受损情况的照片。《海商法》第四十八条规定，“承运人应当妥善地、谨慎地装载、搬移、积载、运输、保管、照料和卸载所运货物”。《海商法》第五十四条规定，“货物的灭失、损坏或者迟延交付是由于承运人或者承运人的受雇人、代理人的不能免除赔偿责任的原因和其他原因共同造成的，承运人仅在其不能免除赔偿责任的范围内负

① 宁波海事法院（2018）浙72民初1265号民事判决书；浙江省高级人民法院（2018）浙民终527号民事判决书。

赔偿责任；但是，承运人对其他原因造成的灭失、损坏或者迟延交付应当负举证责任”。因此，展濠宁波公司作为承运人负有举证责任，证明涉案货损不是发生在自己的责任期间。展濠宁波公司就此只提交了装货港装箱时的照片，这些照片限于拍摄角度、光线、视觉差、无法反映客观过程等多方面因素，不能确定排除货物装箱时发生货损的可能性。故展濠宁波公司未能提供充分证据免除责任。同时，展濠宁波公司在接到货损通知后，在欧感公司多次提到装货过程有问题的情况下，既未主动提出检验，也未主动核查受损情况、进而确定损害原因，最终涉案货物被修复，原因分析的基础也已丧失，该后果也应由展濠宁波公司承担。根据上述理由，一审法院认为，展濠宁波公司提供的证据尚不足以证明其将货物以良好状态交付给了收货人，结合本案其他证据情况，可推定涉案货损发生于展濠宁波公司责任期间，展濠宁波公司应对涉案货损承担赔偿责任。

（2）货物交付时承运人和收货人已经进行联合检查或检验的情形。《海商法》第 81 条第 3 款规定：“货物交付时，收货人已经会同承运人对货物进行联合检查或者检验的，无需就所查明的灭失或者损坏的情况提交书面通知。”此时货物灭失或损坏的情况应当根据检查或检验结果确定。

司法实践

承运人和收货人已经联合检查或检验时收货人的通知义务

辽宁省高级人民法院在阳明海运股份有限公司与辽宁万融贸易有限公司海上货物运输合同纠纷案[①]中认为，如果承运人未回应收货人关于联合检验的通知，视为放弃对于货物进行检验而调查了解货损情况的权利：

《海商法》第八十一条第三款规定，收货人可以会同承运人对货物损失情况进行联合检验。万融公司在 2016 年 4 月 30 日、6 月 5 日两次通知阳明海运对货物受损情况进行联合检验，但阳明海运均未回应，应视为其放弃了对货物进行检验进而调查了解货损情况的权利。根据《合同法》（现已废止）第一百一十九条第一款的规定，万融公司负有减少损失的义务，但货物处理前存放了近 10 个月，时间过长会对受损货物的贬值有一定影响，故万融公司应分担一定的货物价值损失。对货物价值损失，酌定阳明海运承担 70%，万融公司承担 30%。

① 大连海事法院（2016）辽 72 民初 445 号民事判决书；辽宁省高级人民法院（2017）辽民终 687 号民事判决书。

此外,《海商法》第 83 条规定:"收货人在目的港提取货物前或者承运人在目的港交付货物前,可以要求检验机构对货物状况进行检验;要求检验的一方应当支付检验费用,但是有权向造成货物损失的责任方追偿。"据此承运人和收货人均有权利要求检验机构检验货物状况,但时间限定为收货人在目的港提取货物前,或者承运人在目的港交付货物前。此时产生的检验费用应由提出检验要求的一方承担,但事后可以就此向造成货物损失的责任人追偿。

司法实践

收货人或承运人要求检验时检验费用的承担

上海海事法院在骏凡(上海)国际贸易有限公司与法国达飞海运集团海上货物运输合同纠纷案[①]中认为:

关于原告主张的公估费,前文已述,涉案货损发生在被告责任期间,原告依法有权要求对货物进行检验,被告同意并参与货物检验,原告在支付检验费用后有权向被告追偿。因此,被告应当向原告赔偿公估费 2600 元。

(二)国际公约的规定

《海牙规则》第 3 条第 6 款的规定与《海商法》基本一致,但对于货物灭失或损坏的情况不是显而易见的情形,提交通知的时限仅为 3 日:

> 在将货物移交给根据运输合同有权收货的人之前或当时,除非在卸货港将货物的灭失和损害的一般情况,已用书面通知承运人或其代理人,则这种移交应作为承运人已按照提单规定交付货物的初步证据。
>
> 如果灭失或损坏不明显,则这种通知应于交付货物之日起的三天内提交。如果货物状况在收受时已经进行联合检验或检查,就无须再提交书面通知。
>
> 除非从货物交付之日或应交付之日起一年内提出诉讼,承运人和船舶在任何情况下都免除对灭失或损害所负的一切责任。遇有任何实际的或推定的灭失或损害,承运人与收货人必须为检验和清点货物相互给予一切合理便利。

① 上海海事法院(2019)沪 72 民初 3021 号民事判决书。

《汉堡规则》第 19 条对此作出了更为详细、复杂的规定：

1. 除非收货人至迟于货物移交给收货人之日后第一个工作日给予运送人以损失或损坏的书面通知，详细说明此种损失或损坏的一般性质，此种货物的移交即为运送人交付运输文件内所描述的货物，或于未发给此种文件时，完好无损地交付货物的表面证据。

2. 于损失或损坏不显著时，如在货物移交给收货人之日后连续十五日内未给予书面通知，则本条第 1 款的规定应相应地适用。

3. 如货物的状况曾于其移交给收货人时，由当事各方进行联合调查或检验，则无须就进行此种调查或检验时所查明的损失或损坏给予书面通知。

4. 于有发生任何实际损失或损坏或担心发生任何损失或损坏时，运送人和收货人必须给予彼此以检验和清点货物的一切合理的便利。

5. 对延迟交付所引起的损失，无须给付赔偿，除非在货物移交给收货人之日后连续六十日内给予运送人以书面通知。

6. 货物如系由实际运送人交付，根据本条给予他的任何通知与给予运送人具有同等效力，同时，给予运送人的任何通知亦与给予此种实际运送人具有同等效力。

7. 除非运送人或实际运送人至迟于损失或损番发生后连续九十日内或按照第四条第 2 款交付货物后连续九十日内，以较后日期为准，给予托运人以损失或损害的书面通知，详细说明此种损失或损害的一般性质，否则，未给予这种通知即为运送人或实际运送人并无因为托运人或其受雇人或代理人的过失或疏忽而遭受任何损失或损害的表面证据。

《鹿特丹规则》第 23 条也规定：

1. 除非已在交货前或者交货时，或者在灭失或者损坏不明显的情况下，在交货后交货地的七个工作日内向承运人或者向实际交付货物的履约方提交了表明此种灭失或者损坏一般性质的货物灭失或者损坏通知，否则，在无相反证据的情况下，推定承运人已按照合同事项中有关货物的记载交付了货物。

2. 未向承运人或者履约方提交本条述及的通知，不得影响根据本公约对货物灭失或者损坏索赔的权利，也不得影响第 17 条所规定的举证责任分担。

3. 被交付货物的人与承运人或者与当时被要求承担赔偿责任的海运履约方对货物进行了联合检验的，无须就联合检验所查明的灭失或者损坏提交本条述及的通知。

4. 除非在交货后二十一个连续日内向承运人提交了迟延造成损失的通知，否则无须就迟延支付任何赔偿金。

5. 向实际交付货物的履约方提交本条述及的通知，与向承运人提交该通知具有同等效力；向承运人提交通知，与向海运履约方提交通知具有同等效力。

6. 对于任何实际发生的或者预想发生的灭失或者损坏，争议各方当事人应当为检验和清点货物相互提供一切合理便利，且应当为查询有关货物运输的记录和单证提供机会。

拓展阅读

1. 尹东年、郭瑜：《海上货物运输法》，人民法院出版社 2000 年版，第三章“海上货物运输合同下的责任分配”。

2. 陈晶莹、张军伟：《我国〈海商法〉中托运人定义条款的修改和完善》，载《海商法研究》2001 年第 1 辑，法律出版社 2001 年版。

3. 王肖卿：《交货托运人和缔约托运人之议——津民终 466 号运输合同纠纷案带来的思考》，载《世界海运》2021 年第 2 期。

4. 翟云岭、曲佳：《货物控制权制度与中途停运权的实现——以 FOB 卖方利益保护为视角》，载《社会科学辑刊》2014 年第 5 期。

第五章

提单与其他运输单证

【知识提要】

本章讲解海上货物运输使用的运输单证，其中最为主要的是提单，分别介绍提单的概念、类型、功能、正面记载事项和背面条款；此外还包括不具有流通性的海运单，分别介绍海运单的概念、功能、内容、法律适用，以及运输单证电子化形成的电子提单，主要介绍电子提单的概念和法律适用。

第一节　提单的概念

一、提单的定义

提单（Bill of Lading，B/L），我国台湾地区称为“载货证券”，日本称为“船荷証券”，既是海上货物运输最为常用也最为重要的运输单证，同时也是国际货物买卖以及信用证结汇等支付方式的重要单证。《海商法》第 71 条是关于提单最为通行的定义：“提单，是指用以证明海上货物运输合同和货物已经由承运人接收或者装船，以及承运人保证据以交付货物的单证。提单中载明的向记名人交付货物，或者按照指示人的指示交付货物，或者向提单持有人交付货物的条款，构成承运人据以交付货物的保证。”

上述定义主要来自《汉堡规则》第 1 条第 7 款：“‘提单’是指作为海上运送合同和运送人接收或装载货物的证明的文件，运送人承担对交出此项文件者交付货物。此种文件中所载货物应交付指定人、或候命交付或交付提单持有人的规定构成此种承担。”

《航运术语词典》(Dictionary of Shipping Terms)对于提单的定义作出了更为详细的解释：

船舶所有人或承运人向货物的托运人签发的文件。提单可以作为货物的收据、运输合同的证明以及物权凭证。作为收据，提单记载了货物的描述和数量，以及如果货物在船舶接收时外表状况不良的适当批注；作为合同的证明，提单包含运输合同的条款，如果合同是以租船合同的形式，提单上则包含参照租船合同的条款；作为物权凭证，第三人可以使用提单从船上提货。[①]

二、提单的起源与发展

提单的产生促使国际贸易实现了从实物交易到单证交易的转变，从而在国际贸易的买卖、支付等环节发挥着重要作用。关于提单的起源与发展，郭瑜在《提单法律制度研究》一书中曾对此进行了较为全面的总结：

早期的国际贸易都是实物交易。卖方将货物运至卖方所在的国家出售，或者买方到卖方所在的国家采购货物运回本国，所有运输——经常是海上运输——都是由商人自己进行的。航运技术进步后，出现了专门从事海上运输的人，商人与船东开始分家，商人不必再亲自到交易对手所在的国家，而只需将货物交给专事运输的承运人，与承运人订立运输合同后，支付一定运费，由承运人将货物运至目的地，最早的提单就在“船商分离”后出现了。关于提单起源的具体时间，有人认为可以追溯至公元12世纪，有人认为迟至14世纪。不论如何，提单产生的原因是公认的，即当商人不再随船航行，在交出货物以供运输时，他希望承运人能出具一张收到货物的证明文书，而提单就是这样一纸证明文书。早期的提单功能单一，形式也非常简单，到17世纪，承运人开始将他与托运人签订的运输合同的条款记载于提单背面，并且为方便起见，不再为每笔货物逐一制作提单，而是制定统一的标准格式提单，提单背面预先印制好运输合同条款，收货时只在提单正面记载每笔货物的情况后就发给相应货主。这时提单不仅对承运人收受货物起证明作用，对承运人与托运人之间运输合同的存在和合同内容也起着证明作用。以后提单又被做成一式二联，从骑缝处裁开，承运人与托运人各执一联，在目的港拼接起来，对缝即交货，没有提单则不交货。提单成为在目的港向承运人提货的唯一凭证，因而又被称为“打开浮动

① Peter Brodie, *Dictionary of Shipping Terms*, Informa Law from Routledge, 2013, p.43.

仓库的钥匙"。

当提单发展为在目的港向承运人提货的唯一凭证后，持有提单者就能在目的港最终收取货物，提单和货物密切联系起来，因此商人们开始赋予提单一种新的功能，即用以代表运输途中的货物，并代替货物本身进行转让。提单获得这种功能后，"转让提单也就转让了在目的港的提货权，处分提单也就等于处分了尚在海上的货物。这种处分既可通过买卖方式，也可通过汇押方式。"提单这种能代表货物本身进行转让的功能是适应远洋运输的发展特点发展起来而为其他运输单据所不具备的，提单由此与陆运等其他运输方式中使用的单据，包括内河运输中使用的单据彻底区别开来。……

提单功能的增加使它的作用范围也不断扩大，开始逐渐在国际贸易中发挥重大作用。……从买卖阶段来看，19世纪以来，国际货物买卖合同中最常采用的价格术语有三种，即FOB、CIF和CFR（C&F）。这三种价格术语都是以海运为运输方式的，又被称为"推定交货价格条件"或"象征性交货价格条件"，因为这些价格条件都有一个共同特点，就是约定卖方应向买方提交提单，买卖双方承认提单交付能推定为实际货物交付，买方必须像接受实际货物一样接受卖方提交的提单并支付货款。由于处分提单被认为有与处分实际货物同样的效果，因此，卖方在交付提单后不一定需等到货物实际到达目的港就能获得付款，而买方在取得提单后就能取得货物的支配权和处分权。如果需要转卖货物，只需要通过转交提单就能完成，而且可以通知承运人改变目的港将货物直接运至转卖的买方所在地，节省时间和费用。……

正是在提单基础上，国际贸易才从单一的实物交易发展出一种新的交易形式，即用纸张代替货物进行转让的单证交易。这种单证交易在目前的国际贸易形式中占据了很大份额，给国际贸易带来了方便、效率等诸多好处。[①]

第二节 提单的类型

一、已装船提单与收货待运提单

提单根据签发时货物是否已经装船，可以分为已装船提单和收货待运提单。

① 郭瑜：《提单法律制度研究》，北京大学出版社1997年版，第1~4页。

（一）已装船提单

已装船提单（shipped B/L，on board B/L）是在货物已由承运人接收并装上船时签发，表明货物已经装船的提单。

已装船提单通常注明船名和日期，表示货物已在该日期装上该船舶。已装船提单的具体形式主要包括两种：

1. 提单本身预先印有“已装船”（shipped on board）或类似表述；
2. 通过在收货待运提单上加注承运船舶的船名和装船日期。

司法实践

已装船提单的记载内容

● 天津市高级人民法院在大丽船务有限公司与阿克鲁斯裕廊船务有限公司海上货物运输合同纠纷案[①]中认为：

本案提单由船代公司代船长签发，为清洁已装船提单，该提单注明货物在装货港托运时外表状况良好并装载于船上以运往卸货港，船舶安全接受了上述货物，并未有货物存在不良状况的任何批注。故大丽公司主张货物在装货港就发生弯曲和锈蚀，因大丽公司未在提单批注，对裕廊公司而言不构成在装船前已经存在货损的事实证明。

● 上海市高级人民法院在重庆市公路工程（集团）股份有限公司与上海捷喜国际货物运输代理有限公司海上货运代理合同纠纷案[②]中认为：

涉案货物被装载于“HOEGH××××”轮 V.83 航次实际出运，捷喜货代公司向公路工程公司交付了涉案 17 套编号为 HOEGHA83××××××01—HOEGHA83××××××17 的已装船提单，提单均显示装船日期为 2014 年 12 月 7 日，装货港中国上海港，卸货港也门荷台达港（HODEIDAH），运费预付。

国际货物买卖合同和信用证要求的提单通常均为已装船提单。例如，《跟单信用证统一惯例》第 20 条第 a 款第 ii 项规定：

> 通过下列方式注明货物在信用证规定的装货港已经装上具名船只：

---

① 天津海事法院（2014）津海法商初字第 882 号民事判决书；天津市高级人民法院（2016）津民终 417 号民事判决书。

② 上海海事法院（2015）沪海法商初字第 1668 号民事判决书；上海市高级人民法院（2016）沪民终 4 号民事判决书。

·预先印就的词句，或

·表明货物已装船日期的装船批注。

提单的出具日期将被视为装运日期，除非提单含有标注装运日期的已装船批注，在此情况下，已装船批注中的日期将被视为装运日期。

如果提单含有“预期船”或类似有关限定船只名称的词语，需要批注已装船，该批注须标明日期及实际装运的船名。

要求已装船提单的原因在于，已装船提单对于收货人按时收到货物相对更有保障，而在签发收货待运提单的场合，货物能否以及何时装船、启运尚不确定。具体原因包括以下两个方面：

1. 货物在装运港装运上船是 FOB、CIF、CFR 等国际贸易术语的风险转移时间，意味着货物的风险转移至买方，卖方自此完成了交货义务而有权收取货款；

2. 货物在装运港装运上船也是《海牙—维斯比规则》体系下承运人责任期间的起点，意味着承运人开始对货物负责。

司法实践

信用证结算对于已装船提单的要求

广东省高级人民法院在江西稀有稀土金属钨业集团进出口有限公司与宏海箱运支线有限公司、宏海箱运支线菲律宾有限公司海上、通海水域财产损害责任纠纷案[①]中认为：

2009年5月19日，应江西稀土公司的要求，中国建设银行股份有限公司南昌洪都支行（以下简称建行洪都支行）开具了编号为36053010001650的不可撤销信用证。该信用证列明所需要的单据有全套清洁的已装船提单（显示运费预付及船名，通知方和收货人为信用证申请人），签字商业发票（3份正本，3份副本，显示依据通标标准公司、中国检验认证集团或者装运港其他同等机构出具证书上记载的质量及数量计算出来的总价值，发票还需记载每公吨单价为4141.29美元），签字装箱单（3份正本，3份副本），通标标准公司、中国检验认证集团或者装运港其他同等机构出具的品质及数量证明（1份正本，3份副本），中国海关要求的中国检验认证集团装船前检验证书（正本），受益人出具的原产地证明（1份正本，3份副本）及托运人的境外企业登记证书。

① 广东省高级人民法院（2016）粤民再69号民事判决书。

（二）收货待运提单

收货待运提单（received for shipment B/L）是在承运人接收货物后、货物装船前签发，表明货物已由承运人占有，但尚未装船的提单。

收货待运提单主要应用于承运人在仓库或者内陆站等集装箱运输的中转站或集散地接收货物的情形，通常不会记载船名和装船日期。关于收货待运提单是否属于提单，尤其是否具备提单的所谓“物权凭证”功能，理论和实践之中曾经存在争议，但目前已经基本认可收货待运提单属于提单的具体类型。例如，英国《1992年海上货物运输法》（Carriage of Goods by Sea Act 1992）第1条第2款规定：“本法所称提单：（a）不包括那些不能以背书方式予以转让的单证，也不包括不能以非背书转手方式予以转让的无记名单证，但（b）在符合上述情况的条件下，包括收货待运提单”。

收货待运提单在货物装船后可以换取或转为已装船提单。《海商法》第74条规定：“货物装船前，承运人已经应托运人的要求签发收货待运提单或者其他单证的，货物装船完毕，托运人可以将收货待运提单或者其他单证退还承运人，以换取已装船提单；承运人也可以在收货待运提单上加注承运船舶的船名和装船日期，加注后的收货待运提单视为已装船提单。”

上述规定主要来自《海牙规则》第3条第7款：

> 货物装船后，如果托运人要求，签发“已装船”提单，承运人、船长或承运人的代理人签发给托运人的提单，应为“已装船”提单，如果托运人事先已取得这种货物的物权单据，应交还这种单据，换取“已装船”提单。但是，也可以根据承运人的决定，在装货港由承运人、船长或其代理人在上述物权单据上注明装货船名和装船日期。经过这样注明的上述单据，如果载有第3条第3款所指项目，即应成为本条所指的“已装船”提单。

《汉堡规则》第15条第2款的规定也基本一致：

> 货物装船后，如托运人要求时，运送人必须向托运人发给“装船”提单，该提单除载列根据本条第1款所需载列的项目外，并须说明货物已装上指定的船舶及装载日期。如运送人先前已向托运人发给关于这些货物的提单或其他所有权文件，托运人经运送人请求，必须将此种文件交还，换取“装船”提单。运送人为满足托运人发给“装船”提单的要求，可将先前发给的任何文件加以修改，但修改后的文件必需列入“装船”提单所需载有的全部资料。

司法实践

收货待运提单

武汉海事法院在重庆长江轮船公司与重庆润洲国际货运代理有限公司、重庆渝爵机电有限公司海上、通海水域货运代理合同纠纷案[①]中认为：

轮船公司向长荣海运办理了上述货物的订舱手续。订舱后，轮船公司将订舱情况通知润洲公司，并向润洲公司签发了收货待运提单。润洲公司接到通知后，将货物运至重庆寸滩码头交“长航集运 0320”号轮。3 月 25 日，轮船公司向重庆海关申请办理上述货物的出口报关手续。重庆海关出具的报关单与托运书载明的内容一致。3 月 26 日，轮船公司按照承运人以及船东意大利海运股份有限公司的代理人（商业名称为长荣）的委托，向润洲公司签发了编号为 EGLV153404001120 的正式提单，提单载明：发货人 / 出口商渝爵公司，收货人 FSLIMPORTEXPORTLIMITEDC / OFANOBONDEDTERMINAL，前期承运人“长航集运 0320”号轮 1404E，收货地点中国重庆，海运船名及航次“HANJINEUROPE0010W”，装货港中国上海。

二、记名提单、指示提单与不记名提单

提单根据关于收货人的不同记载，可以分为记名提单、指示提单与不记名提单。

（一）记名提单

记名提单（straight B/L）是在收货人一栏具体写明特定收货人名称的提单。

承运人在签发记名提单的场合，应向提单记载的特定收货人交付货物。记名提单通常不能流通转让，而仅可以从托运人流转至提单记载的收货人。《海商法》第 79 条第 1 项规定：“记名提单：不得转让。”记名提单本身通常也会标注“不可转让”（nor transferable，not negotiable）或类似字样。据此记名提单传统上主要用于运输途中不会发生转售即所有权转让的货物，如贵重物品、展览品乃至援助物资。目前航运实践中记名提单的使用已经逐渐增多。

关于记名提单同样存在是否属于提单，以及是否具备提单的所谓“物权凭证”功能的争议，如上文援引的英国《1992 年海上货物运输法》第 1 条第 2 款即排除了不能以背书方式转让的提单，其中包括记名提单。

① 武汉海事法院（2015）武海法商字第 00689 号民事判决书。

司法实践

记名提单

上海市高级人民法院在轩辉国际物流有限公司与智利南美轮船有限公司海上货物运输合同纠纷案①中认为：

正本提单持有人享有诉权与正本提单持有人是否对提单项下货物享有所有权系两个不同的法律关系。根据《海商法》第七十九条的规定，记名提单不得转让。涉案15套正本记名提单中，大部分记载的托运人为案外人，而非轩辉物流。在此情况下，轩辉物流作为提单持有人，其依法向承运人行使提单权利就应当以一定的法律关系为前提。根据在案证据及查明的事实，轩辉物流不能举证证明其所主张的贸易合同关系和其基于贸易合同所支付的货款及相应费用。

（二）指示提单

1. 指示提单的具体类型

指示提单（order B/L）是在收货人一栏载明凭指示交货，通常采用“凭指示”（to order）、“×或其指示”（to × or his order）、“凭 × 指示”（to the order of ×）或类似字样的提单。其中的指示又可具体分为以下两种类型：

（1）记名指示：采用“× 或其指示”（to × or his order）或“凭 × 指示”（to the order of ×）等字样，其中的记名的指示人通常为托运人或银行，承运人应按指示人的指示交付货物。

（2）不记名指示：采用“凭指示”（to order）等字样，通常由托运人指示，承运人应按托运人的指示交付货物。

司法实践

指示提单的记载内容

● 最高人民法院在哈池曼海运公司与上海申福化工有限公司、日本德宝海运株式会社海上货物运输合同货损纠纷案②中认为：

① 上海海事法院（2013）沪海法商初字第1177号民事判决书；上海市高级人民法院（2016）沪民终25号民事判决书。

② 最高人民法院（2013）民提字第6号民事判决书。

德宝公司签发了GTHQ-5702号清洁指示提单。提单记载：托运人住友德国公司（SUMITOMO DEUTSCHLAND GmbH），收货人凭指示，通知方住友商事株式会社（上海）有限公司[SUMITOMO CORPORATION（SHANGHAI）LTD.]，货物为1001.53吨苯酚，积载舱为7P、7S、10P，卸货港中国青岛港，运费预付。

● 上海海事法院在上海添拓农产品有限公司与北欧亚货柜航运有限公司等海上货物运输合同纠纷案[①]中认为：

2014年12月，原告通过进口代理人欧恒公司自智利进口一批樱桃到国内，涉案货物由托运人自行装箱委托运输，冷藏集装箱编号为FSCU×××××××。北欧亚公司作为承运人于2014年12月23日签发了编号为NPJA14500的提单。提单记载，托运人DELMONTEFRESHPRODUCE（CHILE）S.A.，收货人凭托运人指示，通知人欧恒公司，起运港智利圣安东尼奥，目的港中国上海，船名航次NORTHERJULIE/00451/S，运费到付，CY到CY，承运人接收货物时集装箱回风温度为-0.6℃，承运人在运输途中应保持集装箱设定温度为-1.1℃，货物状况和质量不明。

2. 指示提单的背书转让

指示提单的转让方式是背书转让。《海商法》第79条第2项规定："指示提单：经过记名背书或者空白背书转让。"

背书（indorsement，endorsement）主要是票据法的概念，是指持票人以转让票据权利于他人为目的而在票据上作出的票据行为。指示提单的背书转让则是转让提单代表的权利。行为人即让与权利的人称为背书人，而相对人即受让权利的人称为被背书人。[②]指示提单的背书分为以下两种：

（1）记名背书（special indorsement）：背书人即指示人在提单背面同时记载背书人和被背书人的名称，又称完全背书。承运人应将货物交付被背书人或按其指示交付货物。票据的背书转让应当具有连续性。《票据法》第31条第1款规定："以背书转让的汇票，背书应当连续。持票人以背书的连续，证明其汇票权利；非经背书转让，而以其他合法方式取得汇票的，依法举证，证明其汇票权利。"第2款规定："前款所称背书连续，是指在票据转让中，转让汇票的背书人与受让汇票的被背书人在汇票上的签章依次前后衔接。"《海商法》虽未规定指示提单背书转让的要求，但根据法学原理和司法实践此种背书原则上仍应连续。《全国法院

① 上海海事法院（2016）沪72民初2389号民事判决书。

② 谢怀栻：《票据法概论》（增订2版），程啸增订，法律出版社2017年版，第111页。

涉外商事海事审判工作座谈会会议纪要》第59条即规定承运人负有审查提单背书是否连续等情况的义务："【承运人凭指示提单交付时应合理谨慎审单】正本指示提单的持有人请求承运人向其交付货物，承运人应当合理谨慎地审查提单。承运人凭背书不连续的正本指示提单交付货物，请求人要求承运人承担因此造成损失的，人民法院应予支持，但承运人举证证明提单持有人通过背书之外其他合法方式取得提单权利的除外。"

司法实践

指示提单背书的连续性

● 上海市高级人民法院在先锋出口公司、上海美匡供应链管理有限公司与奥迪塞斯航运贸易公司等海上货物运输合同纠纷案[①]中认为，不记名指示提单的背书应当连续：

美匡公司持有的提单为不记名指示提单，该类提单应当视为由托运人指示，即按照提单记载的托运人的指示通过背书的方式转让提单交付货物。因此，美匡公司持有的提单应经过提单记载的托运人先锋公司的背书才能凭此向承运人要求提货；否则背书不连续，仍然不能凭此提单向承运人要求提货。

综上所述，先锋公司持有的提单为伪造提单；美匡公司持有的提单未经有效连续背书，故其无权取得提单记载的货物权利。

● 天津海事法院在天津荣展进出口贸易有限公司与嘉佳控股有限公司海上、通海水域货物运输合同纠纷案[②]中认为，航运实践中也存在指示提单无须背书的情形：

被告拒绝放货的理由有二：一为涉案提单未经托运人背书；二为涉案航次的运输产生了滞期，被告依法对货物行使留置权。首先，虽然指示提单凭托运人背书提取货物为航运惯例，但根据本院对多家船代企业的调查和原、被告之间的交易情况可知，自朝鲜港口至我国天津港的航运实践中，正本提单在签发后通常由船方随船一同携带至卸货港，再通过船代转交收货人或提单持有人即可提取货物，无须经托运人背书，涉案合同在发生争议前以及原、被告之间于2017年1月履行的合同均是如此操作的，可以证明该做法在原、被告之间已构成一种交易习惯，双方均应予以遵守，被告无权据此扣留货物。

---

① 上海海事法院（2014）沪海法商初字第838号民事判决书；上海市高级人民法院（2016）沪民终119号民事判决书。

② 天津海事法院（2016）津72民初第545号民事判决书。

（2）空白背书（indorsement in blank）：指示人即背书人仅在提单背面记载背书人的名称，而不记载被背书人的名称，又称为不完全背书。经过空白背书的指示提单效力与不记名提单相同，承运人应将货物交付提单持有人。《票据法》关于票据背书转让的一般规定禁止空白背书，其中第30条规定："汇票以背书转让或者以背书将一定的汇票权利授予他人行使时，必须记载被背书人名称"。但是，我国司法实践通常认可提单空白背书的效力。

司法实践

指示提单的空白背书转让

● 湖北省高级人民法院在深圳中远龙鹏液化气运输有限公司与中国银行股份有限公司日照岚山支行、日照广信化工科技有限公司海上货物运输合同纠纷案[①]中认为，指示提单的空白背书转让符合《海商法》第七十九条的规定：

关于岚山中行是否享有提单所表征的债权请求权。《海商法》第七十一条规定："提单，是指用以证明海上货物运输合同和货物已经由承运人接收或者装船，以及承运人保证据以交付货物的单证。提单中载明的向记名人交付货物，或者按照指示人的指示交付货物，或者向提单持有人交付货物的条款，构成承运人据以交付货物的保证。"本案所涉PAYV1A号和PAYV1B号提单系可转让的指示提单。岚山中行取得上述提单时，托运人现代公司已对提单作了空白背书转让。该转让符合《海商法》第七十九条的规定。依照上述法律规定及提单的记载，岚山中行作为正本提单持有人，享有要求承运人即中远公司向其交付货物的权利。至于岚山中行是基于何种法律上的原因或依据而持有提单，岚山中行对广信公司在进口聚合级丙烯业务中无正本提单提取货物的操作模式是否知情，中远公司均无须审查过问。

● 浙江省高级人民法院在中基宁波集团股份有限公司、鸿优海运有限公司、江苏省对外经贸股份有限公司与马鞍山市润华钢铁材料有限公司海上货物运输合同纠纷案[②]中也认为，指示提单的空白背书转让符合《海商法》第七十九条的规定：

本案中出现了两套提单，分别为中基公司和江苏外贸公司所持有。经查，中基公司所持有的提单记载托运人为ZOBAHANJONOUBSHARGHIRANIANYAZD-IRAN，签发人系承运人鸿优公司。托运人将案涉正本提单寄给中基公司。提单载明为凭指示交付，且托运人进行了空白背

---

① 武汉海事法院（2018）鄂72民初883号民事判决书；湖北省高级人民法院（2019）鄂民终798号民事判决书。

② 宁波海事法院（2015）甬海法商初字第235号民事判决书；浙江省高级人民法院（2018）浙民终391号民事判决书。

书，符合《海商法》第七十九条有关指示提单的转让要求。承运人鸿优公司在一审、二审中均明确确认中基公司持有的系承运人鸿优公司一方签发的提单正本。该提单的复印件也被用于海关报关清关。至于江苏外贸公司所持有的“提单”，其中记载的托运人为展龙公司，签发人并非承运人鸿优公司或鸿优公司授权的代理。该“提单”系展龙公司为信用证议付而自行制作的单证，不能据此要求承运人鸿优公司交付货物。结合中基公司取得正本提单的过程和原因，可以确认中基公司是合法的正本提单持有人。

如果指示提单未经任何背书，指示人仍是有权凭提单提取货物的人。

（三）不记名提单

不记名提单（bearer B/L）也称为空白提单（blank B/L, open B/L），是在收货人一栏空出，或者仅记载“持有人”（bearer）、“交与持有人”（to bearer）或类似字样的提单。

不记名提单无须背书即可转让。《海商法》第 79 条第 3 项规定：“不记名提单：无需背书，即可转让。”不记名提单据此具有最为突出的流通性，但也因此可能为国际货物买卖合同的双方当事人带来较大的风险，特别是如果发生提单遗失或被盗的情况。

三、清洁提单与不清洁提单

提单根据是否包含货物外表状况不良的批注，可以分为清洁提单和不清洁提单。

（一）清洁提单

清洁提单（clean B/L）是指不含任何关于货物表面状况不良的批注的提单。

提单通常印有“除另有记录外表面状况良好”（in external apparent good order and condition except as otherwise noted）或类似表述。即使不含此种表述，只要提单没有关于货物表面状况不良的记载，此时提单即属清洁提单。因此，判断提单是否属于清洁提单，标准在于是否包含货物表面状况不良的记载，而不要求提单明确出现“清洁”（clean）或类似字样。

国际货物买卖合同和信用证支付方式要求的提单通常应为清洁提单。例如，《跟单信用证统一惯例》第 27 条规定：

> 银行只接受清洁运输单据。清洁运输单据指未载有明确宣称货物或包装有缺陷的条款或批注的运输单据。“清洁”一词并不需要在运输单据上出现，即使信用证要求运输单据为“清洁已装船”。

《海商法》第76条规定："承运人或者代其签发提单的人未在提单上批注货物表面状况的，视为货物的表面状况良好。"至于货物表面状况，通常是指承运人凭自身目力或通常方法能够观察到的货物状况，因而货物表面状况良好也可能是货物存在承运人凭自身目力或通常方法不能发现的缺陷。[①]如果货物属于包装货，表面状况是指货物包装的表面状况；如果货物属于裸装货，表面状况是指货物本身的表面状况。[②]《广东省高级人民法院关于海事审判若干问题的意见》[③]第3条第1款第1段规定："批注不清洁提单的范围问题。承运人在签发提单时应根据通常的观测方法来决定是否对货物表面状况进行不良的批注，即用肉眼或其他惯常的、合理的经济的检验方式，对货物的表面状况进行检验。不能对承运人的不清洁批注义务做过于严格的解释。"

船长或大副在收到货物时作出的批注，一般不能单独作为认定货损的依据。由于此类批注通常是在装船时作出，碍于当时时间、条件等因素，船长或大副作出批注通常只是对于货物表面状况的客观描述，不能仅凭此类描述认定货物受损及其原因，更不能据此认定货损的程度。但是，在排除运输途中其他导致货损发生的可能因素的情况下，此类批注可以作为认定货损原因的参考依据。例如，钢材货物在接收时表面受潮，排除运输途中遭受雨水及海水侵袭的可能性后，大致上可以推定交付时货物存在不良情况导致后续发生货损。[④]

典型案例

厦门海事法院2020年度海事审判典型案例

原告福建元成豆业有限公司与被告复兴航运有限公司海上财产损害责任纠纷案

【基本案情】

福建元成豆业有限公司进口6万余吨散装巴西大豆。货物由塞浦路斯复兴航运有限公司所属"美嘉"轮负责从巴西巴拉那瓜港运往中国福州松下港。货物2017年2月28日装船。装船前，复兴公司从托运人处取得的货物预报证书显示该批预装大豆品质指标较低。装货结束后检验人出具的货物品质证书记载的品质指标较好。元成公司对外付款后取得提单等全套单据。货物运抵目的港后，其在卸货过程中发现货物异常，向保险人报险并申请诉前扣押"美

① 司玉琢主编：《海商法》（第4版），法律出版社2018年版，第109页。
② 司玉琢、张永坚、蒋跃川编著：《中国海商法注释》，北京大学出版社2019年版，第140页。
③ 粤高法发〔2001〕49号。
④ 茆荣华主编：《上海法院类案办案要件指南》（第2册），人民法院出版社2020年版，第219~220页。

嘉”轮。船方、货方及各方保险人派员到场进行联合检验和取样，并各自委托检验。相关检验人出庭时一致认为：卸货港发现的案涉货物中的大部分杂质、碳化粒、热损粒等随机分布在货舱内，说明该情况在装货港即已存在；卸货港未发现货物存在大规模水湿结块或霉变现象。货物在卸货港经法定检验认定杂质、热损粒率、损伤粒率较高。元成公司以承运人违反批注义务签发清洁提单，导致其丧失拒付信用证货款机会造成损失2003万元为由提起诉讼，要求复兴公司赔偿损失。复兴公司辩称，货物并非在承运人责任期间发生损害，货物目的港发现的问题在装货港即已存在，货物品质指标不属承运人的批注范围，元成公司的诉请没有事实依据和法律依据。

【裁判结果】

厦门海事法院一审认为，本案为涉外海上财产损害责任纠纷。讼争的侵权行为发生在提单签发环节，案涉提单签发地在巴西，但双方当事人均援引中国法律尤其是《海商法》支持各自的主张，应视为双方协议选择了适用中国法律解决争议。元成公司是案涉货物的收货人和提单持有人，复兴公司是承运人。复兴公司未对案涉大豆品质指标作出批注不违反法定义务，其签发清洁提单没有过错，对元成公司不构成侵权。元成公司的损失起因于其贸易合同卖方未按货物品质证书所载的标准提供货物，而非在承运人掌管期间发生的货损。卖方未按约提供货物系贸易合同项下的风险，不应由运输合同项下承运人来承担。判决驳回元成公司的诉讼请求。

元成公司不服一审判决提起上诉，后撤回上诉。一审判决发生法律效力。

【典型意义】

本案是国际大宗散装货物运输中，提单持有人以承运人对瑕疵货物未履行提单批注义务提出索赔的案例。法院在查明事实的基础上，结合国际贸易、航运实践，全面、深入阐释《海商法》有关承运人签发提单的规定，明确货物的等级和品质指标不属于承运人提单批注的范围、对承运人就货物表面状况的判断要求应建立在与作业条件相适应的基础上、承运人在货物非正常颗粒未集中板结成块的情形下未作出货物表面状况不良的判断符合通常判断标准等三项规则，认定作为承运人的外国船东未违反提单批注义务，驳回了提单持有人诉讼请求。判决合理界定了承运人签发提单时的批注要求，妥善平衡了船货双方利益，有力维护了提单在国际贸易中的流通性。案件确立的相关规则，为海运实务操作提供了明确指引，规范了国际航运物流秩序，对类案具有重要的参照和借鉴意义。精湛的司法品质、公正的司法判决在国际业界中产生了积极的反响，展示了人民法院依法平等保护中外当事人合法权益的良好形象，推进了我国涉外司法公信力的进一步提升。

司法实践

清洁提单

● 最高人民法院在美国迈克斯蒂尔国际有限公司与中波轮船股份公司、中波明月海事有限公司、上海中波国际船务代理有限公司海上财产损害责任纠纷案[①]中认为，承运人具有自主判断和决定是否签发清洁提单的权利，即在合理限度内通融接受外包装瑕疵的货物：

中波轮船作为承运人有自主判断和决定是否签发清洁提单的权利。《海商法》第七十五条规定，承运人可以在提单上批注，因此法律并非强制承运人必须批注提单；第七十五条所列明的不符是指品名、标志、包数或件数、数量或者体积，这些项目没有涉及货物包装。包装上的瑕疵不代表货物质量存在问题，充其量是承运人可以怀疑，在怀疑依据不充分时，承运人有权决定签发清洁提单，因为法律并未强制承运人一定要在提单上批注包装问题。承运人对于外包装瑕疵的通融接受，并非随意和放任，因为法律也规定了承运人应当承担的责任。在合理限度内通融接受货物，是航运实务的惯例和必然，只要承运人没有超越合理限度，而且没有造成实际上的后果，则不构成侵权或违约。大副收据的签注并非承运人侵权的充分证据，大副收据批注签注的内容是对外包装的描述，非货物本身状况的判定。承运人此时充其量只是怀疑，是否批注应根据外包装瑕疵程度进行判断。

● 上海市高级人民法院在江苏中洋生态鱼类股份有限公司与中国太平洋财产保险股份有限公司航运保险事业营运中心海上保险合同纠纷案[②]中认为：

涉案海运提单为清洁提单，并无关于集装箱破洞、渗水等情况的批注，应当视为在货物装船时集装箱表面状况良好。

（二）不清洁提单

不清洁提单（unclean B/L，foul B/L）是指包含关于货物表面状况不良的批注的提单。

大副在向托运人签发收货单即大副收据时，如果货物存在表面状况不良的现象，大副将对此作出“水湿”“污损”“油渍”“锈蚀”等批注。此种批注在托运人凭收货单换取提单时转移至提单，即构成不清洁提单。承运人以此声明货物是在表面状况不良的情况下装船，因而在目的港交付货物时，如果货物的灭失或损坏可以归因于批注记载的情况，承运人不应

① 最高人民法院（2013）民申字第 35 号民事裁定书。

② 上海海事法院（2018）沪 72 民初 4279 号民事判决书；上海市高级人民法院（2020）沪民终 214 号民事判决书。

承担赔偿责任。①

由于国际货物买卖合同和信用证支付方式要求的提单通常应为清洁提单，因而在承运人签发不清洁提单的场合，将会导致托运人无法顺利结汇。此时托运人通常会向承运人出具保函（Letter of Indemnity，LOI），要求承运人签发清洁提单。此类保函的内容通常承诺：如果承运人未在提单上作出货物表面状况不良的批注而签发清洁提单，导致承运人须对提单持有人的损失承担赔偿责任，托运人将赔偿承运人因此遭受的损失。保函也有可能由第三人签发，或者托运人与第三人共同签发。

司法实践

不清洁提单

在天津海事法院审理的中源船务有限公司与天津市天钢国际贸易有限公司海事海商纠纷案②中，涉及了一例较为典型的清洁提单保函：

2015年3月14日，天钢公司作为提单记载的托运人出口一批螺纹钢，由“伊莲娜”（ILIANA）轮载运，从天津新港至埃及杜姆亚特港。在货物装船过程中，船东及其互保协会委托天津渤海明泰海事技术服务有限公司对涉案货物进行了检验，出具了日期为2015年3月12日至14日货物状况报告（以下简称渤海明泰报告）。该报告记载，涉案货物自2015年3月12日14：50开始装船，将货物装至第1~5号货舱，至2015年3月14日14：00装货完毕，最后绑扎于当日14：40结束。据该报告记载，经检验发现货物状况如下：发货单号IL1507XGDAM01项下货物，所有货物在装运前都堆放在露天堆场没有任何遮盖，货物表面有轻微/部分锈迹影响了所有货物，货物的表面有划痕影响了所有货物，货物局部表面有油渍影响了11捆钢筋，钢材两端/中间有弯曲影响了225捆钢筋，绑扎带毁坏影响了6捆钢筋；发货单号IL1507XGDAM02项下货物，所有货物在装运前都堆放在露天堆场没有足够的帆布遮盖，货物表面有轻微/部分锈迹影响了所有货物，货物的表面有划痕影响了所有货物，货物局部表面有油渍影响了230捆钢筋，钢材两端/中间有弯曲影响了380捆钢筋；发货单号IL1507XGDAM03项下货物，所有货物在装运前都堆放在露天堆场没有足够的帆布遮盖，货物表面有轻微/部分锈迹影响了所有货物，货物的表面有划痕影响了所有货物，货物局部表面有油渍影响了125捆钢筋，钢材两端/中间有弯曲影响了315捆钢筋；发货单号

① 殷明、王学锋编著：《班轮运输理论与实务》，上海交通大学出版社2011年版，第115页。

② 天津海事法院（2016）津72民初501号民事判决书。

IL1507XGDAM04 项下货物，所有货物在装运前都堆放在露天堆场没有任何遮盖，货物表面有轻微 / 部分锈迹影响了所有货物，货物的表面有划痕影响了所有货物，货物局部表面有油渍影响了 133 捆钢筋，钢材两端 / 中间有弯曲影响了 245 捆钢筋。据此，大副就上述货物状况在大副收据中进行了批注。

根据上述状况，天钢公司针对大副收据号 IL1507XGDAM01 项下提单号 IL1507XGDAM01A、B、C、D，大副收据号 IL1507XGDAM02 项下提单号 IL1507XGDAM02A、B、C、D、E、F、G、H、I、J，大副收据号 IL1507XGDAM03 项下提单号 IL1507XGDAM03A、B、C、D、E，大副收据号 IL1507XGDAM04 项下提单号 IL1507XGDAM04A、B、C、D、E，出具了四份保函。四份保函首部均写明“致：中源公司 &‘伊莲娜’（ILIANA）轮船方”，保函内写明，“上述货物由天钢公司托运，装上了上述船舶……在埃及杜姆亚特港交付……天钢公司在此要求贵司签发清洁提单，而不是根据如下大副收据上的少量批注而签发不清洁提单（以下列明了渤海明泰报告中所列的批注）……”天钢公司在此保证：“1. 赔偿贵司及贵司雇员、代理人，并使你们不受损害，承担提供保证金的责任，并保证承担贵司因签发上述清洁提单而遭受无论任何性质的一切责任、损失，损害及费用，并不享受任何责任限制。此外，保证贵司不因我司签发清洁提单的要求，而产生任何停租损失。2. 对由此引起的基于船舶航行、交付货物对贵司、雇员及代理人的任何索赔程序我们将提供贵司充足的抗辩费用。3. 如果由此引起该轮及姐妹船或所有的其他财产被扣押、羁留、遭如此威胁或对船舶的使用或运营造成不利影响，我们将提供保释金或其他担保以阻止对船舶、财产的扣押、羁留、保证将其释放及消除不利影响，我们并将赔偿由此引起的一切责任、损失，损害及费用，而不论扣押、羁留、遭如此威胁或对船舶的使用或运营造成不利影响是否是正当提起的。……6. 此外，我司保证根据袋装货物 & 钢铁行业 & 本航次下运输实务，如上提及的大副收据中批注的货物的情况，不构成签发不清洁提单的必要，并且无论如何，我司将在船舶抵达第一卸货港以及后续的卸货港之前，及时完全地告知通知方、收货人、被背书人以及提单持有人本保证书的条款内容。”

关于上述保函的效力，《最高人民法院关于保函是否具有法律效力问题的批复》（1988 年 10 月 4 日）规定：

经研究原则同意你院意见。我们认为：海上货物运输的托运人为换取清洁提单而向承运人出具的保函，对收货人不具有约束力。不论保函如何约定，都不影响收货人向承运人或托运人索赔；对托运人和承运人出于善意而由一方出具另一方接受的保函，双方均有履行之义务。

本案承运人预见到以水尺计重和航行中开舱晒货会产生误差及损耗，但在托运人出具保函承诺“如到卸货港发生短重，其责任由货方负责”的前提下，才签发了清洁提单，没有欺诈收货人的故意，在航行中没有过错，故不负赔偿责任。托运人申请以水尺计重，要求承运人途中开舱晒货，并就此可能出现的短重出具了保函，应履行其在保函中所作的承诺，承担货物短少的赔偿责任。

《广东省高级人民法院关于海事审判若干问题的意见》第3条第1款第2段规定，“承运人认为货物表面状况有问题，应作批注。对于承运人未作批注是由于托运人解释属于正常情况、并出具保函保证承担一切损失的，若因货物质素问题被索赔，承运人赔付后可依保函请求托运人赔偿损失”。

我国司法实践对于以保函换取清洁提单的效力，主要判断标准应是承运人和托运人是否存在主观上的恶意，即是否构成对于提单持有人的恶意串通。原因在于货物表面状况不良如果只是包装的轻微瑕疵，很多情况下并不影响货物本身的质量。恶意串通通常需要满足三项构成要件：一是双方当事人通谋损害他人合法权益；二是通谋行为客观上损害他人合法权益；三是当事人具有实施法律行为的真实意思。[①]保函效力的认定具体分为以下三个层次：

1. 保函对于提单持有人不发生效力，即承运人不能以托运人出具的保函，对抗托运人基于清洁提单而提出的货物灭失或损坏的损害赔偿请求，而应承担损害赔偿责任。除非承运人接受保函而签发清洁提单已经得到了提单持有人的同意。

2. 如果承运人接受保函而签发清洁提单为善意，即不构成对于提单持有人的恶意串通，保函在承运人与托运人之间有效。承运人在向提单持有人赔偿损失后，可以依据保函向托运人追偿。

3. 如果承运人接受保函而签发清洁提单为恶意，即构成对于提单持有人的恶意串通，保函在承运人与托运人之间无效。《民法典》第154条规定：“行为人与相对人恶意串通，损害他人合法权益的民事法律行为无效。”承运人在向提单持有人赔偿损失后，不能依据保函向托运人追偿。

① 李宇：《民法总则要义：规范释论与判解集注》，法律出版社2017年版，第712~714页。

司法实践

清洁提单保函的效力

上海市高级人民法院在安阳钢铁股份有限公司与中源船务有限公司因保函引起的其他海事海商纠纷案[①]中认为，对于承运人和托运人不存在恶意串通的情形，清洁提单保函在双方之间有效：

中源船务接受保函并出具了清洁提单，保函合同关系已经合法成立。安阳钢铁并未就保函效力问题提出实质性的抗辩，也未提供有效证据以证明涉案保函存在根据法律规定应认定为无效或可予撤销的情形，涉案保函已经发生法律效力。涉案货物为热轧合金钢卷，存在表面锈蚀情况非属特例，安阳钢铁在一审庭审中也称该类货物很容易锈蚀，以保函换取清洁提单是行业惯例，中源船务对此也并无异议。在涉案货物装前检验报告里所描述的货物表面锈蚀等情况并不会对其功能产生大的影响，卸货港检验报告也确认涉案货物的技术指标未受影响，仍可以按照原用途使用。由此可见，中源船务对于外表轻度缺陷的货物，在相信表面缺陷不会影响内在质量的情况下，接受保函开具正本提单，符合行业惯例，并不存在与安阳钢铁恶意串通损害收货人利益的情况。涉案保函不具有约束收货人的效力，不论其如何约定，都不影响收货人向承运人或托运人索赔，但在保函的出具方安阳钢铁和接受方中源船务之间具有法律效力，双方均有履行之义务。

典型案例

宁波海事法院涉外、涉港澳台案件十大典型案例（2011~2015年）

托运人为换取清洁提单出具保函不免除承运人的法定义务

【案情摘要】

2008年7月，被告宁波中盟钢铁有限公司（以下简称中盟公司）与被告远大国际（香港）有限公司（HONGKONG GRAND INTERNATIONAL CO., LTD.，以下简称远大国际公司）签订买卖合同，约定中盟公司向远大国际公司出售冷轧钢卷19,000吨。同年9月，友馨航运有限公司代表船东与远大国际公司签订租船确认书，双方约定：船东为远大国际公司安排舱位，承载船舶为“东方财富”轮，若大副收据上有批注，则船东应根据托运人的保函签发清洁提单。

① 上海海事法院（2016）沪72民初1006号民事判决书；上海市高级人民法院（2017）沪民终320号民事判决书。

原告福州天恒船务有限公司（以下简称天恒公司）代表船东与金海安（香港）集团有限公司签订租船确认书。2008 年 10 月，货物装上“东方财富”轮，大副收据对部分货物的包装瑕疵作了批注。中盟公司和远大国际公司向天恒公司及该轮船长提供保函后，船代公司代表船长签发了清洁已装船提单。该轮开航后，天恒公司向中盟公司、远大国际公司、被告远大物产集团有限公司（原名浙江远大进出口有限公司，以下简称远大物产公司）等发出传真称，该轮在长江口发现主机故障，等待备件需要约 3 个月。远大国际公司回复天恒公司要求进行船检，天恒公司未予安排。2009 年 1 月，“东方财富”轮抵达土耳其地利克里斯港，提单持有人 ASSAN DEMIR VE SAC SAN.A.S. 向土耳其法院申请临时禁令，以迟延到港、价格波动损失等为由请求扣押该轮并要求船东 / 天恒公司提供 1,769,410.48 美元担保。土耳其法院作出裁定，支持该提单持有人的请求并根据“东方财富”轮船员的申请对该轮进行拍卖，拍卖所得为 1,250,000 土耳其里拉，拍卖相关费用为 145,000 土耳其里拉。天恒公司以中盟公司、远大国际公司、远大物产公司拒绝履行保函承诺，致使船舶被长期扣押并最终拍卖，造成其巨大损失为由，请求宁波海事法院判令中盟公司、远大国际公司、远大物产公司赔偿其因船舶被扣押 143 天而遭受的船期损失 3,575,000 美元并承担诉讼费用。法院经审理认为，涉案保函均约定保函根据英国法解释，但各方当事人在庭审中均主张本案适用中国法处理，因此本案适用中华人民共和国法律。由于天恒公司的现有证据既不能证明三被告对涉案船舶被扣押应当承担责任，也不能证明其主张的船期损失合理存在。天恒公司依据租船确认书约定的延迟费率计算船期损失，没有事实和法律依据，判决驳回天恒公司的诉讼请求。一审宣判后，天恒公司不服，提出上诉。浙江省高级人民法院经审理认为，天恒公司提出其因签发清洁提单遭遇扣船，三被告依据保函约定应对扣船期间的船期损失予以赔偿的上诉理由不能成立，不予支持，判决驳回上诉，维持原判。

【典型意义】

为换取清洁提单而出具保函常见于海上货物运输中，对托运人和承运人出于善意而由一方出具另一方接受的保函，对双方均有拘束力。本案的参考价值在于，托运人出具保函，不意味着承运人可以不履行运输合同下应尽的妥善、谨慎装载、搬移、积载、运输、保管、照料和卸载所运货物的义务。保函出具人的保证范围不能无限扩大，保证义务只是与承运人不将大副收据的批注记载在提单上所产生的损失或责任有关，与此无关的损失不应由其承担。

《汉堡规则》第 17 条第 2 款至第 4 款对于此类保函的效力作出了明确规定，基本立场与上述我国的司法实践一致，但同时规定承运人存在主观恶意的情况下不享有单位赔偿责任限制的权利：

2. 托运人承担赔偿运送人因运送人或代表其行事者未就托运人所提供列入提单的细节或货物外表状况提出保留而发给提单所引起的损失的任何保证书或协定，对于受让提单的任何第三方，包括收货人，不生效力。

3. 此种保证书或协定对托运人有效，除非运送人或代表其行事者略去本条第 2 款所称的保留是意图欺骗信赖提单内对货物的描述行事的第三方，包括收货人。在后项情形下，如所略去的保留，关涉托运人所提出供列入提单的细节，运送人即无权依本条第 1 款要求托运人给予赔偿。

4. 在本条第 3 款所称的意图欺骗的情况下，运送人不得享有本公约所规定的责任限度的利益，而须对第三方、包括收货人因信赖提单内对货物的描述行事而遭受的损失，负赔偿责任。

四、倒签提单、顺签提单与预借提单

提单根据签发时间不同，存在倒签提单、顺签提单与预借提单三种特殊情形。

1. 倒签提单（anti-dated B/L），是指在货物装船完毕后签发，填写的签发日期早于实际装船日期的提单。

2. 顺签提单（post-dated B/L），是指在货物装船完毕后签发，填写的装船日期晚于实际装船日期的提单。

3. 预借提单（advanced B/L），是指在货物尚未开始装船或者尚未装船完毕时，提前签发的已装船提单。

签发上述三种提单的原因，主要是为满足信用证关于装船期限的规定，托运人通常也会向承运人出具保函。我国司法实践一般认为此种保函由于构成承运人和托运人的恶意串通而无效，原因在于承运人在签发提单时明确知晓提单记载的装船日期与实际情况不符，而不同于表面状况不良的货物未必存在质量问题。

司法实践

倒签提单保函的效力

上海海事法院在晨洲船业集团有限公司与新加坡德雷摩化肥海外有限公司海事担保合

同纠纷案[①]中认为：

本案原告主张被告就倒签提单行为出具了担保函，故应由被告承担因倒签提单造成原告相关的一切损失。根据法律规定，提单是用以证明海上货物运输合同和货物已经由承运人接收或者装船，以及承运人保证据以交付货物的单证。倒签提单是承运人在货物装船后，提单签发日期早于货物实际装船日期的行为。这种行为形式上满足了托运人（国际贸易合同卖家）贸易合同约定及信用证的结汇要求，使之在违反贸易合同约定及信用证条款的情况下顺利结汇,实质上损害了收货人（国际贸易合同买家）的合同权益。法律规定当事人恶意串通，损害国家、集体或者第三人利益的民事行为无效，并从行为开始起就没有法律约束力。本案原告称其作为船东未实际参与倒签提单的行为，且在不得已的情况下接受涉案担保函确认倒签提单的行为，故可以依据担保函的条款追究被告的责任。本院认为，原告以担保函作为主要证据向被告主张海事担保合同赔偿责任之行为本身是对该倒签提单担保函的一种确认。涉案担保函的担保对象，即倒签提单行为是违法行为，其担保内容亦具有违法性，不能因为原告自称不是违法行为的实施主体而使原本非法的担保行为产生合法效力。因此，本院认定涉案担保函不具有相应的法律效力，但并不影响原告在按照被告指示实施违法行为或默认被告实施违法行为并遭受损失时向被告请求损害赔偿的权利。

五、其他提单类型

（一）繁式提单与简式提单

提单根据条款内容的繁简程度不同，可以分为繁式提单和简式提单。

1. 繁式提单（long form B/L）也称全式提单，是提单的一般形式，即正面、背面均详细列明各类条款的提单。

2. 简式提单（short form B/L）也称短式提单，是指背面未列明承运人、托运人和收货人之间权利和义务的条款，而规定根据其他提单格式或者标准运输条件、租船合同等文件确定权利和义务的提单。

（二）班轮提单与租船提单

提单根据船舶经营方式不同，可以分为班轮提单和租船提单。

1. 班轮提单（liner B/L)，是指在班轮运输方式下承运人签发的提单。

---

① 上海海事法院（2014）沪海法商初字第 1167 号民事判决书。

2. 租船提单（B/L under C/P），是指出租人根据租船合同签发的提单，背面通常订有“并入条款”（incorporation clause），如“所有条款和条件按照……签订的租船合同”（all terms and conditions as per charter party dated...），表明承运人、托运人和收货人的权利和义务根据并入的租船合同确定。

（三）无船承运人提单与船长提单

提单根据签发人不同，除班轮运输企业、多式联运经营人签发的提单外，还存在无船承运人提单与船长提单两种特殊情形，而且往往针对特定货物同时存在。

1. 无船承运人提单（house B/L），也称为货代提单，是指无船承运人作为承运人向托运人签发的提单，通常用于托运人进行信用证结汇，但不能用于在目的港提取货物。

2. 船长提单（master B/L），是指船舶的所有人、经营人、承租人或代理人及船长向无船承运人签发的提单，通常不用于信用证结汇，而是用于在目的港提取货物。

（四）直达提单与转船提单

提单根据海上货物运输过程中是否换装船舶，可以分为直达提单和转船提单。

1. 直达提单（direct B/L），是指货物在装货港装船后中途不经过换装船舶的提单。

2. 转船提单（transshipment B/L），是指货物在装货港装船后需要在中途港换装其他船舶的提单。

（五）运费预付提单与运费到付提单

提单根据运费支付情况不同，可以分为运费预付提单与运费到付提单。

1. 运费预付提单（freight prepaid B/L），是指载明运费已经预付的提单。

2. 运费到付提单（freight to collect B/L），是指载明运费到付的提单。

（六）舱面货提单与舱内货提单

提单根据货物装载的位置不同，可以分为舱面货提单与舱内货提单。

1. 舱面货提单（on deck B/L），是指货物装载在露天舱面或甲板，注明“舱面上”（on deck）或类似字样的提单。

2. 舱内货提单（under deck B/L），是指货物装载在船舶主甲板以下的货舱内，注明“货舱内”（under deck）或类似字样的提单。

第三节 提单的功能

根据提单的通行定义以及《海商法》第 71 条的规定，提单主要具有三项功能：一是海上货物运输合同的证明；二是承运人接收货物或将货物装船的证明；三是承运人保证据以交付货物的凭证。

一、海上货物运输合同的证明

提单是海上货物运输合同的证明，具体包含以下两个方面：

1. 提单本身是承运人与托运人之间订立海上货物运输合同的证明。承运人或其授权的人、船长签发提单时，海上货物运输合同已经通过要约和承诺的方式成立，签发提单只是承运人履行合同义务的具体环节。

理论探讨

提单和海上货物运输合同的关系

关于提单和海上货物运输合同的关系，特别是提单是否构成合同本身，理论和实践中均不无争议。尤其在英美法系的著作中，时常出现“提单合同”（the bill of lading contract）、[①] “作为合同的提单”（the bill of lading as a contract）[②] 等类似表述。但是，英国首席大法官 Goddard 在 The Ardennes 案中的观点仍是更为通行的观点：“即使可以认为提单是合同条文极好的证明，但提单本身并非船东和货物托运人之间的合同”。[③] 例如，加拿大学者 William Tetley 指出：

> 通常都认为运输合同就是提单，但是正如我们在许多场合多次指出的那样，提单是一种单方面的文件并且只不过是合同的极好的证明而已。真正的运输合同是要

① Richard Aikens，Richard Lord，Michael Bools，Michael Bolding，Kian Sing Toh，*Bills of Lading*，Informa Law from Routledge，2021，p.188.

② Bernard Eder，Howard Bennett，Steven Berry，David Foxton，Christopher F. Smith，*Scrutton on Charterparties and Bills of Lading*，Sweet & Maxwell，2011，p.85.

③ [1951] 1 K.B. 55，（1950）84 Ll. L. Rep. 340.

约、货载安排、承运人的广告、订载单、托运人的承诺、代理的申明等以及提单本身的全部总和。①

杨良宜也指出：

但说提单合约是船东/承运人与发货人之间的运输合约在很多情况下是不正确的，他们之间通常在较早前已经订立了一份运输合约，在班轮运输中就会是一份“订舱单”（booking note），在租船业务中就会是一份“程租合约”（voyage charter party）。但很可能在订舱单中会援引与合并后来才签发的班轮提单条文，而程租合约会被合并入后来才签发的租约提单中，所以有说法是提单合约对承运人和发货人来说并非海上运输合约而只是一份很好的证明。②

我国《海商法》第71条已经明确规定提单是“用以证明海上货物运输合同”，因而司法实践也持相同立场。例如，山东省高级人民法院在汉堡南美航运公司与山东利全贸易有限公司、汉堡南美（中国）船务有限公司海上货物运输合同纠纷案③中认为：

利全贸易以其持有的两份提单向一审法院提起海上货物运输合同之诉，本案系海上货物运输合同纠纷。记载有管辖权条款的提单是海上货物运输合同的证明，但不是合同本身。承运人汉堡南美没有证据证明其与托运人就管辖权问题进行了协商并达成一致意见，亦无证据证明利全贸易在接受提单时一并接受了提单中的管辖权条款。因此，该管辖权条款对利全贸易没有约束力。

上海海事法院在厦门晟茂有限责任公司与烨泰国际货运代理有限公司海上货物运输合同纠纷案④中也认为：

原告认为，记名提单作为海上货物运输合同的证明反映了原、被告之间缔约履约过程，同时也表明原告系托运人，被告为承运人，基于上述理由，原、被告之间存在海上货物运输合同法律关系。被告认为，由于记名提单已经交付收货人，记名提单证明的海上货物运输合同法律关系存在于收货人和被告之间。本院认为，根据

① [加]William Tetley：《海上货物索赔》（第3版），张永坚、胡正良、傅廷忠等译，大连海运学院出版社1993年版，第171页。

② 杨良宜、杨大明：《提单与其他付运单证》，大连海事大学出版社2016年版，第465页。

③ 青岛海事法院（2017）鲁72民初1139号民事裁定书；山东省高级人民法院（2018）鲁民辖终62号民事裁定书。

④ 上海海事法院（2016）沪72民初1481号民事判决书。

我国海商法的相关规定，提单是承运人与托运人之间达成的国际海上货物运输合同的证明而不是合同本身，原告与收货人因贸易活动发生的提单交付或流转并不导致海上货物运输合同双方当事人之间合同法律关系的解除或终止。本案中原告以托运人身份向被告订舱，被告作为承运人根据原告的要求签发了记名提单，双方通过要约与承诺形成的合同关系，主体适格，意思表示真实，内容合法。因此，本院认为，原、被告之间的海上货物运输合同法律关系依法成立，并具有相应的法律约束力。因此，本院对原告关于本争议焦点的主张予以采信。

2. 提单记载的内容和条款是海上货物运输合同内容的证明。虽然提单是在海上货物运输合同成立后方才签发，但承运人对于提单的样式和条款大多已经提前公布。因此，提单记载的内容和条款构成海上货物运输合同的内容，除非当事人能够证明双方另有不同于提单记载的约定。

二、承运人接收货物或将货物装船的证明

承运人向托运人签发提单，如果签发的是已装船提单，表明承运人已将提单记载的货物装载于提单记载的船舶；如果签发的是收货待运提单，表明承运人已经接收了提单记载的货物，但货物尚未装船。

（一）提单的证明效力

1.《海商法》的规定

《海商法》第 77 条规定："除依照本法第七十五条的规定作出保留外，承运人或者代其签发提单的人签发的提单，是承运人已经按照提单所载状况收到货物或者货物已经装船的初步证据；承运人向善意受让提单的包括收货人在内的第三人提出的与提单所载状况不同的证据，不予承认。"

根据上述规定，提单在承运人与托运人之间，构成承运人已按提单记载状况接收货物或者已将货物装船的初步证据（prima facie evidence）。初步证据意味着当事人可以通过举证推翻提单的记载，证明货物的实际状况与提单的记载不符。

如果提单流转至包括收货人在内的善意第三人手中，此时提单的记载构成承运人已按提单记载状况接收货物或者已将货物装船的绝对证据（conclusive evidence），承运人即使提出证据也不能推翻提单的记载。此处对于第三人的要求是善意。依据民法的善意推定原理，

法律如果规定第三人的善意作为特定法律效果的要件，此时推定第三人为善意，如果主张第三人为恶意应负举证责任。[①] 善意一般认为是指“不知道且不应当知道”，[②] 具体至此处即受让提单的第三人不知道且不应当知道提单的记载与货物的实际状况不符。收货人等第三人通常很难证明货物在承运人接收时的状况，而承运人作为接收货物的一方却颇易取得装船时的各类证据，因而如果允许承运人举证推翻自己在提单上记载的内容，对于提单持有人不尽公平。因此，规定提单在承运人与包括收货人在内的善意第三人之间的绝对证据效力，体现了保护善意提单持有人、维护提单可转让性的价值取向。

司法实践

提单的证明效力

● 天津市高级人民法院在大丽船务有限公司与阿克鲁斯裕廊船务有限公司海上货物运输合同纠纷案[③] 中认为：

本案裕廊公司为涉案货物的买方，同时是提单上的记名收货人且实际收取了货物，裕廊公司为货物的收货人，大丽公司作为承运人认可与裕廊公司之间存在海上货物运输合同关系，一审法院予以认定。依照《海商法》第七十八条“承运人同收货人、提单持有人之间的权利、义务关系，依据提单的规定确定”之规定，裕廊公司作为收货人，以提单为依据提起诉讼，则涉案提单构成其记载内容的最终证据。《海商法》第七十六条规定，“承运人或者代其签发提单的人未在提单上批注货物表面状况的，视为货物的表面状况良好”；第七十七条规定，“承运人或者代其签发提单的人签发的提单，是承运人已经按照提单所载状况收到货物或者货物已经装船的初步证据；承运人向善意受让提单的包括收货人在内的第三人提出的与提单所载状况不同的证据，不予承认”。本案提单由船代公司代船长签发，为清洁已装船提单，该提单注明货物在装货港托运时外表状况良好并装载于船上以运往卸货港，船舶安全接受了上述货物，并未有货物存在不良状况的任何批注。故大丽公司主张货物在装货港就发现弯曲和锈蚀，因大丽公司未在提单批注，对裕廊公司而言不构成在装船前已经存在货损的事实证明。

● 天津海事法院在中国人寿财产保险股份有限公司湖南省分公司与玛德琳航运私人有

① 李宇：《民法总则要义：规范释论与判解集注》，法律出版社 2017 年版，第 158 页。

② 陈甦主编：《民法总则评注》，法律出版社 2017 年版，第 424 页。

③ 天津海事法院（2014）津海法商初字第 882 号民事判决书；天津市高级人民法院（2016）津民终 417 号民事判决书。

限公司海上、通海水域货物运输合同纠纷案[①]中认为：

《海商法》第七十七条规定："除依照本法第七十五条的规定作出保留外，承运人或者代其签发提单的人签发的提单，是承运人已经按照提单所载状况收到货物或者货物已经装船的初步证据；承运人向善意受让提单的包括收货人在内的第三人提出的与提单所载状况不同的证据，不予承认。"本案中，被告在装货港出具了空距报告，报告显示，存在短装，但就诉争货物其仍签发了五份清洁提单。中储粮公司作为收货人善意受让该提单，被告提交的装货港空距报告对其没有约束力，被告应当按照提单记载的重量向中储粮公司交付货物。根据被告在天津新港卸货时所作的空距报告，卸货重量为7775.938吨，短量为167.797吨。

2. 国际公约的规定

国际公约关于提单证明效力的规定与《海商法》基本一致。《海牙规则》第3条第4款规定："依照第3款（a）、（b）、（c）项所载内容的这样一张提单，应作为承运人收到该提单中所载货物的初步证据。"

《汉堡规则》第16条第3款规定：

除已对其提出本条第1款准许的保留的细节及依照该项保留的限度外：

（a）提单为运送人接收提单所描述货物的表面证据，如发给"装船"提单时，则为运送人装载提单所描述货物的表面证据；及

（b）运送人所提出与此相反的证据不得接受，如果提单已转让给真诚信赖提单中对货物的描述行事的第三方，包括收货人。

《鹿特丹规则》第41条也规定：

除合同事项已按照第40条规定的情形和方式作了保留外：

（a）运输单证或者电子运输记录是承运人收到合同事项中所记载货物的初步证据；

（b）在下列情况下，承运人就任何合同事项提出的相反证据不予接受：

（i）此种合同事项载于已转让给善意行事第三方的可转让运输单证或者可转让电子运输记录，或者

（ii）此种合同事项载于载明必须交单提货，且已转让给善意行事收货人的不可转让运输单证。

① 天津海事法院（2019）津72民初751号民事判决书。

（c）承运人提出的针对善意行事收货人的相反证据，在该收货人依赖载于不可转让运输单证或者不可转让电子运输记录中的下述任何合同事项时，不予接受：

（i）第 36 条第 1 款中述及的合同事项，此种合同事项由承运人提供；

（ii）集装箱的号码、型号和识别号，而非集装箱封条的识别号；和

（iii）第 36 条第 2 款中述及的合同事项。

（二）不知条款

1.《海商法》的规定

《海商法》第 75 条规定："承运人或者代其签发提单的人，知道或者有合理的根据怀疑提单记载的货物的品名、标志、包数或者件数、重量或者体积与实际接收的货物不符，在签发已装船提单的情况下怀疑与已装船的货物不符，或者没有适当的方法核对提单记载的，可以在提单上批注，说明不符之处、怀疑的根据或者说明无法核对。"

根据上述规定，承运人对于托运人申报的货物品名、标志、包数或件数、重量或体积，如果知道或者有合理根据怀疑与实际情况不符，或者没有适当方法进行核对，承运人可以在提单上以批注的形式，说明不符之处、怀疑的根据或者说明无法核对。实践中为了满足国际货物买卖合同或其他方面的需要，承运人通常仍会将托运人申报的事项记载在提单上，同时批注一些表示保留的字句，如"据称"（said to be）、"重量不知"（weight unknown）、"托运人装船、铅封和计数"（shipper's load，seal and count）。[①] 此类条款称为不知条款。

不知条款（unknown clause），是指承运人认为对于接收货物的内容、数量、重量等事项无法知悉或核对时，预先在提单上印刷或在签发提单时标注声明的条款或批注。不知条款的常见形式包括：

（1）预先在提单正面或背面印刷"重量、尺码、标志、号数、品质、内容、价值由托运人提供，承运人在装船时未核对"或类似内容，如"shipper's load and count，SLAC"即"托运人装载并计数"。

（2）在货物内容相关情况前批注"据称"（said to contain，STC）或"据托运人称"（said by shipper，SBS）。

（3）在货物内容相关情况后批注"不知"（unknown），如"重量不知"（weight unknown）。

---

① 郭瑜：《海商法教程》（第 2 版），北京大学出版社 2012 年版，第 150 页。

案例模型

不知条款

不知条款常见的具体表述如下：

- 船东不负责提单上记载的货物件数和数量。
- 承运人对货物重量、体积、质量、数量、状态、内容及价值并不知晓。
- 重量、尺码、标志、号数、品质、内容和质量是托运人所提供的，承运人在装船时并未核对。
- 由托运人描述货物。

《全国法院涉外商事海事审判工作座谈会会议纪要》第57条关于不知条款的适用规则规定：

> 【“不知条款”的适用规则】提单是承运人保证据以交付货物的单证，承运人应当在提单上如实记载货物状况，并按照记载向提单持有人交付货物。根据海商法第七十五条的规定，承运人或者代其签发提单的人，在签发已装船提单的情况下没有适当方法核对提单记载的，可以在提单上批注，说明无法核对。运输货物发生损坏，承运人依据提单记载的“不知条款”主张免除赔偿责任的，应当对其批注符合海商法第七十五条规定情形承担举证责任；有证据证明货物损坏原因是承运人违反海商法第四十七、第四十八条规定的义务，承运人援引“不知条款”主张免除其赔偿责任的，人民法院不予支持。

结合上述规定，我国司法实践通常要求承运人在提单上批注的不知条款应当满足以下条件，方能具备免除承运人责任的效力：

（1）承运人知道或有合理根据怀疑提单记载的货物品名、标志、包数或件数、重量或体积与实际接收或已装船的货物不符，或者没有适当的方法核对提单的记载。承运人对此负有举证责任和说明义务。如果事实上存在合理、适当的方法核对提单记载而承运人怠于核对，承运人不能依据不知条款免责。

（2）承运人须在提单的批注中说明不符之处、怀疑的根据或无法核对的理由。实践中许多承运人为操作便利或规避责任，以格式条款形式预先将不知条款作为免责条款印刷在提单背面条款中，或仅在批注中声明“不知”“不符”“据称”“无法核对”等，但未说明具体根据和理由。此类不知条款不发生效力。例如，提单正面可能印有以下条款：“The total number of the packages or units stuffed in the container the description of the goods and the weights shown in the Bill of Lading are furnished by the merchants，and which the carrier has no reasonable means of checking and is not a part of this Bill of Lading contract.”

（3）承运人在责任期间履行了适航管货义务。[①] 如果承运人未能妥善和谨慎地管理货物，仍应对于货物灭失或损坏承担赔偿责任。

司法实践

不知条款

● 最高人民法院在富源船务有限公司与中国人民财产保险股份有限公司上海市分公司、中外运船舶管理有限公司海上货物运输合同纠纷案[②] 中认为：

根据一审、二审判决查明的事实，承运人富源公司在装货港的代理人就涉案货物运输于 2013 年 8 月 4 日签发已装船提单，该提单记载：货物新西兰原木，数量 73,225 根、14,554.742 立方米。根据《海商法》第七十一条、第七十七条的规定，提单是承运人保证据以交付货物的单证，除依照该法第七十五条的规定作出保留外，承运人向善意受让提单的第三人提出的与提单所载状况不同的证据，不予认可。涉案提单正面载明“由托运人描述货物”“船东不负责提单上记载的货物件数和数量”“承运人不负责损失或损害”等内容，富源公司主张其具有《海商法》第七十五条规定“没有适当的方法核对提单记载”的情形，并以上述记载作为提单批注提出免责抗辩，但涉案原木货物可以通过计根数和测量体积等方式计算数量，承运人可以自己计数或者委托他人计数以核实提单记载，富源公司关于其没有适当的方法核对提单记载的主张不能成立，一审、二审判决认定上述提单记载内容不构成有效批注并无不当。涉案提单中记载“船东不负责提单上记载的货物件数和数量”是在描述货物状况之后的打印字体，难以辨识该文字系承运人在提单上预先印制的条款还是在货物装船后特别加注的文字，且该记载内容并不影响一审、二审判决否定富源公司抗辩主张的正当性。富源公司在一审中提供的船舶期租合同（电子邮件）与码头作业费发票（复印件）分别存在来源不明、与本案争议缺乏关联性等证据瑕疵，且富源公司作为承运人是否负责装卸并不必然影响其核实提单记载的货物数量，一审、二审法院没有认定富源公司是否负责涉案货物装卸

① 王淑梅主编：《海上货物运输合同纠纷案件裁判规则》，法律出版社 2021 年版，第 103~112 页。

② 最高人民法院（2017）最高法民申 970 号民事裁定书。

的事实并无不当。

● 福建省高级人民法院在厦门市铁晟进出口有限公司与韩进海运株式会社海上、通海水域货物运输合同纠纷案[①]中认为：

承运人在提单上进行合理批注是《海商法》赋予承运人的一项权利。根据《海商法》第七十五条规定，如果承运人或者代其签发提单的人知道或者有合理的根据怀疑提单记载的货物的品名、标志、包数或者件数、重量或者体积与实际接收的货物不符，或者没有适当的方法核对提单记载的货物，有权在提单上作出批注，注明实际情况。本案交付托运的是蓝湿牛皮，提单记载：包含10个托盘，毛重24,675千克、净重24,500千克。承运人在提单上批注"发货人装货和计数"，应属于没有适当方法核对提单记载货物的情形。但"合理批注"不能免除承运人在责任期间谨慎保管、照料货物的义务。本案中，提单上显示的涉案集装箱的铅封号，与涉案货物在目的港码头时的铅封号不同，说明案涉集装箱在运输过程中被打开，上诉人没有尽到妥善运输、保管、照料的义务。证据表明货物在承运人责任期间确实发生丢失。由于上诉人不能交付铅封完好的整箱货，其在提单上所作的批注，对收货人不发生效力，上诉人应根据提单记载交付货物。虽然，上诉人尚能举证证明本案的货差，其中一部分是托运人短装造成的，但在批注无效情况下，作为善意受让提单的收货人可不予承认。即上诉人不得以抗辩托运人的权利来对抗被上诉人。对此，《海商法》第六十六条第二款已有明确规定，承运人对托运人所享有的受偿权利，不影响其根据货物运输合同对托运人以外的人所承担的责任，所以，上诉人应该向被上诉人承担全部货损的赔偿责任。

● 天津市高级人民法院在安联全球企业及特殊风险有限公司与恩艾驰易船务公司海上、通海水域货物运输合同纠纷案[②]中认为：

涉案提单明确记载了涉案货物的重量为641,251千克（641.251吨），并于提单附件中列明涉案货物中各型号钢材对应的理论重量，理论重量总值与提单记载重量一致。依照《海商法》第七十五条规定，承运人或者代其签发提单的人，知道或者有合理的根据怀疑提单记载的货物的品名、标志、包数或者件数、重量或者体积与实际接收的货物不符，在签发已装船提单的情况下怀疑与已装船的货物不符，或者没有适当的方法核对提单记载的，可以在提单上批注，说明不符之处、怀疑的根据或者说明无法核对。本案中，恩艾驰易公司并

① 厦门海事法院（2014）厦海法商初字第158号民事判决书；福建省高级人民法院（2014）闽民终字第953号民事判决书。

② 天津海事法院（2014）津海法商初字第828号民事判决书；天津市高级人民法院（2016）津民终138号民事判决书。

未在涉案提单中批注重量存在不符之处。虽然涉案提单记载了“重量、尺码、标志、号数、品质、内容和质量是托运人所提供的，承运人在装船时并未核对”，但该记载属于“不知条款”，系预先印制，并非特别针对涉案航次作出，其表述本身亦未明确说明无法核对的事实根据或理由。且双方当事人一致确认涉案保单被保险人系阿里巴巴公司，而阿里巴巴公司系涉案货物通知方/买方，据此可以认定涉案提单已在签发后实际流转。故而，依照《海商法》第七十一条“提单中载明的向记名人交付货物，或者按照指示人的指示交付货物，或者向提单持有人交付货物的条款，构成承运人据以交付货物的保证”、第七十八条“承运人同收货人、提单持有人之间的权利、义务关系，依据提单的规定确定”之规定，应认定“不知条款”对提单持有人及代位取得其求偿权利的保险人不发生效力，承运人应以提单记载的重量对代位求偿权人负责。在涉案运输货物受损情况下，应按照各受损型号钢材对应的理论重量承担相应责任。

如果提单包含有效的不知条款，即承运人根据《海商法》第75条作出了保留，此时在不知条款内容涵盖的范围之内，提单既不是承运人已按提单记载状况接收货物或者已将货物装船的初步证据，也不是绝对证据，无论是在承运人与托运人之间，还是提单已经流转至包括收货人在内的第三人。

2. 国际公约的规定

《海牙规则》第3条第3款的规定与《海商法》稍有不同，其中第2项只是规定承运人在有合理怀疑或无法核对的情况下，可以不在提单上记载货物的相关信息，但并未规定需要进行批注：

> 承运人或船长或承运人的代理人在收受货物归其照管后，经托运人的请求，应向托运人签发提单，其上载明下列各项：
>
> （a）与开始装货前由托运人书面提供者相同的、为辨认货物所需的主要唛头，如果这项唛头是以印戳或其他方式标示在不带包装的货物上，或在其中装有货物的箱子或包装物上，该项唛头通常应在航程终了时仍能保持清晰可认。
>
> （b）托运人用书面提供的包数或件数，或数量，或重量。
>
> （c）货物的表面状况。
>
> 但是，承运人、船长或承运人的代理人，不一定必须将任何货物的唛头、号码、数量或重量表明或标示在提单上，如果他有合理根据怀疑提单不能正确代表实际收

到的货物，或无适当方法进行核对的话。

《汉堡规则》第16条第1款的规定与《海商法》基本一致：

如运送人或代表运送人发给提单的其他人员知悉或有适当理由怀疑提单所载关于货物一般性质、主要标记、包数或件数、重量或数量的细节并不正确代表实际接收的货物，或在发给“装船”提单的情况，并不正确代表实际装载的货物，或他缺乏适当的方法来核对这些细节，运送人或此种其他人员必须在提单内记入一项保留，详细说明这些不正确情形、怀疑的理由或适当核对方法的缺乏。

《鹿特丹规则》第40条的规定更为详细：

1. 在下列条件下，承运人应当对第36条第1款中述及的信息作出保留，指出承运人对于托运人所提供信息的准确性不负责任：

（a）承运人实际知道运输单证或者电子运输记录中的任何重要声明有虚假或者误导内容；或者

（b）承运人有合理的理由认为运输单证或者电子运输记录中的任何重要声明有虚假或者误导内容。

2. 在不影响本条第1款的情况下，承运人可以按照本条第3款和第4款规定的情形和方式，对第36条第1款中述及的信息作出保留，指出承运人对于托运人所提供信息的准确性不负责任。

3. 货物不放在封闭集装箱内或者封闭车辆内交付给承运人或者履约方运输，或者货物放在封闭集装箱内或者封闭车辆内交付且承运人或者履约方实际检验了货物的，在下述条件下，承运人可以对第36条第1款中述及的信息作出保留：

（a）承运人无实际可行或者商业上合理的方式核对托运人提供的信息，在这种情况下，承运人可以注明其无法核对的信息；或者

（b）承运人有合理的理由认为托运人所提供的信息不准确，在这种情况下，承运人可以列入一个条款，提供其合理认为准确的信息。

4. 货物放在封闭集装箱内或者封闭车辆内交付给承运人或者履约方运输的，承运人可以就下列条款中述及的信息作出保留：

（a）第36条第1款第（a）项、第（b）项或者第（c）项，条件是：

（i）集装箱内或者车辆内货物未经过承运人或者履约方实际检验；并且

（ii）无论承运人还是履约方均未在签发运输单证或者电子运输记录之前以其他方式实际知道集装箱内或者车辆内货物的情况；和

（b）第 36 条第 1 款第（d）项，条件是：

（i）无论承运人还是履约方均未对集装箱或者车辆称重，且托运人和承运人均未在装运货物之前约定对集装箱或者车辆称重并将其重量记载在合同事项中；或者

（ii）无实际可行或者商业上合理的方式核对集装箱或者车辆重量。

三、承运人保证据以交付货物的凭证

（一）承运人交付货物的对象与凭证

提单是承运人据以保证交付货物的凭证，即承运人应在卸货港将货物交付给凭提单有权提取货物的人。《海商法》第 71 条第 2 句规定："提单中载明的向记名人交付货物，或者按照指示人的指示交付货物，或者向提单持有人交付货物的条款，构成承运人据以交付货物的保证。"

1. 承运人交付货物的对象

根据提单的类型不同，承运人交付货物的对象分为以下三种情况：

（1）记名提单：提单记载的收货人；

（2）指示提单：指示人指示的收货人；

（3）不记名提单：提单持有人。

理论探讨

提单与 document of title 的关系

关于提单的功能，英美法系论著较常出现的概念是"document of title"。例如，《海牙规则》第 1 条第 b 项关于海上货物运输合同的定义即有"a bill of lading or any similar document of title"的表述。英国学者 John Wilson 在 Carriage of Goods by Sea 一书中也明确指出提单的功能之一是"As a document of title"。[①]

关于 document of title 的具体含义，Black's Law Dictionary 一书的解释如下：

① John F. Wilson，*Carriage of Goods by Sea*，Pearson Education Limited，2010，p.132.

A written description, identification, or declaration of goods authorizing the holder (usu.A bailee) to receive, hold, and dispose of the document and the goods it covers.[①]

《元照英美法词典》的解释则是：

权利凭证，持有这种凭证的人有权接受、持有和处置该凭证和凭证中所列的货物，如提单、码头收据、码头提货单等。[②]

《美国统一商法典》(Uniform Commercial Code, UCC) 专设第7篇规定了 document of title，并在第1.201条第b款第16项规定了 document of title 的定义：

"所有权凭证"指具有全部下列特征的记录：在正常业务或融资中，被认为足以证明其占有人或控制人有权接收、控制、持有或处置该记录及其所覆盖的货物；显示系由货物保管人出具，或系出具给货物保管人；覆盖由货物保管人占有的货物；该货物已特定化，或系已特定化的批量货物中一定份额的种类物。"所有权凭证"包括提单、运输文件、码头收货单、码头收据、仓单和交换命令。电子所有权凭证系由储存在电子介质中之信息组成的记录予以证明。实体所有权凭证系由记录在实体介质中之信息组成的记录予以证明。[③]

我国海商法学界关于 document of title 的含义长期存在较为激烈的争议，而且似乎在当前以及今后一个时期也无法形成多数学者认可的有力观点，此一术语在中国法乃至大陆法系也确实难以找到可以较好对应的概念。关于 document of title 最为通行的译法是"物权凭证"，或者更为具体的"所有权凭证"。例如，我国海商法泰斗魏文翰早在1965年出版的《海商法讲座》一书中即指出提单的功能之一是"货物所有权的凭证"，[④]该书也是新中国正式出版的第一部海商法著作。但是，不少学者对于"物权凭证"的概念多有质疑，同时选择将 document of title 译为"权利凭证"。例如，袁发强在翻译上述 Carriage of Goods by Sea 一书时特别指出：

许多中文书籍和论文都将"document of title"翻译和理解为"物权凭证"，这

① Bryan A. Garner ed., *Black's Law Dictionary*, Thomson Reuters, 2019, p.610.
② 薛波主编：《元照英美法词典》（缩印版），北京大学出版社2013年版，第431页。
③ 《美国统一商法典》，潘琪译，法律出版社2020年版，第7页。
④ 魏文翰：《海商法讲座》，法律出版社1965年版，第66页。

> 并不完全符合其本意。正如本书下文所提到的,提单仅仅是起到"收取货物的权利",与大陆法系中"物权"的概念不完全相同,因此译为"权利凭证"更符合英国法下的含义。[①]

关于提单的法律性质我国另有占有权利凭证说、债权关系说、阶段论说、有价证券说等诸多观点。[②] 我国海事司法实践也偶有采用"物权凭证"的表述，如厦门海事法院在厦门鸿量进出口有限公司与厦门中泓基国际货运代理有限公司、深圳永航国际船务代理有限公司厦门分公司海上货物运输合同纠纷案[③] 中认为：

> 提单是债权凭证，某些情况下是物权凭证，提单是涉外运输和贸易最主要的单证，其物权凭证的效力是配合国际贸易支付而存在的。从货款的支付上看，本案是国内贸易，只不过因为货物要外销，部分条款含有涉外因素，但这也并未改变本案交易国内贸易的性质。本案提单关系不能适用于原告，在内贸合同中，标的物的所有权自标的物交付时转移，即原告将货交第一承运人时，所有权已经转移给第三人。因此，即使原告持有提单，也不代表物权凭证，至多只不过是获取一种担保。

关于提单是物权凭证的观点在海商海事以外的其他司法实践领域更为普遍，最为典型的当属引起广泛讨论的最高人民法院指导性案例第 111 号，中国建设银行股份有限公司广州荔湾支行诉广东蓝粤能源发展有限公司等信用证开证纠纷案。最高人民法院在该案中认为：

> 提单具有债权凭证和所有权凭证的双重属性，但并不意味着谁持有提单谁就当然对提单项下货物享有所有权。对于提单持有人而言，其能否取得物权以及取得何种类型的物权，取决于当事人之间的合同约定。

但是，提单的功能仍应依据法律规定确定。根据《海商法》第 71 条关于提单是"承运人保证据以交付货物的单证"的规定,应当认为提单体现的权利是向承运人提取货物的权利，即提货权。

---

① ［英］约翰·F. 威尔逊：《海上货物运输法》（第 7 版），袁发强译，法律出版社 2014 年版，第 127 页。

② 陈芳：《提单法律性质诸论评议》，载《江西社会科学》2013 年第 1 期。

③ 厦门海事法院（2013）厦海法商初字第 178 号民事判决书。

指导性案例

最高人民法院指导性案例第 111 号

中国建设银行股份有限公司广州荔湾支行诉广东蓝粤能源发展有限公司等信用证开证纠纷案

【裁判要点】

1. 提单持有人是否因受领提单的交付而取得物权以及取得何种类型的物权，取决于合同的约定。开证行根据其与开证申请人之间的合同约定持有提单时，人民法院应结合信用证交易的特点，对案涉合同进行合理解释，确定开证行持有提单的真实意思表示。

2. 开证行对信用证项下单据中的提单以及提单项下的货物享有质权的，开证行行使提单质权的方式与行使提单项下货物动产质权的方式相同，即对提单项下货物折价、变卖、拍卖后所得价款享有优先受偿权。

【相关法条】

《中华人民共和国海商法》第 71 条

《中华人民共和国物权法》第 224 条

《中华人民共和国合同法》第 80 条第 1 款

【基本案情】

中国建设银行股份有限公司广州荔湾支行（以下简称建行广州荔湾支行）与广东蓝粤能源发展有限公司（以下简称蓝粤能源公司）于 2011 年 12 月签订了《贸易融资额度合同》及《关于开立信用证的特别约定》等相关附件，约定该行向蓝粤能源公司提供不超过 5.5 亿元的贸易融资额度，包括开立等值额度的远期信用证。惠来粤东电力燃料有限公司（以下简称粤东电力）等担保人签订了保证合同等。2012 年 11 月，蓝粤能源公司向建行广州荔湾支行申请开立 8592 万元的远期信用证。为开立信用证，蓝粤能源公司向建行广州荔湾支行出具了《信托收据》，并签订了《保证金质押合同》。《信托收据》确认自收据出具之日起，建行广州荔湾支行即取得上述信用证项下所涉单据和货物的所有权，建行广州荔湾支行为委托人和受益人，蓝粤能源公司为信托货物的受托人。信用证开立后，蓝粤能源公司进口了 164,998 吨煤炭。建行广州荔湾支行承兑了信用证，并向蓝粤能源公司放款 84,867,952.27 元，用于蓝粤能源公司偿还建行首尔分行的信用证垫款。建行广州荔湾支行履行开证和付款义务后，取得了包括本案所涉提单在内的全套单据。蓝粤能源公司因经营状况恶化而未能付款赎单，故建行广州荔湾支行在本案审理过程中仍持有提单及相关单据。提单项下的煤炭因其他纠纷被广西防城港市港口区人民法院查封。建行广州荔湾支行提起诉讼，请求判令蓝粤能源公司向建行广州荔湾支行清偿信用证垫款本金84,867,952.27元及利息；确认建行广州荔湾支行对信用证项下164,998吨煤炭享有所有权，并对处置该财产所得款项优先清偿上述信用证项下债务；粤东电力等担保人承担担保责任。

【裁判结果】

广东省广州市中级人民法院于2014年4月21日作出（2013）穗中法金民初字第158号民事判决，支持建行广州荔湾支行关于蓝粤能源公司还本付息以及担保人承担相应担保责任的诉请，但以信托收据及提单交付不能对抗第三人为由，驳回建行广州荔湾支行关于请求确认煤炭所有权以及优先受偿权的诉请。建行广州荔湾支行不服一审判决，提起上诉。广东省高级人民法院于2014年9月19日作出（2014）粤高法民二终字第45号民事判决，驳回上诉，维持原判。建行广州荔湾支行不服二审判决，向最高人民法院申请再审。最高人民法院于2015年10月19日作出（2015）民提字第126号民事判决，支持建行广州荔湾支行对案涉信用证项下提单对应货物处置所得价款享有优先受偿权，驳回其对案涉提单项下货物享有所有权的诉讼请求。

【裁判理由】

最高人民法院认为，提单具有债权凭证和所有权凭证的双重属性，但并不意味着谁持有提单谁就当然对提单项下货物享有所有权。对于提单持有人而言，其能否取得物权以及取得何种类型的物权，取决于当事人之间的合同约定。建行广州荔湾支行履行了开证及付款义务并取得信用证项下的提单，但是由于当事人之间没有移转货物所有权的意思表示，故不能认为建行广州荔湾支行取得提单即取得提单项下货物的所有权。虽然《信托收据》约定建行广州荔湾支行取得货物的所有权，并委托蓝粤能源公司处置提单项下的货物，但根据物权法定原则，该约定因构成让与担保而不能发生物权效力。然而，让与担保的约定虽不能发生物权效力，但该约定仍具有合同效力，且《关于开立信用证的特别约定》约定蓝粤能源公司违约时，建行广州荔湾支行有权处分信用证项下单据及货物，因此根据合同整体解释以及信用证交易的特点，表明当事人真实意思表示是通过提单的流转而设立提单质押。本案符合权利质押设立所须具备的书面质押合同和物权公示两项要件，建行广州荔湾支行作为提单持有人，享有提单权利质权。建行广州荔湾支行的提单权利质权如果与其他债权人对提单项下货物所可能享有的留置权、动产质权等权利产生冲突的，可在执行分配程序中依法予以解决。

2. 承运人交付货物的凭证

提单作为承运人据以保证交付货物的凭证，同时意味着承运人须凭提单交付货物，即承运人应将货物交付给凭提单有权提取货物的人。而且，此处所称提单仅限于正本提单（original B/L），而不包括副本提单（copy of B/L），即提单的复制件。正本提单和副本提单通常分别注明“original”和“copy”字样，副本提单一般同时注明“不可流通”（non-negotiable）。

承运人交付货物后应当收回正本提单。如果承运人签发了不止一份正本提单，如通常为一式三份，承运人在交付货物时原则上应当收回提单持有人提交的正本提单，其余正本提单自动作废。例如，提单可能注明：“The carrier has issued 3 original Bills of Lading，all of this tenor and date，one of the original Bills of Lading must be surrendered and endorsed or signed against the delivery of the shipment and whereupon any other original Bills of Lading shall be void.”《最高人民法院关于审理无正本提单交付货物案件适用法律若干问题的规定》第 10 条也规定：“承运人签发一式数份正本提单，向最先提交正本提单的人交付货物后，其他持有相同正本提单的人要求承运人承担无正本提单交付货物民事责任的，人民法院不予支持。”

理论探讨

记名提单是否需要凭正本提单交付货物

由于记名提单不具有流通性，即不得转让，承运人应向提单记载的收货人交付货物，导致早先理论和实践中对于承运人在签发记名提单的场合，是否仍需凭正本提单交付货物存在争议。美国等一些国家规定，记名提单的记名人仅需凭身份证明即可提取货物，而无须出示正本提单。

2005 年最高人民法院《第二次全国涉外商事海事审判工作会议纪要》第 97 条规定：“根据《中华人民共和国海商法》第七十一条的规定，承运人应当向持有记名提单的记名人交付货物。”

此后 2009 年《无单放贷司法解释》第 1 条明确规定：“本规定所称正本提单包括记名提单、指示提单和不记名提单。”据此最高人民法院以司法解释的形式明确规定，签发记名提单的场合与指示提单、不记名提单一样，均需凭正本提单交付货物。我国司法实践对此也不再存在争议。

典型案例

大连海事法院国际海上货物运输合同纠纷典型案例五则

葛天公司诉利通公司海上货物运输合同纠纷案

【案情摘要】

葛天公司向VENEZOLANA公司出售安全鞋，贸易方式为FOB。VENEZOLANA公司委托的货代SOFILINK公司与利通公司联系办理订舱事宜后，利通公司作为无船承运人签发提单。提单记载托运人为葛天公司，收货人为VENEZOLANA公司，正本提单数三份。葛天公司现持有全套三份正本提单，以利通公司在没有收到正本提单的情况下交付货物给其造成了货款损失为由在大连海事法院提起诉讼，请求判令利通公司赔偿货物损失。法院认为，本案具有涉外因素，双方当事人均选择适用中国法，本案应适用中国法进行审理。依照《最高人民法院关于审理无正本提单交付货物案件适用法律若干问题的规定》(以下简称最高人民法院无单交货规定)第二条、第三条第一款规定，葛天公司系提单托运人及全套正本提单的持有人。葛天公司依据提单证明的海上货物运输合同关系向利通公司主张无正本提单交付货物的违约责任，利通公司作为承运人在未征得托运人葛天公司同意，也没有收回正本提单的情况下交付货物，使葛天公司失去了收回货款的保障，同时失去了对货物的控制和处分的权利，造成葛天公司货款及利息损失,故判决利通公司向葛天公司赔偿货款损失。双方当事人均未上诉。

【典型意义】

按照约定交付货物是承运人在国际海上货物运输合同项下的一项重要合同义务。依照海商法和最高人民法院无单交货规定，提单中载明的向记名人交付货物、或者按照指示人的指示交付货物、或者向提单持有人交付货物的条款，构成承运人据以交付货物的保证。因此，无论承运人签发的是指示提单、不记名提单还是记名提单，承运人均应凭其签发的正本提单交付货物。承运人违反法律规定，无正本提单交付货物，损害正本提单持有人权利的，正本提单持有人可以要求承运人承担违约责任或者侵权责任。收货人仅凭提单样稿、提单副本等要求承运人交付货物，承运人有权拒绝。

典型案例

武汉海事法院服务和保障长江经济带发展典型案例（第一批）

依法认定无单放货责任 促进江海联运贸易安全

——原告咸宁汇美达工贸有限公司与被告德迅（中国）货运代理有限公司、被告香港·泛太集运有限公司海上货物运输合同无单放货纠纷案

【基本案情】

2013年11月1日、21日，汇美达公司先后与好运公司签订两份买卖合同，约定由汇美达公司向好运公司出售玻璃餐具，价格条款FOB武汉，定金为货款的20%，余款装船前付清。合同签订后，好运公司向汇美达公司支付了20%的定金，并负责订舱、支付运费，汇美达公司将涉案四票货物交与好运公司联系的德迅武汉公司安排出运。德迅武汉公司代表承运人泛太公司先后签发了四套提单。四套提单均载明托运人为好运公司，收货人及通知方为雅芳公司，交货代理为德迅南非公司，装货港为武汉，转运港为上海，提单载明目的港为厄瓜多尔的瓜亚基尔港（GUAYAQUIL）、秘鲁的卡亚俄港（CALLAO）。货物抵达目的港后，被承运人泛太公司无单放货，交与了记名收货人雅芳公司。而汇美达公司除持有尾号为312.012的全套正本提单外，尾号为312.013、401.011的两套正本提单因汇美达公司未向德迅武汉公司支付本地运输费用而被该公司扣单；尾号为312.011的提单因在目的港GUAYAQUIL打单，汇美达公司、德迅武汉公司及德迅中国公司均未持有。汇美达公司未能收回涉案贸易合同的余款。汇美达公司于2014年10月9日诉至法院，请求两被告赔偿货款损失及利息。

【裁判结果】

武汉海事法院审理认为，本案系海上货物运输合同无单放货纠纷。本案所涉海上货物运输合同各方当事人均选择适用中国内地法律，因此，中国内地法律应为解决本案纠纷的准据法。汇美达公司将货物交与德迅武汉公司，应视为将货物交与了承运人泛太公司的代理人德迅中国公司，汇美达公司是向承运人的代理人实际交付货物的人，为涉案货物的实际托运人，其与泛太公司之间建立了事实上的海上货物运输合同关系。尽管涉案提单上载明的托运人为好运公司，但由于汇美达公司与好运公司的买卖合同选择了FOB贸易术语，好运公司作为贸易合同项下买方负责安排订舱、支付运费，并要求承运人将其记载为提单托运人的做法，仅符合国际贸易、航运惯例，而不能以此否认汇美达公司实际托运人的法律地位。

本案中，尽管泛太公司将货交与了提单记名收货人，但该收货人在提货时并未持有四

套正本提单。四套提单项下货物均被泛太公司无正本提单放货，其行为已违反了海上货物运输合同中承运人凭单放货的基本保证义务，构成违约。泛太公司无单放货的行为导致实际托运人汇美达公司无法收回全部货款，且不存在承运人免于承担责任的情形，因此，泛太公司应对其无单放货的违约行为向汇美达公司承担赔偿责任。

虽然提单是一种物权凭证，但法律规定向承运人主张无单放货损失的人应当持有全套正本提单的目的是保证提单持有人包括实际交付货物的人对货物享有提单项下权利，防止提单权利处于不确定状态。本案中，虽然汇美达公司仅持有尾号为 312.012 的全套正本提单，但另外两套尾号为 312.013、401.011 的正本提单均在目的港被德迅中国公司以非货物权利原因扣留，始终未经贸易流转。就上述三套提单项下货物而言，不存在可以凭提单向承运人主张提货权利的第三人。汇美达公司是提单权利人，有权就其因无单放货而遭受的损失要求承运人予以赔偿。对于该三套提单项下货物被无单放货而产生的货款损失，泛太公司应当对汇美达公司承担赔偿责任。尾号为 312.011 的提单由于在目的港打单，其权利归属处于不确定状态，对于此单项下货款损失，不予保护。德迅中国公司仅为泛太公司的代理人，与泛太公司在本案的无单放货行为无关。法院于 2015 年 5 月 10 日判决被告泛太公司向原告汇美达公司赔偿货款损失及利息。原告汇美达公司、被告泛太公司上诉后，湖北省高级人民法院二审维持了一审判决。

【典型意义】

本案对准确理解、认定提单相关法律问题具有示范意义：一是准确理解提单的属性。提单是海上货物运输合同的证明，但不是唯一的证明，不能等同于海上货物运输合同。提单记载的主体，可能只是形式上的海上货物运输合同当事人；当航运实践中存在提单主体与海上货物运输合同主体不一致，且没有书面合同的情形下，应根据相关方履行义务的实际情况确定海上货物运输合同的当事人，而不能完全取决于提单的记载。二是准确理解托运人的概念。《海商法》第四十二条第三项规定的托运人，既可以是海上货物运输合同的缔约人，也可以是实际向承运人或其代理人交付货物的人。三是记名提单的无单放货认定。凭单交货是承运人履行海上货物运输合同的基本保证义务，而不论此提单是何种类。即使是记名提单，承运人也应凭单交货；如果承运人把货放给记名收货人未收回正本提单，或将货交与未持有正本提单的记名收货人，导致托运人没有收到货款，承运人也不能免除赔偿责任。该案的裁判依法维护长江经济带相关企业在国际贸易活动中的合法权益，对内陆企业在长江经济带贸易活动中常见的江海联运方式起到了规范、指引作用，有利于促进贸易安全。

（二）无正本提单交付货物

承运人如果未凭正本提单交付货物，即构成通常所称的无单放货。2009 年《无单放货司法解释》针对无单放货进行了专门规定。该司法解释在 2020 年年末为配合《民法典》的施行进行了修改，但仅将引言中作为法律依据的原《民法通则》和原《合同法》相应修改为《民法典》。①

1. 无单放货的产生原因

造成无单放货现象最为主要的原因应是提单流转速度的限制。历史上由于件杂货海上航程运输颇为漫长，为了便于经营者在运输途中转售货物，提单被赋予了可以转让的特征，即可转让性。提单的传统优势也就在于可转让性。

提单此项特性的基本假设，应是基于提单的流转速度快于货物运输速度，因而提单能在货物运抵目的港之前送达收货人处，从而保证收货人能够及时凭提单提取货物。但是，由于航海技术、造船技术乃至信息技术的快速发展，产生了船速快、装卸快、集装箱运输等诸种便利情况，使得货物运输环节的效率得以大幅提高，而提单在贸易领域的流转速度却并无明显改变。提单的流转速度主要取决于银行处理单证的时间，由于提单的流转环节颇多，时间也较长，加之由于买卖、结汇过程中发生结汇赎单等问题可能需要修改提单或信用证，以及外贸管理体制等因素，导致提单的流转速度过慢，大量出现货物已经到达目的地而收货人未能拿到提单的现象。②

特别是对于国际油轮或其他散装液体货物运输、国际集装箱货物运输以及近距离国际海上货物运输，无单放货的情形已经非常普遍。此外，航运企业对于无单放货问题的轻视，以及收货人、托运人等主体的欺诈行为也是导致无单放货现象的重要因素。

2. 无单放货的法律性质

《无单放货司法解释》第 2 条规定："承运人违反法律规定，无正本提单交付货物，损害正本提单持有人提单权利的，正本提单持有人可以要求承运人承担由此造成损失的民事责任。"第 3 条第 1 款规定："承运人因无正本提单交付货物造成正本提单持有人损失的，正本提单持有人可以要求承运人承担违约责任，或者承担侵权责任。"

承运人无单放货的行为，导致正本提单持有人无法依据海上货物运输合同或提单提取自己所有的货物。因此，无单放货行为既是一种违约行为，也是一种侵权行为。前者侵犯了

---

① 《最高人民法院关于修改〈最高人民法院关于破产企业国有划拨土地使用权应否列入破产财产等问题的批复〉等二十九件商事类司法解释的决定》第 29 条。

② 何丽新：《无单放货法律问题研究》，法律出版社 2006 年版，第 38 页。

正本提单持有人依据海上货物运输合同或提单享有的债权，后者侵犯了正本提单持有人对于货物享有的物权。正本提单持有人既可以要求承运人承担违约责任，也可以要求承运人承担侵权责任。

3. 无单放货的适用法律

《无单放货司法解释》第 3 条第 2 款规定："正本提单持有人要求承运人承担无正本提单交付货物民事责任的，适用海商法规定；海商法没有规定的，适用其他法律规定。"

根据本条款规定，正本提单持有人要求承运人承担无单放货的民事责任，主要是赔偿因无单放货导致的损失，应当适用《海商法》的规定，主要是其中第四章"海上货物运输合同"的规定。《海商法》作为特别法未有规定的事项，应当适用《民法典》等一般法的规定。根据《海商法》第 58 条第 1 款关于违约责任与侵权责任竞合的规定，无论正本提单持有人主张的是违约责任还是侵权责任，均应适用《海商法》第四章关于海上货物运输合同的规定。

司法实践

无单放货的适用法律

上海市高级人民法院在仙桃市三乐世家工贸有限公司与利斯国际货物运输代理（上海）有限公司、法国班瑟国际货运有限公司海上货物运输合同纠纷案[①]中认为：

无单放货是指承运人违反法律规定，无正本提单交付货物，从而损害正本提单持有人提单权利。正本提单持有人可以要求承运人承担由此造成损失的民事责任。根据《最高人民法院关于审理无正本提单交付货物案件适用法律若干问题的规定》第三条规定："承运人因无正本提单交付货物造成正本提单持有人损失的，正本提单持有人可以要求承运人承担违约责任，或者承担侵权责任。正本提单持有人要求承运人承担无正本提单交付货物民事责任的，适用海商法规定；海商法没有规定的，适用其他法律规定。"根据法律规定，三乐公司无论选择违约之诉还是侵权之诉向承运人主张无单放货的民事责任，均不影响双方之间成立海上货物运输合同这一基础法律关系。因此，一审法院将本案定性为海上货物运输合同纠纷，并在此基础上对本案进行审查，并无不当。

① 上海海事法院（2013）沪海法商初字第 1272 号民事判决书；上海市高级人民法院（2015）沪高民四（海）终字第 56 号民事判决书。

4. 承运人单位赔偿责任限制权利的丧失

《无单放货司法解释》第 4 条规定："承运人因无正本提单交付货物承担民事责任的，不适用海商法第五十六条关于限制赔偿责任的规定。"

根据本条规定，承运人对于无单放货的赔偿责任，不享有单位赔偿责任限制的权利，承运人无单放货行为的主观心理状态主要表现为故意，符合《海商法》第 59 条第 1 款规定的丧失单位赔偿责任限制权利的条件，即故意或者明知可能造成损失而轻率地作为或不作为。虽然该款规定的情形是"货物的灭失、损坏或者迟延交付"，但无单放货行为对于正本提单持有人造成的后果类似，因而承运人也不应享有单位赔偿责任限制的权利。

司法实践

承运人因无单放货而丧失单位赔偿责任限制权利

宁波海事法院在轩辉国际物流有限公司与智利南美轮船有限公司海上、通海水域货物运输合同纠纷案[①]中认为：

提单是交付货物的凭据，即便提单为记名提单，承运人仍负有凭单交货的义务。原告提供的集装箱追踪信息显示涉案集装箱于 2012 年 5 月 18 日已经由港口交付至收货人（port to consignee），5 月 21 日还箱给港口（consignee to port），可以初步证明涉案货物已经被收货人提走；被告辩称原告在无法证明无单放货的事实情况下，最多只能主张货物灭失，但未提供货物灭失的相关证据，主审人对该抗辩不予采纳。由于涉案货物的正本提单至今仍由原告持有，故被告无单放货的事实成立。原告作为提单所载的托运人并持有正本提单，有权要求承运人依据海上货物运输合同承担无正本提单交付货物民事责任，且承运人不享受责任限制。

5. 承运人审查提单真伪的风险

《无单放货司法解释》第 5 条规定："提货人凭伪造的提单向承运人提取了货物，持有正本提单的收货人可以要求承运人承担无正本提单交付货物的民事责任。"

根据本条规定，即使提货人是以伪造的提单向承运人提取货物，承运人仍应向正本提单承运人承担无单放货的赔偿责任，即审查提单真伪的风险由承运人承担。此处是少数承运人对于无单放货可能只是存在过失主观心理状态的情形。《无单放货司法解释》的起草部门

① 宁波海事法院（2013）甬海法商初字第 515 号民事判决书。

对此作出了以下解释：

首先，根据《海商法》规定，承运人负有将承运的货物运至目的港并交给有权提取货物的收货人的义务，包括在货物交付过程中的提单审查义务，承担由此产生的风险责任。因此，当有人凭伪造的提单从承运人手中骗走货物，给提单持有人造成的损失首先应当由承运人承担责任，因为承运人在货物交付中被他人以伪造的提单骗走货物，并不能免除承运人按照提单的记载向提单持有人交付货物的义务，运输并没有履行完结，造成了提单持有人凭单不能提取货物的后果，尽管承运人对凭伪造的提单交付货物没有任何故意，但是风险责任应当由承运人承担，理由在于履行运输合同义务并没有解除，因此在责任承担上比照无正本提单交付货物对待。

其次，将伪造提单的风险责任分配给承运人承担，主要是基于公平法律原则，有利于维护运输合同的履行，维系提单作为提货凭证的可信性依赖，保护涉及提单的单证交易的正常秩序。

最后，提单由承运人签发，承运人具有辨别提单真伪的优势，由其承担此风险责任更体现了合理性。[①]

司法实践

承运人审查提单真伪的风险

浙江省高级人民法院在宁波世贸通国际贸易有限公司与中远集装箱运输有限公司海上、通海水域货物运输合同纠纷案[②]中认为：

中远公司以涉案货物被收货人以伪造的提单提货，中远公司已尽到谨慎注意义务和意大利法律对记名提单允许无单放货为由，主张其无须承担责任。本院认为，《最高人民法院关于审理无正本提单交付货物案件适用法律若干问题的规定》第五条规定“提货人凭伪造的提单向承运人提取了货物，持有正本提单的收货人可以要求承运人承担无正本提单交付货物的民事责任。”可见，货物凭伪造的提单被提取并不免除承运人凭正本提单交货的法定义务。本案中，中远公司主张世贸通公司曾向收货人提供高度清晰的提单彩色扫描件是导致提单项

---

① 《解读〈最高人民法院关于审理无正本提单交付货物案件适用法律若干问题的规定〉》，载《中国海商法年刊》2009 年第 3 期。

② 宁波海事法院（2016）浙 72 民初 846 号民事判决书；浙江省高级人民法院（2016）浙民终 580 号民事判决书。

下货物被提走的原因，但其对此未能提供证据予以证明。而且，即使世贸通公司曾向收货人提供过彩色扫描件，根据中远公司二审中向法庭提交的假提单原件与正本提单进行比对，二者在纸张的质地、文字的色彩以及部分文字的字体上有一定差异，中远公司作为提单的制作人和审核人，在收货人提货时若谨慎审查即能分辨清楚。中远公司主张其已尽到谨慎注意义务并无事实依据。至于意大利的法律对记名提单是否允许无单放货，中远公司并未能提供有效证据予以支持。故中远公司主张其无须承担责任的理由均不能成立，不予支持。

6. 承运人无单放货的赔偿数额

《无单放货司法解释》第 6 条规定：“承运人因无正本提单交付货物造成正本提单持有人损失的赔偿额，按照货物装船时的价值加运费和保险费计算。”

根据本条规定，承运人对于无单放货的赔偿数额与《海商法》第 55 条规定的货物灭失的赔偿数额一致，均为货物的实际价值，即由货物装船时价值、运费、保险费组成的 CIF 价格，同样不考虑可得利益等其他损失。

典型案例

2018 年全国海事审判典型案例

中国银行股份有限公司日照岚山支行与天津西南海运有限公司等海上货物运输合同纠纷案

【基本案情】

中国银行股份有限公司日照岚山支行（以下简称岚山中行）根据授信长期为日照广信化工科技有限公司（以下简称广信公司）购买生产原料开立信用证，本案涉及岚山中行开立的 3 份 90 天远期不可撤销信用证，受益人均为发货人 Marubeni Corporation（以下简称丸红公司）。鹰社海运公司代表承运人天津西南海运有限公司（以下简称西南公司）向丸红公司签发 3 套指示提单，均记载托运人为丸红公司，装货港为韩国蔚山港，卸货港为中国连云港，货物品名为聚合级丙烯，船名“HONG YU”轮。涉案货物于 2017 年 3 月 27 日运抵连云港，西南公司根据丸红公司出具的保函将货物存入广信公司指定的岸罐并由广信公司提取。岚山中行根据信用证贸易单证流程于 4 月 14 日取得涉案 3 套提单，3 个月后因广信公司无力全额付款赎单，岚山中行垫付 2,033,796.85 美元。岚山中行后收回 488,086.33 美元。为维护自身合法权益，岚山中行申请法院诉前扣押“HONG YU”轮，并依据所持有的涉案提单向西南公司主张无单放货，要求赔偿信用证项下实际垫付的款项及利息。西南公司抗辩称岚山中行明知依惯例广信公司必须无单提货，融资银行并非通常意义上的提单持有人，其所遭受的损失与无单放货行为之间无因果关系，西南公司不应承担赔偿责任。

【裁判结果】

宁波海事法院一审认为，岚山中行享有且未放弃《海商法》第七十一条规定的提单持有人权利，可以根据提单法律关系向承运人索赔，扣除岚山中行已收回的488,086.33美元款项后，判决西南公司赔偿岚山中行经济损失1,545,710.52美元。西南公司不服一审判决，提起上诉。

浙江省高级人民法院二审认为，《最高人民法院关于审理无正本提单交付货物案件适用法律若干问题的规定》第二条并未将跟单信用证的开证行、具有商业利益的合作方等其他经合法流转持有正本提单的主体排除在外，岚山中行主张的垫付款项的实际损失金额未超出提单项下货物装船时的价值以及法律规定的无单放货的赔偿范围，判决驳回上诉，维持原判。

【典型意义】

本案是一起涉及信用证贸易融资因素的海上货物运输合同纠纷，具有3个方面的典型意义：一是从文义、目的解释角度对涉及提单持有人定义、承运人无单放货赔偿责任的法律、司法解释规定进行解读，确认信用证开证行可以享有正本提单人的法律地位和索赔权利。二是在认定无单放货导致损失上有所创新。《海商法》第五十五条仅规定了货物灭失赔偿额的上限和一般计算方法，银行在该规定限额以下主张实际垫付款损失，符合损失填补原则。三是对规范海上货物运输秩序具有积极意义。随着银行为企业提供贸易融资服务方式的变化，银行通过对提单的占有来维护自身的合法权益，符合商业需要，承运人对无单放货仍然应当承担赔偿责任。

【一审案号】（2017）浙72民初1601号

【二审案号】（2018）浙民终624号

7. 承运人不承担交付货物责任的情形

（1）提单载明的卸货港所在地法律规定货物必须交付给当地海关或者港口当局。《无单放货司法解释》第7条规定："承运人依照提单载明的卸货港所在地法律规定，必须将承运到港的货物交付给当地海关或者港口当局的，不承担无正本提单交付货物的民事责任。"本条规定的情形主要是指巴西、墨西哥等南美洲国家的法律规定，货物运输至此类国家的港口后必须交付海关或港口当局，而后再由收货人凭正本提单向海关或港口当局提取货物。近年最高人民法院以及各个海事法院公布的海事审判典型案例频繁涉及此类纠纷。《全国法院涉外商事海事审判工作座谈会会议纪要》第63条进一步规定了此种情形的举证责任："【承运人免除无单放货责任的举证】承运人援引《最高人民法院关于审理无正本提单交付货物案件适用法律若干问题的规定》第七条规定，主张不承担无单放货的民事责任的，应当提供该条规定的卸货港所在地法律，并举证证明其按照卸货港所在地法律规定，将承运到港的货物交付给当地海关或者港口当局后已经丧失对货物的控制权。"据此承运人援引卸货港所在地法律规定主张不承担无单放货民事责任时，需要提供对应的卸货港所在地法律，并承担举证责任证明卸货港法律的具体内容。包括承运到港的货物必须交付当地海关或港口当局，且交付后承运人对于货物已经丧失控制。以巴西的实践为例，进口货物交付港口当局或海关后，还需经承运人或其当地代理在巴西外贸货物系统对于货物进行解锁，收货人方能提取货物，即承运人仍对货物交付具有控制权。此时承运人实质上仍然不得无单放货。

典型案例

2019年全国海事审判典型案例

海宁富兴塑胶有限公司诉宁波达源国际货运代理有限公司、顺翔船务代理（深圳）有限公司、太平船务（英国）有限公司海上货物运输合同纠纷案

【基本案情】

海宁富兴塑胶有限公司（以下简称富兴公司）与宁波达源国际货运代理有限公司（以下简称达源公司）之间存在长期货运代理关系。2018年2月，富兴公司因案涉出口巴西的货物委托达源公司向承运人订舱。顺翔船务代理（深圳）有限公司（以下简称顺翔公司）作为无船承运人接受达源公司订舱，于同年3月28日签发无船承运人提单，并通过达源公司交给富兴公司。太平船务（英国）有限公司（以下简称太平公司）于同日签发海运提单，交由顺翔公司。2018年5月3日，案涉货物卸离船舶由巴西纳维根特斯港海关控制，由巴西联邦税务局封锁，并于2018年5月8日被他人提取。案涉全套无船承运人提单仍由富兴公司持有，案涉全套海运提单仍由顺翔公司持有。

【裁判结果】

宁波海事法院一审法院认为，本案海上货物运输目的港为巴西纳维根特斯，根据目的港法律，承运人须向当地码头交付货物，顺翔公司对此已提供了相应证据，该事实也为我国法院多起案件所证明。根据《最高人民法院关于审理无正本提单交付货物案件适用法律若干问题的规定》（以下简称无单放货司法解释）第七条"承运人依照提单载明的卸货港所在地

法律规定，必须将承运到港的货物交付给当地海关或者港口当局的，不承担无正本提单交付货物的民事责任”，承运人不承担无单放货的责任。综上，富兴公司未能证明案涉货物被放行系承运人向巴西海关提供了协助，即不能证明承运人存在过错，其向承运人主张赔偿没有依据。判决驳回富兴公司的诉讼请求。

浙江省高级人民法院二审认为，依据提单交付货物是承运人履行海上货物运输合同的基本义务。承运人援引无单放货司法解释第七条主张免责抗辩时，除了证明卸货港所在地国家法律有必须将承运到港的货物交付给当地海关或者港口当局的相关规定之外，还需证明其在向当地海关或者港口当局交付货物后丧失对货物的控制权。这也与2008年《最高人民法院关于民事诉讼证据的若干规定》第五条第二款“对合同是否履行发生争议的，由负有履行义务的当事人承担举证责任”的规定相一致。根据查明的事实，巴西相关法律规定在进口货物中执行先清关后提货的海关政策，其目的是提高货物清关效率，简化进口程序，但并没有规定在巴西可以无单放货。顺翔公司与太平公司在庭审中亦认可，实践中巴西进口货物还需经承运人或其当地代理在巴西海关外贸综合系统（siscomex cargo）对相关货物进行解锁后，进口商方能提取货物。这也充分说明承运人将货物交给港口当局或海关后，仍然对货物交付具有控制权。故顺翔公司与太平公司仍需证明其在向当地海关或者港口当局交付货物后丧失对货物的控制权，或者货物在未经其允许的情况下被海关或港口当局擅自交付。本案一审中顺翔公司提交了巴西海关外贸综合系统的查询记录，证明巴西当地公证员于2018年12月21日登录该系统，显示案涉货物的状况已于2018年5月8日交付，同时船东对货物仍处于待定锁住状态，即未同意交付货物。该证据可以证明承运人在本案一审立案后仍未同意放行货物，结合太平公司签发的全套正本提单仍在顺翔公司手上的事实，可以认定太平公司与顺翔公司未向巴西海关提供正本提单或同意放行货物，故案涉货物被无单放货并非顺翔公司与太平公司的责任。在太平公司与顺翔公司已经举证证明上述事实的情况下，富兴公司未能进一步举证证明涉案货物的放行系顺翔公司与太平公司的故意行为，故其主张顺翔公司与太平公司承担赔偿责任缺乏事实和法律依据。综上，在进一步查明案件事实的基础上，判决驳回上诉，维持原判。

【典型意义】

随着南美国家进口货物清关政策的调整，实践中对相关国家港口允许承运人无单放货的法律及政策存在误读。例如，巴西（2013）1356号法令规定，在进口货物中执行先清关后提货的海关政策，其目的是提高货物清关效率，简化进口程序，但并没有规定在巴西可以无单放货。而且根据巴西实践，进口货物还需经承运人或其当地代理在巴西外贸货物系统（siscomex cargo）对相关货物进行解锁后，进口商方能提取货物。这也充分说明，承运人将货物交给港口当局或海关后，仍然对货物交付具有控制权。

因此，承运人援引无单放货司法解释第七条主张免责抗辩时，应承担更加严格的举证责任。除证明卸货港所在地国家法律有必须将承运到港的货物交付给当地海关或者港口当局的相关规定之外，还需证明其在向当地海关或者港口当局交付货物后丧失对货物的控制权，或者货物在未经其允许的情况下被海关或港口当局擅自交付。本案承运人通过巴西当地律师和公证员查询了巴西外贸货物系统的记录，证实了承运人并未同意放行货物，且案涉全套海运提单仍在其掌握之下，可以证明其对无单放货没有责任。本案确立了类似案件中船货双方的举证责任分配原则。

【一审案号】（2018）浙 72 民初 1899 号

【二审案号】（2019）浙民终 422 号

典型案例

上海海事法院自贸区典型海事案例

正确理解和适用目的港清关政策 澄清依境外法令无单放货模糊认识

——南京卡安汽车配件有限公司诉深圳市巡洋国际物流有限公司等海上货物运输合同纠纷案

【基本案情】

2016 年 7 月 7 日，根据贸易合同下买方的指示，原告南京卡安汽车配件有限公司（以下简称卡安公司）委托被告深圳市巡洋国际物流有限公司（以下简称巡洋公司）出运涉案货物至巴西纳维根特斯港。货物装船后，巡洋公司向卡安公司签发正本提单（以下简称巡洋提单）并发邮件告知卡安公司如果收到货款可寄单第一时间通知放货以免造成延误提货：巡洋公司接受卡安公司委托后，实际向被告地中海航运有限公司（以下简称地中海公司）订舱。地中海公司签发了以巡洋公司为托运人，巡洋公司目的港代理 LFC 公司为收货人的海运提单（以下简称地中海提单），提单记载运费到付且在正面显示：“根据巴西海关法规，承运人的责任在货物进入海关监管后终止；承运人不承担提单未经出示交付货物的责任”。2016 年 9 月 12 日，LFC 公司向地中海公司申请支付地中海提单下的相关税费并对货物进行放行，地中海公司因涉案货物税费结清且提单持有人 LFC 公司要求放行货物，故在巴西外贸网货物系统（siscomex）中解锁相关货物。涉案货物在目的港经海关绿色抽查通道，于 2016 年 9

月 26 日通关，2016 年 9 月 29 日从巴西纳维根特斯港重箱出场。

卡安公司因未收到货款而起诉巡洋公司和地中海公司，请求赔偿无单放货对其造成的损失，两被告则辩称，根据巴西《1356/2013 税法法令》（IN RFB 1356/2013，以下简称 1356 号法令）删除了原先要求收货人凭正本提单提货的规定，货物通过绿色通道清关的，承运人将失去对货物的控制，故无须承担无单放货的赔偿责任。

【裁判结果】

上海海事法院经审理认为，涉案货物运输存在巡洋公司和地中海公司签发的两份提单，表明在卡安公司与巡洋公司之间以及巡洋公司与地中海公司之间，存在两个相互独立的海上货物运输合同关系。巡洋公司和地中海公司应当分别向其签发的正本提单持有人交付货物。在巡洋提单法律关系下，卡安公司仍持有提单，但巡洋公司的代理 LFC 公司已通知地中海公司放货，应由巡洋公司对卡安公司承担赔偿责任。在地中海提单法律关系下，地中海公司依据托运人巡洋公司要求，将提单签发给了 LFC 公司，进而根据提单持有人 LFC 公司的指示实施放货，不符合无单放货的构成要件，故地中海公司无须对卡安公司遭受的损失承担连带赔偿责任。

至于巴西目的港海关法令的争议，巴西海关执行的也是先清关后提货的通行程序依据巴西《680/2006 税法法令》（IN RFB 680/2006，以下简称 680 号法令），“正本提单或同等效力文件”是办理清关的必要文件之一，但如果货物若是经由外贸网货物系统（siscomex）确定的绿色通道清关，则对单证文件予以免检 1356 号法令对 680 号法令进行了重大修改，删除了要求收货人凭正本提单提货的内容：对此，我国商务部曾于 2013 年 6 月 6 日在官方网站上发布《商务部公平贸易局关于巴西无正本提单提货的新规说明》指出，“新规出台后，进口方（收货人）或货代需拿正本提单（MB/L），去船公司换取交货单（D/O - DELIVERY ORDER）到海关进行清关，清关完毕后凭海关货物放行证明提货，无需再出示正本提单”；由此可见，巴西海关法令的规定和变迁只涉及清关程序是否需要出示提单，并未涉及承运人可以不凭单放货，事实上，不论海关清关法令如何调整，承运人对货物都享有控制权，具体表现为，进口方提取货物除取得海关的货物放行证明外，还需要承运人在巴西外贸网货物系统（siscomex）中解锁相关货物。只要未凭正本提单向承运人申请，承运人就可以使货物在外贸网货物系统（siscomex）中保持被锁定状态，即使海关予以放行，提货人也无法从港区提走货物：本案正是由于地中海提单的持有人 LFC 公司申请地中海公司放货，地中海公司进行了解锁，才导致货物被提走。

综上，上海海事法院一审判决巡洋公司向卡安公司赔偿货物损失。巡洋公司提起上诉，二审判决驳回上诉，维持原判。

【典型意义】

出口至巴西等南美国家的海运货物是否强制交付港口当局、提货是否无须出示正本提单、承运人是否无法实现对货物的控制等一系列问题，历来是海事审判中的突出争议：产生这些争议在相当程度上与当地的海关清关政策有关。但细加分析可以发现，涉案所谓巴西清关法令的实施目的旨在简化清关流程、简便清关手续、提高清关效率，无意干涉甚至改变运输合同下承运人掌控货物、凭单放货的权利和义务：本案裁判厘清了海关监管范畴下的“清关放行”与海运合同下的“凭单放货”的区别，简言之就是提单不作为清关必备文件不免除承运人凭单放货的合同义务。判断承运人能否免责的关键在于审查承运人是否因为目的港法律、政府行为或司法裁决而失去“见单”前对货物的控制权。以本案为例，承运人手握在外贸网货物系统（siscomex）中解锁相关货物的“钥匙”。承运人能够在未收齐“到付运费”的情况下“锁住”货物不予放货，自然也能够在未收回正本提单的情况下以同样的方式对货物加以控制，否则就应承担无单放货的赔偿责任。

货物进出口通关便利是自贸区的重要特征之一。为实现这个目的，诸多海关新政在自贸区内陆续实施，有些会直接影响航运实务操作，有些则仅调整海关同相对人之间的行政法律关系，两者不能混为一谈。正如案件中出现的巴西绿色清关通道，本质上与自贸区企业分级、货物分类监管模式相类似，因此本案的裁判不仅澄清了对巴西“无单放货”的模糊认知，对今后自贸区涉及海关清关政策问题的理解也提供了正确的观察视角。

典型案例

上海海事法院涉长三角区域海事海商纠纷典型案例

契约承运人以目的港法律强制要求将货交港口当局为由主张对无单放货免责的，应当举证证明目的港存在强制且仅能将货物交付当地海关或者港口当局的相关规定。

【基本案情】

原告富家公司为出口一批家具，委托被告亚航货代公司将货物由中国上海港运至巴西桑托斯港。被告接受委托后，向原告出具了提单抬头人为被告的货代提单。涉案货物实际由ZIM Integrated Shipping Services Ltd.承运，该公司签发了海运提单。涉案货物如期运抵目的港，但收货人未按照约定支付货款。相关网站信息显示涉案集装箱已另行投入其他航次流转运营。被告对涉案集装箱已另行投入流转的事实予以确认，并确认货物可能在抵港两个月后交付给提单项下的收货人。

原告诉称，由于被告的无单放货行为导致收货人拒绝付款赎单，被告应赔偿货款损失及利息。被告辩称，依照卸货港2013年5月6日起执行的巴西财政部第1356号法令，货物运抵目的港交付给当地码头后，承运人不再享有货物控制权，提单确认件的正面条款中亦有相关承运人的免责声明。根据我国相关法律规定，承运人在该情形下不承担民事责任。

【裁判结果】

法院经审理认为，在货物整箱交接的情形下，装载货物的集装箱已经流转的事实可以作为证明亚航货代公司无单放货的初步证据。根据相关部门对巴西财政部第1356号令的解读说明，进口方或货代需凭正本海运提单（MB/L）至实际承运人处换取提货单再办理巴西港口的进口清关手续，不影响国际贸易的物权交割，不能理解为在巴西目的港可以不凭正本提单放货。亚航货代公司作为货代提单下的承运人，从实际承运人处取得或应当从实际承运人处取得货物后，不需再交付港口当局或海关。因此，凭正本提单放货仍为亚航货代公司作为承运人的主要义务与责任，其在提单中记载免除自身该项主要合同义务和责任的格式条款，应属无效。此外，被告并未向原告提供“巴西海关新规”具体内容或进行说明，也未就如何避免此种情况或责任承担等问题达成一致。综上，判决被告亚航货代公司赔偿原告货款损失及利息。一审判决作出后，被告亚航货代公司提起上诉。二审判决驳回上诉，维持原判。

【典型意义】

近年来，各国海关纷纷出台新政以适应贸易需求、提高清关效率，由政策变更原因导致的无单放货纠纷呈逐年上升趋势。长三角区域企业每年有大量货物从上海港装船出口，与这些货物有关的无单放货纠纷较为集中地出现在审判实践中。在承运人援引政策规定主张免责的情况下，应承担较为严格的举证责任，主张目的港强制放货必须满足两个条件：第一，目的港存在货物交付当地海关或者港口当局的相关规定；第二，根据该法律规定，承运人只能将货物交付给当地海关或者港口当局。两点必须同时满足才能认定承运人对无单放货行为免责。

典型案例

宁波海事法院涉外、涉港澳台案件十大典型案例（2016~2020年）

承运人已举证证明其根据目的港当地法律将货物交给了卸货港码头，无须承担赔偿责任。

【基本案情】

2015年10月，温州佰利兰德橡胶轮胎有限公司（以下简称佰利兰德公司）委托地中海航运有限公司（以下简称地中海公司）出运一个40尺高柜的汽车轮胎，温州中外运船务代理有限公司（以下简称温州中外运公司）代理地中海公司向佰利兰德公司签发全套正本记名提单，载明托运人为佰利兰德公司，收货人为Turbo Auto Pecas Eaccessrios LTD.，起运港宁波，目的港巴西纳维根特斯，共装载1108条轮胎，运输条件为CY－CY，运费预付。涉案货物出运后，因国外买方未付款买单，全套正本提单仍由佰利兰德公司持有。2015年12月9日涉案集装箱在目的港被卸至Portonave码头，并在巴西外贸综合系统（siscomex）办理了相关登记，随后该集装箱于2015年12月11日被海关当局转移至POLY港口保税码头。POLY港口保税码头在接受货物后，于2016年6月30日将涉案集装箱货物交付给收货人。POLY码头股份有限公司出具的巴西外贸综合系统中的系统信息显示，涉案集装箱在清关前保管于POLY保税码头。

巴西2007年第800条税法规范规定，海关对于港口货物进出口和搬运，以及货品保管人在送交货物上的控管，将按照本规范执行，在外贸综合系统中的水路货物管控模块（siscomex cargo）上操作；国外经海、水或河运进口的商品，仓库保管人应于系统中登记该货品的存放;进口货物若存放在非外贸综合－运储货物清单管理系统管控的仓库，在交货时，该保管人应于外贸综合系统货物模块中登记，关税司（coana）另有规范之情况除外；保管人在系统中登记货品送交事宜后，方可放货给进口商；根据1967年1月25日第116条法令第7条规定，船公司在运费付清前，或共同海损款项结清前，有权扣留存放在保税仓库的货物。巴西2006年第680条税法规范第4条规定，进口申报单（DI）是由进口商在外贸综合系统，按照申报单种类和清关模式，填入唯一附件上的所有信息。第18条规定，进口申报单由以下文件组成:1.正本提单或同等效力文件;2.出口商签字的正本商业发票;3.装箱单;4.根据国际惯例或特殊法律规定的其他相关文件。第21条规定，在登记后，DI将通过稽查程序，而后确认下列各种海关检验灯号：1.绿灯：系统登记货品自动清关，无须进行任何文件核对或实品检验。2.黄灯：需进行文件核对，若无任何错误，即可放行，无须进行实品检验。3.红灯：需进行货品实体检验和文件核实后，方可放行。4.灰灯：需进行文件核对，货品检验和海关管控特殊流程，根据特殊规定，检查是否在货品申报金额上有诈骗之可能。第48条规定，在完成海关审核后，货品即刻可以放行。第一分段：按照税务部1976年10月13日第389条决定规定，所有的货品，在海关确认放行后，只有在履行相关税务要求，或是提供相对应的保证后，方可领货。第二分段：货品放行是由负责的海关稽查员在siscomex系统，进行最后审核后才确认。第三分段：货品申报若取得绿灯，则由siscomex

系统自动放行。巴西 8.630/93 法令港口现代化法第 35 条规定，在有序设立的港口，海关管理按照特定法执行。独立款：外国货物的接收和交付只能在保税港口和码头执行。第 36 条规定，财政部通过海关管理以下事项：……8. 根据海关法的有关规定，准予货物从港区移动到保税区或其他地方。巴西 116/67 法令第 2 条规定：港口的责任自货物进入港口的仓库、堆场或其他指定的仓储地方时开始，在货物交给船舶或收货人时结束。第 3 条规定：承运人的责任自接收货物上船时起，自交付给目的港船边的港口或地方码头时止。6.759/2009 法令批准的海关规则第 662 条规定：保管人应对其保管下货物的损害或短少负责，同时也应对其受雇人在装货和卸货过程中造成的货物损害承担责任。

佰利兰德公司诉请判令地中海公司、温州中外运公司赔偿损失 27,201 美元及利息。

【裁判结果】

宁波海事法院经审理认为，佰利兰德公司与地中海公司之间成立海上货物运输合同关系。温州中外运公司仅系地中海公司的签单代理，佰利兰德公司没有证据证明温州中外运公司参与实施了目的港无单放货，故温州中外运公司不应承担责任。根据《最高人民法院关于审理无正本提单交付货物案件适用法律若干问题的规定》第七条的规定，涉案货物运输的卸货港为巴西纳维根特斯港，依据查明的现行有效的巴西法律，涉案货物的接收或交付只能在保税港口和码头执行，承运人必须将货物交给港口，承运人责任期间（自接收货物上船时起至交付给目的港船边的港口或码头止）及港口责任期间（自货物进入港口的仓库、堆场或其他指定的仓储地方时起至交给船舶或收货人止），决定了港口不可能为承运人的代理人。地中海公司已经将涉案货物运至巴西纳维根特斯港，并按照巴西法律规定将货物交给了 Portonave 码头，应当视为其已完成了运输合同下的义务。货物随后被海关当局转移至 POLY 港口保税码头，最后由 POLY 港口保税码头向收货人交付了货物。尽管巴西现行法律规定，进口申报单需由正本提单或同等效力文件等组成，但审核放行和实际交付货物的并不是地中海公司或其代理人，佰利兰德公司没有证据证明地中海公司向收货人提供了正本提单或其他同等效力的文件如提货单，佰利兰德公司认为地中海公司仍对卸至保税码头的涉案货物具有控制权缺乏依据，故地中海公司对涉案货物被收货人提取不应承担赔偿责任。依照《最高人民法院关于审理无正本提单交付货物案件适用法律若干问题的规定》第七条等规定，判决驳回佰利兰德公司的诉讼请求。佰利兰德公司不服一审判决，提起上诉，浙江省高级人民法院经审理作出二审判决，驳回上诉，维持原判。

【典型意义】

本案依法适用《最高人民法院关于审理无正本提单交付货物案件适用法律若干问题的规定》第七条，认为地中海公司作为承运人已举证证明其根据巴西当地规定将货物交给了卸货港码头，承运人及其船舶代理人都不再继续控制货物。在此情况下，证明承运人帮助货物控制人实施无单放货的举证责任回归到佰利兰德公司，佰利兰德公司需进一步证明地中海公司向收货人提供了正本提单或其他同等效力的文件如提货单，否则其诉讼请求因证据不足应予以驳回。

关于涉及巴西等拉美国家与地区的货物贸易运输，国内相应出口即卖方市场主体应适当注意：（1）尽量达成 CIF 或 CFR 贸易术语，在失去货物控制权前收回货款；（2）注重贸易相对方资信审查；（3）要求贸易相对方提供履约担保，购买相应风险信用保险；（4）注重目的港货运代理选取，确保其能够协助控单、控货、追踪货物去向或搜集有关证据；（5）若以无单放货起诉承运人，则应在举证方面进行更为充分与深入的准备，否则诉讼风险较大;（6）类似情况下，作为出口方的卖方，比较于在国内起运港向承运人主张无单放货责任，相对较为可行的救济手段还可以是到目的港向收货人与港口放货方等提起诉讼。

典型案例

青岛海事法院 2020 年十起典型案例

青岛某工贸有限公司与法国某海运公司等海上货物运输合同纠纷案

【案情简介】

2019 年 1 月，原告青岛某工贸有限公司通过被告法国某海运公司出运一批货物至西班牙瓦伦西亚。货物装船后，被告某轮船（中国）有限公司青岛分公司作为法国某海运公司的代理人向青岛某工贸有限公司签发一式三份正本提单，提单记载托运人为青岛某工贸有限公司，承运人为法国某海运公司。2019 年 3 月 20 日，法国某海运公司在瓦伦西亚港卸货并交付收货人。青岛某工贸有限公司至提起本案诉讼之日仍持有全套正本提单。

法国某海运公司提供西班牙瓦伦西亚公证处出具的《提单遗失或失窃证明书》，记载收货人申请对涉案提单的效力进行注销并提供了相应的担保，公证机关据此要求法国某海运公司不得将提单中所载商品交付给第三方，直到提单所有权被撤回且该被盗提货单的所有权得到确认为止。2019 年 3 月 13 日，《提单遗失或失窃证明书》送达法国某海运公司。

2019 年 12 月，西班牙执业律师就《提单遗失或失窃证明书》出具法律意见，称西班牙法下《提单遗失或失窃证明书》适用的法律为《航海条例》，具体条文不再赘述。

【裁判结果】

青岛海事法院经审理认为，《提单遗失或失窃证明书》系根据西班牙法律作出的生效文书，根据《提单遗失或失窃证明书》的要求，法国某海运公司作为承运人必须在货物到达目的港后交付给收货人，事实上，承运人也是先收到了《提单遗失或失窃证明书》，之后到达目的港货交收货人，符合《海商法》第五十一条规定的免责事由，依法不应承担赔偿责任。故判决：驳回原告青岛某工贸有限公司的诉讼请求。

判决作出后，各方当事人均未提起上诉，判决已生效。

【典型意义】

本案是一起典型的承运人无正本提单交付货物的海上货物运输合同纠纷。承运人按照目的港所在地公证机关出具的生效法律文书的要求将货物交付收货人，从严格字义解释的角度来看，既不属于政府或主管部门的行为，也不属于司法扣押，亦不属于依照卸货港所在地法律规定交付海关或港口的行为，并不符合《海商法》第五十一条第一款第五项或者《最高人民法院关于审理无正本提单交付货物案件适用法律若干问题的规定》第七条的规定；但是《海商法》第五十一条第一款第五项系参照《海牙规则》第4条第2款（g）项的规定所制定，其规定的“君主、当权者或人民的扣留或管制，或依法扣押”并未拘泥于政府或主管部门，而是涵盖了各类具有相应行政权力、司法权力等的国家机关。从立法原意的角度考虑，《海商法》第五十一条第一款第五项应当理解为只要不是由于承运人的原因所引起的，并且承运人对此亦不能合理地予以防止和避免，因此所造成的货物灭失或损坏，承运人均可以免责。本案的典型意义在于对《海商法》第五十一条第一款第五项规定的“政府或者主管部门的行为”，应当根据立法意图予以合理解释。

司法实践

巴西无单放货

浙江省高级人民法院在奥钠环球物流（深圳）有限公司与绍兴雪瑞进出口有限公司海上、通海水域货物运输合同纠纷案[①]中认为：

本案海上货物运输合同目的港为巴西纳维根特斯，根据当地法律，承运人须向港口当局交付货物，奥钠公司已经提供了相应的证据，该港口的操作方式也已经我国法院审理的多件案件查明。本案争议焦点系奥钠公司作为承运人能否依据《无单放货规定》第七条规定免

① 宁波海事法院（2019）浙72民初417号民事判决书；浙江省高级人民法院（2019）浙民终1467号民事判决书。

于承担无单放货的责任，《无单放货规定》第七条规定："承运人依照提单载明的卸货港所在地法律规定，必须将承运到港的货物交付给当地海关或者港口当局的，不承担无正本提单交付货物的民事责任"。承运人援引该条主张免责抗辩时，除了证明卸货港所在地国家法律有必须将承运到港的货物交付给当地海关或者港口当局的相关规定之外，还需证明其在向当地海关或者港口当局交付货物后丧失对货物的控制权。本案根据二审中奥钠公司提供的新证据，可证明实际承运人方已通过 siscomex 系统对货物进行了锁定登记，未同意放行本案货物。同时，奥钠公司仍然持有实际承运人签发的海运提单，表明不存在奥钠公司或实际承运人将海运提单提供他人用于提货的可能。故本案货物虽已被无单放货，但奥钠公司已证明货物是依照卸货港所在地法律规定交付给港口当局后，在海关监管仓库被放货，但奥钠公司及实际承运人并未同意或协助放货，案涉货物被无单放货并非奥钠公司的责任，故奥钠公司可以依照《无单放货规定》第七条的规定，不承担无正本提单交付货物的民事责任。

（2）货物超过法律规定期限无人向海关申报。《无单放货司法解释》第8条规定："承运到港的货物超过法律规定期限无人向海关申报，被海关提取并依法变卖处理，或者法院依法裁定拍卖承运人留置的货物，承运人主张免除交付货物责任的，人民法院应予支持。"《海关法》第30条第1款规定："进口货物的收货人自运输工具申报进境之日起超过三个月未向海关申报的，其进口货物由海关提取依法变卖处理，所得价款在扣除运输、装卸、储存等费用和税款后，尚有余款的，自货物依法变卖之日起一年内，经收货人申请，予以发还；其中属于国家对进口有限制性规定，应当提交许可证件而不能提供的，不予发还。逾期无人申请或者不予发还的，上缴国库。"

司法实践

货物超过法律规定期限无人向海关申报

宁波海事法院在绍兴市荣优纺织品有限公司与法国达飞海运集团、达飞轮船（中国）有限公司宁波分公司海上、通海水域货物运输合同纠纷案[①]中认为：

荣优公司主张海关拍卖不是承运人的免责事由，涉案货物并非被海关强制拍卖，同时承运人没有向原告尽到告知的义务。本案中，涉案货物于2014年7月13日运抵目的港，

① 宁波海事法院（2017）浙72民初951号民事判决书。

海关因超期而向收货人发送拍卖通知，同年11月26日货物才被拍卖，符合阿尔及利亚当地法律规定。根据《最高人民法院关于审理无正本提单交付货物案件适用法律若干问题的规定》第八条的规定，承运到港的货物超过法律规定期限无人向海关申报，被海关提取并依法变卖处理，承运人主张免除交付货物责任的，人民法院应予支持。且涉案货物无人提货时，达飞海运集团及时通过其代理告知订舱代理太平公司及时提货及风险，已尽到通知义务，故承运人达飞海运集团无须向原告承担赔偿责任，荣优公司的主张无事实与法律依据，本院不予支持。

（3）契约托运人行使中途停运权。《无单放货司法解释》第9条规定："承运人按照记名提单托运人的要求中止运输、返还货物、变更到达地或者将货物交给其他收货人，持有记名提单的收货人要求承运人承担无正本提单交付货物民事责任的，人民法院不予支持。"本条规定的情形主要是指托运人行使《民法典》第829条规定的中途停运权。但是，由于《民法典》语境下的托运人仅限于契约托运人，因而此处的托运人也仅限于契约托运人，而不包括实际托运人。

8. 承运人与提货人的连带责任

《无单放货司法解释》第11条规定："正本提单持有人可以要求无正本提单交付货物的承运人与无正本提单提取货物的人承担连带赔偿责任。"

实施无单放货行为的承运人与无正本提单提取货物的人之间，构成共同加害行为，即两人以上共同故意实施侵权行为造成他人损害，[①] 应当承担连带责任。《民法典》第1168条规定："二人以上共同实施侵权行为，造成他人损害的，应当承担连带责任。"此时正本提单持有人可以起诉二者中的任何一方，要求承担全部赔偿责任，或者同时起诉二者。

司法实践

承运人无单放货与提货人的连带责任

湖北省高级人民法院在南京扬洋化工运贸有限公司与江苏舜天国际集团机械进出口有限公司、盐城市苏普尔化学科技有限公司海上货物运输无单放货侵权纠纷案[②]中认为：

《最高人民法院关于审理无正本提单交付货物案件适用法律若干问题的规定》第三条规

① 程啸：《侵权责任法》，法律出版社2021年版，第376页。

② 武汉海事法院（2015）武海法商字第01635号民事判决书；湖北省高级人民法院（2019）鄂民终682号民事判决书。

定“承运人因无正本提单交付货物造成正本提单持有人损失的，正本提单持有人可以要求承运人承担违约责任，或者承担侵权责任”；第十一条规定“正本提单持有人可以要求无正本提单交付货物的承运人与无正本提单提取货物的人承担连带赔偿责任”，舜天公司提起本案无单放货纠纷的诉因可以是合同之诉，也可以是侵权之诉。因舜天公司为正本提单持有人，起诉承运人扬洋公司和提货人苏普尔公司承担连带责任，本案属于侵权纠纷。

9. 实际托运人的诉权

《无单放货司法解释》第12条规定：“向承运人实际交付货物并持有指示提单的托运人，虽然在正本提单上没有载明其托运人身份，因承运人无正本提单交付货物，要求承运人依据海上货物运输合同承担无正本提单交付货物民事责任的，人民法院应予支持。”

本条赋予了实际托运人向承运人主张无单放货责任的诉权，主要是为保护中国企业作为FOB贸易术语卖方时的利益，特别是收取货款的权利。但是，实际托运人提出索赔请求时必须持有正本提单，且仅限于指示提单。

典型案例

海事审判十大典型案例（2014年9月2日发布）

浙江省纺织品进出口集团公司与长荣国际储运股份有限公司海上货物运输合同纠纷案

【案情摘要】

2000年7月31日、8月7日，浙江省纺织品进出口集团公司（以下简称浙纺公司）作为卖方与案外人签订校服售货确认书。浙纺公司通过华海国际货运有限公司、鸿海国际船务货运公司、上海外联发国际货运有限公司和上海三星国际货运有限公司的依次代理，分批向承运人长荣国际储运股份有限公司（以下简称长荣公司）订舱出运，并取得长荣公司代理人签发的21套正本海运提单。21套提单载明的托运人分别为3家国外公司。浙纺公司按规定支付了海运费，长荣公司也确认收到。货物出运后，浙纺公司通过银行托收货款，因无人赎单，全套贸易单证包括提单被银行退回。长荣公司确认在正本提单未收回的情况下将货物交付收货人。为此，浙纺公司以长荣公司无正本提单放货为由，向上海海事法院提起诉讼，请求判令长荣公司赔偿其货款等损失。

【裁判结果】

上海海事法院审理认为，浙纺公司依次通过各货运代理环节向承运人长荣公司订舱，支付运费并交付货物出运。长荣公司接受货物并收取运费，按照浙纺公司的要求出具了提单。尽管浙纺公司未将其名称在提单上载明，但其和长荣公司履行海上货物运输的事实证明，浙纺公司是海上货物运输合同的缔约人和唯一交货人，其作为涉案货物托运人的主体资格应予以认定。长荣公司仅以提单的记载认为浙纺公司已经转移了货物所有权，缺乏充分的事实和法律依据。浙纺公司系涉案提单签发以后的第一合法持有人，该提单未经贸易环节流转，且来自银行退单，其持单形式合法，其具有涉案货物托运人的资格，有权向长荣公司主张提单项下的权利。长荣公司作为承运人应当对浙纺公司承担无单放货的赔偿责任。一审判决长荣公司赔偿浙纺公司货款损失2,602,562美元及利息和退税款损失人民币3,111,486.35元及利息。上海市高级人民法院于2003年9月4日作出二审判决，驳回长荣公司的上诉，维持原判。

【典型意义】

本案是一起涉台的海上货物运输合同无单放货纠纷案件。本案判决认定向承运人实际交付货物、接受承运人签发的提单并履行贸易合同项下向银行交单义务的人，因无人赎单并经银行退单后，作为提单的原始持有人，即使未被提单记载为托运人，亦未经提单相关指示背书，仍然具有托运人的主体资格。这一原则的确立统一了审判实践中对法律规定的不同理解，依法保护了我国大量存在的出口贸易中FOB卖方的利益和交易安全。2009年最高人民法院颁布的《关于审理无正本提单交付货物案件适用法律若干问题的规定》将这一原则以司法解释的形式予以明确规定。此外，本案判决是首例经我国台湾地区三级法院裁定认可的大陆法院作出的海事案件判决，对于海峡两岸相互认可和执行民商事裁判的司法实践具有积极的意义。

司法实践

实际托运人对于无单放货的诉权

广东省高级人民法院在中柏利合（厦门）物流有限公司与广州市虹菱电器有限公司、中柏利合（厦门）物流有限公司深圳分公司海上货物运输合同纠纷案[①]中认为：

至于中柏利合公司、中柏利合深圳分公司主张虹菱公司不是涉案提单记载的托运人，无权请求货物损害赔偿。依照《海商法》第七十一条“提单，是指用以证明海上货物运输合同

① 广州海事法院（2017）粤72民初238号民事判决书；广东省高级人民法院（2019）粤民终113号民事判决书。

和货物已由承运人接收或者装船，以及承运人保证据以交付货物的单证”的规定，提单是海上货物运输合同的证明，而不是海上货物运输合同本身。本案已查明，虹菱公司向中柏利合公司实际交付涉案货物，是《海商法》规定的托运人，且涉案提单为指示提单，虹菱公司持有涉案提单全套正本，依照《最高人民法院关于审理无正本提单交付货物案件适用法律若干问题的规定》第十二条“向承运人实际交付货物并持有指示提单的托运人，虽然在正本提单上没有载明其托运人身份，因承运人无正本提单交付货物，要求承运人依据海上货物运输合同承担无正本提单交付货物民事责任的，人民法院应予支持”的规定，虹菱公司有权向中柏利合公司请求涉案货物的损失赔偿。中柏利合公司、中柏利合深圳分公司未能提供足以反驳的相反证据，应自行承担举证不能的法律后果，其抗辩理由缺乏事实和法律依据，不能成立。

10. 正本提单持有人与提货人的协议

《无单放货司法解释》第 13 条规定：“在承运人未凭正本提单交付货物后，正本提单持有人与无正本提单提取货物的人就货款支付达成协议，在协议款项得不到赔付时，不影响正本提单持有人就其遭受的损失，要求承运人承担无正本提单交付货物的民事责任。”

根据本条规定，即使提单持有人与无正本提单提取货物的人达成了支付货款的协议，如果无正本提单提取货物的人不支付货款，正本提单持有人仍然可以要求承运人赔偿损失，原因在于承运人无单放货行为造成的损失仍未得到填补。但是，如果无正本提单提取货物的人已经支付了全部或部分货款，正本提单持有人无法向承运人就已经获得赔偿的部分要求重复赔偿。

司法实践

正本提单持有人与提货人的协议

上海市高级人民法院在宁波联合国际货运代理有限公司与昆山康佳电子有限公司、亨来航业有限公司海上货物运输合同纠纷案①中认为：

根据《最高人民法院关于审理无正本提单交付货物案件适用法律若干问题的规定》第十三条的规定：“在承运人未凭正本提单交付货物后，正本提单持有人与无正本提单提取货物的人就货款支付达成协议，在协议款项得不到赔付时，不影响正本提单持有人就其遭受的

① 上海海事法院（2013）沪海法商初字第 1303 号民事判决书；上海市高级人民法院（2014）沪高民四（海）终字第 98 号民事判决书。

损失，要求承运人承担无正本提单交付货物的民事责任。”二审中，联合公司虽提交了康佳公司与境外收货人的和解协议，但并未提供有关收货人实际履行协议款项的相应证据。现康佳公司自认已收到10万欧元，并愿意在主张的损失金额中予以扣除，系对自己权利的处分，本院予以认可。

11. 无单放货保函

实践中针对提单晚于货物到达的情形，要求提货的人通常会以副本提单加保函主张提货。此类保函主要承诺以下两项内容：

（1）提货人一经收到正本提单，保证交与承运人；

（2）如果承运人由于凭副本提单和保函交付货物而向第三者承担赔偿责任，出具保函的人保证赔偿承运人因此遭受的损失。[①]

例如，美国船东互保协会（American Steamship Owners Mutual Protection and Indemnity Association，Inc.）的标准保函格式（Standard Letters of Indemnity）内容如下：

STANDARD FORM LETTER OF INDEMNITY TO BE GIVEN IN RETURN FOR DELIVERING CARGO WITHOUT PRODUCTION OF THE ORIGINAL BILL OF LADING

To：[insert name of Owners]

the Owners of the [insert name of ship]

Dear Sirs,

Ship：[insert name of ship]

Voyage：[insert load/discharge port，as stated in the Bill of Lading]

Cargo：[insert description of cargo]

Bill（s）of Lading：[insert identification number，date，place of issue]

① 司玉琢主编：《海商法》（第4版），法律出版社2018年版，第106页。

The above cargo was shipped on the above vessel by [insert name of shipper] and consigned to [insert name of consignee or to whose order the Bill of Lading is made out, as appropriate] for delivery at the port of [insert name of discharge port stated in the Bill of Lading] but the Bills of Lading have not arrived and we [insert name of party requesting delivery], hereby request you to give delivery of the said cargo to [insert name of party to whom delivery is to be made] without production of the original Bill (s) of Lading.

In consideration of your complying with our above request, we hereby agree as follows:

1. To indemnify you, your servants and agents and to hold all of you harmless in respect of any liability, loss, damage or expenses of whatsoever nature which you may sustain by reason of delivering the cargo in accordance with our request.
2. In the event of any proceedings being commenced against you or any of your servants or agents in connection with the delivery of the cargo as aforesaid to provide you or them on demand with sufficient funds to defend the same.
3. If, in connection with the delivery of the cargo as aforesaid, the ship or any other ship or property belonging to you should be arrested or detained or if the arrest or detention thereof should be threatened to provide on demand such bail or other security as may be required to prevent such arrest or detention or to secure the release of such ship or property and to indemnify you in respect of any liability, loss, damage or expenses caused by such arrest or detention or threatened arrest or detention whether or not such arrest or detention or threatened arrest or detention may be justified.
4. As soon as all original Bills of Lading for the above cargo shall have come into our possession to deliver the same to you, whereupon our liability hereunder shall cease.
5. The liability of each and every person under this indemnity shall be joint and several and shall not be conditional upon your proceeding first against any person, whether or not such person is party to or liable under this indemnity.
6. The liability of each and every person under this indemnity shall in no circumstances exceed 200% of the CIF value of the above cargo.

7. This indemnity shall be governed by and construed in accordance with English law and each and every person liable under this indemnity shall at your request submit to the jurisdiction of the High Court of Justice of England.

Yours faithfully,

For and on behalf of
[insert name of Requestor]

...
Signature

For and on behalf of
[insert name of Bank]

...
Signature

我国司法实践对于无单放货保函的态度，与为换取清洁提单、倒签提单、预借提单换取的保函基本一致。保函对于正本提单持有人等当事人无效，即对外无效；至于承运人与提货人之间的内部关系，如果双方主观上为善意，即不存在恶意串通，保函在双方内部有效，提货人应按保函的内容承担责任；反之，保函在双方内部也属无效。

司法实践

无单放货保函的效力

武汉海事法院在捷士运输有限公司等诉镇江太平洋木业有限公司等海上货物运输无单提货纠纷案[①]中认为：

① 武汉海事法院（2000）武海法商字第78号民事判决书。

本院认为，镇江木业公司是该提单项下货物的买方，在没有取得正本提单的情况下，为能及时提取货物，对设备进行安装调试，以副本提单加提货保函提货，主观上并没有恶意。承运人捷士运输公司认为保函提货人镇江木业公司就是该批货物的实际提货人，并接受提货保函，主观上也不具有恶意。该提货保函应视为善意保函，法律应予保护。镇江木业公司在提货保函做出因其无正本提单提货所造成的损失由其负责的承诺，已构成对承运人捷士运输公司履行债务的保证。该提货保函合法有效，对双方具有约束力。[①]

12. 无单放货的举证责任

《全国法院涉外商事海事审判工作座谈会会议纪要》第62条规定了无单放货纠纷的举证责任："【无单放货纠纷的举证责任】托运人或者提单持有人向承运人主张无单放货损失赔偿的，应当提供初步证据证明其为合法的正本提单持有人、承运人未凭正本提单交付货物以及因此遭受的损失。承运人抗辩货物并未被交付的，应当举证证明货物仍然在其控制之下。"

根据上述规定，基于"谁主张，谁举证"的举证规则，托运人或提单持有人主张承运人无单放货，需要负担三个方面的举证责任：一是自身为合法的正本提单持有人；二是承运人未凭正本提单交付货物；三是自身由于承运人无单放货遭受了损失。

承运人如果提出货物未交付的抗辩，需要负担的举证责任是证明货物仍在自身的控制之下。

典型案例

2017年全国法院海事审判十大典型案例

广州海德国际货运代理有限公司与福建英达华工贸有限公司海上货物运输合同纠纷案

【基本案情】

英达华公司委托海德公司运输一批照明设备至哥伦比亚。海德公司的授权代表向英达华公司签发了无船承运人提单，记载托运人为英达华公司，收货人为哥伦比亚国家电气进口有限公司，装货港为中国盐田港，卸货港为哥伦比亚布埃纳文图拉，船名和航次为"圣塔

① 吴兴奎编著：《海上货物运输合同纠纷案司法审判观点集成》，中国商务出版社2019年版，第248页。

卡琳娜”（Santacatarina）轮 429E 航次，运费到付，运输方式为场到场（CY-CY）。货物运抵目的港后，涉案 2 个集装箱分别于 2014 年 11 月 26 日、12 月 9 日空箱调度到中国上海。英达华公司仍持有涉案提单，且未收回全部货款。英达华公司向广州海事法院起诉主张海德公司无单放货，请求判令海德公司赔偿英达华公司货款及运杂费损失。海德公司抗辩称其并未向收货人交付货物，涉案货物系因在卸货港海关保税仓库超期存放，而被哥伦比亚海关依据法律规定作为弃货处理，海德公司依法无须承担责任。

【裁判结果】

广州海事法院一审认为，海德公司抗辩涉案货物因超过法律规定期限无人提货而被目的港海关作弃货处理，但其提交的哥伦比亚税务海关局的文件无原件核对，亦未办理公证认证手续，对该组证据不予采信。判决海德公司构成无单放货，赔偿英达华公司货款损失 93,622.3 美元及其利息。海德公司不服，提起上诉，并提交了经认证的哥伦比亚税务海关局出具的相关文件作为证据。广东省高级人民法院二审认为，根据海德公司二审补充提交的证据，可以认定涉案货物在目的港因超过存储期限无人提取而被海关当局作为弃货处理，承运人海德公司依法可以免除交付货物责任。二审改判驳回英达华公司的诉讼请求。

【典型意义】

本案为典型的海上货物运输合同货物交付纠纷，具有以下典型意义：第一，涉案货物运输的目的港在哥伦比亚，证明货物交付需要调取域外证据，难度较大。二审法院依法审查采信域外证据，认定海德公司不构成无单放货，判决驳回英达华公司的诉讼请求，实现了程序公正与实体公正的统一。第二，该案具有国际贸易商业风险提示意义，有利于促使国内出口商提升风险防范意识。境外买方未按时付款赎单，卖方在积极处理贸易纠纷的同时，也不能忽视自己作为提单持有人在海上货物运输合同中的权利与义务。不适当地将贸易风险转嫁到运输领域，可能导致“钱货两空”，损失难以弥补。

典型案例

2016年浙江海事审判典型案例

承运人无单放货后对追回货物应承担的赔偿责任及提单持有人应承担的迟延提货责任

【基本案情】

和泰公司向买方波兰公司销售一批货物，分四个集装箱交由千禧公司承运。货物出运后，和泰公司在实际承运人网站查询发现四个集装箱均被提取并空箱返场，遂于2015年4月以千禧公司无单放货为由向宁波海事法院提起诉讼，要求赔偿货物损失。诉讼中千禧公司致函和泰公司称，已通过目的港代理取回了绝大部分货物。同年10月，宁波海事法院对上述四案作出判决，分别由千禧公司赔偿和泰公司未追回部分的货款损失。和泰公司不服，提起上诉，二审法院调解结案，方案为：双方当事人确认一审判决结果；和泰公司向千禧公司提供追回货物的目的港仓储费和运费担保后提取追回的货物；千禧公司的赔偿款及利息待相关目的港费用和海运费的诉讼案件确定后再予以抵扣、履行或执行等。同年12月21日，和泰公司提取了四票追回的货物并予以转售，转售价较原售价下跌了24%。千禧公司遂按调解约定提起诉讼，要求和泰公司支付追回部分货物的海运费、内陆运费、仓储费等及其利息。和泰公司提出反诉，要求千禧公司赔偿货物的差价损失及利息。

【裁判要旨】

法院经审理认为，本案海运费为到付，应由提取货物的人支付。千禧公司无单放货后已追回绝大部分货物并交付，和泰公司应按交付货物价值的比例承担提单项下的海运费。涉案提单的目的港均为汉堡，汉堡到华沙的内陆运费及报关清关费用系无单放货造成，应由千禧公司自行承担。和泰公司在华沙提货并转售货物，并未从中获得更多的利益，千禧公司不能以此为由要求分担相应内陆运费。海运费虽由收货人与承运人的代理人约定，但运价与市场价基本相当，和泰公司作为提货人，应当支付。涉案货物在华沙的仓储系因无单放货后追回货物而产生，本不应由和泰公司承担，鉴于此举客观上减少了在汉堡的仓储费，故对千禧公司合理的仓储费用请求，予以支持。关于货物差价损失。涉案货物相对于原贸易价，一直在下跌。期间，既有千禧公司无单放货的影响因素，也有和泰公司怠于提货的影响因素，还有双方协商处理具体提货事宜的影响因素，故酌定千禧公司对该期间的下跌损失承担40%的责任。

【典型意义】

本案审判涉及承运人无单放货后又追回货物的相关问题处理，确立了该类型案件审判的一些规则，包括：(1）在海上货物运输合同履行中，承运人无单放货后又追回货物的，提单持有人应依法提取货物;(2）无单放货所产生的内陆运费、报关费等，与提单持有人无关，应由有过错的承运人承担；(3）根据《海商法》第五十条第三款的规定，因无单放货导致迟延交付所造成的跌价损失，承运人应予以赔偿;(4）提单持有人拒不提取追回货物，依照《海商法》第八十六条的规定，也应承担相应的仓储费用；(5）到付运费的，追回货物的运费应由实际提取货物的提单持有人支付。

第四节　提单的内容

一、提单正面记载事项

（一）法律关于提单正面记载事项的规定

《海商法》第73条第1款规定了提单的内容，此类事项通常以表格的形式，根据海上货物运输合同的具体情况填写在提单正面：

1. 货物的品名、标志、包数或者件数、重量或者体积，以及运输危险货物时对危险性质的说明；

2. 承运人的名称和主营业所；

3. 船舶名称；

4. 托运人的名称；

5. 收货人的名称；

6. 装货港和在装货港接收货物的日期；

7. 卸货港；

8. 多式联运提单增列接收货物地点和交付货物地点；

9. 提单的签发日期、地点和份数；

10. 运费的支付；

11. 承运人或者其代表的签字。

《海商法》第73条第2款规定："提单缺少前款规定的一项或者几项的，不影响提单的性质；但是，提单应当符合本法第七十一条的规定。"据此第73条第1款关于提单内容的规定主要是提示性规定，而不是提单具有法律效力必须包含的内容。

《海牙规则》第3条第3款仅简略规定了提单的内容：

> 承运人或船长或承运人的代理人在收受货物归其照管后，经托运人的请求，应向托运人签发提单，其上载明下列各项：
>
> （a）与开始装货前由托运人书面提供者相同的、为辨认货物所需的主要唛头，如果这项唛头是以印戳或其他方式标示在不带包装的货物上，或在其中装有货物的箱子或包装物上，该项唛头通常应在航程终了时仍能保持清晰可认。
>
> （b）托运人用书面提供的包数或件数，或数量，或重量。
>
> （c）货物的表面状况。

《海商法》主要参考了《汉堡规则》第15条的规定，但后者规定的提单内容更为详细：

> 1.提单除其他事项外必须载明下列各项目：
>
> （a）货物的一般性质、辨认货物必需的主要标记、适用时关于货物危险特性的明白声明、包数或件数、及货物的重量或用其他方法表明的数量等托运人提供的所有这些细节；
>
> （b）货物的外表状况；
>
> （c）运送人姓名和主要营业所；
>
> （d）托运人姓名；
>
> （e）托运人指定收货人时的收货人；
>
> （f）海上运送合同规定的装货港及运送人在装货港接收货物的日期；
>
> （g）海上运送合同规定的卸货港；
>
> （h）提单原本如超过一份，应列明份数；
>
> （i）提单发给地点；
>
> （j）运送人或代表运送人行事者的签名；
>
> （k）收货人应付的运费金额或由收货人支付运费的其他指示；
>
> （l）第23条第3款所指的声明；

（m）适用时货物应该或可以装载在仓面运送的声明；

（n）当事方间如明白约定在卸货港交付货物的日期或期间，应列明该日期或期间；

（o）如按照第 6 条第 4 款协议订定任何加高的责任限度，应列明该限度。

2. 货物装船后，如托运人要求时，运送人必须向托运人发给“装船”提单，该提单除载列根据本条第 1 款所需载列的项目外，并须说明货物已装上指定的船舶及装载日期。如运送人先前已向托运人发给关于这些货物的提单或其他所有权文件，托运人经运送人请求，必须将此种文件交还，换取“装船”提单。运送人为满足托运人发给“装船”提单的要求，可将先前发给的任何文件加以修改，但修改后的文件必需列入“装船”提单所需载有的全部资料。

3. 提单如漏载本条所述项目之一项或多项，不影响此项文件作为提单的合法性，但仍须符合第 1 条第 7 款所载列的要件。

《海商法》较之《汉堡规则》未规定的事项主要是货物的外表状况、舱面货运输的声明、交付货物的日期或期间、加重承运人责任的约定。虽然《汉堡规则》第 15 条第 1 款明确规定其中列举的提单记载事项是“必须载明”的项目，但第 3 款又规定“提单如漏载本条所述项目之一项或多项，不影响此项文件作为提单的合法性”。但是，提单仍须符合《汉堡规则》第 1 条第 7 款关于提单的定义，即关于提单三项功能的条款不能缺少。

（二）提单正面通常记载的其他事项

除上述法律规定的记载事项外，提单正面通常记载的事项还包括订舱编号（booking No.）、提单编号（bill of lading No.）、出口参考编号（export references）、通知方（notify party）、货运代理人（forwarding agent）等，其中较为重要的应是通知方。

通知方实质是承运人应当向其发出通知的一方，即货物运抵目的港前后，承运人或其代理人发出船舶到港通知的对象，通常为收货人的货运代理人。（如图 10、图 11 所示）

BILL OF LADING

COPY NON NEGOTIABLE

(Non Negotiable Unless Consigned to Order)

SHIPPER/EXPORTER (COMPLETE NAME AND ADDRESS)	BOOKING NO.	BILL OF LADING NO.
	EXPORT REFERENCES	
CONSIGNEE (COMPLETE NAME AND ADDRESS)	FORWARDING AGENT-REFERENCES FMC NO.:	
	POINT AND COUNTRY OF ORIGIN OF GOODS	
NOTIFY PARTY (COMPLETE NAME AND ADDRESS) (It is agreed that no responsibility shall be attached to the Carrier or its Agents for failure to notify (see Clause 13 on reverse))	ALSO NOTIFY PARTY-ROUTING & INSTRUCTIONS	

PRE-CARRIAGE BY	PLACE OF RECEIPT		
VESSEL/VOYAGE/FLAG MALTA	PORT OF LOADING	LOADING PIER/TERMINAL	ORIGINALS TO BE RELEASED AT
PORT OF DISCHARGE	PLACE OF DELIVERY	TYPE OF MOVEMENT (IF MIXED, USE DESCRIPTION OF PACKAGES AND GOODS FIELD)	

(CHECK "HM" COLUMN IF HAZARDOUS MATERIAL)

PARTICULARS DECLARED BY SHIPPER BUT NOT ACKNOWLEDGED BY THE CARRIER

CNTR. NOS. W/SEAL NOS. MARK & NUMBERS	QUANTITY (FOR CUSTOMS DECLARATION ONLY)	H M	DESCRIPTION OF GOODS	GROSS WEIGHT	MEASUREMENT

OCEAN FREIGHT PREPAID
TOTAL NO. OF CONTAINERS/PACKAGES RECEIVED & ACKNOWLEDGED BY CARRIER FOR THE PURPOSE OF CALCULATION OF PACKAGE LIMITATION (IF APPLICABLE): 1 CONTAINER(S)/PACKAGE(S)
DESTINATION CHARGES COLLECT PER LINE TARIFF, AND TO BE COLLECTED FROM THE PARTY WHO LAWFULLY DEMANDS DELIVERY OF THE CARGO.
SHIPPER LOAD AND COUNT, CONTAINER(S) SEALED BY SHIPPER
DESTINATION OFFICE ADDRESS:

NOTICE 1: For carriage to or from the United States of America,(i) Clauses 4 and 23 on the reverse side hereof limit the Carrier's liability to a maximum of U.S.$500 per package or customary freight unit by virtue or incorporation of the U.S. Carriage of Goods by Sea Act ("COGSA"),unless the Merchant declares a higher cargo value below and pays the Carrier's ad valorem freight charge; and (ii) if carried on deck at Merchant's risk as to perils inherent in such carriage but in all other respects subject to the provisions of COGSA.
NOTICE 2: See Clause 28 on the reverse side hereof: Notice to Endorsee and/or Holder and/or Transferee
NOTICE 3: If Goods carried on deck at Merchant's risk without responsibility for loss or damage howsoever caused.

Declared Cargo Value US$____________________.If Merchant enters a value, Carrier's limitation of liability shall not apply and the ad valorem rate will be charged.

FREIGHT & CHARGES PAYABLE AT/BY:				SERVICE CONTRACT NO.	DOC FORM NO.	COMMODITY CODE
CODE	TARIFF ITEM	FREIGHTED AS	RATE	PREPAID	COLLECT	

Received the Container/Package or other units indicated in the box identified as "Total No. of Containers/Packages received and acknowledged by Carrier" in apparent good order and condition, unless otherwise indicated, to be transported and delivered as herein provided.

The receipt, custody, carriage and delivery of the goods are subject to the terms appearing on the face and back hereof and to the Carrier's applicable tariff.

In witness whereof original bills of lading have been signed, one of which being accomplished, the other(s) to be void.

DATE CARGO RECEIVED

DATE LADEN ON BOARD o

DATED

SIGNED BY:

, as agent for

The printed terms and conditions appearing on the face and reverse side of this Bill of Lading are available at www.[illegible].com, in [illegible]'s published US tariffs, and in pamphlet form.

+ STRIKE OUT FOR ON BOARD VESSEL BILL OF LADING
• SEE CLAUSE 1 ON REVERSE SIDE
o SEE CLAUSE 2 ON REVERSE SIDE
QF001
HQD 01/01

图 10 提单正面记载事项示例之一

Shipper	Booking No.	B/L No.
Consignee (Non-Negotiable unless consigned to order)	BILL OF LADING Draft Copy	
Notify Party (Carrier not responsible for failure to notify) SAME AS CONSIGNEE	Forwarding Agent-References	
	Place of Receipt (Combined Transport Only)	
Pre-carriage by (Combined or Through Transport Only)	Place of Delivery (Combined Transport Only)	
Vessel/Voy. No.	Final Destination (For the Merchant's Reference)	
Port of Loading SHEKOU,CHINA	Port of Discharge MOMBASA , KENYA	

PARTICULARS FURNISHED BY SHIPPER

Container No./Seal No. Marks & Numbers	Number of Containers or P'kgs	Description of Goods	Gross Weight (KGS)	Measurement (CBM)
	"SHIPPER'S LOAD, COUNT & SEAL" "SAID TO CONTAIN" 2X20'GP 383PACKAGES		54,170.000	55.5000
		"FREIGHT PREPAID"		

Total Number of Containers or Packages (in words) SAY :TWO (2) CONTAINERS ONLY.

Above particulars as declared by shipper, but without responsibility of or representation by carrier.

Freight & Charges	Basis	Rate	Per	Curr.	Payable At POL	Payable At POD	Payable At Elsewhere
		** FREIGHT PREPAID AS ARRANGED **					

Ex. Rate	Freight Payable At SHEKOU,CHINA	Type of Movement CY - CY
Total Prepaid in Local Currency	No. of Original B/L THREE(3)	Place and Date of Issue Jul.2,2021 SHEKOU,CHINA

Shipped On Board Date Jul.2,2021	[redacted] Transport Co., Ltd. By

图 11　提单正面记载事项示例之二

二、提单背面条款

（一）提单背面条款的效力

不同于提单正面的记载事项通常是以表格的形式，根据海上货物运输合同的具体情况进行填写，提单背面条款主要是以完整条款的形式预先印刷在提单的背面。由于背面条款的数量众多，通常是以很小的字体紧密排版，因而背面条款的标题处通常注明“large print available on request”。

提单背面条款具备效力在我国需要满足符合两个方面的要求：一是《民法典》关于格式条款效力的一般规定；二是《海商法》关于提单条款效力的特别规定。

1.《民法典》关于格式条款效力的一般规定

《民法典》关于格式条款效力的一般规定主要见于第 496 条和第 497 条。

根据《民法典》第 496 条第 1 款的规定，格式条款是指当事人为了重复使用而预先拟定，并在订立合同时未与对方协商的条款。[①] 提单背面条款是由承运人为了与不特定的托运人缔约即重复使用而预先拟定，且在订立海上货物运输合同时通常未与托运人协商，因而属于较为典型的格式条款。

《民法典》第 496 条第 2 款规定：“采用格式条款订立合同的，提供格式条款的一方应当遵循公平原则确定当事人之间的权利和义务，并采取合理的方式提示对方注意免除或者减轻其责任等与对方有重大利害关系的条款，按照对方的要求，对该条款予以说明。提供格式条款的一方未履行提示或者说明义务，致使对方没有注意或者理解与其有重大利害关系的条款的，对方可以主张该条款不成为合同的内容。”格式条款提供人针对免除或者减轻自身责任等与对方存在重大利害关系的条款，负有提示说明义务。如果格式条款提供人未履行此项义务，此类条款不成为合同的内容，即不构成组成合同的条款。由于海上货物运输法的强制性，法律为承运人规定的义务和责任均为最低限度的义务和责任，因而具体至提单背面条款，免除或减轻承运人责任的条款本就无效，无论承运人是否履行了提示说明义务。

值得注意的是，《民法典》第 496 条第 2 款较之原《合同法》第 39 条第 1 款增加了“等与对方有重大利害关系”的表述，[②] 从而使上述规定对于提单背面条款具备了适用的空间。

---

① 《民法典》第 496 条第 1 款规定：“格式条款是当事人为了重复使用而预先拟定，并在订立合同时未与对方协商的条款。”

② 《合同法》第 39 条第 1 款规定：“采用格式条款订立合同的，提供格式条款的一方应当遵循公平原则确定当事人之间的权利和义务，并采取合理的方式提请对方注意免除或者限制其责任的条款，按照对方的要求，对该条款予以说明。”

其他与托运人、提单持有人存在重大利害关系的条款也须受到上述规定的限制，较为典型的当属管辖权与法律适用条款，特别是规定由外国法院管辖并适用外国法的情形。承运人对于提单背面的此类条款必须履行提示说明义务。《民法典》时代海事司法实践如何适用上述规定认定提单背面条款的效力，仍待观察。

根据《民法典》第 497 条的规定，另有以下 3 种格式条款无效：

（1）存在民事法律行为无效或合同免责条款无效的情形。前者主要规定在《民法典》第一编“总则”第六章“民事法律行为”第三节“民事法律行为的效力”，包括无民事行为能力人实施的民事法律行为（第 144 条）、行为人与相对人以虚假的意思表示实施的民事法律行为（第 146 条第 1 款）、违反法律、行政法规的强制性规定的民事法律行为（第 153 条）、行为人与相对人恶意串通，损害他人合法权益的民事法律行为（第 154 条）；后者则是《民法典》第 506 条规定的两种情形：“合同中的下列免责条款无效：（一）造成对方人身损害的；（二）因故意或者重大过失造成对方财产损失的。”

（2）提供格式条款一方不合理地免除或减轻自身责任、加重对方责任、限制对方主要权利，其中承运人免除或减轻自身责任的条款本就无效。

（3）提供格式条款一方排除对方主要权利，如提单背面条款规定契约托运人在任何情况下不得行使中途停运权。

2.《海商法》关于提单条款效力的特别规定

基于海上货物运输法的强制性，提单背面条款需要满足《海商法》，以及可能适用的国际公约关于提单条款效力的强制性规定。

《海商法》第 44 条规定：“海上货物运输合同和作为合同凭证的提单或者其他运输单证中的条款，违反本章规定的，无效。此类条款的无效，不影响该合同和提单或者其他运输单证中其他条款的效力。将货物的保险利益转让给承运人的条款或者类似条款，无效。”因此，提单背面条款关于减轻承运人义务和责任，以及增加承运人权利的内容无效。

司法实践

提单背面条款的效力

我国海事司法实践大多认可提单背面条款属于格式条款，但具体认定为无效的多是其中的管辖权和法律适用条款。主要理由包括三个方面：一是提单背面条款为承运人事先印制；二是条款字体相同而对重要内容未进行突出显示；三是无法证明双方关于条款内容达成了合意。此外也有少数案例涉及费用支付等关于实体权利和义务的条款。

● 天津市高级人民法院在新鑫海航运有限公司与中国机械国际合作股份有限公司海上货物运输合同纠纷案[①]中认为：

涉案提单背面条款系格式条款，对于含有格式条款的合同，非格式条款制定方的一方当事人系以对合同接受与否作为意思表示。就本案而言，中国机械公司作为交货托运人不能预先知晓提单背面条款，无权选择接受与否。故，仅凭提单托运人的记载及中国机械公司持有提单的行为，不足以认定其作出了接受提单背面条款约束的意思表示，进而不足以认定其与新鑫海公司就订立涉案海上货物运输合同达成一致意见。

● 上海市高级人民法院在方快国际货运代理（上海）有限公司与嘉兴瑞隆日用品有限公司海上货物运输合同纠纷管辖权异议案[②]中认为：

涉案提单背面管辖权条款系承运人预先单方面印制的格式条款，作为托运人的瑞隆公司虽接受了承运人签发的涉案提单，但并无证据证明双方就涉案提单管辖权条款达成真实合意，该管辖权条款对瑞隆公司不具有约束力。根据瑞隆公司的诉讼请求以及事实和理由，本案系海上货物运输合同纠纷，依据《最高人民法院关于海事法院受理案件范围的规定》，属于海事法院专门管辖范围。同时涉案海上货物运输的始发地为上海，被告即方快公司的住所地亦在上海，故原审法院对本案行使管辖权符合法律规定。

● 浙江省高级人民法院在上海皇意供应链有限公司与温州苏特贸易有限公司、利胜地中海航运（上海）有限公司宁波分公司海上货物运输合同纠纷案[③]中认为：

至于皇意公司提出依据提单条款中的约定将本案移送香港法院审理问题，首先，本案提单所涉条款为事先印刷的格式条款，无法显示是双方事先协商一致的结果；其次，根据《民事诉讼法》第三十四条的规定，当事人协商选择的管辖地点应是被告住所地、合同履行地、合同签订地、原告住所地、标的物所在地等与争议有实际联系的地点，但本案中香港既非涉案货物运输合同的签订地、履行地、标的物所在地，又非本案被告所在地、原告所在地，与本案争议没有实际联系，该管辖约定不符合《民事诉讼法》第三十四条的规定。皇意公司提出的管辖权异议理由不成立。

● 浙江省高级人民法院在地中海航运有限公司与中国大地财产保险股份有限公司温州

① 天津海事法院（2019）津72民初1012号民事判决书；天津市高级人民法院（2020）津民终466号民事判决书。
② 上海海事法院（2020）沪72民初491号民事裁定书；上海市高级人民法院（2020）沪民辖终72号民事裁定书。
③ 宁波海事法院（2020）浙72民初616号民事裁定书；浙江省高级人民法院（2020）浙民辖终164号民事裁定书。

分公司、中国宁波外轮代理有限公司海上货物运输合同纠纷案[①]中认为：

本案争议的是提单背面管辖权条款的效力问题。提单背面条款系承运人事先拟定的格式条款，应当根据原《合同法》第三十九条“采用格式条款订立合同的，提供格式条款的一方应当遵循公平原则确定当事人之间的权利和义务，并采取合理的方式提请对方注意免除或者限制其责任的条款，按照对方的要求，对该条款予以说明”；第四十条“格式条款具有本法第五十二条和第五十三条规定情形的，或者提供格式条款一方免除其责任、加重对方责任、排除对方主要权利的，该条款无效”的相关规定审查其效力。

本案提单记载的托运人为浙江彦林网络科技股份有限公司，收货人为波兰CCC公司，起运港为中国宁波，目的港为波兰格但斯克。2017年《民事诉讼法》第三十四条规定：“合同或者其他财产权益纠纷的当事人可以书面协议选择被告住所地、合同履行地、合同签订地、原告住所地、标的物所在地等与争议有实际联系的地点的人民法院管辖，但不得违反本法对级别管辖和专属管辖的规定。”本案提单条款约定由英国伦敦高等法院管辖，但该院与本案争议并无实际联系，故提单背面的该管辖权条款无效。

● 宁波海事法院在绍兴县金斯顿针纺织有限公司与商船三井株式会社海上、通海水域货物运输合同纠纷案[②]中认为：

本案系涉外海上货物运输合同纠纷，该运输合同始发地为中国宁波，根据《民事诉讼法》第二十七条之规定，一审法院对本案依法享有管辖权。关于法律适用，金斯顿公司主张适用中国法，三井会社认为依据提单背面条款涉案纠纷应依据日本法律解释，而依据日本法律本案货物运输合同关系应适用《海牙—维斯比规则》。该院经审理认为，涉案提单背面条款系三井会社为重复使用预先拟定的格式条款，该条款直接排除了金斯顿公司对管辖法院和法律适用的选择权，此项权利直接影响到当事人起诉权的行使，是一项重要的诉讼权利。虽然在提单正面有粗体字载明“提单条款续于本单背面”，但提单背面字体极小，排布紧密，各条款格式完全一致，对于限制对方选择权利的条款未有单独突出显示，故不能认定三井会社在合同订立时对该条款采用了足以引起对方注意的文字、符号、字体等特别标识，也无证据证明其对该条款与金斯顿公司进行了协商或予以说明，故该条款无效，三井会社引用该条款要求依据日本法律解释从而适用《海牙—维斯比规则》的意见于法无据，不予采信。根据《涉外民事关系法律适用法》第二条之规定，本案依法适用中华人民共和国法律。

---

① 宁波海事法院（2019）浙72民初1893号民事裁定书；浙江省高级人民法院（2020）浙民辖终133号民事裁定书。

② 宁波海事法院（2014）甬海法商初字第730号民事判决书；浙江省高级人民法院（2016）浙民终480号民事判决书。

● 青岛海事法院在泛太集运有限公司与青岛诺克来工贸有限公司、乐克来发展有限公司海上、通海水域货物运输合同纠纷案[①]中认为：

泛太公司的提单背面条款为印刷的格式条款，条款内容除标题加黑外，均为相同字体印刷。条款第 1 条定义中规定："运费包括运费、滞港费、滞箱费、以及承运人发生而应由货方承担的所有费用和金钱债务，包括但不限于关税和税费。"第 3 条承运人运价表：3.1 条规定："本提单并入适用的承运人运价表的规定。特别提请注意运价表中有关免费堆存期和集装箱、车辆滞港费的规定。如索取可从承运人或其代理人处获取运价表，或从对运价表进行备案登记的政府机关处获取运价表。"

……

关于泛太公司主张的 13,130 欧元的集装箱超期使用费，焦点为泛太公司所称的已就集装箱超期使用费达成合意是否成立，泛太公司所主张的超期使用费 13,130 欧元是否合理。泛太公司据以证明双方达成合意的依据是提单的背面条款第 1 条和第 3.1 条，对此，一审法院认为，首先，乐克来公司并不认可泛太公司向其签发了正本提单，认为其从未看到提单背面条款，构不成合意。泛太公司据以证明其签发正本提单的证据为《提单签发与货物交付确认书》复印件，并非原件，泛太公司不能证明其已经向乐克来公司签发了正本提单，更不能证明乐克来公司看到过提单背面条款。因此其主张构成合意的提单背面条款也不能适用于乐克来公司。而且从该背面条款本身不能看出作为承运人的泛太公司与托运人达成了集装箱超期使用费具体费率标准的合意，因为泛太公司据以主张费用的依据为实际承运人达飞公司的费率标准，在提单中并未将承运人明确披露为达飞公司，必然也未告知托运人费用标准为达飞公司的费率，更谈不上达成合意了。

（二）提单背面的常见条款

不同航运企业的提单格式包含的背面条款数量、内容各不相同。下文结合中远海运集装箱运输有限公司的《提单条款和条件》（Terms and Conditions，以下简称中远海运集运条款），[②] 以及 A.P. 穆勒 – 马士基的《运输条款》（Terms for Carriage，以下简称马士基条款），[③] 介

① 青岛海事法院（2013）青海法海商初字第 302 号民事判决书；山东省高级人民法院（2015）鲁民四终字第 146 号民事判决书。

② 中远海运集装箱运输有限公司：《提单条款和条件》，载 https://lines.coscoshipping.com/lines_resource/pdf/coscon_tidan_cn.pdf，最后访问日期：2021 年 7 月 28 日。

③ A.P. 穆勒 – 马士基：《运输条款》，载 https://terms.maersk.com/carriage-chinese#header11，最后访问日期：2021 年 7 月 28 日。

绍提单背面的常见条款。

1. 定义条款

定义（definitions）条款的内容是界定海上货物运输涉及的主要概念，如中远海运集运条款定义了承运人、运输（carriage）、提单、货方（merchant）、提单持有人、船舶（vessel）、分包人（subcontractor）、货物（goods）、件（package）、集装箱（container）、运费（freight）、美国《1936 年海上货物运输法》（Carriage of Goods by Sea Act，1936，U.S.COGSA）、《提单条款和条件》，其中值得关注的是以下三项：

（1）承运人直接定义为中远海运集装箱运输有限公司。

（2）货方包括发货人、托运人、受货人（receiver）、[①] 收货人、货主、提单的合法持有人或被背书人，乃至任何有权或主张拥有货物或提单的人以及代表此类人员行事的任何人。对于货方进行如此宽泛的界定，目的是为尽量扩大提单证明的海上货物运输合同约束的主体范围。

（3）分包人包括除承运人以外的船舶所有人、管理人、经营人、承租人，装卸工人，码头、仓库、集装箱储运站经营人及拼箱经营人，公路及铁路运输经营人，承运人雇佣的进行运输的任何独立合同人，以及再分包人。

中远海运集运条款的“定义”条款如下：

1.DEFINITIONS

“Carrier” means COSCO SHIPPING Lines Co.，Ltd. located at 378，Dongdaming Road，Shanghai 200080，P.R.China.

“Carriage” means the whole or any part of the operations and services whatsoever undertaken by the Carrier in respect of the Goods covered under this Bill of Lading.

“Bill of Lading” means the present document，whether issued as a Bill of Lading or a Sea Waybill，and whether issued in paper or electronically.

“Merchant” includes the Consignor，the Shipper，the Receiver，the Consignee，the Owner of the Goods，the Holder or Endorsee of this Bill of Lading，any Person owing，entitled to or claiming the possession of the Goods or this Bill of Lading and anyone acting on behalf of any such person.

“Holder” means any person for the time being in possession of this Bill of Lading or to

① 受货人，是指在卸货港从船边、码头仓库或其他约定的地点实际提取货物的人，可能是收货人本人，也可能是收货人的代理人。参见司玉琢主编：《海商法》（第 4 版），法律出版社 2018 年版，第 117 页。

whom rights of suit and/or liability under this bill of lading have been transferred or vested.

"Vessel" includes the Vessel (s) named in this Bill of Lading or any substitute therefor, and any feeder vessel, lighter or barge used by or on behalf of the Carrier in connection with any waterborne carriage.

"Subcontractor" includes owners, managers, operators and charterers of vessels (other than the Carrier), stevedores, terminal, warehouse, depot and groupage operators, road and rail transport operators and any independent contractor employed by the Carrier in the performance of the carriage and any sub-Subcontractor thereof. The expression Subcontractor shall include direct and indirect Subcontractors and their respective servants, agents or Subcontractors.

"Goods" means the whole or any part of the cargo received from the Merchant and includes any Container not supplied by or on behalf of the Carrier.

"Package" means for limitation purposes the largest unit into which the Goods are packaged or consolidated by the Merchant including any palletized and/or assemblage of cartons for the convenience of the Merchant.

"Container" includes any Container, open top, trailer, transportable tank, flat rack, platform, pallet, and any other equipment or device used for or in connection with the transportation of the Goods.

"Freight" includes all charges payable to the Carrier in accordance with the applicable Tariffs and this Bill of Lading.

"U.S.COGSA" refers to the Carriage of Goods by Sea Act of the United States approved April 16, 1936.

"Terms and Conditions" means all terms, rights, defenses, provisions, conditions, exceptions, limitations and liberties hereof.

2. 首要条款

首要条款（Paramount Clause）是规定提单应受特定国际公约或国内立法调整的条款，通常规定提单适用《海牙规则》或《海牙—维斯比规则》，或者采纳上述国际公约的国内立法，如美国《1936 年海上货物运输法》。

中远海运集运条款不含首要条款。

司法实践

提单首要条款的内容

福建省高级人民法院审理的中国人民财产保险股份有限公司宁波市分公司与富森航运有限公司海上货物运输合同纠纷案，[①] 涉及一例较为典型的提单首要条款：

提单背面条款第（2）条“首要条款”载明：“1.在装运地所在国适用时，本提单适用1924年8月25日在布鲁塞尔签订的《关于统一提单某些法律规定的国际公约》——《海牙规则》。在装运地所在国未强制适用该规则时，则适用目的港所在地国有关生效法律；但是，在目的港所在地国如果没有强制适用的有关运输法律时，则应适用上述公约。2.适用《海牙—维斯比规则》下的运输。在运输明确强制适用1968年2月23日在布鲁塞尔签署的《修订1924年关于统一提单某些法律规定的国际公约议定书》下，相关的法律规定则适用于本提单。3.承运人对货物装船前与卸船后，或者交由另一承运人时的灭失或损害不负责，也不对甲板货和活动物损失负责。”

我国司法实践否认首要条款效力的情形并不多见，但最终得以适用《海牙—维斯比规则》的案例仍是少数，主要的裁判理由在于承运人无法举证证明符合首要条款规定的适用《海牙—维斯比规则》的条件。

司法实践

提单首要条款的效力

● 福建省高级人民法院在中国人民财产保险股份有限公司宁波市分公司与富森航运有限公司海上货物运输合同纠纷案[②]中认为：

就本案提单载明的“首要条款”，是否为提单关系当事人所选择适用的法（准据法）。原审法院认为，本案应适用中国法。理由如下：

首先，因案涉提单“首要条款”明确适用《海牙规则》与《海牙—维斯比规则》，但附有相关条件，即“1.在装运地所在国适用时，本提单适用1924年8月25日在布鲁塞尔签

① 厦门海事法院（2014）厦海法商初字第269号民事判决书；福建省高级人民法院（2016）闽民终101号民事判决书。

② 厦门海事法院（2014）厦海法商初字第269号民事判决书；福建省高级人民法院（2016）闽民终101号民事判决书。

订的《关于统一提单某些法律规定的国际公约》——《海牙规则》。在装运地所在国未强制适用该规则时，则适用目的港所在地国有关生效法律；但是，在目的港所在地国如果没有强制适用的有关运输法律时,则应适用上述公约。”以及“2.适用《海牙—维斯比规则》的运输。在运输明确强制适用1968年2月23日在布鲁塞尔签署的《修订1924年关于统一提单某些法律规定的国际公约议定书》，相关的法律规定则适用于本提单。”现富森公司并未举证证明装运地所在国所罗门群岛法律是否强制适用《海牙规则》与《海牙—维斯比规则》，而我国作为目的港所在地国即有强制适用的有关运输法律时，因《海商法》第四十四条明确违反本章规定无效，结合该法第二条不适用国内沿海港口之间的运输规定，故凡我国进出口货物运输，除非双方另有约定，均应适用《海商法》第四章的强制性规定，本案即应适用目的港所在地国法，故适用中国法符合提单载明的适用条件。

其次，我国虽非上述规则缔约国，但《海商法》第五十一条规定与上述规则中“承运人十七条免责事项”一致，故适用中国法无害于富森公司实体权利的保护，也未不当加重承运人负担。

再次,富森公司委托代理人在提交答辩状时,明确援引中国法。故根据最高人民法院《关于适用〈中华人民共和国涉外民事关系法律适用法〉若干问题的解释（一）》（已修订）第八条规定,当事人在一审法庭辩论终结前协议选择或者变更适用的法律的,人民法院应予准许。各方当事人援引相同国家的法律且未提出法律适用异议的，人民法院可以认定当事人已经就涉外民事关系适用的法律做出了选择。

最后，根据《海商法》第二百六十九条的规定，合同当事人可以选择合同适用的法律，法律另有规定的除外。合同当事人没有选择的，适用与合同有最密切联系的国家的法律，即便富森公司辩称法律适用主张与人保宁波公司选择适用法律不一致，依据最密切联系原则，本案人保宁波公司为国内法人，案涉货物运输目的港为江苏靖江，船舶保险人所在地与理赔款项支付地为福建福州，均与中国有密切联系，也应适用中国法。

● 大连海事法院在新鑫海航运有限公司与深圳市鑫联升国际物流有限公司、大连凯斯克有限公司海上、通海水域货物运输合同纠纷案①中认为：

提单背面条款第26、27条均涉及法律适用问题。第26条首要条款第1项约定：“本提单适用起运国1924年8月25日开始实施、于布鲁塞尔签订的《统一提单若干法律规定的国际公约》中的海牙规则。若此规则在起运国未实施，则适用目的地国的相应法规；但若无相应强制法规，则应适用前述公约条款。”按照该约定，海牙规则在起运国中国未实施，则

① 大连海事法院（2018）辽72民初758号民事判决书。

适用目的地国印度的相应法规，但若印度无相应强制法规，则应适用海牙规则的条款。该条款强调的是与海牙规则相应的强制法规，即印度法律中与海牙规则相应的强制法规。本案争议焦点除了法律适用外，主要是各方当事人之间的法律关系、承运人向托运人主张滞箱费等损失是否超过诉讼时效、收货人未提货的法律责任以及诉讼请求的合理性。这些争议焦点问题在海牙规则中没有规定，印度法律中即使存在与海牙规则相应的强制法规，也不适用于本案。故本案不适用提单背面条款第 26 条首要条款第 1 项。本案亦不符合提单背面条款第 26 条首要条款第 2 项和第 3 项约定的情形。

3. 承运人责任条款

承运人责任（carrier's responsibility）条款规定承运人应当承担的责任和免责事由，如果提单背面已有首要条款，此时承运人责任已经可以依据适用的国际公约或国内立法确定，因而无须另行设置承运人责任条款。随着多式联运的快速发展，承运人责任条款通常针对远洋运输和多式联运两种情形分别进行规定。

中远海运集运条款的承运人责任条款主要规定了承运人的责任期间，即承运人应自在装货港收到货物之时起作为承运人对于货物负责，直至在卸货港将货物交与货方，或者按照当地法规要求交与有关当局之时为止，二者以较先发生者为准。

中远海运集运条款的“承运人责任”条款如下：

5.CARRIER'S RESPONSIBILITY

（1）Port to Port Shipment If box 4，box 5 and/or box 9 without any inserted，or the place（s）or port（s）indicated therein is/are same as the place（s）or port（s）that indicated in box 7 and box 8 on the front of this Bill of Lading，this Bill of Lading is a Port-to-Port contract.The Carrier shall be responsible for the Goods as Carrier from the time when the Goods are received by the Carrier at the Port of Loading until the time of delivery thereof at the port of discharge to the Merchant or to the Authority as required by local laws or regulations，whichever occurs earlier.

（2）Combined Transport If box 4，box 5 and/or box 9 are filled in on the front of this Bill of Lading and the place（s）or port（s）indicated therein is/are place（s）or port（s）other than that indicated in box 7 and box 8 and Freight is paid for combined transport，this Bill of Lading is a combined transport contract.The Carrier undertakes to arrange or procure the pre-carriage and/or on-carriage segments of the combined transport.All claims arising from the combined transport carriage must be filed with the Carrier within 9 months after the delivery of the Goods or the date when the Goods should have been delivered, failing which the Carrier shall be discharged from all liabilities whatsoever in respect of the Goods.If any payment is made by the Carrier to the Merchant in respect of any claim arising from the combined transport carriage, the Carrier shall be automatically subrogated to or given all rights of the Merchant against all others including pre-carrier or on-carrier or Subcontractor on account of such loss or damage.Nothing herein contained shall be deemed a waiver of any rights that the Carrier may have against a pre-carrier or on-carrier or Subcontractor for indemnity or otherwise.

4. 赔偿与责任条款

赔偿与责任（compensation and liability）条款，主要针对提单未明确规定适用《海牙—维斯比规则》的情形，规定承运人的单位赔偿责任限额，因而有时也称为“责任限制条款”（limitation of liability）。例如，中远海运集运条款规定的责任限额与《海牙—维斯比规则》以及《海商法》一致，而马士基条款的“赔偿和责任条款”仅采纳了毛重每公斤 2.00 SDR 的标准，排除了每件或者每个其他货运单位 666.67 SDR 的标准，其中第 2 款第 a 项规定：“在任何情况下，承运人的责任决不能超过丢失、损坏或发生任何性质的索赔的货物按货物毛重每千克 2 个特别提款权，除非第 7.2（b）条适用。”

此外，针对美国法的特殊情况，此类条款通常还规定来自、运往或途经美国的货物，灭失或损坏的赔偿责任限额为每件或每单位 500 美元。例如，马士基条款的“赔偿和责任条款”第 2 款第 b 项规定：“对于以美国为目的地或出发地的运输，承运人和 / 或船舶的责任不应超过每件或每一习惯运费单位 500 美元，或按照第 6.2 条给予的任何较低之责任限制。”

中远海运集运条款的“责任限制”条款如下：

8.LIMITATION OF LIABILITY

（1）Subject always to the Carrier’s right to limit liability as provided for herein, if the Carrier is liable for compensation in respect of loss of or damage to the Goods, such compensation shall be calculated by reference to the value of the Goods plus Freight and insurance if paid.The value of the Goods shall be determined by the lowest price with reference to the commercial invoice, customs declaration, any prevailing market price（at the place and time they are delivered or should have been delivered), production price or the reasonable value of goods of the same kind and/or quality.

(2) Save as is provided in clause 8 (3) :

(a) this Bill of Lading shall be subject to the provisions of the law as provided for in Clause 27 (1) . The Carrier shall in no event be or become liable for any loss or damage to or in connection with Goods in any amount exceeding the limits in an amount equivalent to 666.67 SDR per package or other shipping unit, or 2 SDR per kilogramme of the gross weight of the Goods lost or damaged, whichever is the higher, unless Clause 8 (2) (b) applies ;

(b) where carriage includes carriage to or from or through a port or place in the United States of America, this Bill of Lading shall be subject to the provisions of U.S.COGSA, as provided for in Clause 27 (2) hereof. In such event, the Carrier shall in no event be or become liable for any loss or damage to or in connection with Goods in any amount exceeding the limits in an amount USD 500 per package or, when the Goods are not shipped in packages, USD 500 per customary freight unit. In any event, the Carrier's limitations of liability in respect of inland loss or damage shall be no higher than that of the underlying Carrier.

(3) The Merchant agrees and acknowledges that the Carrier has no knowledge of the value of the Goods and higher compensation than that provided for in this Bill of Lading may be claimed only when, with the consent of the Carrier, the nature and value of the Goods have been declared by the Merchant before shipment and inserted in this Bill of Lading in the box of "Declared Cargo Value" and the Merchant has paid additional Freight on such declared value.This declaration if embodied in this Bill of Lading shall be prima facie evidence, but shall not be binding or conclusive on the Carrier.The Carrier shall in no event be or become liable for any loss or damage to or in connection with Goods if the nature or value thereof has been misstated by the Merchant in this Bill of Lading.

(4) Where a container, pallet or similar article of carriage is used to consolidate Goods, the smallest number of packages or other shipping units enumerated in this Bill of Lading as packed in such article of carriage shall be deemed to be the number of packages or shipping units.If not so enumerated, the Goods in such article of carriage shall be deemed to be one package or one shipping unit.Where the article of carriage is not owned or furnished by the Carrier, such article of carriage shall be deemed to be one package or one shipping unit.

5. 运费和其他费用条款

运费和其他费用（freight and other charges）条款主要规定运费和其他费用的支付事宜，如马士基条款的"运费、费用和收费"条款首先规定："运费应按托运人或代表其提供的细节予以全额支付。承运人可随时打开货物或集装箱，且如果托运人提供的细节不正确，货方应承担正确运费及因检查、称重、测量或对货物估值所产生的任何费用。"

运费和费用条款一般还会规定，运费应当预付且概不退还，即所有运费在承运人收到货物时即视为已经全额、最终且无条件地赚取，而且不得作任何扣减、冲抵。

中远海运集运条款的"运费和费用"条款如下：

14.FREIGHT AND CHARGES

（1）All Freight shall be deemed fully, finally and unconditionally earned upon booking of the Goods by the Carrier and shall be paid and non-returnable in any event whatsoever.

（2）All Freight and charges shall be paid without any set-off, counter-claim, deduction, or stay of execution before delivery of the Goods.

（3）The Merchant's attention is drawn to the stipulations concerning currency in which the Freight is to be paid, rate of exchange, devaluation and other contingencies concerning the Freight in the applicable Tariff or as agreed otherwise.

（4）Payment of Freight and charges to any freight forwarder or broker, or anyone other than the Carrier or its authorized agent, shall not be considered payment to the Carrier and shall be made at the Merchant's sole risk.

（5）The parties defined as Merchant in clause 1 hereof shall, where applicable, be jointly and severally liable to the Carrier for payment of all Freight, demurrage and detention, General Average, Salvage charges and/or special charge, and charges, including, but not limited to, court costs, expenses and reasonable attorney's fees incurred in collecting sums due the Carrier, failing which shall be considered a default by the Merchant in the payment of Freight and charges.

6. 货物检查条款

货物检查（inspection of the goods）条款通常规定，承运人有权但无义务在任何时候打开或扫描任何包装或集装箱检查货物，且对由此引起的任何损失、延误或损坏不承担赔偿责任。

中远海运集运条款的“货物检查”条款如下：

15.INSPECTION OF THE GOODS

The Carrier and/or any person to whom the Carrier has subcontracted the carriage or any person authorized by the Carrier shall be entitled, but under no obligation, to open any Container or Package at any time and to inspect the Goods. If by order of the Authorities at any place, a container must be opened for inspection, the Carrier shall not be liable for any loss or damage incurred as a result of any opening, unpacking, inspection or repacking.The Carrier shall be entitled to recover the cost of such opening, unpacking, inspection, and repacking from the Merchant.

7. 留置权条款

留置权（liens）条款通常规定承运人享有颇为广泛的留置权，不仅债权的范围涵盖运费、亏舱费、滞期费、共同海损分摊，承运人对于有缺陷货物进行重新绑扎、包装、熏蒸等处置而产生的费用，以及承运人为货物支付的罚款、税款、陆上运费、佣金等费用，而且留置财产也不限于货物，还包括提单等单据。此种规定与《海商法》关于承运人货物留置权的规定存在明显区别。

例如，马士基条款的“留置权”条款规定：“承运人应就本合同项下向承运人应付的全部款项以及向任何人应付的共同海损分摊额对货物和任何相关单据享有留置权。承运人亦应就无论是否有关本次运输的任何其他合同项下货方向承运人到期应付的全部款项对货物和任何相关单据向货方享有留置权。承运人可自行决定在任何时间和任何地点行使其留置权，无论契约性运输是否已完成。在任何情况下，任何留置权应扩展至涵盖追偿任何到期应付款项所产生的费用，为此目的承运人有权通过公开拍卖或私下立约变卖货物，而无须通知货方。承运人的留置权在交货后仍持续有效。”

中远海运集运条款的“留置权”条款如下：

17.LIENS

The Carrier shall have a lien on the Goods and any documents relating thereto for all sums payable to the Carrier under this contract and for General Average, Salvage charges and/or special charges contributions to whomsoever due. The Carrier shall also have a lien on the Goods and any document relating thereto for all sums due by the Merchant to the Carrier under any other contract whether or not related to this Carriage.The Carrier may exercise its lien at any time and any place in its sole discretion, whether the contractual Carriage is completed or not.In any event any lien shall extend to cover the cost of recovering any sums due and for that purpose the Carrier shall have the right to sell the Goods by public auction or private treaty, without notice to the Merchant.Nothing herein shall prevent the Carrier from recovering from the Merchant the difference between the amount due to the Carrier and the net amount realized by such sale.The Carrier's lien shall survive delivery of the Goods.

8. 灭失或损坏通知与时效条款

灭失或损坏通知与时效（notice of loss or damage，time bar）条款主要规定货物发生灭失或损坏时，收货人通知承运人的义务，以及提起诉讼的时效。通常规定收货人向承运人发出通知的时限为 3 日，否则构成承运人已按提单记载交付货物的初步证据，而与《海商法》第 81 条的规定明显不同；提起诉讼的时效期间则为 1 年。

例如，马士基条款的"损失通知、诉讼时效"条款规定："除非货物移交之前或之时在交货地（或卸货港，如果提单背面未指明交货地）就损失或损害及该等损失或损坏的一般性质向承运人或其代理人作出书面通知，或如果其后三日内未发现损失或损坏，该等移交应作为承运人交付本提单所载货物之初步证据。在任何情况下，除非在其交付或其应被交付之日起一年内提起诉讼，承运人应被解除与货物有关的全部责任。"

中远海运集运条款的"索赔通知与时效"条款如下：

6.NOTICE OF CLAIM AND TIME BAR

(1) Unless notice of loss or damage is given in writing to the Carrier's agent at the Port of Discharge or Place of Delivery before or on the date of delivery of the Goods, or if loss or damage is not apparent, within 15 consecutive days thereafter, such delivery shall be prima facie evidence of the delivery of the Goods by the Carrier and/or on-carrier in the order and condition described in this Bill of Lading.

(2) The Carrier, its servants, agents and Subcontractors shall be discharged from all liabilities whatsoever unless suit is brought within one year after the delivery of the Goods or the date when the Goods should have been delivered.

9. 危险货物条款

危险货物（dangerous goods）条款是关于危险货物运输的规定，内容通常与《海牙—维斯比规则》以及《海商法》的规定基本一致。

例如，马士基条款的“危险货物”条款第 1 款规定：“对于具有或可能产生危险性、毒性、危害性、易燃性或破坏性的货物（包括放射性材料），及对于会导致或易于导致任何人身伤害或财产损害的货物，无论其是否被列入任何官方或非官方、国际或国内法规、公约、清单或表格，如未向承运人提前书面通知其性质、特征、名称、标签和分类（如适用）并取得承运人书面同意，并且出于标明此货物性质和特征且遵循任何适用法律、法规或要求之目的对货物和集装箱作明显标记或在货物或集装箱外面盖有其他覆盖物，则不得交与承运人进行运输。如果在未经承运人同意和 / 或未作相应标记的情况下将任何该等货物交与承运人，或承运人认为货物具有或易于发生危险性、毒性、危害性、易燃性或破坏性，则货物可在任何时候或地点被卸载、销毁、处置、遗弃或消除其危害，而无须对货方作出赔偿，且不损害承运人收取运费的权利。”

中远海运集运条款的“危险货物”条款如下：

21.DANGEROUS GOODS

At the time of shipping Goods which are or which may become of a dangerous, noxious, hazardous, flammable, or damaging nature (including radioactive material) or which are or may become liable to cause damage or loss of any person, environment or property whatsoever, and whether or not so listed in any official or unofficial, international or national code, convention, listing or table, the Merchant shall, in compliance with the regulations governing the carriage of such Goods, have the same properly packed, distinctly marked and labeled and notify the Carrier in writing of their proper description, nature and the precautions to be taken. In case the Merchant fails to or inaccurately notifies the Carrier, or if in the opinion of the Carrier the Goods are or are liable to become of a dangerous, noxious, hazardous, flammable or damaging nature, they may at any time or place be unloaded, destroyed, disposed of, abandoned or rendered harmless without compensation to the Merchant and without prejudice to the Carrier's right to Freight. The Merchant shall indemnify, hold harmless and defend the Carrier, its servants, agents and Subcontractors and any third party concerned, against all claims, liabilities, loss, damage, delay, personal injury and/or death, costs, fines and/or penalties, and all reasonable legal expenses resulting from such shipment and caused to the Carrier, the Vessel, any other cargo or property, whether on board or ashore, whether or not the Merchant was aware of the nature of such Goods.

Notwithstanding the Carrier's knowledge of the nature of the Dangerous Goods and its consent to carry, the Carrier may still have such Goods landed, destroyed or rendered innocuous, without compensation, when they become an actual danger to the Vessel, the crew and other persons on board or to other goods. However, nothing contained in this Clause shall deprive the Carrier of any of its rights provided for elsewhere, if any.

10. 舱面货与活动物条款

舱面货与活动物（deck cargo and animals）条款主要用于填补《海牙—维斯比规则》未规定舱面货和活动物运输的规则空白，通常规定此类货物的运输风险一概应由货方承担，承运人对于在海上运输中发生的任何性质的灭失或损害概不负责，无论是否由于承运人的过错而引起。部分提单背面条款还将植物（plants）的运输一并进行规定，如中远海运集运条款即是如此。

马士基条款的“自由装载、舱面货和牲畜”条款还有关于自由装载（optional stowage）的内容，其中第 2 款规定：“货物无论是否已装载入集装箱，可在甲板上或甲板下运输而无需通知货方。承运人无须在提单上对此甲板上运输之声明加以备注、标志或盖章。除第 18.3 条中另有规定外，在甲板上或甲板下运输的该等货物（牲畜除外），无论是否有甲板上运输的声明，均应参与共同海损，且应被视为符合海牙规则或 US COGSA 中对货物所作之定义，且应按适用的该规则或法案进行运输。”

中远海运集运条款的“舱面货、动物与植物”条款如下：

18.DECK CARGO, ANIMALS AND PLANTS

Goods (other than Goods stuffed in Containers) that are stated on the front of this Bill of Lading as contracted to be stowed "on deck" and are so carried, and all live animals, including fish and birds, or plants shipped hereunder, shall be carried solely at the risk of the Merchant, and the Carrier shall not be liable for any loss or damage of whatsoever nature arising during carriage by sea whether or not arising out of negligence on the part of the Carrier. The Carrier shall be bound to prove that he has fulfilled the special requirements of the Merchant with regard to the carriage of the live animals and that under the circumstances of the sea carriage, the loss or damage has occurred due to the special risks inherent therein. The Merchant shall indemnify the Carrier against all or any extra costs incurred for any reason whatsoever in connection with the carriage of such live animals or plants.

11. 集装箱货物条款

集装箱货物（cargo in container）条款用于填补《海牙—维斯比规则》除承运人单位赔偿责任限制外，未规定集装箱货物运输的规则空白。此类条款主要规定两个方面的内容：一是承运人可将集装箱装载在舱面，如上文列举的马士基条款的“自由装载、舱面货和牲畜”条款关于自由装载的内容也有类似规定；二是如果集装箱不是由承运人装箱，即由货方自行装箱，承运人不对货物的灭失或损坏承担责任。

例如，马士基条款的“托运人装载的集装箱”条款第 2 款规定：“如果该等货物损失或损坏和 / 或该等伤害、损失、损坏、责任或费用是由其控制以外的任何事项所导致，承运人不应对货物损失或损坏承担责任，且货方应就承运人产生的任何伤害、损失、损坏、责任或费用向承运人作出赔偿。在不损害此除外情形一般性的前提下，上述事项（除其他因素之外）包括：（a）集装箱的装载方式；或（b）货物不适宜在集装箱中运输；或（c）集装箱不适宜或存在缺陷；或（d）任何温度调节、通风及其他特殊控制设置不正确，前提是如集装箱由承运人提供，在集装箱装载时或之前经货方合理检查即可明显发现此不适合或有缺陷的情况。”

中远海运集运条款将集装箱货物条款拆分为“承运人的集装箱”和“货方装载的集装箱”两条，具体内容如下：

10.CARRIER’S CONTAINERS

(1) Goods received in break bulk will be stuffed by the Carrier in Containers and the Carrier shall have the right to carry any Containers, whether or not stuffed by the Carrier, on deck or below deck. All such Goods shall participate in General Average, Salvage charges and/or special charges. The Terms and Conditions of this Bill of Lading, including the applicable laws as provided for in Clause 27 shall apply to Containers carried on deck.

(2) If Carrier’s Containers and equipment are used by the Merchant for pre-carriage or on-carriage or unpacked at the Merchant’s premises, the Merchant is responsible for

returning the empty Containers, with interiors brushed, clean and free of smell to the point or place designated by the Carrier, its servants or agents, within the time prescribed in the Tariff and/or required by the Carrier. Should a Container not be returned within the aforesaid time, the Merchant shall be liable for any detention, demurrage, loss or expenses which may arise from such non–return.

(3) The Merchant shall be liable for any loss of or damage to Carrier's Containers and other equipment while in the custody of the Merchant or anyone acting on the Merchant's behalf. The Merchant shall also be liable during such period for any loss of or damage to the property of others or for any injuries or death and the Merchant shall indemnify and hold the Carrier harmless against all damages, including legal expenses, incurred from any and all such claims arising during such periods.

11.MERCHANT–STUFFED CONTAINER

(1) If a Container has not been stuffed by or on behalf of the Carrier, the Carrier shall not be liable for loss of or damage to the Goods and the Merchant shall indemnify the Carrier against any loss, damage, liability or expense incurred by the Carrier if such loss, damage, liability or expense has been caused by:

(a) the manner in which the Container has been filled, packed, loaded or stuffed, or

(b) the unsuitability of the Goods for carriage in the Container, or

(c) the unsuitability or defective condition of the Container, provided that, if the Container had been supplied by or on behalf of the Carrier, this unsuitability or defective condition could have been apparent upon inspection by the Merchant at or prior to the time when the Container was filled, packed, loaded or stuffed.

(2) If a Merchant–stuffed Container is delivered by the Carrier with its seal intact, such delivery shall constitute full and complete performance of the Carrier's obligations hereunder and the Carrier shall not be liable for any loss or shortage of the Goods ascertained at delivery.

(3) The Merchant shall inspect Containers before stuffing them and the use of a Container shall be prima facie evidence of its being suitable and without defect.

12. 特殊、冷藏或加热货物条款

特殊、冷藏或加热货物（special, refrigerated or heated goods）条款主要针对需要采用冷藏、加热等特殊运输方式的货物，规定如果货物需要采用此类方式运输，必须基于承托双方达成的协议而在提单上注明。部分提单背面条款还规定承托双方就此达成的协议应当采用书面形式。

例如，马士基条款对此称为“易腐货物”（perishable cargo）条款，其中第1款规定：“除非提单背面注明货物应以冷藏、加热、电力通风或其他有特定设备的集装箱运输或需要以任何方式取得特别注意，货物（包括易腐烂的货物）应在无特殊保护、服务或其他措施的普通集装箱中运输。货方承诺，在未就其性质和所需温度或其他温度调节、通风或其他特殊控制的设置作出书面通知时，不得运输任何需要冷藏、通风或任何其他特殊照顾的货物。如未遵循以上要求，承运人不应对任何原因引起的货物损失或损坏承担责任。”

中远海运集运条款的“特殊、冷藏或加热集装箱”条款如下：

22.SPECIAL, REFRIGERATED OR HEATED CONTAINERS

(1) Unless the Merchant and the Carrier agree in writing before shipment that specially ventilated, refrigerated or heated Containers will be used to ship the Goods and such agreement is noted on the front of this Bill of Lading, and the Merchant gives proper written notice to the Carrier of the nature of the Goods and of the particular temperature range to be maintained and/or special attention required and the Merchant pays the extra Freight charged under the Carrier's Tariff or as agreed, the Goods shall be carried in ordinary unventilated Containers.

(2) In case of a refrigerated Container stuffed by or on behalf of the Merchant, the Merchant undertakes that its thermostatic, ventilating or any other controls have been correctly set by the Merchant and that the temperature of the Goods and the refrigerated Container has been brought to the required temperature level before stuffing and that the Goods have been properly stowed in the Container before the receipt thereof by the Carrier. If these requirements are not fully met, the Carrier shall not be liable for any loss of or damage to the Goods howsoever arising. The Merchant shall be responsible for the operation and maintenance of the Carrier's Container while it is in the Merchant's custody or the custody of anyone acting on the Merchant's behalf.

（3）If a suggested temperature is noted on the front of this Bill of Lading，the Merchant shall deliver the Goods to the Carrier at the noted temperature plus or minus 2℃ permitted，and the Carrier shall exercise due diligence to maintain such temperature，plus or minus 2℃ while the Goods are in its actual possession. The Carrier shall not be liable for the consequences of delivering the Goods at temperatures plus or minus 2℃ as required for transport.

（4）The Carrier does not warrant that the Container be properly ventilated，refrigerated or heated throughout the carriage，nor shall the Carrier be liable for any loss of or damage to the Goods arising from any latent defects，any total or partial failure or breakdown，or stoppage of the refrigerating machinery，plant，insulation and/or any apparatus of the Container，Vessel，conveyance and any other facilities，provided that the Carrier shall before or at the beginning of the carriage exercise due diligence to maintain the refrigerated Container in an efficient state.

（5）In case of the Merchant's own Container，a set of emergency kit and an operation manual shall be supplied by the Merchant.

13. 运输方式与路线条款

运输方式与路线（methods and routes of carriage）条款通常规定承运人对于货物运输的方式和路线享有较高程度的自由，至少包括运输方式、航行路线、转运、更换集装箱等方面。

马士基条款的“运输方式和路线”条款甚至规定承运人可以在任何地方或港口装卸货物，其中第1款规定：“承运人可在任何时候且无需通知货方：（a）运用任何运输或储存方式；（b）对货物进行转运，包括转船或将此货物换至提单背面所指定船舶以外的船舶，或以任何其他运输方式，即使本提单中可能未对该货物的转船或转运作出预期或规定；（c）拆包和取出已装载于集装箱内的货物，将其转至其他集装箱或以其他方式进行转运；（d）不必试航，自选路线（无论是否是最近的或最直接的或传统的或被告知的路线）以任何速度航运，并可在任何港口或地方（包括本提单中规定的装货港）进行一次或多次起航、返航和停留，可以路线之内或之外的任何次序或以相反方向航行或一次或多次航过卸货港；（e）在任何地方或港口（无论该提单背面是否指定该港口为装货港或卸货港）装载或卸载货物，以及在任何该等港口或地方储存货物；（f）遵循任何政府或机关，或代表或旨称代表该等政府或机关的任何人或团体，或在承运人雇用的任何运输工具的保险条款项下拥有作出指示或命令之权利的任何人或团体所作之任何指令或建议。”

中远海运集运条款的“运输方式与路线”条款如下：

19.METHODS AND ROUTES OF CARRIAGE

(1) The Carrier may at any time and without notice to the Merchant：

(a) use any means of transport or storage whatsoever；

(b) transfer the Goods from one conveyance to another including transshipment or carrying the same on another Vessel other than the Vessel named on the front of this Bill of Lading or by any other means of transport whatsoever；

(c) sail without pilots，proceed via any route，(whether or not the nearest or most direct or customary or advertised route) at any speed and proceed to，return to and stay at any port or place whatsoever (including the Port of Loading herein provided) once or more often，and in any order in or out of the route or in a contrary direction to or beyond the port of discharge once or more often；

(d) load and unload the Goods at any place or port (whether or not any such port is named on the reverse hereof as the Port of Loading or Port of Discharge) and store the Goods at any such port or place；

(e) comply with any orders or recommendations given by any government or authority or any Person or body acting purporting to act as or on behalf of such government or authority or having under the terms of the insurance on any conveyance employed by the Carrier the right to give orders or directions.

(2) The liberties set out in Clause 19 (1) may be invoked by the Carrier for any purpose whatsoever whether or not connected with the Carriage of the Goods，including but not limited to loading or unloading other goods，bunkering or embarking or disembarking any person (s)，undergoing repairs and/or dry docking，towing or being towed，assisting other vessels，making trial trips and adjusting instruments.

(3) Anything done or not done in accordance with Clause 19 or any delay arising therefrom shall be deemed to be within the scope of the carriage and shall not be a deviation.

14. 共同海损与海难救助条款

共同海损与海难救助（general average and salvage）条款，通常规定两个方面的事项：（1）规定适用的共同海损理算（general average adjustment）规则。共同海损理算是指通过审核和计算等工作，确定某一共同海损事故中共同海事损失的金额、各个受益方财产的分摊价值，以及受益方应当分摊的共同海损金额。[①] 目前较为常见的是适用《1994 年约克—安特卫普规则》。例如，马士基条款的“共同海损和救助”条款第 1 款规定：“共同海损可由承运人选择在任何港口或地方进行调整，并按照 1994 年约克－安特卫普规则进行解决，这适用于所有甲板上或甲板下运输的货物。若共同海损发生在非由承运人运营的船舶上，则可根据该船舶运营商之要求进行调整。”

司法实践

提单的共同海损条款

山东省高级人民法院在敏航公司与中国人寿财产保险股份有限公司宁波市分公司、中基宁波集团股份有限公司共同海损纠纷案[②]中认为：

2010 年 11 月 11 日，“海敏”轮装载提单数量为 83,972.099 吨的铁矿砂从伊朗的阿巴斯港启航，计划驶往中国某一主要港口卸货。提单号为 01 号，托运人为鑫诚有限公司，承运人为海联公司，收货人为中基公司，货物保险人为人寿财公司。提单背面条款第三条载明共同海损按照《1994 年约克—安特卫普规则》在伦敦理算和解决。

……

中基公司在共损保证书中同意“依照运输合同的条款（如果没有此条款，根据航程终止地的法律和实践）作出的理算书”分摊共损，敏航公司接受该保证书，表明敏航公司与中基公司就共损理算应适用运输合同中的共损理算条款达成合意。本案所涉提单背面条款载明，共同海损按照《1994 年约克—安特卫普规则》在伦敦理算和解决，本案所涉共损理算适用《1994 年约克—安特卫普规则》，是正确的。

（2）船长有权代表货方决定是否接受救助以及选择救助方。船长订立的海难救助合同是否能够约束货物所有人历来存在争议，直至《1989 年国际救助公约》第 6 条第 2 款对此作出了明确规定：“船长有权代表船舶所有人签订救助合同。船长或船舶所有人有权代表船上财产所有人签订此种合同”。《海商法》第 175 条第 2 款吸收了此种规定：“遇险船舶的船

① 胡正良主编：《海事法》（第 3 版），北京大学出版社 2016 年版，第 330 页。

② 青岛海事法院（2014）青海法海事初字第 56 号民事判决书；山东省高级人民法院（2016）鲁民终 1435 号民事判决书。

长有权代表船舶所有人订立救助合同。遇险船舶的船长或者船舶所有人有权代表船上财产所有人订立救助合同。”

中远海运集运条款的“共同海损与海难救助”条款如下：

24.GENERAL AVERAGE AND SALVAGE

（1）General Average shall be adjusted，stated and settled at any port or place at the Carrier's option according to the York–Antwerp Rules 1994 except Rule XXII thereof and as to matters not provided for by the York Antwerp Rules 1994，according to the laws and usages in London，this covering all Goods carried on or under deck. General average on a Vessel not operated by the Carrier shall be adjusted according to the requirements of the operator of that Vessel. The Merchant shall give such cash deposit or other security as the Carrier may deem sufficient to cover the estimated General Average contribution of the Goods and any salvage and special charges thereon before delivery.

（2）In the event of the Master considering that salvage services are needed，the Merchant agrees that the Master shall act on its behalf to procure such services to Goods and that the Carrier may act on its behalf to settle salvage remuneration. The Merchant shall timely and fully provide cash deposit or other security to the salvor without affecting the schedule of the Vessel after the salvage，failing which the Merchant shall be liable for any losses arising therefrom and sustained by the Carrier.

15. 互有责任碰撞条款

互有责任碰撞条款（Both–to–Blame Collision Clause）主要规定互有过失的船舶碰撞各方的责任分担。

《1910 年统一船舶碰撞某些法律规定的国际公约》第 4 条第 1 款第 1 句规定：“如果两艘或两艘以上的船舶犯有过失，各船应按其所犯过失程度，按比例分担责任。”同时第 2 款规定：“船舶或其所载货物、或船员、旅客或船上其他人员的行李或财物所受的损害，应由过失船舶按上述比例承担，即使对于第三者的损害，一艘船舶也不承担较此种损害比例为多的责任。”据此互有过失的船舶碰撞各方对于船上货物的损失，应当按照各自的过失程度比例承担赔偿责任。此项原则已为多数国家的船舶碰撞国内立法采纳，如我国《海商法》第 169 条第 2 款也规定：“互有过失的船舶，对碰撞造成的船舶以及船上货物和其他财产的损失，依照前款规定的比例负赔偿责任。碰撞造成第三人财产损失的，各船的赔偿责任均不超过其应当承担的比例。”

但是，美国未加入《1910年统一船舶碰撞某些法律规定的国际公约》，而且美国法规定互有过失的船舶碰撞各方对于船上货物的损失承担连带责任。因此，如果一艘船舶由于航海过失而与他船发生碰撞，依据海上货物运输法对于本船货物的损失可以主张免责。但是，由于碰撞各方之间应当承担连带责任，本船货主可向他船索赔货物的全部损失，而后他船再向本船追偿已经承担的超过其过失程度比例的损失。由此导致的结果是本船最终承担了本可依据航海过失主张免责的货物损失的赔偿责任。

针对上述情况，目前提单和租船合同普遍订有互有责任碰撞条款，又称美国碰撞条款（United States Collision Clause），规定承运人可以向本船货主追偿其向他船已经赔偿，但本可依据航海过失主张免责的本船货物损失。提单背面条款的实际做法大多是规定并入波罗的海国际航运公会（The Baltic and International Maritime Council，BIMCO）制定的互有责任碰撞条款，如中远海运集运条款的“互有责任碰撞”条款如下：

25.BOTH-TO-BLAME COLLISION

The Both-to-blame Collision Clause currently published by the Baltic and International Maritime Conference is deemed to be incorporated into this Bill of Lading.

BIMCO制定的班轮提单格式CONLINEBILL 2000的“互有责任碰撞条款”内容如下：

13.Both-to-Blame Collision Clause.

If the vessel comes into collision with another vessel as a result of the negligence of the other vessel and any act, negligence or default of the Master, Mariner, Pilot or the servants of the Carrier in the navigation or in the management of the vessel, the Merchant will indemnify the Carrier against all loss or liability to the other or non-carrying vessel or her Owner in so far as such loss or liability represents loss of or damage to or any claim whatsoever of the owner of the cargo paid or payable by the other or non-carrying vessel or her Owner to the owner of cargo and set-off, or recouped or recovered by the other or non-carrying vessel or her Owner as part of his claim against the carrying vessel or Carrier. The foregoing provisions shall also apply where the Owner, operator or those incharge of any vessel or vessels or objects other than, or in addition to, the colliding vessels or objects are at fault in respect of a collision or contact.

案例模型

提单的互有责任碰撞条款

A船由于驾驶船舶的过失而与B船发生碰撞，双方的过失程度责任比例分别为30%与70%。船舶碰撞事故造成A船载运的货主C的货物损失10万元。

根据《1910年统一船舶碰撞某些法律规定的国际公约》和《海商法》确立的船舶碰撞损害赔偿制度，A船和B船对于货主C的损失应当承担按份责任，即按照各自的过失程度比例承担责任。其中A船过失对应的10万元的30%即3万元，根据海上货物运输法本可主张航海过失免责。

如果货主C依据美国法规定的碰撞各方之间承担连带责任，要求B船承担全部损失10万元。B船向货主C赔偿后，转而又向A船追偿其中的3万元。此时导致的结果是，A船实际上向货主C承担了本可主张航海过失免责的赔偿责任。

根据互有责任碰撞条款,A船可以向货主C要求偿还上述本可免责但已经赔偿的3万元。

16. 新杰森条款

新杰森条款（New Jason Clause）与互有责任碰撞条款类似,均是针对美国法的特殊情况。

根据美国法长期以来形成的关于共同海损的原则，船方如果存在过失，不能向货方主张共同海损分摊。因此，承运人依据《哈特法》虽然享有航海过失免责，但不能要求货方分摊共同海事损失。承运人针对此种情况开始在合同中订立共同海损疏忽条款，规定如果由于航海过失引起共同海损，只要承运人已经谨慎处理使船舶适航，货方应当分摊共同海事损失。由于美国1912年的The Jason案认可了此类条款有效,因而此类条款从此被称为“杰森条款”（Jason Clause）。此后船方针对美国《1936年海上货物运输法》赋予承运人的免责权利，对杰森条款进行了修改，主要包括以下两个方面：

（1）承运人要求货方分摊共同海事损失，不以谨慎处理使船舶适航为前提，只要船舶的不适航情形与共同海损事故之间不存在因果关系。

（2）同一船舶所有人的船舶即姐妹船之间的海难救助，产生的救助报酬也应作为共同海损由受益方分摊。

经过上述修改后的杰森条款即称为“新杰森条款”。杰森条款有时也与互有责任碰撞条款或共同海损与海难救助条款一并进行规定,或者规定并入BIMCO制定的新杰森条款。例如，马士基条款的“互有责任碰撞条款”规定：“本条款包括由BIMCO公布和/或批准的可在承运人或其代理人处索取的‘互有责任碰撞条款’和‘新杰森条款’。”

BIMCO 制定的定期租船合同标准格式 NYPE 93 的“新杰森条款”内容如下：

NEW JASON CLAUSE

“In the event of accident, danger, damage or disaster before or after the commencement of the voyage resulting from any cause whatsoever, whether due to negligence or not, for which, or for consequences of which, the carrier is not responsible, by statute, contract, or otherwise, the goods, shippers, consignees, or owners of the goods shall contribute with the carrier in general average to the payment of any sacrifices, losses, or expenses of a general average nature that may be made or incurred, and shall pay salvage and special charges incurred in respect of the goods.

If a salving ship is owned or operated by the carrier, salvage shall be paid for as fully as if salving ship or ships belonged to strangers. Such deposit as the carrier or his agents may deem sufficient to cover the estimated contribution of the goods and any salvage and special charges thereon shall, if required be made by the good, shipper, consignees or owners of the goods to the carrier before delivery.”

中远海运集运条款的“新杰森条款”如下：

29.NEW JASON CLAUSE

In the event of accident, danger, damage or disaster before or after the commencement of the voyage resulting from any cause whatsoever, whether due to negligence or not, for which, or for the consequences of which, the Carrier is not responsible by statute, contract or otherwise, the Goods and the Merchant jointly and severally shall contribute with the Carrier in General Average to the payment of any sacrifices, losses or expenses of a General Average nature that may be made or incurred and shall pay salvage and special charges incurred in respect of the Goods. If a salving ship is owned or operated by the Carrier, salvage shall be paid for as fully as if the salving ship belonged to strangers.

案例模型

提单的“新杰森条款”

大连海事法院在中国平安财产保险股份有限公司黑龙江分公司与光明（利比里亚）公司海上货物运输合同纠纷案[①]中认为：

光明公司辩称，不同意平安黑龙江公司的主张，应驳回其诉讼请求。（1）依据涉案提单背面条款第二条首要条款及第四条“新杰森条款”规定，“德明”轮船长、船员在驾驶船舶过程中过失导致该轮触礁搁浅，造成货物损失和产生的救助费用，属于承运人免责情形；（2）涉案运输、事故、救助等全过程表明，光明公司已采取积极合理的措施避免货物损失的进一步扩大甚至全损……

关于救助报酬及利息。因光明公司驾驶船舶过失造成“德明”轮船货遇险，光明公司依法对货损免责。平安黑龙江公司以“德明”轮不适航、不适货、存在管货过失要求光明公司承担救助报酬赔偿责任的主张，没有事实依据。鉴于九三大连公司另案提起了共同海损的诉讼，本案对救助报酬不予审理。

17. 法律与管辖权条款

法律与管辖权（law and jurisdiction）条款规定海上货物运输合同和提单适用的法律，即依据哪一国家或地区的域内法律确定当事人之间的权利和义务等事项，以及产生纠纷时应由哪一国家或地区的法院管辖。例如，中远海运集运条款规定适用中国法律，且原则上由上海海事法院管辖。

中远海运集运条款的“法律与管辖权”条款如下：

27.LAW AND JURISDICTION

（1）Except as provided in Clause 27（2）below，all claims against the Carrier must be brought and heard exclusively in the Shanghai Maritime Court of P.R.China.Except as provided elsewhere in this Bill of Lading，laws of P.R.China shall apply to such claims.

（2）Where the shipment covered by this Bill of Lading is to or from the United States of America（including its districts，territories and possessions），all claims arising hereunder must be brought and heard exclusively in the United States District Court for the Southern

① 大连海事法院（2013）大海商外初字第3号民事判决书。

District of New York, or if that court is not competent to hear the matter, in any competent state or city court located in New York County.Except as otherwise set out herein, the United States law, including the Carriage of Goods by Sea Act 1936, shall apply to such claims.Where U.S.COGSA applies, then the provisions stated in said Act shall govern during carriage of the Goods before loading on the vessel at the port of loading and following discharge from the vessel at the port of discharge, and throughout the time that the Goods are in the Carrier's possession, custody or control.

(3) This Law and Jurisdiction Clause is intended solely for the Carrier's benefit and may be unilaterally waived by the Carrier, in whole or in part, before or after proceedings are commenced. The Carrier shall be entitled, at its sole option, to pursue any claim against the Merchant in the jurisdiction agreed above, or in any jurisdiction of competent court in the Place of Receipt, the Port of Loading, the Port of Discharging, the Place of Delivery, or any other place related to the carriage, or where the Merchant has a place of business or has assets.

18. 地区条款

地区条款（Local Clause）同样是针对美国法的特殊情况，规定来自、运往或途经美国的货物，提单应受美国法律的约束，即美国《1936年海上货物运输法》。原因在于美国法规定的承运人单位赔偿责任限额不同于《海牙—维斯比规则》，即货物灭失或损坏的赔偿责任限额为每件或每单位500美元。

地区条款有时也与法律与管辖权条款一并规定，例如上文引述的中远海运集运条款“法律与管辖权”条款第2款即属此类。马士基条款的“适用法律和管辖权”条款也规定：“无论是以美国为出发地还是以美国为目的地的货物运输，与本提单有关的任何争议应受美国法律管辖，纽约南区的美国联邦法院对所有相关争议之审理有独家管辖权。在所有其他情况下，本提单应受英国法律管辖并依其解释，因此引起的所有争议应由设于伦敦的英国高等法院管辖，其他国家的法院均无管辖权。此外承运人可自行决定在货方营业地的管辖法院向货方提起诉讼。”

第五节 海 运 单

一、海运单的概念

（一）海运单的定义

目前关于海运单（sea waybill，SWB）尚无权威的通行定义。通常认为海运单是证明国际海上货物运输合同，货物已由承运人接收或者装船，以及承运人保证据以向记名收货人交付货物的不可流通的单证。[①] 英国《1992 年海上货物运输法》第 1 条第 3 款则规定：

> 本法所称海运单是指不是提单的任何单证，但它：
>
> （a）是一种包含或证明海上货物运输合同的货物收据，而且
>
> （b）载明了承运人根据该项运输合同向其交付货物的人。

（二）海运单的产生原因

海运单主要是借鉴航运货运单即空运单（air waybill）的产物。《民用航空法》第 118 条第 1 款规定："航空货运单是航空货物运输合同订立和运输条件以及承运人接受货物的初步证据。"

海运单的产生主要是为应对二十世纪七十年代以来，提单在国际海上货物运输中日趋突出的问题，即随着航海技术、造船技术、信息技术快速发展，货物运输速度大幅提高，导致提单的流转速度明显慢于货物，无单放货的现象越发普遍。

海运单较之提单最为主要的特点在于不具有流通性，收货人提取货物时仅须提交身份证明，而无须提交海运单，因而可以从根本上克服导致无单放货产生的单证流转速度问题，同时避免运输单证遗失或被盗可能引发的风险。同时，也正是由于海运单不具有流通性，导致无法用于单证贸易，因而在国际贸易中的使用受到限制，主要用于货物在运输途中无须转

---

① [加]William Tetley：《海上货物索赔》（第 3 版），张永坚、胡正良、傅廷忠等译，大连海运学院出版社 1993 年版，第 735 页。

卖的场合。目前海运单在实践中的运用已经较为常见。

二、海运单的功能

海运单具有以下三项功能：

1. 海上货物运输合同的证明；

2. 承运人接收货物或货物装船的证明；

3. 承运人保证据以向记名收货人交付货物的单证。

上述三项功能中前两项与提单完全一致，区别在于第三项：海运单不是承运人负有向海运单持有人交货的义务的凭证，即不再是凭单交货，而是向记名收货人交货。收货人提取货物时无需出具海运单，而仅须提交身份证明，表明自己是海运单记载的收货人。《国际海事委员会海运单统一规则》第 7 条第 i 款规定："承运人凭收货人出示适当身份证明交付货物。"

三、海运单的内容

海运单的内容通常情况下与提单类似，也分为正面记载事项和背面条款。

（一）海运单正面记载事项

目前，实践中使用的海运单样式与提单基本相同，因而正面记载事项也大致接近。较为特殊的是海运单证明通常会明确注明"不可流通"（non-negotiable），以及"适用《国际海事委员会海运单统一规则》"（Subject to the CMI Uniform Rules for Sea Waybills）。

海运单的正面记载事项一般包括托运人、收货人、通知方、船名、收货地、交货地、装货港、卸货港、货物品类和数量、运费相关信息、货物接收时间、装船时间、海运单签发时间和签发人等。（见图 12）

[redacted]

SEA WAYBILL
(Non Negotiable)

SHIPPER/EXPORTER (COMPLETE NAME AND ADDRESS)	BOOKING NO.	SEA WAYBILL NO. (WAYBILL)
	EXPORT REFERENCES	
CONSIGNEE (COMPLETE NAME AND ADDRESS)	FORWARDING AGENT-REFERENCES FMC NO.: FMC 3936	
	POINT AND COUNTRY OF ORIGIN OF GOODS NJ, US	
NOTIFY PARTY (COMPLETE NAME AND ADDRESS) (It is agreed that no responsibility shall be attached to the Carrier or its Agents for failure to notify (see Clause 13 on reverse)) SAME AS CONSIGNEE	ALSO NOTIFY PARTY-ROUTING & INSTRUCTIONS	

PRE-CARRIAGE BY	PLACE OF RECEIPT MERIDEN, CT		
VESSEL/VOYAGE/FLAG HONG KONG	PORT OF LOADING NEW YORK	LOADING PIER/TERMINAL	ORIGINALS TO BE RELEASED AT NEW YORK
PORT OF DISCHARGE ANTWERP	PLACE OF DELIVERY HEMER	TYPE OF MOVEMENT (IF MIXED, USE DESCRIPTION OF PACKAGES AND GOODS FIELD) FCL / FCL DOOR/DOOR	

(CHECK "HM" COLUMN IF HAZARDOUS MATERIAL)

PARTICULARS DECLARED BY SHIPPER BUT NOT ACKNOWLEDGED BY THE CARRIER

CNTR. NOS. W/SEAL NOS. MARK & NUMBERS	QUANTITY (FOR CUSTOMS DECLARATION ONLY)	HM	DESCRIPTION OF GOODS	GROSS WEIGHT	MEASUREMENT

NOTICE 1: For carriage to or from the United States of America,(i) Clauses 4 and 23 on the reverse side hereof limit the Carrier's liability to a maximum of U.S.$500 per package or customary freight unit by virtue or incorporation of the U.S. Carriage of Goods by Sea Act ("COGSA"),unless the Merchant declares a higher cargo value below and pays the Carrier's ad valorem freight charge; and (ii) if carried on deck at Merchant's risk as to perils inherent in such carriage but in all other respects subject to the provisions of COGSA.
NOTICE 2: See Clause 28 on the reverse side hereof: Notice to Endorsee and/or Holder and/or Transferee
NOTICE 3: If Goods carried on deck at Merchant's risk without responsibility for loss or damage howsoever caused.

Declared Cargo Value US$________________.If Merchant enters a value, Carrier's limitation of liability shall not apply and the ad valorem rate will be charged.

FREIGHT & CHARGES PAYABLE AT/BY:			SERVICE CONTRACT NO.	DOC FORM NO.	COMMODITY CODE
CODE TARIFF ITEM	FREIGHTED AS	RATE	PREPAID		COLLECT

Received the Container/Package or other units indicated in the box identified as "Total No. of Containers/Packages received and acknowledged by Carrier" in apparent good order and condition, unless otherwise indicated, to be transported and delivered as herein provided.

The receipt, custody, carriage and delivery of the goods are subject to the terms appearing on the face and back hereof and to the Carrier's applicable tariff

In witness whereof 0 original bills of lading have been signed, one of which being accomplished, the other(s) to be void.

DATE CARGO RECEIVED
4 FEB 2020

DATE LADEN ON BOARD o
12 FEB 2020

DATED
12 FEB 2020

SIGNED
BY:

, as agent for

The printed terms and conditions appearing on the face and reverse side of this Bill of Lading are available at www.[redacted].com, in [redacted]'s published US tariffs, and in pamphlet form.

+ STRIKE OUT FOR ON BOARD VESSEL BILL OF LADING
• SEE CLAUSE 1 ON REVERSE SIDE
o SEE CLAUSE 2 ON REVERSE SIDE
QF001
HQD 01/01

图 12 海运单正面记载事项示例

（二）海运单背面条款

目前实践中同一航运企业的海运单常与提单共用相同的背面条款，同时为海运单设置少数特别条款，因而海运单的背面条款内容与提单基本一致。

司法实践

海运单的背面条款

广东省高级人民法院审理的株式会社商船三井与深圳市港中旅华贸国际物流有限公司、乌拉尔集装箱运输有限公司海上货物运输合同纠纷案①中，其中的海运单背面条款即约定“货物依据承运人的提单条款、承运人的运输费率进行运输”：

三井公司上诉称，涉案运输单证中包含专属管辖权条款。三井公司为涉案货物运输签发了海运单，海运单背面条款约定“货物依据承运人的提单条款、承运人的运输费率进行运输，承运人办公室或者授权代理处有条款和费率。”因此，涉案海运单并入了三井公司的提单条款。……

本院审查过程中，三井公司向本院出具书面说明确认，三井公司为涉案货物签发了海运单，但未直接将海运单交付给港中旅公司，且并未出具过任何提单。

本院经审查认为，本案为海上货物运输合同纠纷。三井公司以其与港中旅公司之间存在管辖协议为由提出管辖权异议，故本案应首先审查三井公司与港中旅公司之间是否存在有效的管辖协议。三井公司主张其提单条款已经有效地并入涉案海运单，且该提单背面记载有管辖权条款，港中旅公司应受该管辖权条款拘束。根据三井公司的确认，三井公司为涉案货物运输签发了海运单，但并未签发提单，海运单交付给起运港托运人，三井公司或其代理人并未向港中旅公司出具过海运单以及其所主张的提单。港中旅公司作为海运单记载的收货人，并未与三井公司协商订立涉案海上货物运输合同中的管辖协议，对三井公司所主张的提单条款并不知悉，不应受三井公司所称的提单记载的管辖权条款的拘束。三井公司的该上诉理由依法不能成立。

---

① 广州海事法院（2017）粤72民初180号之一民事裁定书；广东省高级人民法院（2017）粤民辖终546号民事裁定书。

中远海运集运条款关于海运单的特别条款主要规定了以下内容：

1. 收货人提货时仅须提交身份证明，而无须出具海运单；

2. 中远海运集运条款关于提单的部分同样适用于海运单；

3. 背面条款不仅约束承运人和托运人，也约束收货人；

4. 海运单适用《国际海事委员会海运单统一规则》；

5. 托运人可以在船舶抵达前以书面形式提出将海运单变更为提单，承运人将尽力进行修改，但不对未能及时变更承担任何责任；

6. 承运人享有货物的留置权。

中远海运集运条款关于海运单的特别条款如下：

The following clauses are applicable only when document used as a Sea Waybill

30.Delivery will be made to the consignee or its authorized representative upon presentation of a delivery receipt or other evidence of identity and authorization satisfactory to the Carrier in its sole and absolute discretion without the need of producing or surrendering a copy of Sea Waybill.

31.Except as provided in this Sea Waybill, the contract of carriage as evidenced by this Sea Waybill is subject to the Terms and Conditions of the Carrier's current Combined Transport Bill of Lading Clauses 1 to 29, a copy of which may be obtained from the Carrier and its agent. The Shipper accepts all said Terms and Conditions, including but not limited to the per package and other limitations of liability contained therein, on behalf of the Consignee and the Owner of the Goods and warrants that he has authority to do so.

32.The Consignee or other receiver of the Goods, by presenting this Sea Waybill and/or requesting delivery of the Goods, shall undertake all liabilities of the Shipper under this Sea Waybill and the Carrier's current Combined Transport Bill of Lading, such undertaking being additional and without prejudice to the Shipper's own liability.

33.This Sea Waybill is subject to the CMI Uniform Rules for Sea Waybill.

34.Upon written request of the Shipper prior to arrival of the carrying vessel at the Port of Discharge or Place of Delivery, whichever applicable, the Carrier will use its best efforts to change the Sea Waybill to the Carrier's Bill of Lading, provided that the Carrier shall in no case be liable for failure timely to effect such changes.

35.The Goods are subject to the Carrier's normal credit practices with respect to release of particular Goods, as specified in the Carrier's Tariff and Bill of Lading, including but not limited to, the Carrier's right to a lien against any shipment as security for any unpaid charges due and owing to the Carrier by any party to this Sea Waybill, whether related to the Goods described in this sea Waybill or not.

36.Unless instructed to the contrary by the shipper prior to the commencement of carriage and noted accordingly on the face hereof, the Carrier will, subject to the aforesaid Terms and Conditions, process cargo claims with the Consignee. Claims settlement, if any, shall be a complete discharge of Carrier's liabilities to the Shipper.

四、海运单的法律适用

（一）国际公约

《国际海事委员会海运单统一规则》第4条第i款规定："运输合同应受适用于该合同的、或者当运输合同由提单或类似的物权凭证包含时，强制适用于该合同的国际公约或国内法的制约。"据此在约定适用《国际海事委员会海运单统一规则》的前提下，海运单应可适用所有适用于提单的国际公约和国内立法。但是，民间规则的此种规定实际很难改变国际公约和国内立法的强制性适用范围，海运单的法律适用仍应考虑国际公约和国内立法本身的适用范围。

目前调整海上货物运输合同的国际公约中，《海牙—维斯比规则》是否适用于海运单存在争议。原因在于《海牙—维斯比规则》第1条第b项定义的运输合同仅限于"contracts of carriage covered by a bill of lading or any similar document of title"，海运单由于不具有流通性而不属于"document of title"，因而海运单证明的海上货物运输合同不适用《海牙—维斯比规则》。

也有观点认为，海运单仅在符合《海牙—维斯比规则》第6条规定的特定情况下不适用该公约。公约第6条是关于特别货物（particular goods）的规定：

虽有前述各条规定，只要不违反公共秩序，承运人、船长或承运人的代理人得与托运人就承运人对任何特定货物应负的责任和应尽的义务，及其所享受的权利与豁免，或船舶适航的责任等，以任何条件，自由地订立任何协议。或就承运人雇佣人员或代理人在海运货物的装载、搬运、配载、运送、保管、照料和卸载方面应注意及谨慎的事项，自由订立任何协议。但在这种情况下，必须是未曾签发或将不签发提单，而且应将上述协议的条款载入不得转让并注明这种字样的收据内。

这样订立的任何协议，都具有完全的法律效力。

但本条规定不适用于依照普通贸易程序成交的一般商业货运，而仅在拟装运的财物的性质和状况，或据以进行运输的环境、条款和条件，有订立特别协议的合理需要时，才能适用。

《海牙—维斯比规则》未对特别货物进行定义。一般认为特别货物是指极不平常的货物，例如特别危险、特别罕见、特别珍贵或具有特殊用途，较为典型的应是价格高昂的艺术品。[①]承托双方针对此种特别货物，可以通过订立特别协议背离公约的强制性规定。因此，部分观点通过对于公约进行反面解释认为，海运单仅在同时满足公约第6条规定的以下三个条件时，方才不适用公约的规定：

1. 签发了海运单并注明“不可流通”或类似字样；

2. 不属于根据普通贸易程序成交的一般商业货物的运输；

3. 根据货物性质或状况，或者运输的环境、条款和条件，存在订立特别协议的合理需要。[②]

至于《汉堡规则》和《鹿特丹规则》，由于公约的适用范围本不限于提单及其证明的海上货物运输合同，因而可以适用于海运单及其证明的海上货物运输合同。

（二）国内立法

我国《海商法》第四章的适用范围是各类国际海上货物运输合同，因而除其中关于提单的专门规定外，均可适用于海运单及其证明的海上货物运输合同。

《民法典》第三编“合同”第一分编“通则”关于合同的一般规定，以及第十九章“运输合同”关于运输合同的特别规定，也可适用于海运单证明的海上货物运输合同。

（三）民间规则

《国际海事委员会海运单统一规则》是国际海事委员会制定的民间规则，其中第1条第ii款明确规定“本规则为运输合同采纳时方得适用”。根据中国裁判文书网截至2021年10月31日的检索结果，我国尚无援引《国际海事委员会海运单统一规则》的裁判文书。《国际海事委员会海运单统一规则》具体分为8条，包括适用范围、定义、代理、权利与责任、货物说明、支配权、交货、效力，其中较为重要的应是以下两个问题。

---

① 吴焕宁主编：《国际海上运输三公约释义》，中国商务出版社2007年版，第61页。
② 司玉琢主编：《海商法》（第4版），法律出版社2018年版，第124页。

1. 承运人与收货人的关系

《国际海事委员会海运单统一规则》第 3 条“代理”规定：

（i）托运人订立运输合同，不仅代表其自己，同时作为收货人的代理人也代表收货人，并且向承运人保证他有此权限。

（ii）本条在，并且仅在，根据适用于运输合同的法律，为使收货人能起诉或被诉所必需时，才予以适用。收货人承担的责任，不得超过当运输合同由提单或类似的物权凭证包含时，他应承担的责任。

《海商法》第 78 条第 1 款规定：“承运人同收货人、提单持有人之间的权利、义务关系，依据提单的规定确定。”但是，对于签发海运单的场合却无类似规定。因此，《国际海事委员会海运单统一规则》的上述规定，主要意在确定承运人与收货人之间的权利义务关系，即托运人与承运人订立的海上货物运输合同同样适用于收货人。

司法实践

海运单下承运人与收货人的关系

最高人民法院在欧尼罗曼国际货运代理（上海）有限公司与 A.P. 穆勒－马士基有限公司、深圳市灏东国际货运代理有限公司青岛分公司海上货物运输合同纠纷案[①]中认为：

关于马上基公司与欧尼罗曼公司之间是否成立海上货物运输合同关系的问题。首先，欧尼罗曼公司是本案所涉海运单记载的收货人。海运单上明确记载，“To the extent necessary to enable the Consignee to sue and to be sued under this contract, the Shipper on entering into this contract does soon his own behalf and as agent for and on behalf of the Consignee and warrants that he has the authority to do so”，即规定了托运人不仅为自身利益，同时也作为收货人的代理人，代表收货人订立海上货物运输合同。因此，本案中托运人系同时作为收货人欧尼罗曼公司的代理人订立海上货物运输合同。其次，货物到目的港后，欧尼罗曼公司委托灏东货代青岛公司换取提货单并支付了换单费。此外，欧尼罗曼公司于 2015 年 1 月 26 日通过电子邮件向马士基公司发送了弃货保函，载明“We further guarantee that we were the only party entitled to take delivery of the Goods”，表明其系唯一有权向马士基公司提取涉案货物的人。上述情形表明，欧尼罗曼公司

① 最高人民法院（2018）最高法民申 3348 号民事裁定书。

不仅是海运单记载的收货人，其还积极行使了收货人的权利，以实际行动认可了海运单的记载。相应地，其应当履行收货人的义务。二审判决综合上述情形认定欧尼罗曼公司作为收货人与承运人马士基公司之间成立海上货物运输合同法律关系并无不当。欧尼罗曼公司关于二审判决认定其与马士基公司之间成立海上货物运输合同关系缺乏证据证明、适用法律错误的申请再审理由不能成立。

2. 托运人的货物支配权

《国际海事委员会海运单统一规则》第 6 条“支配权”规定：

> （i）除非托运人已按下述第（ii）款行使其选择权，否则，他应是唯一有权就运输合同向承运人发出指示的当事人。除非准据法禁止，否则，他有权在货物运抵目的地后，收货人请求提取货物之前的任何时候，改变收货人的名称，但他应以书面形式或为承运人接受的其他方式，给承运人以合理的通知，并就因此造成承运人的额外费用承担赔偿责任。
>
> （ii）托运人具有将支配权转让给收货人的选择权，但应在承运人收取货物之前行使。这一选择权的行使，应在海运单或类似的文件上（如有的话）注明。选择权一经行使，收货人便具有上述第（i）款所述的各项权利，同时，托运人便终止此种权利。

托运人在海运单下应是唯一有权就海上货物运输合同涉及的货物交付等事宜向承运人发出指令的人，[①] 此种权利在上述规定中被称为“支配权”（right of control）。

根据上述第（i）款的规定，托运人可以行使支配权变更收货人，但应满足四个条件：

（1）准据法即适用的国内立法允许变更收货人；

（2）变更发生在收货人请求提取货物之前；

（3）以书面形式或其他承运人接受的方式通知承运人；

（4）赔偿由于变更收货人而导致承运人支出的额外费用。

根据上述第（ii）款的规定，托运人具有将支配权转让给海运单记载的收货人的选择权，但应满足两个条件：

（1）选择权须在承运人收取货物之前行使；

（2）选择权的行使须在海运单或类似文件上注明。

① 张永坚：《国际海运公约》，法律出版社 2018 年版，第 484 页。

第六节　电子提单

一、电子提单的概念

（一）电子提单的定义

电子提单是提单电子化的结果，属于电子单证的一种具体类型。目前，关于电子提单尚无获得普遍认可的通行定义。

《鹿特丹规则》采取“电子运输记录”（electronic transport record）的概念，其中第 1 条第 18 款规定了电子运输记录的定义：

> “电子运输记录”是指承运人在运输合同下以电子通信方式发出的一条或者数条电文中的信息，包括作为附件与电子运输记录有着逻辑联系，或者在承运人签发电子运输记录的同时或者之后以其他方式与之链接，从而成为电子运输记录一部分的信息，该信息：
>
> （a）证明承运人或者履约方收到了运输合同下的货物；并且
>
> （b）证明或者包含一项运输合同。

韩国《关于实施商法电子提单规定的规定》是较早针对电子提单进行专门规定的国内立法，其中第 2 条第 1 项对于电子提单的定义如下：

> “电子提单”是指以电子文件的形式制作，依据商法（以下称“法”）第 862 条第 1 项在电子提单注册机构注册的提单。

我国 2020 年 5 月《海商法（修改送审稿）》参考《鹿特丹规则》的规定，同样采用电子运输记录的概念，其中第 55 条第 12 项对于电子运输记录定义如下：

> “电子运输记录”，是指承运人依照海上货物运输合同以电子通信方式发出的一条或者数条电文中的信息，证明海上货物运输合同和货物已经由承运人或者实际承运人接收或者装船。

（二）电子提单的产生原因与发展现状

电子提单的产生固然是当代计算机网络通信技术发展的产物，[①] 但同时也与海运单一样，是为克服传统纸质提单流转速度较慢的弊端，包括由此产生的无单放货等问题，同时维持海运单无法满足的流通性需求。

目前，电子提单在实践中已有一定程度的运用，我国主要是通过两个电子提单平台签发电子提单：一是 Bolero International Ltd.，即 Bolero，二是 Electronic Shipping Solutions，即 ESS。但是，目前我国司法实践中围绕电子提单产生的，且争议焦点与电子提单的特殊性有关的纠纷颇为少见，而大多只是简单说明涉案提单为电子提单，然后基本依照传统纸质提单纠纷的审判模式进行处理。此类案件涉及的提单更多只是传统提单的电子化，较之严格意义上的电子提单仍有一定区别，即电子提单实质上并不完全等同于提单的电子化。

司法实践

电子提单

厦门海事法院在漳州市新和家具有限公司与海硕国际货运（上海）有限公司厦门分公司海上、通海水域货物运输合同纠纷案[②]中认为：

本院经审理查明：2019 年 4~5 月，美国公司 HOMESOURCE 向原告采购一批家具，分别订立了两份销售合同，约定 FOB 厦门。案涉合同所载明的购货单号为 525541、525542，货物装船价值为 20,699.5 美元，购货单号为 525540 的另一份合同项下货物装船价值为 3905 美元。原告委托闽盛公司代为办理订舱、报关等出口代理手续。2020 年 5 月 15 日，原告向被告发送邮件，附件为购货单号 525540、525541、525542 项下出口货物托运单，载明 ATTN 方式为电放。2020 年 5 月 22 日，被告通过邮件将案涉电子提单发送给原告，原告回复邮件予以确认。该电子提单上载明托运人为闽盛公司，收货人为 HOMESOURCEINDUSTRIES，提单号为 ×××25，承运船舶和航次为 MOLEXPLORERV.031 E，起运港为 XIAMEN，目的港为 ROCHELLE，IL，集装箱号为 TCNU5970266。提单抬头及右下角签发处显示的公司名称为 ORIENTEXPRESSCONTAINER，LTD.。2019 年 5 月 30 日，被告向原告发送邮件，请求确认购货

① 司玉琢主编：《海商法》（第 4 版），法律出版社 2018 年版，第 124 页。
② 厦门海事法院（2020）闽 72 民初 157 号民事判决书。

单号 525541、525542 项下的港杂费 1960 美元，原告回复邮件予以确认，并在港杂费账单上盖章。

……

关于原告、被告之间是否成立海上货物运输合同关系。原告主张被告以承运人的名义向其签发提单，且被告也实际承运了本案货物，双方之间存在海上货物运输合同关系。被告认为其仅通过邮件发送提单格式的订舱信息，而未实际签发提单，且涉案货物的买方指定的承运人是康捷空公司，被告只是康捷空公司指定的订舱代理，其与原告之间不成立海上货物运输合同关系。本院认为，根据《海商法》第七十一条的规定，提单是海上货物运输合同的证明，被告通过电子邮件的形式向原告发送了涉案提单样本，且电子提单抬头及签发处记载的均是被告的公司名称。被告称其是康捷空公司的代理，但未能提交代理协议，在案证据也无法体现双方之间的代理关系。被告的经营范围包含无船承运业务，其虽未实际签发提单，但已通过邮件向原告发送了记载其为承运人的电子提单，接收了原告的货物并完成运输，故双方之间形成海上货物运输合同关系。

电子提单的发展长期以来处于相对迟缓的状态，法律层面最为主要的障碍应是提单作为可转让单证在电子化后面临的“单一性”难题，即如何保证较易复制的电子提单能够与纸质提单一样处于“独一无二”状态，以此确保交易安全。

此前曾经作为中国代表团成员参与联合国国际贸易法委员会《电子可转让记录示范法》谈判的郭瑜对此曾有颇为精辟的论述：

> 可转让单据不仅可作为当事人之间的交付 / 支付工具，而且可作为融资工具。因而保持可转让单据与单据下权利的“一对一”关系，或者说保持可转让单据下权利的“单一性”，就不仅是当事人之间的事，也是涉及公共利益的事。可转让单据制度中的“纸质”要求实际是为“单一性”提供的一种信任机制。为维护当事人之间的公平以及社会公共利益，对电子环境下替代“纸质”要求的信任机制，也应要求其能严格保证“单一性”。但棘手的问题是，当前电子环境中可能还不能提供如纸质一样确定的“单一性”保障机制，商业实践中也还没有出现真正能替代纸质可转让单据的电子可转让记录。[①]

① 郭瑜：《电子可转让记录立法的“单一性”难题和破解》，北京大学出版社 2019 年版，第 6 页。

（三）区块链技术在提单领域的运用

区块链（blockchain）一般被认为是一个分布式账本，是一种通过去中心化、去信任的方式集体维护一个可靠数据库的技术方案。狭义的区块链技术是一种按照时间顺序将数据区块以链条的方式组合成为特定数据结构，并以密码学方式保证的不可篡改和不可伪造的去中心化共享总账，能够安全存储具有先后关系的、能够在系统内验证的数据。广义的区块链技术则是利用加密技术验证与存储数据，利用分布式共识算法新增和更新数据，利用运行在区块链上的代码即智能合约，保证业务逻辑的自动强制执行的一种多中心化基础架构与分布式计算范式。[①] 区块链的核心技术包括点对点（P2P）网络技术、加密算法、智能合约、共识机制、时间戳等。

较之传统的电子提单，通常认为基于区块链技术的提单可以充分发挥区块链的单一真实来源优势，具有不可篡改、全程可追溯、智能合约等优势，从而很大程度上解决了电子提单在签发、背书、转让等过程中的唯一性和信任问题。通过构建由贸易企业、航运企业、港口、银行、保险企业、海关等政府监管部门组成的区块链网络，能够实现以区块链提单为核心的人流、货流、资金流、信息流和商务流的链上可信流转，进而对于数据共享、降本提质增效、增强监管、构建信用体系起到积极的促进作用。目前区块链技术在国内外已被不同程度地运用于提单。

二、电子提单的法律适用

（一）国际公约

《海牙—维斯比规则》和《汉堡规则》应当可以适用于电子提单证明的海上货物运输合同，但其中关于传统提单的规定对于电子提单本身难以适用，即无法处理电子提单的特殊问题。

《鹿特丹规则》构建了专门的电子运输记录，且电子运输记录是与运输单证并列的概念。电子运输记录除适用运输单证的一般规则外，另有部分特别规定，集中于第三章“电子运输记录”，其中第 8 条规定了电子运输记录的使用和效力：

> 在不违反本公约所述要求的情况下：
>
> （a）凡根据本公约应在运输单证上载明的内容，均可在电子运输记录中加以记载，但电子运输记录的签发和随后的使用须得到承运人和托运人的同意；并且

---

① 《区块链》编写组编著：《区块链》，党建读物出版社 2021 年版，第 4~5 页。

（b）电子运输记录的签发、排他性控制或者转让，与运输单证的签发、占有或者转让具有同等效力。

第 9 条规定了可转让电子运输记录的使用程序：

1. 使用可转让电子运输记录，应当遵守包含以下内容的程序：

（a）向预期持有人签发和转让可转让电子运输记录的方法；

（b）可转让电子运输记录保持完整性的保证；

（c）持有人能够证明其持有人身份的方式；和

（d）已向持有人交付货物的确认方式，或者根据第 10 条第 2 款或者第 47 条第 1 款第（a）项第（ii）目和第（c）项，可转让电子运输记录已失去效力的确认方式。

2. 本条第 1 款中的程序应当在合同事项中载明且易于查明。

第 10 条规定了可转让运输单证或者可转让电子运输记录的替换：

1. 已签发可转让运输单证，且承运人与持有人约定以可转让电子运输记录替换该运输单证的：

（a）持有人应当向承运人提交该运输单证，签发一份以上单证的，应当提交所有单证；

（b）承运人应当向持有人签发一份可转让电子运输记录，其中应包括一项替换该运输单证的声明；并且

（c）该运输单证随即失去效力。

2. 已签发可转让电子运输记录，且承运人与持有人约定以可转让运输单证替换该电子运输记录的：

（a）承运人应当向持有人签发一份替换该电子运输记录的可转让运输单证，其中应包括一项替换该电子运输记录的声明；并且

（b）该电子运输记录随即失去效力。

上述第 8 条是关于电子运输记录的基本规定，其中强调了两项核心内容：一是电子运输记录的签发和随后的使用必须得到承运人和托运人的同意；二是确认符合《鹿特丹规则》要求的电子运输记录与运输单证具有同等效力。

目前，电子运输单证由于效力缺乏法律的认可而在实践中使用较少，因而与传统的海上货物运输法律制度建立在成功的航运实践基础之上不同，《鹿特丹规则》建立的电子运输

记录制度并非建立在成功的航运实践基础之上，而主要是法理逻辑演绎的结果，因而能否成功尚且难以定论，而且颇有可能由于《鹿特丹规则》无法生效而始终缺少付诸实践的机会。

（二）国内立法

我国《海商法》的情况与《海牙—维斯比规则》和《汉堡规则》类似，应当可以适用于电子提单证明的国际海上货物运输合同，但其中关于传统提单的规定难以适用于电子提单本身。

至于一般法层面，《民法典》第469条第3款规定："以电子数据交换、电子邮件等方式能够有形地表现所载内容，并可以随时调取查用的数据电文，视为书面形式。"因此，电子数据交换是《民法典》认可的一种书面形式，其中关于合同的规定应当可以适用于电子提单证明的海上货物运输合同，但对于电子提单本身的适用性同样不尽理想。

2004年通过的《电子签名法》主要目的是规范电子签名行为、确立电子签名的法律效力，[①] 因而仅能解决电子提单涉及的部分问题。

2018年通过的《电子商务法》主要是为规范电子商务合同，即通过互联网等信息网络销售商品或者提供服务的经营活动，[②] 因而与电子提单的关联较小。

（三）民间规则

《国际海事委员会电子提单规则》同样是国际海事委员会制定的民间规则，其中第1条明确规定："本规则经当事方同意援用后适用。"《国际海事委员会电子提单规则》具体分为11条，包括适用范围、定义、程序规则、收讯的形式和内容、运输合同条款、适用法律、支配和转让权、密码、交货、要求书面单证的选择、电子数据与书写效力等同。根据中国裁判文书网2021年10月31日的检索结果，我国尚无援引《国际海事委员会电子提单规则》的裁判文书。

1. 运输合同条款与运输合同的关系

《国际海事委员会电子提单规则》第5条"运输合同条款"规定：

> a. 业经同意和谅解，无论何时当承运人援引其运输条款时，该运输条款将成为运输合同的一部分。

---

① 《电子签名法》第1条规定："为了规范电子签名行为，确立电子签名的法律效力，维护有关各方的合法权益，制定本法。"

② 《电子商务法》第2条第2款规定："本法所称电子商务，是指通过互联网等信息网络销售商品或者提供服务的经营活动。"

b. 该条款必须能够向运输合同方随时提供。

c. 当该条款与本规则发生冲突或不一致时，适用本规则。

根据上述规定，只要承托双方达成适用运输条款的合意，承运人的运输条款即可成为运输合同的组成部分，承运人可以随时援引，而无需随电子提单一同传送。但是，承运人必须随时能够向托运人提供运输条款。

2. 电子提单的适用法律

《国际海事委员会电子提单规则》第 6 条“适用法律”规定：

运输合同将服从任何强制性的国际公约或国内法，如同签发一个书面提单一样。

根据上述规定，电子提单应与传统纸质提单适用相同的法律，即《国际海事委员会电子提单规则》并未创设不同于现行海上货物运输法的特别规则。

3. 电子提单持有人的支配权和转让权

《国际海事委员会电子提单规则》第 7 条“支配和转让权”主要是为保障电子提单具有传统纸质提单的流通性，依托的基本手段是密码，其中第 a 款首先规定了电子提单持有人的支配权：

持有人是唯一可以向承运人采取下列行动的一方：

Ⅰ 要求放货；

Ⅱ 指定收货人或指定任何其它替换被指定的收货人，包括持有人自己；

Ⅲ 向另一方转让支配和转让权；

Ⅳ 根据运输合同条款，对货物的其它事项向承运人发出指示，如同一个书面提单持有人一样。

根据上述规定，电子提单持有人的支配权主要包括四个方面的权利：一是要求放货；二是指定收货人；三是转让支配权和转让权；四是针对其他运输事项向承运人发出指示。

第 7 条第 b 款规定了支配权和转让权的转让程序：

支配和转让权的转让按下列程序进行：

Ⅰ 由现持有人向承运人发出其意欲将支配和转让权转让给一新的持有人的通知；

Ⅱ 由承运人确认该通知电讯，并据此，

Ⅲ 向被建议的新持有人发送本规则第 4 条除密码以外的所有信息；之后，

Ⅳ 由被建议的新持有人通知承运人接受拟被转让的支配和转让权；据此，

Ⅴ 承运人销毁现用密码，并向新持有人发出一新的密码。

第 7 条第 c 款主要规定了不发生转让的情形：

如果被建议的新持有人通知承运人其不欲接受该支配和转让权，或在一合理时间内未能通知承运人其是否接受，那么将不出现支配和转让权的转让。据此承运人应通知现持有人，同时现密码仍保持有效性。

第 7 条第 d 款明确规定了电子提单持有人的支配权和转让权的转让，与传统纸质提单的权利转让具有同等效力：

按上述方法进行的支配和转让权的转让应如同在书面提单项下转让权利一样具有效力。

4. 密码

密码是《国际海事委员会电子提单规则》保障电子提单具有传统纸质提单的流通性依托的基本手段，其中第 8 条“密码”就此作出了专门规定：

a. 密码对各个持有人各不相同。持有人不得转让密码。承运人和持有人应各自保持密码的安全性。

b. 承运人只负责向最后一个他给予密码的持有人发送确认的电子信息，该持有人亦利用密码保证此项传输内容包括该项电子信息。

c. 密码必须独立，并与任何用于鉴别运输合同的方法和任何用于进入计算机网络的保证口令或识别方法相区别。

5. 货物的交付

《国际海事委员会电子提单规则》第 9 条“交货”同样规定货物交付依托的基本手段是密码：

a. 承运人应将拟交货的地点和日期通知持有人。根据该项通知，持有人有义务指定一收货人，并给予承运人充足的交货提示，并利用密码加以核实。如无人被指定为收货人，持有人本人将被视为收货人。

b. 如果承运人证明自己已合理克尽职责核实自称为收货人的一方确系事实上的收货人，那么承运人对误交不负责任。

6. 电子数据与书面形式的同等效力

《国际海事委员会电子提单规则》第 11 条“电子数据与书写效力等同”规定对于电子数据与书面形式的关系采取功能等同（functional equivalent）原则：[①]

承运人和发货人以及此后所有采用本程序的当事方均同意载于计算机数据贮藏中，可用人类语言在屏幕上显示或由计算机打印的业经传输和确认的电子数据将满足任何国内法或地方法，习惯或实践规定运输合同必须经签署并以书面形式加以证明的要求。经采纳上述规定，所有当事方将被认为业已同意不再提出合同非书面形式的抗辩。

拓展阅读

1. 郭瑜：《提单法律制度研究》，北京大学出版社 1997 年版。

2. 杨良宜、杨大明：《提单与其他付运单证》，大连海事大学出版社 2016 年版。

3. 陈芳：《提单法律性质诸论评议》，载《江西社会科学》2013 年第 1 期。

4. 何丽新：《无单放货法律问题研究》，法律出版社 2006 年版。

5. 刘寿杰：《解读〈最高人民法院关于审理无正本提单交付货物案件适用法律若干问题的规定〉》，载《中国海商法年刊》2009 年第 3 期。

6. 郭瑜：《电子可转让记录立法的“单一性”难题和破解》，北京大学出版社 2019 年版。

7.Richard Aikens，Richard Lord，Michael Bools，Michael Bolding，Kian Sing Toh，Miriam Goldby，*Bills of Lading*，3rd ed.，Informa Law from Routledge，2020.（原书第 2 版中文译本：[英]理查德·艾肯斯、[英]理查德·罗德、[英]麦克·布尔斯：《提单》，魏长庚、李皓、纪贵智、张振安、彭先伟、车清瑾译，法律出版社 2020 年版。）

① 张永坚：《国际海运公约》，法律出版社 2018 年版，第 500 页。

第六章

国际货物多式联运合同

【知识提要】

本章讲解与海上货物运输合同关联密切的国际货物多式联运合同，但作为海上货物运输法的组成部分，限于包含海运区段的国际货物多式联运合同。除介绍国际货物多式联运合同的定义、当事人和关系人等基本问题，以及国际货物多式联运单据、国际货物多式联运合同适用的国际公约、国内立法和民间规则外，重点在于多式联运经营人的责任形式，即多式联运经营人就其承运的货物与区段承运人承担责任的具体方式。

第一节　国际货物多式联运合同概述

一、国际货物多式联运合同的定义

多式联运合同，是指多式联运经营人以两种以上不同的运输方式，将货物从接收地运输至目的地，托运人支付运费的合同。

《联合国国际货物多式联运公约》作为国际公约调整的多式联运合同，仅限于国际货物多式联运合同，即接收地和目的地位于不同国家。该公约第 1 条第 1 款首先定义了国际多式联运（international multimodal transport）：

> “国际多式联运”是指按照多式联运合同，以至少两种不同的运输方式，由多

式联运经营人将货物从一国境内接管货物的地点运至另一国境内指定交付货物的地点。为履行单一方式运输合同而进行的该合同所规定的货物接交业务，不应视为国际多式联运。

第 1 条第 3 款定义了多式联运合同：

"多式联运合同"是指多式联运经营人凭以收取运费、负责履行或实现履行国际多式联运的合同。

《多式联运单证规则》第 2.1 条规定：

"多式联运合同"是指以至少通过两种不同的运输方式运送货物的合同。

《海商法》作为调整海上运输关系和船舶关系的法律，其中关于多式联运合同的规定作为第四章"海上货物运输合同"的特别规定，即第八节"多式联运合同的特别规定"，调整的多式联运合同必须包含海运区段。同时，由于《海商法》第四章仅适用于国际海上货物运输，因而此处的海运区段是指国际海上货物运输，而不包括国内海上货物运输和内陆水域货物运输。因此，《海商法》适用的多式联运合同范围小于《联合国国际货物多式联运公约》，其中第 102 条第 1 款规定了多式联运合同的定义：

本法所称多式联运合同，是指多式联运经营人以两种以上的不同运输方式，其中一种是海上运输方式，负责将货物从接收地运至目的地交付收货人，并收取全程运费的合同。

理论探讨

海水联运是否属于多式联运

国际海上货物运输和国内水路货物运输在我国适用不同的法律制度，由此引发的问题是仅含国际海上货物运输和国内水路货物运输的运输，是否属于多式联运，也即二者是否属于不同的运输方式？

法律对于多式联运合同进行特别规制，主要是为协调不同运输方式对应的法律制度之间的差异，特别是如何确定承运人的责任。例如，日本学者中村真澄、箱井崇史认为：

对多式联运合同进行规制的中心课题，是如何就承揽运输人的责任内容作规

> 定。陆上运输、航空运输和海航运输的承运人的责任，各自适用不同的法律，且制度内容上也存在较大差异（纵向划分的法律规定）。而多式联运使用的是不同运输方式的组合，因此在货物发生灭失或损坏时应适用何种法律确定承运人的责任，则成为需要探讨的问题。[①]

基于上述原因，至少在法律层面理解构成多式联运要求的不同运输方式，应当根据特定运输区段适用的法律制度是否相同确定，因而国际海上货物运输和国内水路货物运输在我国现行法律制度下应当认定为不同的运输方式，仅含二者的运输属于多式联运。《多式联运单证统一规则》规则 2 第 d 款也规定："不同的运输方式：是指以两种或两种以上的运输方式，例如海上运输、内河运输、航空运输、铁路或公路运物，进行货物运输。"

虽然此类纠纷在实践中较为少见，但学理上大多也主张此种观点。例如，胡正良在司玉琢主编的《海商法》一书中认为：

> 在我国，国际海上货物运输和国内水路货物运输适用不同的法律，承运人的权利义务不同，因而应视为两种运输方式。[②]

《中国海商法注释》一书也认为：

> 根据《海商法》第 2 条的规定，本法第四章的规定不适用于我国港口之间的海上货物运输，即我国的国内沿海货物运输和内河货物运输均不适用《海商法》第四章，而是适用其他法律，因此，由同一个承运人完成的国际海上货物运输和国内沿海货物运输的接续运输，以及国际海上货物运输和国内内河货物运输的接续运输，都应视为本法所称的多式联运。[③]

但是，海江之间、江海之间的直达运输根据《海商法》第 2 条第 2 款的规定，构成《海商法》规定的海上运输，适用第四章"海上货物运输合同"的规定，因而不属于多式联运。如果海江、江海之间的运输不是直达运输，而存在更换船舶的情况，则应构成多式联运。

---

① [日]中村真澄、[日]箱井崇史：《日本海商法》，张秀娟、李刚、朴鑫译，法律出版社 2015 年版，第 148 页。
② 司玉琢主编：《海商法》（第 4 版），法律出版社 2018 年版，第 177 页。
③ 司玉琢、张永坚、蒋跃川编著：《中国海商法注释》，北京大学出版社 2019 年版，第 186~187 页。

二、国际货物多式联运合同的当事人与关系人

（一）国际货物多式联运合同的当事人

国际货物多式联运合同的当事人是多式联运经营人和托运人。

1. 多式联运经营人

多式联运经营人（multimodal transport operator，MTO），即国际货物多式联运合同的承运人，可能是航运企业，也可能是经营多式联运业务但不拥有船舶的货运代理人或物流公司。《多式联运单证规则》第 2.2 条规定：

> “多式联运经营人”（MTO）是指签订一项多式联运合同并以承运人身份承担完成此项合同责任的任何人。

《联合国国际货物多式联运公约》第 1 条第 2 款也规定了多式联运经营人的定义：

> “多式联运经营人”是指其本人或通过其代其行事的他人订立多式联运合同的任何人，他是委托人，而不是发货人的代理人和参加多式联运的承运人的代理人或代表他们行事，他承担履行合同的责任。

2. 托运人

托运人，是指与多式联运经营人订立国际货物多式联运合同的人，与海上货物运输合同中托运人的概念并无明显区别。《多式联运单证规则》第 2.4 条规定：

> “托运人”是指与多式联运经营人签订多式联运合同的人。

《联合国国际货物多式联运公约》虽然多处提及托运人的概念，如引言部分规定“托运人有权自由选择多式联运或分段运输”，但并未对托运人进行定义。但是，该公约第 1 条第 2 款规定了发货人的定义：

> “发货人”是指其本人、或以其名义、或其代表同多式联运经营人订立多式联运合同的任何人，或指其本人、或以其名义、或其代表将货物实际交给多式联运经营人的任何人。

上述定义其实与我国《海商法》以及《汉堡规则》关于托运人的定义基本相同，即包括契约托运人和实际托运人两种情形。

（二）国际货物多式联运合同的关系人

国际货物多式联运合同的关系人主要包括区段承运人和收货人。

1. 区段承运人

区段承运人（local carrier），是指接受多式联运经营人委托从事区段货物运输的人，法律地位与海上货物运输合同的实际承运人较为接近。

区段承运人可能是船舶所有人或经营人，铁路、公路、航空和江河运输等运输方式的经营人，以及非运载工具经营人，如集装箱场站、仓储经营。

《多式联运单证规则》则是直接采用了承运人的概念，其中第 2.3 条规定：

> "承运人"是指实际完成或承担完成此项运输或部分运输的人，不管他是否与多式联运经营人属于同一人。

2. 收货人

收货人（consignee），是指根据多式联运单证有权提取货物的人。

《联合国国际货物多式联运公约》第 1 条第 6 款规定了收货人的定义：

> "收货人"是指有权提取货物的人。

《多式联运单证规则》第 2.5 条规定：

> "收货人"是指有权从多式联运经营人接收货物的人。

第二节　国际货物多式联运合同的适用法律

一、国际公约

（一）《联合国国际货物多式联运公约》

《联合国国际货物多式联运公约》虽然至今尚未生效，而且未来生效的前景已经非常渺茫，但公约对于各国关于多式联运的立法仍然发挥了重要影响。张永坚对此曾经总结认为：

> 作为世界上首部多式联运公约，其制定的动机、目的，以及所遵循的一些原则，都是非常积极和合乎时宜的。公约针对多式联运所创设的一些用语、概念、原则，

及其对多式联运法律制度所建立的框架结构等，对国际多式联运的开展和发展影响重大而深远。其中的许多规定为世界各国在其国际货物多式联运的业务实践所遵循或者被不同程度的采纳。该公约关于多式联运经营人赔偿责任的规定，以及该公约在立法中的一些技术细节，也为许多国家的相关立法所借鉴。

……

另外，虽然该公约一直没有生效，但还是在一定程度上起到了示范法的作用，其中的一些规定和概念被实践所接受和采用，如公约对国际多式联运、多式联运经营人、多式联运合同、多式联运单证等的定义和规定等。尤其是公约对多式联运单证的签发、可转让和不可转让应使用的规则、单证的内容、保留、证据效力、发货人对单证上货物记载事项的保证义务等所作出的全面规定，在国际多式联运的实践中，起到了进一步“规范一种可被接受并易于辨认的多式联运单证”，“防止不同的多式联运单证向多样性发展的这种商业性退步”的可能的统一示范作用。[①]

该公约的主要内容，特别是关于多式联运经营人责任的规定如下。

1. 公约的适用范围

该公约第 2 条规定：

本公约的各项规定适用于两国境内各地之间的所有多式联运合同，如果：

（a）多式联运合同规定的多式联运经营人接管货物的地点是在一个缔约国境内；

（b）或者多式联运合同规定的多式联运经营人交付货物的地点是在一个缔约国境内。

根据上述规定，结合该公约第 1 条第 4 款关于国际多式联运的定义，公约适用的国际货物多式联运合同的接收和交付货物的地点必须位于不同国家境内，且至少其中一国为公约的缔约国。

2. 多式联运经营人的责任期间

该公约第 14 条规定：

（1）根据本公约，多式联运经营人对货物的责任期间，自其接管货物之时起到交付货物时为止。

① 张永坚：《仍不应被忽视的〈国际货物多式联运公约〉》，载《中国海商法研究》2018 年第 4 期。

（2）就本条而言，在下述期间，货物视为在多式联运经营人掌管之下：

（a）自多式联运经营人从下列一方接管货物之时起：

（i）发货人或代其行事的人；或者

（ii）根据接管货物地点适用的法律或规章，货物必须交付运输的当局或其他第三方；

（b）直到他以下列方式交付货物时为止：

（i）将货物交给收货人；或者

（ii）如果收货人不向多式联运经营人提取货物，则按照多式联运合同或按照交货地点适用的法律或特定行业惯例，将货物置于收货人支配之下；或者

（iii）根据交货地点适用的法律或规章，将货物交给必须向其交付的当局或其他第三方。

（3）本条第1款和第2款所指的多式联运经营人，包括他的受雇人、代理人或为履行多式联运合同而使用其服务的任何其他人；所指的发货人和收货人，也包括他们的受雇人或代理人。

根据上述规定，多式联运经营人的责任期间自接收货物时起，至交付货物时止。

3. 多式联运经营人责任的归责原则

该公约第16条规定：

（1）如果造成灭失、损坏或迟延交货的事故发生于第14条所规定的货物由多式联运经营人掌管的期间，多式联运经营人对于货物的灭失、损坏和迟延交付所引起的损失，应负赔偿责任，除非多式联运经营人证明其本人、受雇人或代理人、或第15条所指的其他任何人为避免事故的发生及其后果已采取一切所能合理要求的措施。

（2）如果货物未在明确约定的时间内交付，或者如无此种协议，未在按照具体情况对一个勤勉的多式联运经营人所能合理要求的时间内交付，即为迟延交货。

（3）如果货物未在按照本条第2款确定的交货日期届满后连续90日内交付，索赔人即可认为货物已经失灭。

根据上述规定，多式联运经营人的责任采取完全的过错责任原则，而且是过错推定责任原则，即除非多式联运经营人证明自己不存在过错，否则即应对于货物灭失、损坏或迟延

交付承担赔偿责任。

此外，公约不仅规定了多式联运经营人对于货物迟延交付的责任，而且同时规定了约定时间和合理时间两种标准。

4. 多式联运经营人的单位赔偿责任限制

该公约第 18 条规定：

（1）如果多式联运经营人根据第 16 条对货物的灭失或损坏造成的损失赔偿责任，其赔偿责任以灭失或损坏的货物的每件或其他货运单位计不得超过 920 计算单位的数额，或按毛重每公斤计不得超过 2.75 计算单位的数额，以较高者为准。

（2）根据本条第 1 款计算较高限额时，适用下列原则：

（a）如果货物是用集装箱、货盘或类似的装运工具集装，多式联运单证载明装在这种装运工具中的件数或货运单位数，应视为计算限额的件数或货运单位数。否则，这种装运工具中的货物应视为一个货运单位。

（b）如果装运工具本身灭失或损坏，而该装运工具并非由多式联运经营人所有或提供，则应视为一个单独的货运单位。

（3）虽有本条第 1 款和第 2 款的规定，国际多式联运如果根据合同不包括海上或内河运输，则多式联运经营人的赔偿责任按灭失或损坏货物毛重每公斤不得超过 8.33 计算单位的数额为限。

（4）多式联运经营人根据第 16 条的规定对迟延交货造成损失所负的赔偿责任限额，以相当于迟延交付货物应付运费的 2.5 倍的数额为限，但不得超过多式联运合同规定的应付运费的总额。

（5）根据本条第 1 款和第 4 款或第 3 款和第 4 款的规定，多式联运经营人赔偿责任的总和不得超过本条第 1 款或第 3 款所确定的货物全部灭失的赔偿责任限额。

（6）经多式联运经营人和发货人之间协议，多式联运单证中可规定超过本条第 1 款、第 3 款和第 4 款所规定的赔偿限额。

（7）"计算单位"是指第 31 条所述的计算单位。

根据上述规定，多式联运经营人享有单位赔偿责任限制的权利，其中对于货物灭失或损坏的限额为每件或每单位 920 SDR，或者毛重每公斤 2.75 SDR，以较高者为准；但是，如果国际货物多式联运不包括海运或内河区段，即不涉及水运，货物灭失或损坏的限额为毛重每公斤 8.33 SDR。此种规定主要是考虑到水运方式的特殊风险往往大于其他运输方式，因而需要给予承运人更多的倾斜保护。

至于迟延交付的情形，多式联运经营人的单位赔偿责任限额为运费的 2.5 倍，且不得超过应付运费的总额。

5. 多式联运经营人单位赔偿责任限制权利的丧失

该公约第 21 条规定：

> （1）如经证明，货物的灭失、损坏或迟延交付是由于多式联运经营人有意造成或明知可能造成而轻率的行为或不为所引起，则多式联运经营人无权享受本公约所规定的赔偿责任限制的利益。
>
> （2）虽有第 20 条第 2 款的规定，如经证明，货物的灭失、损坏或迟延交付是由于多式联运经营人的受雇人、或代理人、或为履行多式联运合同而使用其服务的其他人有意造成或明知可能造成而轻率的行为或不为所引起，则该受雇人、代理人或其他人无权享受本公约所规定的赔偿责任限制的利益。

根据上述规定，多式联运经营人及其受雇人、代理人丧失单位赔偿责任限制权利的情形与《海商法》以及《海牙—维斯比规则》等海上货物运输国际公约的规定一致，即故意或者明知可能造成损失而轻率地作为或不作为，即民法上的直接故意和间接故意。

（二）海上货物运输国际公约

《海牙—维斯比规则》和《汉堡规则》均仅适用于海上货物运输合同，因而国际货物多式联运合同无法在整体上适用此类海上货物运输国际公约。但是，如果海运区段单独签发了提单或其他海上运输单证，且符合公约的适用范围，此时海运区段应当可以适用公约的规定。

《鹿特丹规则》采用“海运 +”的调整模式，因而可以适用于包含海运区段的国际货物多式联运合同，首先体现在第 1 条第 1 款关于运输合同的定义：

> “运输合同”是指承运人收取运费，承诺将货物从一地运至另一地的合同。此种合同应当就海上运输作出约定，且可以对海上运输以外的其他运输方式作出约定。

同时，该公约第 26 条“海上运输之前或者之后的运输”作出了进一步规定：

> 海上运输之前或者之后的运输如果货物灭失、损坏或者造成迟延交付的事件或者情形发生在承运人的责任期间内，但发生的时间仅在货物装上船舶之前或者仅在货物卸离船舶之后，本公约的规定不得优先于其他国际文书的下述条文，在此种灭

失、损坏或者造成迟延交付的事件或者情形发生时：

（a）根据该国际文书的规定，如果托运人已就发生货物灭失、损坏或者造成货物迟延交付的事件或者情形的特定运输阶段与承运人订有单独和直接的合同，本应适用于承运人全部活动或者任何活动的条文；

（b）就承运人的赔偿责任、赔偿责任限制或者时效作了具体规定的条文；和

（c）根据该文书，完全不能通过订立合同加以背离的条文，或者不能在损害托运人利益的情况下通过订立合同加以背离的条文。

二、国内立法

（一）我国国际货物多式联运合同立法的适用顺序

国际货物多式联运合同在我国，如果包含海运区段，应当按照以下顺序适用法律：

1.《海商法》第四章“海上货物运输合同”，主要是第八节“多式联运合同的特别规定”，以及其他各节关于承运人责任的规定；

2.《民法典》第三编“合同”第十九章“运输合同”，主要是第四节“多式联运合同”的专门规定，以及第一节“一般规定”和第三节“货运合同”的一般规定；

3.《民法典》第三编“合同”第一分编“通则”；

4.《民法典》第一编“总则”。

如果不含海运区段，原则上应当直接适用《民法典》的规定。同时，《民用航空法》第106条第3款规定：“对多式联运方式的运输，本章规定适用于其中的航空运输部分”。

（二）我国国际货物多式联运合同立法的主要内容

1. 多式联运经营人的责任期间

《海商法》第103条规定：“多式联运经营人对多式联运货物的责任期间，自接收货物时起至交付货物时止。”

根据上述规定，多式联运经营人的责任期间与《联合国国际货物多式联运公约》一致，即自接收货物时起，至交付货物时止。

司法实践

多式联运经营人的责任期间

上海市高级人民法院在中远海运集装箱运输有限公司与鑫安汽车保险股份有限公司吉林分公司多式联运合同纠纷案[①]中认为：

中远集装箱系涉案货物的多式联运经营人，其对货物的责任期间，应自接收货物时起至交付货物时止。双方当事人在一审庭审过程中均确认涉案货物在公路运输过程中发生交通事故导致集装箱内货物受损，属于中远集装箱责任期间，中远集装箱应对由此导致的货物损失承担赔偿责任。

《海商法》第四章第八节除第 103 条关于责任期间的规定，以及前引第 102 条关于多式联运合同和多式联运经营人的定义外，第 104 条至第 106 条均是关于多式联运经营人责任形式的规定。

2. 托运人责任的归责原则

《民法典》第 841 条另外规定了托运人责任的过错责任原则："因托运人托运货物时的过错造成多式联运经营人损失的，即使托运人已经转让多式联运单据，托运人仍然应当承担赔偿责任。"

根据上述规定，托运人托运货物时的过错如果造成多式联运经营人损失，托运人应当承担赔偿责任，即使已经转让多式联运单据也不可据此免责。[②]

司法实践

多式联运合同托运人责任的归责原则

辽宁省高级人民法院在国泰世纪产物保险股份有限公司与大木国际物流集团有限公司、辽宁新大木物流有限公司海上、通海水域货物运输合同纠纷案[③]中认为：

新大木公司是否应承担多式联运经营人责任，海商法未对多式联运经营人签发多式联

---

① 上海海事法院（2017）沪 72 民初 3537 号民事判决书；上海市高级人民法院（2019）沪民终 77 号民事判决书。

② 谢鸿飞、朱广新主编：《民法典评注·合同编：典型合同与准合同》（第 3 册），中国法制出版社 2020 年版，第 367 页。

③ 大连海事法院（2017）辽 72 民初 885 号民事判决书；辽宁省高级人民法院（2020）辽民终 269 号民事判决书。

运单证作出规定，原《合同法》第三百一十九条规定："多式联运经营人收到托运人交付的货物时，应当签发多式联运单据。按照托运人的要求，多式联运单据可以是可转让单据，也可以是不可转让单据。"新大木公司作为本案多式联运经营人未签发任何形式的多式联运单证。因此，依照《海商法》第一百零四条第一款"多式联运经营人负责履行或者组织履行多式联运合同，并对全程运输负责"的规定，在法律没有特别规定及新大木公司未签发可转让的多式联运提单的情况下，新大木公司仅应对其多式联运合同相对方华锐重工承担全程运输责任。国泰保险公司关于"台塑河静公司作为收货人，即使不是多式联运合同的当事人，仍然可以突破合同相对性，直接向多式联运经营人要求赔偿"的主张，没有法律依据，不予支持。

三、民间规则

关于国际货物多式联运合同民间规则，主要是1973年国际商会《多式联运单证统一规则》，以及1991年联合国贸易和发展会议和国际商会共同制定的《多式联运单证规则》，二者在实践中被当事人协议约定获得适用的情形均不少见。

《多式联运单证统一规则》分为总则、定义、可转让的单证、不可转让的单证、多式联运经营人的义务和责任、当事人的权利和义务、对灭失或损害的赔偿责任、迟延责任、其他条款、时效十个部分，包含19条具体规则。

《多式联运单证规则》共计13条，包括规则的适用、定义、载入多式联运单证的资料的证据效力、多式联运经营人的责任、多式联运经营人的赔偿责任、多式联运经营人的赔偿责任限制、多式联运经营人责任限制权利的丧失、托运人的赔偿责任、货物灭失或损坏的通知、诉讼时效、本规则对侵权行为的适用、本规则适用于多式联运经营人的受雇人和代理人以及受雇于多式联运经营人的其他人、强制性法律。

第三节　多式联运经营人的责任形式

多式联运经营人的责任形式，是指多式联运经营人就其承运的货物承担责任的具体方式，[①] 也是基于多式联运涉及至少两种运输方式的特征而在法律层面产生的特殊问题。具体

① 傅廷中：《海商法》（第2版），法律出版社2017年版，第202~203页。

而言，法律规定多式联运经营人的责任形式，主要针对货物灭失或损坏等赔偿责任解决以下两个问题：

1. 赔偿责任应由多式联运经营人承担，还是区段承运人承担?

2. 赔偿责任应当依据统一标准，还是依据不同标准，即损害发生区段适用的法律?

多式联运经营人的责任形式分为责任分担制和单一责任制。

一、责任分担制

责任分担制即强调无论是与托运人订立合同的多式联运经营人，或是实际承担运输的区段承运人，均分别根据自身实际完成的运输区段承担责任。责任分担制的主要内容包括以下两个方面：

1. 多式联运经营人和区段承运人均仅对自己完成的运输区段负责。多式联运经营人对于不是自己完成的运输区段，仅作为托运人的代理人与区段承运人订立合同。

2. 各个区段适用对应运输方式的国际公约或国内立法。例如，如果货物的灭失或损坏发生在海运区段，应当适用《海牙—维斯比规则》《汉堡规则》等国际公约，或我国《海商法》等国内立法。

责任分担制由于多式联运经营人不对全程运输负责，实际只是多种运输方式的直接叠加，不符合多式联运包含至少两种运输方式的基本特征，现代多式联运立法已不采用。

二、单一责任制

单一责任制的基本内容是多式联运经营人对于全程运输负责，即以多式联运经营人一个主体首先承担全部责任为前提。单一责任制具体又可分为两种形式：一是网状责任制；二是统一责任制。二者的主要区别在于各个区段适用对应单一运输方式的国际公约或国内立法，还是统一的多式联运法律的规定。

（一）网状责任制

1. 网状责任制的主要内容

网状责任制（network liability system）在具体责任方面仍然适用各个单一运输方式的法律制度，而不是建立统一的多式联运法律规则。其中的网状是指基于各个单一运输方式法律，将会辐射形成多种法律分别适用于对应区段的网状结构。网状责任制的主要内容包括以下三个方面：

（1）多式联运经营人对于全程运输负责。

（2）区段承运人仅对自己完成的运输区段负责，托运人可依侵权之债向区段承运人主张索赔。

（3）各个区段适用对应运输方式的国际公约或国内立法。

2. 网状责任制的缺陷

网状责任制的优点在于能够避免多式联运法律与单一运输方式法律的冲突，但仍然存在以下两个方面的缺陷：

（1）货方无法预见损失发生的具体区段，从而难以准确判断可能适用的法律以及能够获得的赔偿，导致交易活动需要面临的风险存在较大的不确定性。

（2）部分特定情况发生的损失无法确定适用的法律：一是无法确定发生区段的损失，即隐蔽损失（concealed damages）；二是运输途中逐渐累积发生的损失乃至迟延交付，特别是跨越区段的损失；三是如果特定区段既无国际公约也无国内立法可以适用，可能导致“法律真空”。

3. 经修正的网状责任制

针对网状责任制的上述缺陷，产生了经修正的网状责任制（amended network liability system），主要是以法律规定或合同约定的形式设置最后责任条款（overall clause），明确规定发生隐蔽损失或法律真空的情形适用的具体法律，如适用《海牙—维斯比规则》或我国《海商法》等海运区段的法律。但是，此类条款仍然无法解决法律适用的可预见性问题，以及逐渐累积发生的损失的适用法律。

（1）我国国内立法

我国《海商法》和《民法典》均采取经修正的网状责任制，具体包含以下四个方面的内容：

第一，多式联运经营人对于全程运输负责。《海商法》第104条第1款规定：“多式联运经营人负责履行或者组织履行多式联运合同，并对全程运输负责。”《民法典》第838条也规定：“多式联运经营人负责履行或者组织履行多式联运合同，对全程运输享有承运人的权利，承担承运人的义务。”

司法实践

多式联运经营人对于全程运输负责

厦门海事法院在中国人民财产保险股份有限公司上海市分公司与青岛航美国际物流有

限公司海上、通海水域货物运输合同纠纷案[①]中认为：

关于涉案货物灭失是否发生在被告责任期间内，本院认为，被告签发了国际多式联运提单，是《海商法》第一百零二条规定的多式联运经营人。根据《海商法》第一百零三条、第一百零四条的规定，被告的责任期间自接收货物时起至交付货物时止，并对全程运输负责。涉案货物为集装箱货，承运人的责任期间从接收货物时起至交付货物时止，货物处于承运人掌管之下的全部期间。各方当事人均确认涉案货物在内陆运输段被劫灭失。被告提供其与目的港代理公司的往来邮件、奥南公司与目的港代理的往来邮件，用以证明货物灭失是发生在收货人掌管期间，本院认为，这些往来邮件均是货物被劫灭失后，各方与目的港代理关于该事件的联系沟通，邮件内容无法证明涉案货物在被劫灭失时已由涉案提单记载的收货人提走，已不在被告的责任期间。故被告作为承运人未能合理、谨慎地履行运输和保管货物的义务，应在货物灭失的责任范围内承担赔偿责任。

第二，多式联运经营人可与区段承运人约定互相之间的责任，但不得以此对抗货方。《海商法》第104条第2款规定："多式联运经营人与参加多式联运的各区段承运人，可以就多式联运合同的各区段运输，另以合同约定相互之间的责任。但是，此项合同不得影响多式联运经营人对全程运输所承担的责任。"《民法典》第839条规定："多式联运经营人可以与参加多式联运的各区段承运人就多式联运合同的各区段运输约定相互之间的责任；但是，该约定不影响多式联运经营人对全程运输承担的义务。"

司法实践

多式联运经营人与区段承运人关于责任分担的约定

天津市高级人民法院在中国人民财产保险股份有限公司宁波市分公司与北京兴贸国际货运有限公司、斯皮姆股份有限公司多式联运合同纠纷案[②]中认为：

斯皮姆公司作为涉案货物的承运人，其有义务将货物安全出运，并在目的港完好地交付货物，否则应承担违约责任。根据本案查明的事实，装载涉案货物的"宝瓶座"轮抵达贝宁科特努港时，该轮货舱内的部分集装箱严重受损，集装箱内所装载货物亦严重受损。检验

① 厦门海事法院（2019）闽72民初972号民事判决书。

② 天津海事法院（2011）津海法商初字第472号民事判决书；天津市高级人民法院（2014）津高民四终字第40号民事判决书。

机构 ERGETSCTAFRICASARL 经过货损检验鉴定，认为角钢的焊接不良以及海运过程中船舶遭遇的较强摇晃及颠簸造成了相关损失。根据检验机构的上述分析意见，可以认定涉案货损发生于海运区段，属于《海商法》所规定的承运人斯皮姆公司的责任期间，亦属于多式联运经营人北京兴贸公司的责任期间。根据《海商法》第四十六条第一款“……在承运人的责任期间，货物发生灭失或者损坏，除本节另有规定外，承运人应当负赔偿责任”之规定，斯皮姆公司应承担相应的赔偿责任。北京兴贸公司作为涉案多式联运经营人，其应对全程运输负责，故根据《海商法》第一百零四条：“多式联运经营人负责履行或者组织履行多式联运合同，并对全程运输负责。多式联运经营人与参加多式联运的各区段承运人，可以就多式联运合同的各区段运输，另以合同约定相互之间的责任。但是，此项合同不得影响多式联运经营人对全程运输所承担的责任”之规定，北京兴贸公司亦应承担赔偿责任。

第三，各个区段适用对应单一运输方式的法律。《海商法》第 105 条规定：“货物的灭失或者损坏发生于多式联运的某一运输区段的，多式联运经营人的赔偿责任和责任限额，适用调整该区段运输方式的有关法律规定。”《民法典》第 842 条第 1 句规定：“货物的毁损、灭失发生于多式联运的某一运输区段的，多式联运经营人的赔偿责任和责任限额，适用调整该区段运输方式的有关法律规定……”需要说明的是，根据《海商法》第 269 条的规定，对于具有涉外因素的多式联运合同，当事人可以协议选择合同适用的法律。[①] 如果当事人协议选择适用中国法律，只是多式联运经营人的责任形式适用中国法律规定的经修正的网状责任制，而不意味着货物灭失或损坏的赔偿责任和责任限额一律适用中国法律的规定，此时仍需根据中国法律的上述规定确定货物灭失或损坏适用的法律，即最终适用的法律也可能是域外法律。《全国法院涉外商事海事审判工作座谈会会议纪要》第 68 条对此作出了明确规定：

【涉外多式联运合同经营人的“网状责任制”】具有涉外因素的多式联运合同，当事人可以协议选择多式联运合同适用的法律；当事人没有选择的，适用最密切联系原则确定适用法律。

① 《海商法》第 269 条规定：“合同当事人可以选择合同适用的法律，法律另有规定的除外。合同当事人没有选择的，适用与合同有最密切联系的国家的法律。”

当事人就多式联运合同协议选择适用或者根据最密切联系原则适用中华人民共和国法律，但货物灭失或者损坏发生在国外某一运输区段的，人民法院应当根据海商法第一百零五条的规定，适用该国调整该区段运输方式的有关法律规定，确定多式联运经营人的赔偿责任和责任限额，不能直接根据中华人民共和国有关调整该区段运输方式的法律予以确定；有关诉讼时效的认定，仍应当适用中华人民共和国相关法律规定。

司法实践

多式联运各个区段适用对应单一运输方式的法律

● 最高人民法院在泛亚班拿国际运输代理（中国）有限公司与中国人民财产保险股份有限公司无锡市分公司海上、通海水域货物运输合同纠纷案[①]中认为：

关于法律适用。《海商法》第一百零五条规定，货物的灭失或者损坏发生于多式联运的某一运输区段的，多式联运经营人的赔偿责任和责任限额，适用调整该区段运输方式的有关法律规定。案涉事故发生于海运区段，应当适用《海商法》相关规定确定当事人的责任。一审、二审判决认定涉案货损发生在泛亚班拿责任期间内的海运区段，且非因泛亚班拿的故意或者明知可能造成损失而轻率地作为或者不作为造成，泛亚班拿有权依据《海商法》第五十六条的规定主张单位赔偿责任限制，符合《海商法》的规定，适用法律并无不当。

● 上海市高级人民法院在马士基航运有限公司与青岛航美国际物流有限公司等国际货物多式联运合同纠纷案[②]中认为：

本院经审理查明：

根据二审中马士基公司提交的《抢劫案官方调查报告》显示本案货运集装箱在到达墨西哥拉萨罗卡德纳斯港后由斯雷尼奥古兹曼运输服务公司实际承运前往墨西哥城过程中灭失。

……

三、关于本案的法律适用

《海商法》第二百六十九条规定："合同当事人可以选择合同适用的法律，法律另有规定的除外。合同当事人没有选择的，适用与合同有最密切联系的国家的法律。"本案一审过

① 最高人民法院（2014）民申字第1188号民事裁定书。
② 上海海事法院（2018）沪72民初929号民事判决书；上海市高级人民法院（2018）沪民终405号民事判决书。

程中，各方当事人表示整体适用中华人民共和国的法律审理本案纠纷，二审中依旧表示整体适用中华人民共和国的法律，本院予以确认。马士基公司表示，在整体适用中华人民共和国法律规定的前提下，对于认定马士基公司的赔偿责任和责任限额应当适用墨西哥法律，航美公司、奥南公司均有异议。奥南公司表示如果认定马士基公司按照墨西哥法律承担赔偿责任和责任限额，那么对其也应适用。

《海商法》第一百零五条规定："货物的灭失或者损坏发生于多式联运的某一运输区段的，多式联运经营人的赔偿责任和责任限额，适用调整该区段运输方式的有关法律规定。"该条规定多式联运经营人赔偿采用"网状责任制"，主要目的是尽可能使多式联运经营人的赔偿责任与各区段承运人的赔偿责任保持一致，尽量避免多式联运经营人在可向区段承运人追偿的损失数额之外对货损另作赔付，以促进多式联运的发展。所以本案多式联运的经营人马士基公司和奥南公司的赔偿责任和责任限额应适用墨西哥民商事法律调整当地公路运输。

第四，隐蔽损失分别适用《海商法》第四章"海上货物运输合同"或《民法典》第三编"合同"第十九章"运输合同"的规定。《海商法》第 106 条规定："货物的灭失或者损坏发生的运输区段不能确定的，多式联运经营人应当依照本章关于承运人赔偿责任和责任限额的规定负赔偿责任。"《民法典》第 842 条第 2 句规定："货物毁损、灭失发生的运输区段不能确定的，依照本章规定承担赔偿责任。"

司法实践

多式联运隐蔽损失的适用法律

● 天津市高级人民法院在中国平安财产保险股份有限公司北京分公司与北京圣辰国际货运代理有限公司、中国太平洋财产保险股份有限公司北京分公司海上保险合同纠纷案[①]中认为：

涉案货物运输是含海运、陆运的国际多式联运，在案证据不能证明货损发生在哪一运输区段。圣辰公估报告对此的表述为："水湿时间不能确定""水湿环节不能确定"。《海商法》第一百零六条规定，货物的灭失或者损坏发生的运输区段不能确定的，多式联运经营人应当依照本章关于承运人赔偿责任和责任限额的规定负赔偿责任。该法第五十五条规定了货

① 天津海事法院（2019）津 72 民初 797 号民事判决书；天津市高级人民法院（2020）津民终 289 号民事判决书。

物灭失、损坏的赔偿额计算，第五十六条规定了承运人对货物的灭失或者损坏的赔偿限额。故本案的保险赔偿范围，应当依照上述法律规定计算。赔偿限额为：按照货物件数或者其他货运单位数计算，每件或者每个其他货运单位为666.67计算单位，或者按照货物毛重计算，每公斤为2计算单位，以二者中赔偿限额较高的为准。

● 广东省高级人民法院在汕头经济特区平野对外运输有限公司与中国平安财产保险股份有限公司广东分公司、现代商船株式会社、商船三井株式会社多式联运合同纠纷案[①]中认为：

本案现有证据不足以证明涉案货物装载于"三井舒适"轮并随船沉没，对于货物灭失的原因及灭失发生的运输区段不能确定，根据《海商法》第一百零六条的规定："货物的灭失或者损坏发生的运输区段不能确定的，多式联运经营人应当依照本章关于承运人赔偿责任和责任限额的规定负责赔偿责任。"平野公司并未提出赔偿限额的抗辩，一审法院不予审理。对于货物损失的数额，依照《海商法》第五十五条的规定，货物灭失的赔偿额，按照货物的实际价值计算；货物的实际价值，按照货物装船时的价值加保险费加运费计算。

典型案例

2018年全国海事审判典型案例

三井住友海上火灾保险株式会社（Mitsui Sumitomo Insurance Company Limited）诉中远海运集装箱运输有限公司国际多式联运合同纠纷案

【基本案情】

2015年3月，案外人SONY EMCS（MALAYSIA）SDN BHD公司（以下简称索尼公司）委托中远海运集装箱运输有限公司（以下简称中远海运公司）运输一批液晶显示面板先经海运自马来西亚巴生港至希腊比雷埃夫斯港，再经铁路至斯洛伐克尼特拉。中远海运公司签发了4套不可转让已装船清洁联运海运单。货物在位于希腊境内的铁路运输区段因火车脱轨而遭受货损。三井住友海上火灾保险株式会社（以下简称三井保险公司）作为涉案货物保险人，在对索尼公司进行理赔取得代位求偿权后，向中远海运公司提出追偿。中远海运公司抗辩称，

① 广州海事法院（2014）广海法初字第446号民事判决书；广东省高级人民法院（2017）粤民终1253号民事判决书。

火车脱轨的原因是事故时间段当地持续暴雨，引起地质塌陷，承运人可以免责；即使不能免责，其可依法享受承运人单位赔偿责任限制。

【裁判结果】

上海海事法院一审认为，三井保险公司注册成立于日本、运输目的地为斯洛伐克，事故发生地位于希腊，案件争议属于涉外民事法律关系下的纠纷，当事人可以选择解决纠纷适用的法律。庭审中，双方当事人达成一致，对于涉案货物铁路运输区段的责任认定、责任承担方式等选择适用希腊法律，其余争议问题选择适用中华人民共和国法律，法院对此选择予以尊重。

希腊是《国际铁路运输公约》(Convention concerning International Carriage by Rail)的成员国,《国际铁路货物运输合同统一规则》(Uniform Rules Concerning the Contract of International Carriage of Goods by Rail)是《国际铁路运输公约》的附件B。希腊在批准加入该公约时未作任何保留声明，该公约在希腊优先于其国内法适用。根据《国际铁路运输公约》第23.2条，若货物的灭失、损坏或迟延交付是由于承运人无法避免并且无法阻止其发生所造成的，承运人无须承担赔偿责任。本案事故发生前虽有持续降雨，但比较事故地区历史降水数据，事故月份降水量仅处于历史中等偏上水平，并未出现明显异常。然而，本次列车脱轨并非遭受雨水直接冲击所致，而是事故区域常年频繁降雨浸蚀土壤后产生的地质作用引起地层塌陷的结果，是一个由量变到质变的过程，具体何时发生非人力所能预见和控制。铁路养护是否得当或可延缓此种地质变化的进程，但并无证据表明可以准确预计、控制和绝对避免。因此，中远海运公司可以援引《国际铁路运输公约》第23.2条的规定，对货损不负赔偿责任。三井保险公司不服一审判决，向上海市高级人民法院提起上诉。二审期间，三井保险公司撤回上诉。

【典型意义】

本案是一起含海运在内的国际多式联运合同纠纷。海运始于马来西亚，中途经希腊转铁路，目的地为斯洛伐克，是一条典型的通过“21世纪海上丝绸之路”，经由地中海转铁路将货物运送至中欧内陆国家的海铁联运。随着“一带一路”国家和地区间贸易往来的日益密切，国际贸易对多式联运的需求也呈现快速增长趋势。在跨越多国、涉及多种运输方式的国际多式联运合同纠纷中，对“网状责任制”与确定运输区段准据法之间的关系，存在认识不统一的情况。本案中法院坚持意思自治原则，充分尊重当事人的选择，铁路运输区段适用希腊法律，其余争议问题适用中华人民共和国法律，并根据希腊法下的法律渊源适用《国际铁路运输公约》《国际铁路货物运输合同统一规则》相关规定。此外，“一带一路”沿线国家和地区的自然气候状况、地理水文条件差别很大，基础设施的建设和养护水平也参差不齐，货运事故的发生又往往出现多种因素相互交织、并存的复杂局面，本案在评判风险责任承担时，较好地运用了原因力分析的方法，论证充分，说理透彻，为类似纠纷的处理提供了借鉴思路。

【一审案号】(2016)沪72民初288号

【二审案号】(2018)沪民终140号

(2)《鹿特丹规则》

《鹿特丹规则》第26条“海上运输之前或者之后的运输”采用了较为特殊的最小网状责任制(minimum network liability system)，即对于海运以外的运输区段，如果存在强制性的国际公约，应当适用该国际公约而非《鹿特丹规则》，否则即应适用《鹿特丹规则》。同时，为了最大限度地统一法律适用，减少由于各国法律不同而导致的法律适用的不确定性，海运以外区段即使存在强制性的国内立法，仍应适用《鹿特丹规则》而非该国内立法。[①] 该公约第26条规定：

海上运输之前或者之后的运输如果货物灭失、损坏或者造成迟延交付的事件或者情形发生在承运人的责任期间内，但发生的时间仅在货物装上船舶之前或者仅在货物卸离船舶之后，本公约的规定不得优先于其他国际文书的下述条文，在此种灭失、损坏或者造成迟延交付的事件或者情形发生时：

(a)根据该国际文书的规定，如果托运人已就发生货物灭失、损坏或者造成货物迟延交付的事件或者情形的特定运输阶段与承运人订有单独和直接的合同，本应适用于承运人全部活动或者任何活动的条文；

(b)就承运人的赔偿责任、赔偿责任限制或者时效作了具体规定的条文；和

(c)根据该文书，完全不能通过订立合同加以背离的条文，或者不能在损害托运人利益的情况下通过订立合同加以背离的条文。

(3)《多式联运单证统一规则》

《多式联运单证统一规则》同样采用经修正的网状责任制，主要体现在规则11至规则13，其中规则11针对隐蔽损失的情形规定：

根据规则5第(e)项，多式联运经营人对货物的灭失或损害应负责赔偿，但

① 胡正良、於世成、郏丙贵等:《〈鹿特丹规则〉影响与对策研究》，北京大学出版社2014年版，第48页。

不知道发生灭失或损害的运输区段时：

（a）此种赔偿的金额应参照此种货物在交付给收货人之时当地的价值，或者根据多式联运合同此种货物本应交付之时当地的价值，进行计算。

（b）货物的价值应参照现时商品交易价格确定，或者，如果没有此种价格，参照现时市场价格规定，或者，如既没有商品交易价格，又没有现时市场价格，参照同种类和同质量货物的正常价值确定。

（c）每千克遭受灭失或损害的货物的赔偿金额不得超过30法郎。除非经多式联运经营人同意，发货人已申报了较高的货物价值，并已在多式联运单证上注明，在这种情况下，赔偿限额为此种较高的价值。

但是，在任何情况下，多式联运经营人的赔偿金额不应超过有索赔权的人的实际损失。

规则12同样针对隐蔽损失的情形作了规定：

如果不知道发生灭失或损害的运输区段，则对下列原因造成的灭失或损害，多式联运经营人不承担规则5第（e）项规定的赔偿责任：

（a）发货人或收货人，或者，除多式联运经营人以外的、代表发货人或收货人行事的人，或多式联运经营人从其接管货物的人的作为或不作为；

（b）包装或标志不充分或有缺陷；

（c）发货人或收货人，或者代表发货人或收货人行事的任何其他人对货物的操作、装载、积载或卸载；

（d）货物的潜在缺陷；

（e）罢工、关厂、停工或劳动受限制，并且在多式联运经营人采取合理谨慎的措施后，仍不能避免其后果；

（f）多式联运经营人不能避免的任何原因或事件，并且多式联运经营人采取合理谨慎的措施后仍不能防止其后果；

（g）根据所适用的国际公约或者制约有关核能的责任的国内法，核装置的经营人或代其行事人应对此种核事故损害负责。

证明货物的灭失或损害是由于上述一种或多种原因或事件所引起的举证责任，由多式联运经营人承担。

如果多式联运经营人根据事故的情况，证实货物的灭失或损害可归因于上述

（b）至（d）项中载明的一种或多种原因或事件，则应推定货物的灭失或损害因此而造成。但是，索赔人有权利证明货物的灭失或损害事实上全部或部分地不是由于上述一种或多种原因或事件所造成。

规则13针对非隐蔽损失的情形规定：

根据规则5第（e）项，多式联运经营人应对货物的灭失或损害负责赔偿，并且知道这种灭失或损害发生的运输区段时，多式联运经营人对这种灭失或损害的责任应取决于：

（a）任何国际公约或国内法律的规定，而且：

（i）不能通过民间合同而背离这些规定，损害索赔人的利益，而且，

（ii）假如索赔人已与多式联运经营人就发生灭失或损害的特定运输区段单独签订直接的合同，并且收到为使这种国际公约或国内法律能够适用而必须签发的任何特定单证作为证明，这些规定本应适用；或者，

（b）与发生灭失或损害时用于运输货物的运输方式所进行的运输有关的任何国际公约中的规定，条件是：

（i）根据规则13第（a）项中的规定，其他国际公约或国内法律将不适用，而且，

（ii）多式联运单证上明确规定，该公约中的所有规定，将制约此种运输方式所进行的货物运输；当此种运输方式是海上运输方式时，这些规定将适用于无论是在舱面还是在舱内装运的所有货物；或者，

（c）联运经营人和任何分立合同的人签订的任何内河运输合同中的规定，条件是：

（i）根据本条规则第（a）项，任何国际公约或国内法律均不适用；或者，不能根据本条规则第（b）项，通过明文规定而适用或本可使之能适用，而且，

（ii）多式联运单证中明确规定应适用此种合同条款；或者，

（d）规则11和规则12的规定，条件是上述第（a）、（b）和（c）项都不适用。

在不违背规则5第（b）和（c）项的条件下，如果根据前款规定，多式联运经营人的责任应根据国际公约或国内法律确定。其责任的确定应视同此种国际公约或国内法律中规定的承运人。但是，当货物的灭失或损害是由于或归因于多式联运经营人自身职责范围内的作为或不作为，或其受雇人员或代理人以此种身份行事，而不是在运输过程中的作为或不作为造成的，则不得免除多式联运经营人的责任。

（二）统一责任制

1. 统一责任制的主要内容

统一责任制（network liability system）即在单一运输方式的法律之外，建立统一的多式联运法律规则，其主要内容包括以下三个方面：

（1）多式联运经营人对于全程运输负责。

（2）区段承运人仅对自己完成的运输区段负责，托运人可依侵权之债向区段承运人主张索赔。

（3）各个区段统一适用多式联运法律的规定，即多式联运法律另行规定独立于单一运输方式法律的多式联运经营人责任制度。

2. 统一责任制的缺陷

统一责任制基本能够解决网状责任制存在的缺陷，但同时又造成多式联运法律与单一运输方式法律之间的冲突。如果多式联运法律规定的责任高于单一运输方式法律，多式联运经营人在向货方赔偿后，转而向区段承运人追偿时却仍须适用单一运输方式法律的规定，导致无法完全实现追偿；如果多式联运法律规定的责任低于单一运输方式法律，导致的结果是货方依据多式联运法律获得的赔偿水平，低于适用单一运输方式法律。

3. 经修正的统一责任制

针对网状责任制的上述缺陷，产生了经修正的统一责任制（amended uniform liability system），即多式联运经营人对于全程运输负责，而且各个区段仍然统一适用多式联运法律的规定，但针对隐蔽损失等情形作出特殊规定，适用海运或其他单一运输方式的法律。

（1）《联合国国际货物多式联运公约》

《联合国国际货物多式联运公约》即采用经修正的统一责任制，对于承运人的责任期间、归责原则等事项均作出统一规定，但在单位赔偿责任限额方面稍有修正。该公约第 19 条规定："如果货物的灭失或损坏发生于多式联运的某一特定区段，而对这一区段适用的一项国际公约或强制性国家法律规定的赔偿限额高于适用第 18 条第 1 款至第 3 款所得出的赔偿限额，则多式联运经营人对这种灭失或损坏的赔偿限额，应按该公约或强制性国家法律予以确定。"

基于上述规定，如果损失发生区段对应的法律规定的责任限额高于公约的规定，此时应当适用前者的规定，即以多式联运法律与单一运输方式法律中较高者为准，但隐蔽损失仍应适用公约规定的责任限额。

（2）《多式联运单证规则》

《多式联运单证规则》同样采用经修正的统一责任制，但修正方式与公约存在区别，即对于非隐蔽损失规定适用区段对应法律规定的责任限额，而不考虑多式联运法律与单一运输方式法律规定的限额何者更高。

《多式联运单证规则》第 6.4 条规定："如果货物的灭失或损坏发生在多式联运中的某一特定区段，而适用于该区段的国际公约或强制性的国家法律规定了另一项责任限额，如同对这一特定区段订有单独的运输合同一样，则多式联运经营人对此种灭失或损坏的赔偿责任限制应当按照此种公约或强制性国家法律的规定计算。"

第四节　国际货物多式联运单据

一、国际货物多式联运单据的定义

国际货物多式联运单据[①]（international multimodal transport document）是国际货物多式联运使用的运输单证，分为可转让和不可转让两类。但是，如果国际货物多式联运包含海运区段，特别是第一区段即为海运区段，此时使用的运输单证多为多式联运提单（multimodal transport B/L）。

关于多式联运单据的定义，《联合国国际货物多式联运公约》第 1 条第 4 款规定：

"多式联运单证"是指证明多式联运合同和多式联运经营人接管货物并保证按照该合同条款交付货物的单证。

《多式联运单证规则》第 2.6 条规定：

"多式联运单证"是指证明多式联运合同的单证，该单证可以在适用法律的允许下，以电子数据交换信息取代，而且，

（a）以可转让方式签发，或者，

（b）表明记名收货人，以不可转让方式签发。

① 关于多式联运单据的表述，《联合国国际货物多式联运公约》的中文译本既有称为"多式联运单据"，也有称为"多式联运单证"，此处为与《民法典》第 840 条一致，采用"多式联运单据"的表述。

二、国际货物多式联运单据的功能

关于国际货物多式联运单据的功能，目前现行有效的国际公约和我国国内立法并无专门规定。但是，参考上述《联合国国际货物多式联运公约》第 1 条第 4 款关于多式联运单据的定义，可以认为国际货物多式联运单据的功能与提单基本一致，即此种单据是国际货物多式联运合同的证明，多式联运经营人在货物接收地接收货物的证明，以及多式联运经营人保证据以交付货物的凭证。

（一）国际货物多式联运合同的证明

上述《联合国国际货物多式联运公约》第 1 条第 4 款以及《多式联运单证规则》第 2.6 条关于多式联运单据的定义，均已说明多式联运单据是多式联运合同的证明。

（二）多式联运经营人在货物接收地接收货物的证明

上述《联合国国际货物多式联运公约》第 1 条第 4 款关于多式联运单据的定义，已经说明多式联运单据是多式联运经营人接收货物的证明。

我国《民法典》第 840 条也规定："多式联运经营人收到托运人交付的货物时，应当签发多式联运单据。按照托运人的要求，多式联运单据可以是可转让单据，也可以是不可转让单据。"即承运人签发多式联运单据，应以收到托运人交付的货物为条件。

（三）多式联运经营人保证据以交付货物的凭证

上述《联合国国际货物多式联运公约》第 1 条第 4 款关于多式联运单据的定义，已经说明多式联运单据是多式联运经营人负责按照合同条款交付货物的证明。

此外，《多式联运单证规则》第 4.3 条关于货物交付也规定，多式联运经营人除签发不可转让单据或未签发单据的情况外，负有凭单交货的义务：

> 多式联运经营人为保证货物的交付，负责履行或安排履行下列必要的事项：
>
> （a）如多式联运单证是以可转让方式"向持单人交付"签发的，则应向提交一份正本单证的人交付货物；
>
> （b）如多式联运单证是以可转让方式"按指示交付"签发的，则应向提交一份经背书的单证的人交付货物；
>
> （c）如多式联运单证是以可转让方式"向记名人交付"签发的，则应向提交一份正本单证和本人身份证明的人交付货物；如果此种单证已以"按指示交付"或空白背书转让的，（b）项规定应予适用；

（d）如多式联运单证以不可转让方式签发的，向单证上记名的收货人凭其身份证明交付货物；

（e）没有签发单证的，应向托运人所指示的人交付，或者向按多式联运合同已获得托运人或收货人的权利的人所作出的此种指示的人交付货物。

三、国际货物多式联运单据的内容

现行有效的国际公约和我国国内立法，对于国际货物多式联运单据的内容同样没有专门规定，但《联合国国际货物多式联运公约》第8条第1款的规定应有一定的参考价值：

多式联运单证应当载明下列事项：

（a）货物品类、识别货物所必需的主要标志、对危险货物的危险特性的明确声明、包数或件数、货物的毛重或以其他方式表示的数量，所有这些事项由发货人提供；

（b）货物外表状况；

（c）多式联运经营人的名称和主要营业地；

（d）发货人名称；

（e）收货人的名称，如已由发货人指定；

（f）多式联运经营人接管货物的地点和日期；

（g）交货地点；

（h）在交付地点交货的日期或期间，如双方有明确协议；

（i）表示该多式联运单证为可转让或不可转让的声明；

（j）多式联运单证的签发地点和日期；

（k）多式联运经营人或经其授权的人的签字；

（l）如双方有明确协议，每种运输方式的运费，或者应由收货人支付的运费，包括用以支付的货币，或者关于运费由收货人支付的其他说明；

（m）预期经过的路线、运输方式和转运地点，如在签发多式联运单证时已经确知；

（n）第28条第3款所指的声明；

（o）如不违背多式联运单证签发的国家的法律，双方同意列入多式联运单证的任何其他事项。

同时，该公约第 8 条第 2 款又规定:“多式联运单证缺少本条 1 款所指事项中的一项或数项，并不影响该单证作为多式联运单证的法律性质，但该单证必须符合第 1 条第 4 款规定的要求。”因此，与我国《海商法》第 73 条第 1 款关于提单正面记载事项的规定类似，上述规定主要是提示性规定，而不是多式联运单据具有法律效力必须包含的内容。但是，多式联运单据必须符合前引该公约第 1 条第 4 款的定义，即关于多式联运单据的三项功能的条款不能缺少。

四、国际货物多式联运单据的证据效力

现行有效的国际公约和我国国内立法，对于国际货物多式联运单据的证据效力同样没有专门规定，但《多式联运单证规则》作为实践中约定适用较多的民间规则，其中第 3 条规定：

> 载入多式联运单证的资料应当是多式联运经营人按照此种资料接管货物的初步证据，除非已有相反的注明，例如“托运人的重量、装载和计数”、“托运人装载的集装箱”或类似表述已在单证上以印就文本或批注作出。
>
> 在多式联运单证已经转让或者等同的电子数据交换信息已经传输给收货人并经其接受，收货人又是善意信赖并据以行动的情况下，多式联运经营人提出的反证不予接受。

根据上述规定，国际货物多式联运单据的证据效力与提单类似：

1. 国际货物多式联运单据在多式联运经营人与托运人之间，构成多式联运经营人已按单据记载状况接收货物的初步证据；

2. 如果国际货物多式联运单据流转至包括收货人在内的善意第三人手中，此时单据的记载构成承运人已按单据记载状况接收货物的绝对证据。

拓展阅读

1. 谢鸿飞、朱广新主编：《民法典评注·合同编：典型合同与准合同》(第 3 册)，中国法制出版社 2020 年版，第十九章“运输合同”第四节“多式联运合同”。

2. 尹东年、郭瑜：《海上货物运输法》，人民法院出版社 2000 年版，第七章“国际货物多式联运”。

3. 张永坚：《国际海运公约》，法律出版社 2018 年版，第九章“《联合国国际货物多式

联运公约》”、第十二章“民间国际海运规则”第一节“《多式联运单证统一规则》”、第二节“多式联运单证规则”。

4. 张永坚 :《仍不应被忽视的〈国际货物多式联运公约〉》，载《中国海商法研究》2018年第4期。

5. 杨志刚主编:《国际多式联运公约条款释义与述评》,上海海运学院《远洋运输》编辑部。

第七章
国内水路货物运输合同

【知识提要】

本章基于我国海上货物运输合同法律制度的双轨制，讲解作为海上货物运输合同具体类型的国内水路货物运输合同，即装卸港口均位于我国境内的货物运输合同。除介绍国内水路货物运输合同的适用法律、订立、类型、当事人和关系人、形式、内容等基本问题外，本章主要基于现已废止但在实践中仍有较大影响的《国内水路货物运输规则》，介绍国内水路货物运输合同当事人和关系人的义务与权利、水路货物运单，以及舱面货物、活动物与有生植物等特殊货物运输的法律问题。

第一节　国内水路货物运输合同概述

一、国内水路货物运输合同的适用法律

2000 年 7 月 17 日通过、2001 年 1 月 1 日起施行的原交通部部门规章《国内水路货物运输规则》，原是我国关于国内水路运输合同最为主要的专门立法，实践中通常简称为“货规”或“水规”，其中不少内容是对原《合同法》相关规定的具体化。2016 年 5 月 30 日该规则废止后，目前国内水路货物运输合同在我国主要应当适用《民法典》第三编“合同”第十九章“运输合同”的规定。

但是，目前《国内水路货物运输规则》在实践中仍然对于确定国内水路货物运输合同当事人的权利和义务具有重要意义。不仅上文第三章第一节已经提及，《国内水路货物运输

规则》原先的主要内容可以依据《民法典》第10条的规定作为习惯适用。而且，目前我国司法实践大多仍然认可当事人在合同或运单中约定适用《国内水路货物运输规则》的效力，即使此类约定发生在该规则废止以后，也认为该规则的内容已经并入国内水路货物运输合同。但是，也有部分案例明确指出不宜参照适用已经废止的部门规章。

司法实践

《国内水路货物运输规则》废止后的效力

● 最高人民法院在福建千祥船务有限公司与中意财产保险有限公司上海分公司海上、通海水域货物运输合同纠纷案[①]中认为：

依据原审查明的事实，根据运单记载，建发公司是托运人，千祥公司是签发运单和实际运输货物的人。运单载明，涉案运输有关权利和义务适用《国内水路货物运输规则》。

● 山东省高级人民法院在日照市星海航运有限公司、谢某某、中华联合财产保险股份有限公司福州中心支公司与日照市天墉物流有限公司、福州鑫誉通物流有限公司及安徽省东跃运贸有限公司、福州明发船务有限公司航次租船合同纠纷、海上保险合同纠纷案[②]中认为：

鑫誉通公司与天墉公司并无直接的合同关系，但由于天墉公司与星海公司签订的航次租船合同、鑫誉通公司签发的运单，均明确载明适用《国内水路货物运输规则》，而且在本案审理过程中，星海公司、鑫誉通公司对此均认可，虽然《国内水路货物运输规则》已经失效，但当事人的该约定并不违反法律规定，因此《国内水路货物运输规则》的相关规定可以作为当事人约定的内容，对当事人具有约束力。

● 广东省高级人民法院在美亚财产保险有限公司广东分公司与上海中谷新良物流有限公司通海水域货物运输合同纠纷案[③]中认为：

由于在中谷新良公司向乾海公司出具的HDYXX65号运单中已经明确约定其权利义务适用《国内水路货物运输规则》的规定，故《国内水路货物运输规则》应被视为乾海公司与中谷新良公司之间合同的组成部分，双方的权利义务同样受《国内水路货物运输规则》的调整和约束。

---

① 最高人民法院（2020）最高法民申6312号民事裁定书。

② 青岛海事法院（2019）鲁72民初1532号民事判决书；山东省高级人民法院（2020）鲁民终2977号民事判决书。

③ 广州海事法院（2018）粤72民初1269号民事判决书；广东省高级人民法院（2019）粤民终3049号民事判决书。

● 青岛海事法院在青岛瑞鑫物流有限公司与连云港恒海物流有限公司、连云港恒荣船务有限公司水路货物运输合同纠纷案[①]中认为：

在案涉货物运输合同履行过程中，被告恒荣船务接收货物后向瑞鑫物流签发了运单，运单托运人一栏记载为原告瑞鑫物流，运单左上角记载“承运人、实际承运人、托运人、收货人的有关权利、义务适用《国内水路货物运输规则》”，此种记载应当视为恒荣船务与瑞鑫物流对适用《国内水路货物运输规则》达成了合意，《国内水路货物运输规则》关于承运人、实际承运人、托运人、收货人的有关权利、义务并入运单，对各方均有约束力，各方之间的权利义务应当依照《国内水路货物运输规则》来确定……

被告恒荣船务主张《国内水路货物运输规则》已经失效，不能以此判断相关合同当事人的权利义务。对此本院认为，虽然《国内水路货物运输规则》已经失效，但意思自治原则是民法的基本原则，民事合同的当事人仍可以将《国内水路货物运输规则》纳入合同中用以确定权利义务，故本院对被告恒海物流、恒荣船务的抗辩不予支持。

● 广东省高级人民法院在浙江凯顺海运有限公司与中国太平洋财产保险股份有限公司东莞分公司及江西元浩航运有限公司、平潭晟通海运有限公司沿海货物运输损害赔偿责任纠纷案[②]中却认为，不宜参照已经废止的部门规章即《国内水路货物运输规则》判定责任：

《最高人民法院关于国内水路货物运输纠纷案件法律问题的指导意见》第六条规定：“国内水路货物运输的合同承运人将全部或者部分运输委托给实际承运人履行，托运人或者收货人就全部或部分运输向合同承运人、实际承运人主张权利的，人民法院应当准确认定合同承运人和实际承运人的法律地位和法律责任。人民法院可以参照《国内水路货物运输规则》第四十六条的规定判定合同承运人和实际承运人的赔偿责任，充分保护国内水路货物运输合同托运人或者收货人的合法权益，减少当事人的讼累。”《国内水路货物运输规则》在2016年5月已经明令废止，不宜参照已经成为废止的部门规章判定责任。

① 青岛海事法院（2017）鲁72民初1808号民事判决书。

② 广州海事法院（2018）粤72民初732号民事判决书；广东省高级人民法院（2020）粤民终19号民事判决书。

二、国内水路货物运输合同的定义

关于国内水路货物运输合同的定义，《国内水路货物运输规则》第 3 条第 1 项规定：

水路货物运输合同（以下简称“运输合同”），是指承运人收取运输费用，负责将托运人托运的货物经水路由一港（站、点）运至另一港（站、点）的合同。

同时，第 2 条规定：

中华人民共和国沿海、江河、湖泊以及其他通航水域中从事的营业性水路货物运输适用本规则。

内河拖航视为水路货物运输，适用本规则。

根据上述规定，国内水路货物运输合同即指装货港、卸货港、挂靠港以及运输途经水域均位于我国境内的货物运输合同，包括国内海上货物运输合同和内陆水域货物运输合同两种具体类型。

三、国内水路货物运输合同的类型

《国内水路货物运输规则》与《海商法》类似，依据船舶营运方式将国内水路货物运输分为班轮运输和航次租船运输两种类型：

1. 班轮运输。《国内水路货物运输规则》第 3 条第 2 项规定：“班轮运输，是指在特定的航线上按照预定的船期和挂港从事有规律水上货物运输的运输形式。”

2. 航次租船运输。《国内水路货物运输规则》第 3 条第 3 项规定：“航次租船运输，是指船舶出租人向承租人提供船舶的全部或者部分舱位，装运约定的货物，从一港（站、点）运至另一港（站、点）的运输形式。”

目前国内水路运输实践中，典型的班轮运输已经逐渐减少，大多采用航次租船运输的形式订立合同。

此外，《国内水路货物运输规则》第 6 条规定：“当事人可以根据需要订立单航次运输合同和长期运输合同”。国内水路货物运输合同据此也可分为单航次运输合同和长期运输合同。

四、国内水路货物运输合同的当事人与关系人

（一）国内水路货物运输合同的当事人

国内水路货物运输合同的当事人与国际海上货物运输合同基本一致，即承运人与托运人。

关于承运人，《国内水路货物运输规则》第3条第4项规定："承运人，是指与托运人订立运输合同的人"；此处承运人的内涵与《海商法》规定的国际海上货物运输合同一致。

关于托运人，《国内水路货物运输规则》第3条第6项规定："托运人，是指与承运人订立运输合同的人"；此处与《海商法》不同的是，国内水路货物运输合同的托运人仅限于契约托运人，而不包括实际托运人即发货人，此种规定与《民法典》以及原《合同法》一致。

典型案例

天津海事法院2020年典型案例

中国人民财产保险股份有限公司天津市分公司诉福建云联商船电子商务有限公司通海水域货物运输合同纠纷案

【基本案情】

2018年1月，海南港航物流服务有限公司（以下简称港航公司）委托海南鑫嘉鸿物流服务有限公司（以下简称鑫嘉鸿公司）负责其从案外人处购买的钢材的启运、目的港收发、装卸仓储、海路公路运输等代理事宜。鑫嘉鸿公司后又转委托海南俊博鑫物流有限公司（以下简称俊博鑫公司）负责上述涉案货物集港、仓储、提货、装船等相关事宜。人保天津分公司作为涉案货物的保险人就涉案货物签发了五份《国内水路陆路货物运输保险单》，投保人为俊博鑫公司、被保险人为港航公司。

2018年1月25日，俊博鑫公司委托福建云联商船电子商务有限公司（以下简称福建云联公司）将涉案钢材由曹妃甸码头运往海口港，福建云联公司所属的"携船"轮加盖船章签发了水路货物运单，运单记载托运人为俊博鑫公司，收货人为鑫嘉鸿公司。涉案货物在沿海运输途中遭遇风浪，海水进入船舱导致部分货物被海水锈蚀。

2018年4月27日，人保天津分公司作为货物的保险人向货物被保险人港航公司赔付后取得代位追偿权，要求福建云联公司承担赔偿责任。

【裁判结果】

一审法院判决福建云联公司赔偿人保天津分公司货物损失216,402.6元及利息。二审法院维持原判。

【典型意义】

在通海水域货物运输实践中，常存在承托双方没有签订书面运输合同，运单上显示的托运人为实际托运人的代理人，货物在承运期间发生货损后实际托运人向承运人主张权利时，承运人会抗辩实际托运人主体不适格，因此在有证据证明实际托运人和其代理人之间存在委托关系的情形下，应当认定实际托运人与承运人之间成立通海水域货物运输合同关系，实际托运人有权向承运人主张权利。

关于本案托运人的认定，虽然水路货物运单上显示的托运人为俊博鑫公司，福建云联公司亦据此抗辩拒绝承担赔偿责任，但俊博鑫公司向福建云联公司托运涉案货物系受港航公司的委托，并且通过港航公司的索赔行为可以看出，货损事故发生后俊博鑫公司向港航公司披露了承运人，根据《中华人民共和国合同法》第四百零三条的规定，港航公司可以行使俊博鑫公司对福建云联公司的权利，即行使托运人的权利向福建云联公司就货损进行索赔，因此，港航公司为本案的实际托运人，有权以托运人的名义向承运人主张权利。

（二）国内水路货物运输合同的关系人

国内水路货物运输合同的关系人也与国际海上货物运输合同基本一致，即实际承运人与收货人。

关于实际承运人，《国内水路货物运输规则》第3条第5项规定：“实际承运人，是指接受承运人委托或者接受转委托从事水路货物运输的人”。

关于收货人，《国内水路货物运输规则》第3条第7项规定：“收货人，是指在运输合同中托运人指定接收货物的人”。

上述关于实际承运人和收货人的规定，与《海商法》关于国际海上货物运输合同的规定一致。

五、国内水路货物运输合同的形式

《国内水路货物运输规则》第7条规定：

> 订立运输合同可以采用书面形式、口头形式和其他形式。
>
> 书面形式是指合同书、信件和数据电文（包括电报、电传、传真、电子数据交换和电子邮件）等可以有形地表现所载内容的形式。

上述规定与《民法典》第469条基本一致：

> 当事人订立合同，可以采用书面形式、口头形式或者其他形式。

书面形式是合同书、信件、电报、电传、传真等可以有形地表现所载内容的形式。

以电子数据交换、电子邮件等方式能够有形地表现所载内容，并可以随时调取查用的数据电文，视为书面形式。

根据上述规定，国内水路货物运输合同可以采用书面、口头乃至其他形式订立。此种规定与《海商法》存在区别：即使是《海商法》第 43 条第 2 句明确规定应当书面订立的航次租船合同，在国内水路货物运输的场合也可以采用口头等形式。

六、国内水路货物运输合同的内容

《国内水路货物运输规则》第 8 条关于采取班轮运输形式的国内水路货物运输合同的主要条款规定：

班轮运输形式下的运输合同一般包括以下条款：

（一）承运人、托运人和收货人名称；

（二）货物名称、件数、重量、体积（长、宽、高）；

（三）运输费用及其结算方式；

（四）船名、航次；

（五）起运港（站、点）（以下简称起运港）、中转港（站、点）（以下简称中转港）和到达港（站、点）（以下简称到达港）；

（六）货物交接的地点和时间；

（七）装船日期；

（八）运到期限；

（九）包装方式；

（十）识别标志；

（十一）违约责任；

（十二）解决争议的方法。

《国内水路货物运输规则》第 9 条关于采取航次租船运输形式的国内水路货物运输合同的主要条款规定：

航次租船运输形式下的运输合同一般包括以下条款：

（一）出租人和承租人名称；

（二）货物名称、件数、重量、体积（长、宽、高）；

（三）运输费用及其结算方式；

（四）船名；

（五）载货重量、载货容积及其他船舶资料；

（六）起运港和到达港；

（七）货物交接的地点和时间；

（八）受载期限；

（九）运到期限；

（十）装、卸货期限及其计算办法；

（十一）滞期费率和速遣费率；

（十二）包装方式；

（十三）识别标志；

（十四）违约责任；

（十五）解决争议的方法。

根据上述规定中“一般包括”的表述，其中列举的条款主要是建议性规定，[①] 而不是合同必须包含的条款，因而性质与《海商法》第73条第1款关于提单正面记载事项的规定相同。

原交通部在制定《国内水路货物运输规则》的同时，设计了相关合同、单证的推荐格式，目前在实践中仍有一定程度的适用。其中水路货物运输合同与水路货物运单均采用表格的形式，记载内容基本相同，如图13、图14所示。二者均注明“承运人、实际承运人、托运人、收货人的有关权利、义务，适用《国内水路货物运输规则》”。一些水路货物运单进一步注明：“本运单经承托双方签章后，具有合同效力，承运人与托运人、收货人之间的权利、义务关系和责任界限均按《国内水路货物运输规则》及运杂费用的有关规定办理。”

① 叶红军、翁笑冰编著：《〈国内水路货物运输规则〉〈港口货物作业规则〉条文释义》，人民交通出版社2000年版，第25页。

承运人、实际承运人、托运人、收货人的有关权利、义务，适用《国内水路货物运输规则》

水 路 货 物 运 输 合 同

编号：

<table>
<tr><td rowspan="2">托运人</td><td>名　称</td><td colspan="3"></td><td rowspan="2">承运人</td><td>名　称</td><td></td></tr>
<tr><td>地址、电话</td><td colspan="3"></td><td>地址、电话</td><td></td></tr>
<tr><td rowspan="2">实际承运人</td><td>名　称</td><td colspan="3"></td><td rowspan="2">收货人</td><td>名　称</td><td></td></tr>
<tr><td>地址、电话</td><td colspan="3"></td><td>地址、电话</td><td></td></tr>
<tr><td>船名</td><td>航次</td><td>装船日期</td><td colspan="2">运到期限</td><td colspan="2" rowspan="2">货物交接地点和时间</td><td>接收</td></tr>
<tr><td colspan="2">起运港</td><td>中转港</td><td colspan="2">到达港</td><td>交付</td></tr>
<tr><td>识别标志</td><td>货 物 名 称</td><td>件　数</td><td>包装方式</td><td>重量(吨)</td><td>体积(长、宽、高)立方米</td><td colspan="2">运输费用及其结算方式</td></tr>
<tr><td></td><td></td><td></td><td></td><td></td><td></td><td colspan="2"></td></tr>
<tr><td colspan="8">其他约定</td></tr>
</table>

说明：1. 本合同格式适用于单航次班轮运输合同　　托运人(签章)　　承运人(签章)

2. 规格：长 19 厘米，宽 27 厘米　　年　月　日　　年　月　日

图 13　水路货物运输合同推荐格式

承运人、实际承运人、托运人、收货人的有关权利、义务，适用《国内水路货物运输规则》

水 路 货 物 运 输 合 同（集装箱）

编号：

<table>
<tr><td rowspan="2">托运人</td><td>名　称</td><td colspan="2"></td><td rowspan="2">承运人</td><td>名　称</td><td></td></tr>
<tr><td>地址、电话</td><td colspan="2"></td><td>地址、电话</td><td></td></tr>
<tr><td rowspan="2">实际承运人</td><td>名　称</td><td colspan="2"></td><td rowspan="2">收货人</td><td>名　称</td><td></td></tr>
<tr><td>地址、电话</td><td colspan="2"></td><td>地址、电话</td><td></td></tr>
<tr><td>船名</td><td>航次</td><td>装船日期</td><td>运到期限</td><td colspan="2" rowspan="2">货物交接地点和时间</td><td>接收</td></tr>
<tr><td colspan="2">起运港</td><td>中转港</td><td>到达港</td><td>交付</td></tr>
<tr><td colspan="2">箱量、尺寸、箱型</td><td>货 物 名 称</td><td>重量(吨)</td><td colspan="2">件数、包装</td><td>运输费用及其结算方式</td></tr>
<tr><td colspan="2"></td><td></td><td></td><td colspan="2"></td><td></td></tr>
<tr><td colspan="7">其他约定</td></tr>
</table>

说明：1. 本合同格式适用于单航次集装箱班轮运输合同　　托运人(签章)　　承运人(签章)

2. 规格：长 19 厘米，宽 27 厘米　　年　月　日　　年　月　日

图 14　水路货物运输合同（集装箱）推荐格式

司法实践

约定依据《国内水路货物运输规则》确定权利与义务

最高人民法院在营口亿鑫物流有限公司与上海泛亚航运有限公司、大连中远国际货运有限公司锦州分公司等运输合同纠纷案①中认为：

根据一审、二审判决查明的事实，亿鑫物流为将涉案5个集装箱货物运送给其指定的收货人，与中货锦州签订《内贸集装箱货物托运委托书》，运输方式为“堆场到门”，本案运输系包含国内海运与陆路运输的多式联运。其中，亿鑫物流为托运人，泛亚航运系多式联运的承运人，中货锦州系泛亚航运的代理人，祥捷物流为陆运区段的实际承运人。中货锦州代承运人泛亚航运签发的《水路集装箱货物运单》载明：“承运人与托运人、收货人之间的权利、义务关系和责任界限均按《国内水路货物运输规则》及运杂费用的有关规定办理”。亿鑫物流接受该运单并无异议，且各方当事人在一审庭审中均认可本案应适用《国内水路货物运输规则》。鉴于涉案运输中海运为主要运输区段，一审、二审法院依据原《合同法》《国内水路货物运输规则》判定各方当事人的权利义务并无不当。尽管本案争议主要是货物经陆运至目的地后的交付问题，但一审、二审判决认定货物交付的责任，符合《中华人民共和国合同法》的有关规定。

第二节　国内水路货物运输合同当事人与关系人的义务与权利

一、承运人的义务与权利

（一）承运人的主要义务

1. 船舶适航

《国内水路货物运输规则》第30条规定：“承运人应当使船舶处于适航状态，妥善配备船员、装备船舶和配备供应品，并使干货舱、冷藏舱、冷气舱和其他载货处所适用并能安全收受、载运和保管货物。”

上述规定与《海商法》第47条规定的适航义务基本一致，主要区别在于没有“谨慎处

① 最高人民法院（2016）最高法民申3550号民事裁定书。

理”的主观标准，以及“在船舶开航前和开航当时”的时间限定。原因在于《国内水路货物运输规则》对于承运人责任采取无过错责任原则，而不是《海商法》采取的过错责任原则，因而国内水路货物运输合同的承运人负有绝对适航的义务。

司法实践

承运人的适航义务

● 上海海事法院在青岛天润物流有限公司与武汉市华茂运贸有限责任公司海上货物运输合同纠纷案[①]中认为：

根据《国内水路货物运输规则》第三十条“承运人应当使船舶处于适航状态，妥善配备船员、装备船舶和配备供应品，并使干货舱、冷藏舱、冷气舱和其他载货处所适用并能安全收受、载运和保管货物”的规定，被告华茂公司具有使涉案船舶适航的义务。被告华茂公司在庭审中提交了涉案“华春19”轮的船舶证书，上述证书齐全有效，船舶也在规定航区行驶，故从船舶技术上“华春19”轮在开航前和开航当时处于适航状态。

● 武汉海事法院在唐山瀛顺海运有限公司与铜陵远申矿业有限公司、营口经济技术开发区祥和船货代理有限公司、大连长运船务代理有限公司水路货物运输船舶损害赔偿纠纷案[②]中认为：

依照《国内水路货物运输规则》第三十条的规定，瀛顺公司作为承运人，应当使船舶处于适航状态，妥善配备船员、装备船舶和配备供应品，并使干货舱、冷藏舱、冷气舱和其他载货处所适用并能安全收受、载运和保管货物。瀛顺公司提供给本院的“信成823”轮海上货船适航证书系河北省船舶检验局对该轮进行改建检验后颁发的证书，有效期至2006年10月28日止，涉案航次开航时，该证书已然失效。因瀛顺公司未能提交“信成823”轮后续的海上货船适航证书，故本院不能认定“信成823”轮在涉案航次开航前和开航当时处于适航状态。

2. 接收货物

《国内水路货物运输规则》第31条规定：“承运人应当按照运输合同的约定接收货物。”

承运人按照约定接收货物的义务，与托运人按照约定交付货物的义务对应。如果承运

① 上海海事法院（2018）沪72民初3893号民事判决书。

② 武汉海事法院（2007）武海法商字第275号民事判决书。

人没有正当理由而拒绝接收托运人交付的货物，即属违约行为。[①]

3. 妥善管理货物

《国内水路货物运输规则》第32条规定："承运人应当妥善地装载、搬移、积载、运输、保管、照料和卸载所运货物。"

上述规定与《海商法》第48条规定的管货义务基本一致，仅有的区别是没有"谨慎"的主观标准，原因同样在于《国内水路货物运输规则》对于承运人责任采取无过错责任原则，而不是过错责任原则。

司法实践

承运人妥善管理货物的义务

天津市高级人民法院在泉州恒盛船务有限公司与中国人寿财产保险股份有限公司天津市分公司通海水域货物运输合同纠纷案[②]中认为：

一审法院认为……

骏驰公司和恒盛公司签订的运输合同，以及恒盛公司出具的水路货物运单，均记载适用《国内水路货物运输规则》,《国内水路货物运输规则》可视为合同约定，作为确定各方当事人权利义务的依据。其中第三十二条规定，"承运人应当妥善地装载、搬移、积载、运输、保管、照料和卸载所运货物"。根据天宜公司公估报告的记载,涉案螺纹钢发生锈蚀是由于"舱底合缝处胶条老化，故海水从舱盖合缝处渗漏至舱内，造成货物受损"，恒盛公司存在管货过失，应对货物毁损承担损害赔偿责任。

……

根据理货组长和船长/大副签名的货物单记载，涉案运输的货物在卸船时即发现存在"945件严重水锈，265件水锈，11件包装松散，91支弯曲"。天宜公司的公估师到现场进行了实地查勘，检查了船舶货舱的水密设施，向船长了解运输过程，并经对舱内货物硝酸银测试为阳性，从而得出事故原因为"在货物运输过程中，遭遇风浪，由于船舶货舱水密设施不合格，甲板上浪后海水进入舱内，导致货舱水湿生锈受损"，该公估报告客观、真实，能够证明涉案货物为海水水湿，该货损发生在恒盛公司运输过程中，恒盛公司未尽到妥善地运输、保管、照料所运货物的义务，应当承担相应货损的赔偿责任。

① 叶红军、翁笑冰编著:《〈国内水路货物运输规则〉〈港口货物作业规则〉条文释义》，人民交通出版社2000年版，第47页。

② 天津海事法院（2020）津72民初834号民事判决书；天津市高级人民法院（2020）津民终1439号民事判决书。

4. 船舶不进行不合理绕航

《国内水路货物运输规则》第33条规定：

> 承运人应当按照约定的或者习惯的或者地理上的航线将货物运送到约定的到达港。
>
> 承运人为救助或者企图救助人命或者财产而发生的绕航或者其他合理绕航，不属于违反前款规定的行为。

上述规定与《海商法》第49条规定的船舶不进行不合理绕航义务相同。

司法实践

承运人的船舶不进行不合理绕航的义务

大连海事法院在苏州工业园区华光玻璃配送有限公司与上海泛亚航运有限公司、大连中远国际货运有限公司海上、通海水域货物运输合同纠纷案[①]中认为：

原告、被告都确认涉案货物在"磐河"轮549S航次从宁波港运往上海港的途中遭受损失。关于货损原因，原告主张，涉案航次没有遭遇热带风暴，即使遭遇了热带风暴，也不构成不可抗力，而且遭遇风暴的原因是"磐河"轮从大连港到上海港期间不合理地绕航到宁波港；涉案开顶集装箱本应装在舱内却装在甲板上且缺乏其他集装箱的保护，箱体易受船舶剧烈横摇而产生位移或倾覆。被告泛亚公司主张，货物超重、集装箱内货物绑扎不当和航行途中遭遇不可抗力的热带风暴是造成货物损失的原因。

对于原告的主张，根据中国天气网在7月16日的预报，"磐河"轮549S航次从宁波港开往上海港期间，我国东海海面遭遇热带风暴。"磐河"轮的航行受到该风暴的一定影响，但该风暴可以预见，也可以避免，故不构成不可抗力。中国航贸网发布的"磐河"轮549S航次船期公告，公示该轮在南行时从大连港经宁波港到上海港。原告或其代理人集货公司在选择船舶时应当知道该轮作为班轮中途停靠宁波港，该轮停靠宁波港的行为不构成绕航。涉案集装箱在运输途中没有发生位移或湿损等与甲板装载有关的损失，且2个集装箱中装载于中间的集装箱内货物损坏严重而装载于外侧的集装箱内货物损坏较轻，表明货物损坏与涉案集装箱能否堆放于甲板以及其周围是否堆放集装箱予以保护无关。至于集装箱装于甲板而使箱体易受船舶剧烈横摇导致集装箱内货物受损，要看货物在集装箱内的绑扎是否牢固。故原告提出的集装箱积载不当造成货物损坏的主张，本院不予采纳。

① 大连海事法院（2013）大海商初字第252号民事判决书。

5. 及时交付货物

《国内水路货物运输规则》第 34 条规定：

> 承运人应当在约定期间或者在没有这种约定时在合理期间内将货物安全运送到约定地点。
>
> 货物未能在约定或者合理期间内在约定地点交付的，为迟延交付。对由此造成的损失，承运人应当承担赔偿责任。
>
> 承运人未能在本条第一款规定期间届满的次日起 60 日内交付货物，有权对货物灭失提出赔偿请求的人可以认为货物已经灭失。

上述规定较之《海商法》第 50 条关于迟延交付的规定，首先在第 1 款从正面规定了承运人负有及时将货物安全运输至约定地点的义务，其次在第 2 款规定了迟延交付。更为重要的区别应是上述规定同时采纳了约定时间和合理时间两个标准，而不限于《海商法》规定的约定时间标准。

上述规定主要参考了原《合同法》第 290 条的规定，目前《民法典》第 811 条的规定与之相同："承运人应当在约定期限或者合理期限内将旅客、货物安全运输到约定地点"。此处合理时间的认定属于事实问题，需要根据运输方式或运输工具、运输路线、运输工具的一般安全运输速度、特定货物本身对于运输时间的正常要求等具体情形确定，较为客观合理的方法是根据同类运输的一般运到时间确定争议运输的合理时间。①

司法实践

承运人及时交付货物的义务

海南省高级人民法院在扬州市裕华货物联运代理有限公司与武汉宝坤龙船务有限公司海上、通海水域货物运输合同纠纷案②中认为：

关于宝坤龙公司是否已尽到在合理运输期间运输货物的义务问题。尽管双方在合同中并未约定具体的运输期限，但不意味着宝坤龙公司可不受运输期限的约束。我国原《合同法》第二百九十条和《国内水路货物运输规则》第三十四条都规定了承运人负有在合理期间内将

① 最高人民法院民法典贯彻实施工作领导小组主编：《中华人民共和国民法典合同编理解与适用》，人民法院出版社 2020 年版，第 2067 页。

② 海口海事法院（2014）琼海法重字第 1 号民事判决书；海南省高级人民法院（2015）琼民三终字第 5 号民事判决书。

货物安全运抵目的地的义务。因此，承运人应当在合理运输期限内尽速遣航、安全运输。宝坤龙公司依据合同约定共为裕华公司承运五个航次。该五个航次起运港、目的港和所运货种均相同，其中宝坤龙公司的“利通浦3号”和“宝坤龙9号”在五个航次中分别重复运输了两个航次，但在途时间相去甚远，最短8天，最长49天。裕华公司主张本案航程的合理运输期间以第一个航次13天计，因此后三个分别为49天、21天、22天的航次发生迟延运输。宝坤龙公司抗辩认为其已尽到妥当运输义务，后三个航次均遭遇台风，导致迟延。第三个航次在途时间过长为裕华公司延迟支付运费所致，其享有先履行抗辩权。一审法院认为，裕华公司主张的合理运输期间13天，为从宝坤龙公司已实际完成了的航次中选取，且未择取宝坤龙公司履行了的航次中用时最少的，具有合理性。参照相关航运从业人士所作该航程通常情况下需五六天的表述及航运实际，一审法院认为，裕华公司以13天作为争议航次的合理运输期间的主张，可以采信。宝坤龙公司辩解认为吨位、航行能力不同的船舶在同航程中所需的运输时间不同，但宝坤龙公司并未作相应的举证。既未出庭应诉，也未提交船舶资料等证据以便法庭进一步准确确定。宝坤龙公司抗辩认为后三个航次，尤其是用时最多的第三个航次途中遭遇台风导致船舶故障和发生迟延，同样未提供有效的证据支持。因此，在宝坤龙公司无证据证明具有客观免责事由情形下，宝坤龙公司后三个航次发生迟延运输，构成违约，宝坤龙公司应负赔偿责任。

此外，上述第3款还规定了推定货物灭失的情形，即如果承运人在约定期间或合理期间届满次日起的60日内未交付货物，视为货物已经灭失。

司法实践

推定货物灭失

厦门海事法院在陈国星与南京康瑞水陆联运有限公司、徐子辉海上、通海水域货物运输合同纠纷案[①]中认为：

原告将货物交由康瑞公司运输，但康瑞公司至今仍未交付货物。根据《国内水路货物运输规则》第三十四条第三款规定，承运人未能在约定期间届满的次日起60日内交付货物，有权对货物灭失提出赔偿请求的人可以认为货物已经灭失，故案涉货物视为灭失。原告的

① 厦门海事法院（2016）闽72民初421号民事判决书。

损失包括：货物价值506,000元、原告提起诉讼产生的律师代理费13,000元以及原告已支付的定金30,000元及运费60,000元。根据原《合同法》第三百一十一条的规定，康瑞公司应当承担损害赔偿责任。

6. 到货通知

《国内水路货物运输规则》第38条规定：

货物运抵到达港后，承运人应当在24小时内向收货人发出到货通知。

到货通知的时间，信函通知的，以发出邮戳为准；电传、电报、传真通知的，以发出时间为准；采用数据电文形式通知的，收件人指定特定系统接收数据电文的，以该数据电文进入该特定系统的时间为通知时间；未指定特定系统的，以该数据电文进入收件人的任何系统的首次时间为通知时间。

根据上述规定，承运人负有在货物运抵到达港后，在24小时内向收货人发出到货通知的义务，同时第2款规定了不同情形下到货通知时间的确定方法。规定此项义务主要是为促使托运人能够及时提取货物，保证承运人的交货义务按期履行，从而减少双方当事人遭受损失的可能性。至于其中规定的24小时，主要是《国内水路货物运输规则》制定当时实践中长期执行的时间标准。①

司法实践

承运人的到货通知义务

厦门海事法院在深圳市和丰饲料有限公司与青岛海顺航国际物流有限公司多式联运合同纠纷案②中认为，即使承运人未能在货物运抵到达港后24小时内发出到货通知，迟延发出的通知仍为有效的提货通知，托运人依然负有及时安排收货的义务。二审法院福建省高级人民法院也予以认可。

涉案货物于2013年9月11日运抵蛇口港，因最终收货地点不明确，依据和丰公司与海顺航公司在PASU5024107640号内贸货物托运委托书上约定并入的《国内水路货物运输规

① 叶红军、翁笑冰编著:《〈国内水路货物运输规则〉〈港口货物作业规则〉条文释义》，人民交通出版社2000年版，第57~58页。

② 广州海事法院（2015）广海法初字第67号民事判决书；广东省高级人民法院（2016）粤民终50号民事判决书。

则》第三十八条“货物运抵到达港后，承运人应当在24小时内向收货人发出到货通知。到货通知的时间，信函通知的，以发出邮戳为准;电传、电报、传真通知的，以发出时间为准;采用数据电文形式通知的，收件人指定特定系统接收数据电文的，以该数据电文进入该特定系统的时间为通知时间；未指定特定系统的，以该数据电文进入收件人的任何系统的首次时间为通知时间”的规定，海顺航公司应于9月12日告知和丰公司涉案货物到港，并按照和丰公司关于明确具体收货地点和收货人的指示，履行自蛇口港至最终收货地点的运输及交付义务。海顺航公司于10月18日才告知和丰公司涉案货物运抵蛇口港,该行为虽属迟延通知,但仍为有效的提货通知。根据原《合同法》第六十条“当事人应当按照约定全面履行自己的义务。当事人应当遵循诚实信用原则，根据合同的性质、目的和交易习惯履行通知、协助、保密等义务”的规定，和丰公司在10月21日收到海顺航公司的货物到港通知后，仍有义务及时向海顺航公司发出将货物从蛇口港运至明确具体的最终收货地点及交给最终收货人的指示，以尽快完成涉案货物的运输及交付。和丰公司履行前述义务后，如因海顺航公司迟延运输或拒绝运输而造成货损或产生其他不合理费用，其有权向海顺航公司索赔；但和丰公司不能以海顺航公司迟延通知为由，拒不履行主动、及时告知最终交货地点和最终收货人的义务。若和丰公司不履行前述义务，则涉案多式联运的运输义务止于蛇口港，和丰公司负有在蛇口港及时提取涉案货物的义务。

此外,《国内水路货物运输规则》第41条还规定了承运人的催提义务：

承运人发出到货通知后，应当每10天催提一次，满30天收货人不提取或者找不到收货人，承运人应当通知托运人，托运人在承运人发出通知后30天内负责处理该批货物。

托运人未在前款规定期限内处理货物的，承运人可以将该批货物作无法交付货物处理。

司法实践

承运人的催提义务

武汉海事法院在重庆市忠县石宝航运有限公司、石军因与周国刚通海水域货物运输合同纠纷案[①]中认为：

涉案船舶"石宝 1002"轮抵达卸货港宜昌全通码头等待卸货的时间是 2014 年 3 月 13 日，石宝公司通知周国刚要求其明确卸货日期的时间是 3 月 19 日，周国刚虽然没有在石宝公司要求的 3 月 20 日前作出回复，但其在 3 月 21 日早上回复石宝公司明确 3 月 25 日卸货。在此情况下，石宝公司未经周国刚同意，于 3 月 21 日当天直接将涉案货物卸至宜昌港务集团十四码头。从 3 月 13 日到 3 月 21 日，前后只有 8 天时间，远远少于《国内水路货物运输规则》第四十一条规定的 30 天期限。因此，石宝公司未经过合理期限，直接处理货物的行为违反了双方的约定，也违反了《国内水路货物运输规则》的规定，由此造成的扩大损失和费用应由其承担。周国刚主张的两笔费用，一项是其向石宝公司支付的宜昌港务集团码头作业费 90,000 元，另一项是周国刚委托奥泰公司将货物从实际卸货码头运至指定码头的汽车转运费 98,835 元，均是由于石宝公司擅自变更卸货港造成的额外费用，石宝公司应予赔偿。

（二）承运人的责任

1. 承运人责任的归责原则

《国内水路货物运输规则》是依据原《合同法》制定，因而一般认为对于承运人责任同样采取无过错责任原则。《民法典》第 577 条也规定："当事人一方不履行合同义务或者履行合同义务不符合约定的，应当承担继续履行、采取补救措施或者赔偿损失等违约责任。"此种规定与《海商法》采取的不完全过错责任原则存在明显区别。

2. 承运人的免责事由

《国内水路货物运输规则》第 48 条规定：

> 承运人对运输合同履行过程中货物的损坏、灭失或者迟延交付承担损害赔偿责任，但承运人证明货物的损坏、灭失或者迟延交付是由于下列原因造成的除外：
>
> （一）不可抗力；
>
> （二）货物的自然属性和潜在缺陷；
>
> （三）货物的自然减量和合理损耗；
>
> （四）包装不符合要求；
>
> （五）包装完好但货物与运单记载内容不符；

① 武汉海事法院（2014）武海法商字第 00538 号民事判决书；湖北省高级人民法院（2015）鄂民四终字第 00113 号民事判决书。

（六）识别标志、储运指示标志不符合本规则第十八条、第十九条规定；

（七）托运人申报的货物重量不准确；

（八）托运人押运过程中的过错；

（九）普通货物中夹带危险、流质、易腐货物；

（十）托运人、收货人的其他过错。

上述规定较之《海商法》第51条第1款规定的承运人免责事由，最为主要的区别是排除了航海过失免责、火灾过失免责等承运人的过失免责，同时也是对于原《合同法》第311条规定的具体化。《民法典》第832条也规定："承运人对运输过程中货物的毁损、灭失承担赔偿责任。但是，承运人证明货物的毁损、灭失是因不可抗力、货物本身的自然性质或者合理损耗以及托运人、收货人的过错造成的，不承担赔偿责任。"二者之间的对应关系如表6所示。

表6　《国内水路货物运输规则》与《民法典》规定的承运人免责事由比较

《国内水路货物运输规则》第48条	《民法典》第832条
不可抗力	不可抗力
货物的自然属性和潜在缺陷	货物本身的自然性质或者合理损耗
货物的自然减量和合理损耗	
包装不符合要求	托运人、收货人的过错
包装完好但货物与运单记载内容不符	
识别标志、储运指示标志不符合本规则第十八条、第十九条规定	
托运人申报的货物重量不准确	
托运人押运过程中的过错	
普通货物中夹带危险、流质、易腐货物	
托运人、收货人的其他过错	

3. 承运人的赔偿数额

国内水路货物运输合同的承运人不享有单位赔偿责任限制的权利，而应承担完全赔偿的责任。

《国内水路货物运输规则》未规定承运人对于货物灭失、损坏或迟延交付的赔偿数额。《民法典》第833条规定："货物的毁损、灭失的赔偿额，当事人有约定的，按照其约定；

没有约定或者约定不明确，依据本法第五百一十条的规定仍不能确定的，按照交付或者应当交付时货物到达地的市场价格计算。法律、行政法规对赔偿额的计算方法和赔偿限额另有规定的，依照其规定。”

根据上述规定，承运人对于货物灭失或损坏的赔偿数额应按以下四个层次确定：

（1）首先根据当事人的约定确定，即当事人的意思自治优先适用。

（2）如果当事人没有约定或约定不明确时，依据《民法典》第510条进行补充协议，不能达成补充协议时则按合同相关条款或交易习惯确定。《民法典》第510条规定：“合同生效后，当事人就质量、价款或者报酬、履行地点等内容没有约定或者约定不明确的，可以协议补充；不能达成补充协议的，按照合同相关条款或者交易习惯确定。”

（3）如果根据《民法典》第510条仍然无法确定，赔偿数额按照交付或应当交付时货物到达地的市场价格计算。关于市场价格的计算方法，《民法典评注》一书认为：“按照市场价格计算货物毁损、灭失的赔偿额时，对于货物投保的保险费用也属于损失的范畴。具体的计算方法，应结合具体案件具体分析，如有的货损金额可以按照市场价格估算货物如未毁损的全部价值再减去货物残值。有的货损金额可以按照货物的修复费用计算。”[①]

司法实践

货物灭失或损坏的赔偿数额

● 大连海事法院在舟山锦弘海运有限公司与大连金鼎石油化工机器有限公司水路货物运输合同纠纷案[②]中认为：

原《合同法》第三百一十二条规定：“货物的毁损、灭失的赔偿额，当事人有约定的，按照其约定；没有约定或者约定不明确，依照本法第六十一条的规定仍不能确定的，按照交付或者应当交付时货物到达地的市场价格计算。法律、行政法规对赔偿额的计算方法和赔偿限额另有规定的，依照其规定。”金鼎公司与锦弘公司没有约定货物毁损、灭失的赔偿额，双方亦未证明涉案货物的市场价格。金鼎公司重新制作10张弧形钢板，购买10张容器板花费485,249.25元、定作锻件花费89,738.7元、重新运输花费150,000元，对上述款项（共计724,987.95元）及相应利息的损失，原审法院予以支持，锦弘公司应予以赔偿。其中，

① 谢鸿飞、朱广新主编：《民法典评注·合同编：典型合同与准合同》（第3册），中国法制出版社2020年版，第326页。

② 大连海事法院（2020）辽72民初24号民事判决书；辽宁省高级人民法院（2020）辽民终919号民事判决书。

利息损失以724,987.95元为基数，自2018年4月21日起至2019年8月19日按中国人民银行同期同类贷款基准利率计算，自2019年8月20日至本判决确定的给付之日止按全国银行间同业拆借中心公布的贷款市场报价利率计算。锦弘公司未证明金鼎公司已获得保险赔偿金，故不能以此为由不承担赔偿责任。金鼎公司未证明其加工费和包装费损失386,458元，故对该部分损失不予支持。

金鼎公司主张10张弧形钢板灭失导致组装工人停工，要求锦弘公司支付工人停工两个月的工资损失320,000元。金鼎公司未证明其提供的工资结算表上的人员系组装涉案弧形钢板的工人，也未证明结算的是停工工资，故金鼎公司的该项主张无事实依据，原审法院不予支持。

金鼎公司要求锦弘公司支付机械停工损失168,000元。金鼎公司自述机械为金鼎公司所有，非金鼎公司租用，故停工并未给金鼎公司造成租金损失，亦未给机械造成损失，故金鼎公司的该项主张无事实依据，原审法院不予支持。

● 天津海事法院在石狮市富甲海运有限公司与中国人民财产保险股份有限公司台州市分公司、唐山言鼎海运有限公司水路货物运输合同纠纷案[①]中认为：

本案中，对于如何确定涉案钢材损失金额的问题，意简公司与悦之公司的公估报告采用了两种不同的计算方法。意简公司采用了以保险金额减去拍卖残值的方法确定损失数额，而悦之公司采用了按照货物修复费用确定损失数额的方法。结合本案事实，一审法院认为，首先，从现有证据来看，该部分涉案钢材已销售给案外人，并未进行实际修复，且悦之公司对于涉案钢材的现场勘验已无法反映卸货时的受损数量及程度，因此其在此基础上估算的修复费用及损失数额一审法院不予采信。其次，依照原《合同法》第三百一十二条的规定，对货物的毁损、灭失的赔偿额，当事人可作特别约定，如果没有约定或者约定不明，按照货物到达地的市场价格计算。本案当事人对涉案钢材赔偿额的计算未作约定，故应按照目的港此类钢材受损前后的市场价格差额计算。因钢材价格市场波动较大，即使拍卖也必然受当时市场行情的影响。而对于货物因市场变化造成的行市损失，承运人并无赔偿责任。因此意简公司根据货物保险金额与拍卖价格的差额来计算损失数额的方法未考虑市场行情因素的影响，不具有科学合理性，一审法院亦不予采纳。

一审法院认为，以货物完好时的市场价值与受损货物的实际价值之差，然后除以货物完好

① 天津海事法院（2019）津72民初146号民事判决书；天津市高级人民法院（2019）津民终528号民事判决书。

时的市场价值确定贬值率，再以贬值率计算货物损失的计算方法能够剔除行市变化造成货物涨跌的因素，避免了船、货双方不应承担的市场损失，符合原《合同法》第三百一十二条的立法精神，具有科学合理性。因此，本案以该方法确定涉案钢材的损失金额。

就涉案钢材市场价格的确定，富甲公司虽然提交了中钢网深圳钢材价格走势图，但中钢网并非物价管理部门的官方网站，亦非钢铁行业相关管理机构的官方网站，富甲公司也未提供证据证明其数据来源的客观性和科学性，并且该价格走势图采集的钢材的规格与涉案钢材规格亦不相符，因此不宜以其为依据确定涉案钢材的市场价格。而中国钢铁工业协会作为全国性的钢铁行业的非营利性行业组织，具有开展行业调查研究、发布行业信息等职能，其所采集的信息具有客观性和科学性。经一审法院向中国钢铁工业协会咨询，了解到钢材价格一般只采集具有代表性规格的钢材的价格数据，并且一般采用Φ16规格螺纹钢的价格作为价格指数。涉案钢材中的Φ14和Φ32规格的螺纹钢以及Φ10规格的盘螺不属于主流产品，因此不在采集范围内。一审法院认为，对于涉案钢材中Φ12规格的螺纹钢和Φ8规格的盘螺，中国钢材价格指数监测系统中有相应的价格采集信息，因此应当将该价格认定为该规格钢材的市场价格；对于涉案钢材中的Φ14和Φ32规格的螺纹钢，因没有权威的价格采集信息，因此应当参照中国钢材价格指数数据认定市场价格；对于涉案钢材中的Φ10规格的盘螺，则参照最接近的Φ8规格盘螺的价格信息确定市场价格。

涉案钢材卸货港为广州港，于2018年4月24日拍卖成交，成交价格为3280元/吨。中国钢铁工业协会采集的“中国钢材价格指数监测系统”显示，2018年4月23日至27日周价格指数为4280元/吨，Φ12规格螺纹钢价格为4400元/吨，Φ8规格盘螺价格为4190元/吨。因此，该部分涉案钢材中Φ12规格螺纹钢价格差为1120元/吨，除以货物完好的市场价4400元/吨，得出贬值率为25.45%；Φ14及Φ32规格的螺纹钢价格差为1000元/吨，除以货物完好的市场价4280元/吨，得出贬值率为23.36%，盘螺价格差为910元/吨，除以货物完好的市场价4190元/吨，得出贬值率为21.72%。根据河钢交易中心与现代公司的代理订货合同及购货发票，涉案钢材的采购价格分别为Φ12规格螺纹钢4360元/吨、Φ14规格螺纹钢4360元/吨、Φ32规格螺纹钢4500元/吨、Φ8和Φ10规格盘螺均为4370元/吨。根据已得出的贬值率，Φ12规格螺纹钢贬值为1109.62元/吨，共计贬值1,046,201.89元；Φ14规格螺纹钢贬值为1018.496元/吨，共计贬值453,306.09元；Φ32规格螺纹钢贬值为1051.2元/吨，共计贬值520,623.62元；Φ8规格盘螺贬值为949.164元/吨，共计贬值1,527,569.36元；Φ10规格盘螺贬值为949.164元/吨，共计贬值1,301,524.05元。综上所述，上述涉案钢材贬值损失合计金额为4,849,225.01元。

（4）如果法律、行政法规对于赔偿数额的计算方法和赔偿限额另有规定，应当优先适用，但目前法律、行政法规对于国内水路货物运输的赔偿数额的计算方法和赔偿限额并未另作规定。

至于承运人对于迟延交付的赔偿数额，应当适用《民法典》第584条的一般规定："当事人一方不履行合同义务或者履行合同义务不符合约定，造成对方损失的，损失赔偿额应当相当于因违约所造成的损失，包括合同履行后可以获得的利益；但是，不得超过违约一方订立合同时预见到或者应当预见到的因违约可能造成的损失"。即托运人可以索赔可得利益损失。

此外，《国内水路货物运输规则》第21条规定了保价运输：

> 托运人托运货物，可以办理保价运输。
>
> 货物发生损坏、灭失，承运人应当按照货物的声明价值进行赔偿，但承运人证明货物的实际价值低于声明价值的，按照货物的实际价值赔偿。

根据上述规定，如果托运人办理了保价运输，承运人除非在证明货物实际价值低于声明价值时可以按照实际价值赔偿外，否则应当按照声明价值赔偿。

（三）承运人的主要权利

1. 运费和其他费用请求权

承运人的运费和其他费用请求权与国际海上货物运输合同基本相同，其他费用主要包括保管费、滞期费、共同海损分摊和承运人为货物垫付的必要费用。稍有不同的是《国内水路货物运输规则》第49条规定："货物在运输过程中因不可抗力灭失，未收取运费的，承运人不得要求支付运费；已收取运费的，托运人可以要求返还。货物在运输过程中因不可抗力灭失的，承运人按照实际交付的货物比例收取运费。"

上述规定参考了原《合同法》第314条的规定，目前《民法典》第835条也规定："货物在运输过程中因不可抗力灭失，未收取运费的，承运人不得请求支付运费；已经收取运费的，托运人可以请求返还。法律另有规定的，依照其规定"。

根据上述规定，如果货物在运输过程中由于不可抗力而灭失，承运人不得请求运费，已经收取的预付运费托运人可以请求返还。《海商法》对此未作规定，而国际海上货物运输实践普遍采取预付运费概不退还的做法。

2. 货物留置权

《国内水路货物运输规则》第40条规定："应当向承运人支付的运费、保管费、滞期费、共同海损的分摊和承运人为货物垫付的必要费用以及应当向承运人支付的其他运输费用没有付清，又没有提供适当担保的，承运人可以留置相应的运输货物，但另有约定的除外。”

上述规定与《民法典》第836条一致，均采用了“相应的运输货物”的表述。“相应的运输货物”通常认为不限于债务人所有的货物，因而与《海商法》第87条规定的“其货物”必须是债务人所有的货物有所不同。

典型案例

武汉海事法院服务和保障长江经济带发展典型案例（第一批）

明确留置权行使合理范围　平衡船货各方利益

——原告陈某与被告武汉君渝物流有限公司、徐某、石首市运昌船务有限公司通海水域货物运输合同纠纷案

【基本案情】

2014年4月11日，个体工商户陈某与君渝公司签订《水路货物运输合同》。合同有三被告签字或盖章。合同约定，陈某将一批大理石交由君渝公司用“运昌8”号轮从武汉阳逻港运至重庆九渡口码头。合同约定，本航次装卸时间为装4天卸4天，两港时间合并使用。如陈某延装延卸，按船舶装载吨位每天1元/吨付对方延期费。付款方式为，合同签订后，陈某付君渝公司定金2万元，君渝公司按约定将船舶驶抵始发港装货，装货完毕后陈某支付船运费的60%给君渝公司，货物安全抵达目的地，卸完货交清件数后4天内结清全部余款。合同签订后，陈某向君渝公司支付了定金2万元。2014年4月18日，君渝公司指派运昌公司所属“运昌8”号轮至武汉装货，同年4月27日，装货完毕，“运昌8”号轮载货起运。5月6日，“运昌8”号轮抵达重庆港口。之后，陈某与君渝公司就运费、滞期费问题进行协商。5月15日，陈某支付了3万元运费。5月17日，“运昌8”号轮抵达码头开始卸货。卸了部分货物后，“运昌8”号轮留置余下货物堆存于其他公司码头。陈某请求法院判令三被告立即在重庆九渡口码头向陈某交付其承运并差欠货物，如三被告不能交付货物，则应连带赔偿货物损失。君渝公司提起反诉，请求判令陈某向君渝公司支付剩余运费、延期费、船舶开支及油费、货港费、利息及运费滞纳金。

【裁判结果】

武汉海事法院审理认为，君渝公司享有货物留置权。陈某尚欠运费未予支付，违反了合同关于运费支付的约定。“运昌8”号轮于2014年5月6日抵达目的港，于同年5月22日停

止卸货，卸货延期13天。陈某作为托运方，按照合同约定，应当承担支付延期费的责任。留置权的行使和实现，可能涉及转运费用、装卸费用、堆存费用、评估和拍卖费用等留置货物时无法预估的不确定支出，因此留置财产的价值可以适当超出债务的金额，但不宜超过债权合理范围。虽然君渝公司对其承运的相应货物享有留置权，但是对超出合理范围进行留置的货物应当继续完成交付义务或赔偿该部分货物损失。如果君渝公司在法院指定的期限内向陈某交付了剩余货物或赔偿了相应价值的货物损失，则相当于完成了全部卸货的义务，陈某应当在收货或取得赔偿款之日4日内向君渝公司支付运费。徐某系君渝公司法定代表人，君渝公司在合同上盖章，徐某个人不是本案水路货物运输合同的相对人。运昌公司虽系涉案运输的实际承运人，但与陈某不存在合同关系，不应承担向陈某交付货物或赔偿货物损失的合同责任。陈某不是涉案货物的货主，也不能依据侵权关系向运昌公司主张侵权责任。2015年5月21日，法院一审判令君渝公司于本判决生效之日起10日内，在重庆九渡口码头向本诉原告陈某交付价值1,666,438.85元的货物（含超出合理范围留置的货物和货差部分的货物）；如果君渝物流有限公司未能履行前款交付义务，则应当于交付期限届满的次日一次性赔偿陈某的货物损失1,666,438.85元；如果君渝公司履行了上述义务，陈某应当于收货或取得赔偿金之日起4日内向君渝公司支付剩余运费。陈某上诉后因未按规定缴纳上诉费被二审法院按撤诉处理。

【典型意义】

本案对长江经济带区域内长江的内河货物运输中典型的运费（滞期费）纠纷和由此引发的货物留置权纠纷具有示范意义。该案的审理和判决明确了承运人可以托运人拖欠运费和滞期费为由行使货物留置权，但留置的货物价值应以不超过债权合理范围为限，在本案中法院确定的标准较好平衡了内河运输中船方与货方的权利，为长江经济带区域内常见的内河运输中承托双方提高风险防范意识提供了指引，具有较高的实践价值。

3. 邻近港口卸货权

《国内水路货物运输规则》第35条规定：

因不可抗力致使不能在合同约定的到达港卸货的，除另有约定外，承运人可以将货物在到达港邻近的安全港口或者地点卸载，视为已经履行合同。

承运人实施前款规定行为应当考虑托运人或者收货人的利益，并及时通知托运人或者收货人。

上述规定与《海商法》第91条的规定基本一致，但认可的事由仅包括不可抗力，而排除了其他不能归责于承运人和托运人的原因，即意外事件或称通常事变。

司法实践

承运人的邻近港口卸货权

大连海事法院在中国平安财产保险股份有限公司大连分公司与舟山锦弘海运有限公司海上、通海水域货物运输合同纠纷案[①]中认为：

因涉案货物系由大连运至舟山，且大柴公司与被告之间的水路货物运单载明承运人、托运人、收货人的有关权利义务适用《国内水路货物运输规则》，虽然《国内水路货物运输规则》已经失效，但作为当事人在运单中已经约定适用《国内水路货物运输规则》，《国内水路货物运输规则》应作为当事人之间合同的组成部分。《国内水路货物运输规则》第三十五条第一款规定："因不可抗力致使不能在合同约定的到达港卸货的，除另有约定外，承运人可以将货物在到达港邻近的安全港口或者地点卸载，视为已经履行合同。"原《合同法》第三百一十一条规定："承运人对运输过程中货物的毁损、灭失承担损害赔偿责任，但承运人证明货物的毁损、灭失是因不可抗力、货物本身的自然性质或者合理损耗以及托运人、收货人的过错造成的，不承担损害赔偿责任。"公估报告载明：涉案货物事故原因系"锦弘之路"轮在货物运输过程中受台风"玛利亚"影响，其出现的船体异常横摇导致舱内货物移位撞击并导致损坏。原《民法总则》第一百八十条规定："不可抗力是指不能预见、不能避免且不能克服的客观情况。"对于涉案台风是否为不可抗力，本院认为，作为承运人，在航海作业时应重视天气情况，一方面要具备洞察天气的能力，另一方面要具备应急能力。在涉案货物到港前，承运人应对天气情况有所了解，且涉案台风已经气象台预报，在涉案货物到港时，因已知有台风，应尽可能将货物在到达港邻近的安全港口或者地点卸载，确保涉案货物安全，避免或者减少损失。因此，涉案台风不能构成不可抗力，且被告亦未举证证明涉案货损系因货物本身的自然性质、合理损耗造成，被告对涉案货损具有过错。

① 大连海事法院（2019）辽72民初670号民事判决书。

二、托运人的义务与权利

（一）托运人的主要义务

1. 办理货物运输手续

《国内水路货物运输规则》第 11 条规定：

> 托运人应当及时办理港口、海关、检验、检疫、公安和其他货物运输所需的各项手续，并将已办理各项手续的单证送交承运人。
>
> 因托运人办理各项手续和有关单证不及时、不完备或者不正确，造成承运人损失的，托运人应当承担赔偿责任。

上述规定与《海商法》第 67 条的规定一致。此种规定同时也是对原《合同法》第 305 条的具体化，目前《民法典》第 826 条也规定：“货物运输需要办理审批、检验等手续的，托运人应当将办理完有关手续的文件提交承运人”。

司法实践

托运人办理货物运输手续的义务

武汉海事法院在中意财产保险有限公司上海分公司与福建千祥船务有限公司通海水域货物运输合同纠纷案①中认为：

本案当事人约定适用的《国内水路货物运输规则》第十一条规定：“托运人应当及时办理港口、海关、检验、检疫、公安和其他货物运输所需的各项手续，并将已办理各项手续的单证送交承运人。因托运人办理各项手续和有关单证不及时、不完备或者不正确，造成承运人损失的，托运人应当承担赔偿责任。”据此，与普通货物的运输不同，易流态化固体货物由于其特性，使该类货物的装卸具有特殊性。建发公司作为托运人，在托运货物前和装货时，根据管理规定负有委托相关机构取样、制样、送检、检测以及监装的义务，根据合同法和水规的规定负有告知承运人货物性质、有关运输的必要情况以及向承运人提交相关检验手续的义务，该义务属于部门规章规定的强制性义务。

二审法院湖北省高级人民法院对于该案作出了改判，但并未涉及《国内水路货物运输规则》第 11 条的规定。

① 武汉海事法院（2018）鄂 72 民初 104 号民事判决书；湖北省高级人民法院（2019）鄂民终 804 号民事判决书。

2. 托运约定货物

《国内水路货物运输规则》第 12 条规定：

> 托运人托运货物的名称、件数、重量、体积、包装方式、识别标志，应当与运输合同的约定相符。
>
> 托运人未按前款规定托运货物造成承运人损失的，应当承担赔偿责任。

上述规定要求托运人的货物在名称、件数、重量、体积、包装方式、识别标志等方面，应当符合国内水路货物运输合同的约定，而且对于托运人责任采取无过错责任原则，即只要托运人未按合同约定托运货物导致承运人遭受损失，即应承担赔偿责任，而不考虑托运人是否存在过错。

司法实践

托运人托运约定货物的义务

浙江省高级人民法院在广西金桂浆纸业有限公司与福建云联商船电子商务有限公司、陈某、上海立伟物流有限公司海上财产损害责任纠纷案[①]中认为：

二、关于金桂公司对其托运的干纸浆具有易受潮发热的性质是否有告知承运人的义务

金桂公司认可其系涉案船载货物干纸浆的生产者、所有人，承担托运人的告知或申报义务。金桂公司上诉主张其对托运的货物干纸浆具有易受潮发热的特性以及应通风晾晒等特殊运输要求没有进一步告知承运人的义务，其中主要理由为双方运输合同项下的权利义务应适用运单注明的《国内水路货物运输规则》，《国内水路货物运输规则》第十二条没有要求托运人告知货物性质，本案运单中也未列明货物“性质”栏；货物性质难以描述，托运人已在航次租船合同中通过对运输和装卸要求履行了告知货物性质的义务；干纸浆易受潮发热是基本常识，承运人作为专业的运输公司对该类货物有丰富的运输经验，理应知晓干纸浆的特性等。

本院认为，首先，干纸浆虽然不属于危险物品，但并非一般的普通货物。干纸浆属于植物纤维货物，具有易受潮发热的特性，并在一定诱因作用下可能自燃。根据本案查明的事实，本案火灾事故就是船载货物干纸浆易受潮发热的特性，加上不适当的装载积载、货舱密封导致通风散热不能以及运输候泊时间较长等诱因，导致干纸浆内部温度不断积聚达到纸浆起火点后发生自燃引起。金桂公司也不否认干纸浆具有易受潮发热的特性。故为确保干纸浆

① 宁波海事法院（2018）浙 72 民初 1445 号民事判决书；浙江省高级人民法院（2019）浙民终 927 号民事判决书。

运输安全，金桂公司对托运货物干纸浆的性质即具有易受潮发热的特性以及应防潮通风晾晒等特殊运输要求应当告知承运人。

其次，本案运单并非金桂公司与云联公司、陈某之间的运输合同。承运人签发的运单是水路货物运输合同的证明和承运人已经接收货物的收据，并非合同本身。在承运人与托运人之间未订立其他运输合同的情况下，运单具有认定双方存在运输合同法律关系的效力。但如果承运人与托运人之间存在其他内容更为明确具体的书面、口头或其他形式的运输合同时，则鉴于运单签发时间的后序性，运单记载的事项往往反映运输合同中的相关内容；如果运单记载的内容比运输合同更为详细，则可视为对运输合同的补充或者组成部分。本案运单签发时间不明，但各方当事人均确认是在 2017 年 10 月 5 日涉案航次租船合同签订之后签发。因此，该运单是水路货物运输过程中货交承运人的一个通常环节。从运单内容看，记载了托运人为金桂公司、指明了收货人为集扬公司，记载了货物名称为干浆，承运人确认的货物件数为 3216 件、重量为 5519.44 吨。运单上印制有货物的“识别标志、货物名称、件数、包装方式、价值、重量、体积”等栏，没有“性质”栏，但在前述栏目下方还有较大面积的“相关记载”栏，而本案运单“相关记载”栏为空白，并未记载货物性质或者其他相关重要事项等。而涉案航次租船合同中对收货人未指明；对货物名称为“纸浆”，未进一步明确是“干浆”；对货物数量未明确，仅约定“按实际装载量计算”运价等，因此，该运单补充了航次租船合同的相关内容，运单与航次租船合同相结合，构成当事人之间的货物运输合同。虽然运单左上角印刷有“承运人、托运人及收货人的有关权利、义务，适用《货规》”字样，但这是运单批量制作时一并印刷的格式。一方面，金桂公司在运单上未签章，难以认定金桂公司与云联公司已经形成合意确认双方权利义务仅适用《国内水路货物运输规则》。且《国内水路货物运输规则》第十二条规定:“托运人托运货物的名称、件数、重量、体积、包装方式、识别标志,应当与运输合同的约定相符。”“托运人未按前款规定托运货物造成承运人损失的,应当承担赔偿责任。”强调了托运人的告知义务“应当与运输合同相符”。另一方面，承运人与托运人另订有书面运输合同即涉案航次租船合同，托运人与承运人的相关权利义务应适用由于运单和航次租船合同共同组成的运输合同。据此，金桂公司关于其对货物的告知义务仅适用《国内水路货物运输规则》的上诉理由，不能成立。

最后，托运人在航次租船合同中对货物性质与相关运输要求的告知并不完整，存在遗漏重要情况的情形。涉案航次租船合同载明的甲方托运人为捷亚通公司、乙方承运人为海皇淮安分公司。实际承运人云联公司、陈某确认海皇淮安分公司是其代理；而甲方托运人捷亚通公司是原审第三人立伟公司的代理，而立伟公司是金桂公司涉案货物运输的代理。金桂公司主张托运人在航次租船合同中已经通过装卸和运输要求对货物的性质履行了告知义务。因此，在本案没有证据证明金桂公司或其代理对货物情况与运输要求另行向承运人披露的情况下，航次租船合同中托运人在对货物情况和运输要求的告知可以视为金桂公司的告知。

结合本案运单确认的事项和航次租船合同的约定，托运人已经告知了所托运货物的收货人、货物名称、数量、重量、收货地点等。航次租船合同第二条关于船舶受载期约定"……装卸时间下雨，必须停装停卸"；第四条货物交接方式约定"港航交接，封舱交接……乙方自购彩条，舱底须铺好彩条布……"第五条关于双方责任约定"装卸货物时，遇到雨雪天气，必须停装、停卸货，乙方必须及时关舱保护货物"；"乙方船舶严禁超载，及时掌握天气情况，需要避风、停航时，乙方需告知甲方……"第六条关于本航次船舶需达到的要求约定"1. 清洁。……2. 货物保护。乙方必须遵从甲方现场人员指导进行垫舱。"本院认为，前述约定内容均属对货物防潮防污的特别要求，可以作为认定托运人已经告知了货物在装卸、运输时必须注意防潮防污的依据，但航次租船合同中并没有涉及干纸浆有受潮后易发热的特性的告知或相关约定，也没有约定船舶在运输过程中应保持散热、通风、晾晒等要求。通风、晾晒是避免干纸浆受潮后发酵发热，并防止自燃的重要举措。该合同第六条托运人对本航次船舶的要求仅为清洁与垫舱进行货物保护，没有约定船舶应具备机械通风、开舱盖通风晾晒等防货物积热要求，而"携船轮"本身不具备机械通风条件，也无法自行打开舱盖，托运人对此应当明知。

托运人在航次租船合同中关于货物必须防潮的约定，无法推断出承运人知晓干纸浆有受潮后易发酵发热并可能自燃的特性。根据查明的事实，承运人在"携船轮"舱底铺设彩条布防潮防污；没有在雨天装货、卸货；在货物装船后，1 号货舱因装货超出舱口未盖船舱盖，盖上了 3 层防水布；2 号货舱因装货未超过舱口，盖上舱盖，并将 1 号货舱未用的 5 片舱盖放置其上，再盖上 2 层防水布。由此可见，承运人已经依约履行航次租船合同约定的货物防潮要求。金桂公司主张干纸浆吸潮后易发酵伴发热现象属于基本常识，云联公司作为专业的海运承运人曾多次运输同类货物，对同类货物的性质非常熟悉与了解，理应知晓干纸浆特性。本院认为，金桂公司并无证据证明"携船轮"有多次运输干纸浆的经验，恰恰相反，金桂公司提供的公估公司对"携船轮"船长的询问笔录等相关证据证明"携船轮"系首次承运干纸浆，并没有运输干纸浆的经验。承运人将干纸浆作为一般普通货物进行正常堆垛积载，每捆货物之间积载紧密，未预留通风通道等。涉案干纸浆由金桂公司的代理人直接运至码头装船，没有证据证明船方运输干纸浆得到过码头、交货人、托运人或其代理等相关的专业指导。据此，金桂公司主张干纸浆受潮后易发酵发热属于基本常识，依据不足。

根据我国《合同法》第三百零四条的规定："托运人办理货物运输，应当向承运人准确表明收货人的名称或者姓名或者凭指示的收货人，货物的名称、性质、重量、数量，收货地点等有关货物运输的必要情况。""因托运人申报不实或者遗漏重要情况，造成承运人损失的，托运人应当承担损害赔偿责任。”该条规定托运人的告知义务包含了货物的性质，强调了告知的内容是与货物运输有关的“必要情况”或者“重要情况”。干纸浆具有易受潮发酵发热的特性以及需通风晾晒等特殊运输要求属于与货物运输有关的“必要情况”或者“重要情况”。本案没有证据证明金桂公司或其代理对干纸浆的前述特性与特殊运输要求已经向承运人披露或告知，存在对货物性质情况告知并不完整，遗漏告知重要情况的情形。金桂公司关于其就干纸浆的性质无进一步告知义务的上诉理由，于法相悖，不能成立。

3. 妥善包装货物

《国内水路货物运输规则》第15条规定：“需要具备运输包装的货物，托运人应当保证货物的包装符合国家规定的包装标准；没有包装标准的，货物的包装应当保证运输安全和货物质量。”

上述规定关于托运人妥善包装货物的义务，与原《合同法》第306条和现行《民法典》第828条的规定存在明显不同。本条对于包装义务的标准仅规定了两个层次：

（1）首先应当符合国家规定的包装标准；

（2）如果不存在国际标准，包装应当能够保证运输安全和货物质量。

司法实践

托运人妥善包装货物的义务

武汉海事法院在武汉亿胜物流有限公司与武汉文峰船务运输有限公司海上、通海水域货物运输合同纠纷案[①]中认为：

根据庭审查明的事实，涉案LOW-E玻璃出厂为裸包，未密封严实，出厂包装上无储运标志；亿胜公司托运该批货物时，未进行再次包装或在出厂包装上加贴储运标志、防雨防潮等特别提示标志，本案受损货物包装不符合国家标准，且亿胜公司亦未将货物特性及运输注意事项告知文峰公司。根据我国《国内水路货物运输规则》第十五条：“需要具备运输包装的货物，托运人应当保证货物的包装符合国家规定的包装标准”以及第四十八条：“承运人对运输合同履行过程中货物的损坏、灭失或者迟延交付承担损害赔偿责任，但承运人证明货物的损坏、灭失或者迟延交付是由于下列原因造成的除外：……（四）包装不符合要求……”的规定，亿胜公司作为托运人未尽到妥善包装托运货物的义务，也未向承运人文峰公司告知货物的特

① 武汉海事法院（2014）武海法商字第01488号民事判决书。

殊属性，其对货物损坏存在过错，涉案玻璃遭受雨淋受损的责任应由其自行承担，文峰公司作为承运人无须对涉案货物损失承担赔偿责任。加之，亿胜公司无充分有效的证据证明货物受损的程度、金额及存在其他损失，因此，对于其要求文峰公司赔偿货物损失及其他损失共计 1,624,420.5 元的诉讼请求，证据不充分，缺乏法律依据，本院不予支持。

此外，《国内水路货物运输规则》第 16 条还规定了随附备用包装："需要随附备用包装的货物，托运人应当提供足够数量的备用包装，交承运人随货免费运输"。此时托运人负有的义务是提供足够数量的备用包装，而承运人的义务则是免费运输备用包装。

4. 妥善托运危险货物

《国内水路货物运输规则》第 17 条规定："托运危险货物，托运人应当按照有关危险货物运输的规定，妥善包装，制作危险品标志和标签，并将其正式名称和危险性质以及必要时应当采取的预防措施书面通知承运人。"

根据上述规定，托运人托运危险货物负有以下三个方面的义务：

（1）妥善包装危险货物；

（2）制作危险品标志和标签；

（3）将危险品的正式名称、危险性质、必要时应当采取的预防措施等信息，以书面形式通知承运人。

5. 制作识别和储运标志

《国内水路货物运输规则》第 18 条规定：

> 托运人应当在货物的外包装或者表面正确制作识别标志。识别标志的内容包括发货符号、货物名称、起运港、中转港、到达港、收货人、货物总件数。
>
> 托运人应当根据货物的性质和安全储运要求，按照国家规定，在货物外包装或者表面制作储运指示标志。
>
> 识别标志和储运指示标志应当字迹清楚、牢固。

根据上述规定，托运人应当制作货物的识别标志和储运标志。识别标志的内容应当包括发货符号、货物名称、起运港、中转港、到达港、收货人、货物总件数等信息，同时符合字迹清楚、牢固的要求。

储运标志除字迹清楚、牢固外，还需符合货物的性质和安全储运要求，以及国家规定。

此外，《国内水路货物运输规则》第 19 条规定了两种可以不需制作识别标志的情形：

> 同一托运人、收货人整船、整舱装运的直达运输货物可以不制作识别标志。

外贸出口货物到港口不变换原包装的可以使用原包装的商品标志作为识别标志。

6. 支付运费

《国内水路货物运输规则》第20条规定："除另有约定外，托运人应当预付运费。"

根据上述规定，托运人不仅负有支付运费的义务，而且原则上应当预付运费，而《海商法》对此并无明确规定。

司法实践

托运人支付运费的义务

● 广东省高级人民法院在深圳市和丰饲料有限公司与青岛海顺航国际物流有限公司多式联运合同纠纷案[①]中认为：

涉案货运委托书声明条款第2条约定，各方权利义务适用《国内水路货物运输规则》，而该规则第二十条规定"除另有约定外，托运人应当预付运费"；根据涉案货运委托书声明条款第7条的约定，托运人在接受正本运单时或在双方约定的时间内一次付清全部运杂费，但双方当事人对涉案货运委托书上手写内容"赎单发"的含义、约束力存在争议，本案无证据证明双方对涉案运费的支付时间明确作出约定，亦无证据证明和丰公司曾接受正本运单及接受的具体时间；和丰公司、海顺航公司之间涉案运输及其他运输运费纠纷的另案生效判决则未认定双方之间存在海顺航公司先交付货物、和丰公司后支付运费的交易习惯。因此，海顺航公司在涉案货物运抵蛇口港、运输义务大部分完成的情况下，于发函催促提货的同时要求和丰公司支付运费，并无不当。

● 青岛海事法院在日照市岚山永顺运输有限公司与马某某海上货物运输合同纠纷案[②]中认为：

原告、被告以口头形式订立的含有水陆联运的海上货物运输合同是双方真实意思表示，合法有效，双方均应依约履行。由于原告、被告对于双方约定的运费支付时间存在争议，均不认可对方的主张，对自己的主张也未能提供相应证据，故应根据交易习惯确认。《国内水路货物运输规则》第二十条规定，"除另有约定外，托运人应当预付运费"，因此，预付运

① 广州海事法院（2015）广海法初字第67号民事判决书；广东省高级人民法院（2016）粤民终50号民事判决书。
② 青岛海事法院（2014）青海法海商初字第415号民事判决书。

费应为水路货物运输的交易惯例。原告在庭审中称每运输5个箱柜一结算，系自认对己方不利的事实，本院对该事实予以确认。被告在原告向收货人交付10个箱柜时，即应支付运费83,000元，但被告在原告交付13个货柜时，也仅支付51,000元，显然构成违约，原告有权留置货物，并享有不安履行抗辩权。同时，原告主张收货人拒收剩余3个箱柜，被告虽对此不予认可，但鉴于原告已将箱柜全部由山东章丘运至收货人所在地广东的实际和被告完全具有从收货人处取得对己有力证据的举证能力，被告对于不存在收货人拒收的事实应承担举证责任，由于被告未能提供相应证据，故本院对原告提出的收货人拒收的主张予以采纳。综上所述，原告已按合同约定履行了运输16个箱柜饲料的义务，被告理应按照约定支付运费132,800元，但被告仅付运费51,000元，原告要求被告支付剩余运费81,800元的诉请成立，应予支持。

（二）托运人责任的归责原则

《国内水路货物运输规则》第29条规定：

> 托运人不履行合同义务或者履行合同义务不符合约定的，应当承担继续履行、采取补救措施或者赔偿损失等违约责任。
>
> 托运人因不可抗力不能履行合同的，根据不可抗力的影响，部分或者全部免除责任。迟延履行后发生不可抗力的，不能免除责任。

上述规定主要依据原《合同法》第107条和第117条的规定。《民法典》第577条规定：“当事人一方不履行合同义务或者履行合同义务不符合约定的，应当承担继续履行、采取补救措施或者赔偿损失等违约责任。”第590条第1款第1句规定：“当事人一方因不可抗力不能履行合同的，根据不可抗力的影响，部分或者全部免除责任，但是法律另有规定的除外。”因此，《国内水路货物运输规则》对于国内水路货物运输合同托运人责任的规定与《民法典》一致，采取无过错责任原则，即不考虑托运人是否存在过错。

（三）托运人的权利

托运人作为国内水路货物运输合同的当事人，最为基本的权利应与国际海上货物运输合同相同，也是以下两项：

第一，要求承运人按照合同约定将货物安全运输至卸货地点并交付收货人；

第二，承运人违约造成损失时，依据合同约定或法律规定请求损害赔偿的权利。

托运人除此以外另享有两项权利：一是要求承运人签发水路货物运单；二是要求中止

运输、返还货物、变更卸货地点或收货人。

1. 要求承运人签发运单

《国内水路货物运输规则》第 61 条规定："承运人接收货物应当签发运单，运单由载货船舶的船长签发的，视为代表承运人签发。"

上述规定与《海商法》第 72 条第 2 款关于提单签发的规定类似，其中虽未规定运单可由承运人授权的人签发，但承运人仍可通过代理人签发运单。

司法实践

托运人要求承运人签发运单的权利

湖北省高级人民法院在上海汇业海运有限公司与日照钢铁有限公司、南京龙门物流有限公司海上、通海水域货物运输合同纠纷案[①]中认为：

尽管涉案运单记载的承运人系日照九通明国际货运代理有限公司，但在承运人签章处加盖的是"汇业 1"轮或"汇业 3"轮的印章。《国内水路货物运输规则》第六十一条规定："承运人接收货物应当签发运单，运单由载货船舶的船长签发的，视为代表承运人签发。"由此可见，涉案运单的签发人是"汇业 1"轮或"汇业 3"轮，承运人应为汇业海运，而非日照九通明国际货运代理有限公司。二审庭审过程中，日照钢铁亦承认，日照九通明国际货运代理有限公司系货运代理，而非涉案货物的承运人。因此，一审认定汇业海运为承运人并无不当。

2. 要求中止运输、返还货物、变更卸货地点或收货人

《国内水路货物运输规则》第 28 条规定："承运人将货物交付收货人之前，托运人可以要求承运人变更到达港或者将货物交给其他收货人，但应当赔偿承运人因此受到的损失。"

上述规定主要参考了原《合同法》第 308 条的规定。《民法典》第 829 条也规定："在承运人将货物交付收货人之前，托运人可以要求承运人中止运输、返还货物、变更到达地或者将货物交给其他收货人，但是应当赔偿承运人因此受到的损失。"

国内水路货物运输合同托运人的中途停运权与国际海上货物运输合同并无区别，因为后者的法律依据也是《民法典》第 829 条。虽然《国内水路货物运输规则》第 28 条未规定

---

① 武汉海事法院（2012）武海法商字第 00410 号民事判决书；湖北省高级人民法院（2015）鄂民四终字第 00074 号民事判决书。

中止运输、返还货物，但《国内水路货物运输规则》的起草单位曾经明确指出：

> 《国内水路货物运输规则》未就托运人的中止运输权进行规定，表明了制定者对《合同法》此项规定的不赞成态度，因为托运人行使这一权利会对水路运输市场产生很大的影响，但是《国内水路货物运输规则》未就托运人的中止运输权进行规定并不等于托运人就没有这一权利，因为《合同法》已就此做出了明确的规定。[①]

三、实际承运人的义务与权利

《国内水路货物运输规则》第 45 条至第 47 条规定了实际承运人的义务与权利，主要参考了《海商法》规定，因而具体内容基本与《海商法》一致。

《国内水路货物运输规则》废止后，由于原《合同法》以及目前《民法典》均无实际承运人的概念，更未规定承运人与实际承运人的连带责任，因而导致司法实践能否继续依据《国内水路货物运输规则》认定实际承运人的责任存在争议。目前，我国司法实践对于当事人约定适用《国内水路货物运输规则》的情形，仍然倾向于认定约定有效，进而认可实际承运人的法律地位。

司法实践

《国内水路货物运输规则》废止后实际承运人的法律地位

最高人民法院在福建千祥船务有限公司与中意财产保险有限公司上海分公司海上、通海水域货物运输合同纠纷案[②]中认为：

本院经审查认为，关于中意公司是否为适格原告的问题。依据原审查明的事实，根据运单记载，建发公司是托运人，千祥公司是签发运单和实际运输货物的人。运单载明，涉案运输有关权利和义务适用《国内水路货物运输规则》。根据《国内水路货物运输规则》第三条第四、五款和第六条的规定，千祥公司作为实际承运人，与中意公司的被保险人也即托运人建发公司成立水路货物运输合同关系。

① 叶红军、翁笑冰编著:《〈国内水路货物运输规则〉〈港口货物作业规则〉条文释义》，人民交通出版社 2000 年版，第 43 页。

② 最高人民法院（2020）最高法民申 6312 号民事裁定书。

（一）承运人对于全程运输负责及其例外

《国内水路货物运输规则》第45条规定：

> 承运人将货物运输或者部分运输委托给实际承运人履行的，承运人仍然应当对全程运输负责。
>
> 虽有前款规定，在运输合同中明确约定合同所包括的特定的部分运输由承运人以外的指定的实际承运人履行的，合同可以同时约定，货物在指定的实际承运人运输期间发生的损坏、灭失或者迟延交付，承运人不承担赔偿责任。

上述规定与《海商法》第60条基本一致，承运人原则上应对全程运输负责。例外情况是国内水路货物运输合同可以约定特定的部分运输由指定的实际承运人履行，且承运人对于在此期间发生的货物灭失、损坏或迟延交付不负赔偿责任。

司法实践

承运人对于全程运输负责

大连海事法院在中国人民财产保险股份有限公司鞍山市分公司与舟山市宏昌远海运有限公司、宁波市明叶航运有限公司水路货物运输合同追偿纠纷案[①]中认为：

关于宏昌远公司与鞍钢公司的法律关系，鞍钢公司与宏昌远公司签订的水路货物运输合同依法成立，合法有效，鞍钢公司与宏昌远公司构成水路货物运输合同关系。《合同法》（现已失效）第三百一十一条规定："承运人对运输过程中货物的毁损、灭失承担损害赔偿责任，但承运人证明货物的毁损、灭失是因不可抗力、货物本身的自然性质或者合理损耗以及托运人、收货人的过错造成的，不承担损害赔偿责任。"宏昌远公司应按照合同约定积极履行承运义务并对运输过程中货物的毁损、灭失承担损害赔偿责任。二者签订的合同约定适用《国内水路货物运输规则》。《国内水路货物运输规则》虽已废止，但并不禁止合同当事人约定适用。《国内水路货物运输规则》第四十五条第一款规定：承运人将货物运输或者部分运输委托给实际承运人履行的，承运人仍然应当对全程运输负责。第四十五条第二款规定：虽有前款规定，在运输合同中明确约定合同所包括的特定的部分运输由承运人以外的指定的实际承运人履行的，合同可以同时约定，货物在指定的实际承运人运输期间发生的损坏、灭失或者

---

① 大连海事法院（2019）辽72民初378号民事判决书；辽宁省高级人民法院（2019）辽民终1672号民事判决书。

迟延交付，承运人不承担赔偿责任。宏昌远公司与鞍钢公司并未就实际承运人的责任作出约定。公估报告载明：分析事故原因可能是由于装货过程中遇降水天气，关舱不及，雨水进入货舱内将货物淋湿，或是海运途中遇降水，货舱密封性不佳，雨水从缝隙渗漏进货舱，将货物淋湿，同时进入货舱的雨水在舱底积存，导致底层货物底部浸泡在积水中，造成货物水湿锈蚀。鞍钢公司与宏昌远公司签订的合同第9条约定，出租人应合理积载及绑系加固，由于积载或绑系加固不当造成的损失由出租人承担，运费中已包含绑扎加固费用，出租人提供绑扎用垫付料。根据该约定，宏昌远公司系负载了一定的装货义务的，作为合同相对人，宏昌远公司应承担严格责任，其对装货、运输、卸货过程中的违约行为应承担赔偿责任。从公估报告所载明的货损原因来看，装货或海运途中遭受降雨，可能同时存在，亦可能存在其一，但无论是单独一个原因还是两种原因并存，宏昌远公司若主张免除其违约责任，必须提供反证。但宏昌远公司于诉讼中对公估报告载明的货损原因无异议，且未提供任何反证，仅认为应由实际承运人承担责任。法律责任的确定并非由其主观意志决定，原审法院认为，宏昌远公司未尽到举证责任以免除或减少其履行合同中的违约责任，故宏昌远公司应就涉案货进行赔偿。

（二）承运人与实际承运人的连带责任

《国内水路货物运输规则》第46条规定："承运人与实际承运人都负有赔偿责任的，应当在该项责任范围内承担连带责任。"

上述规定与《海商法》第63条一致，即承运人与实际承运人在二者均负赔偿责任的情形下，应当承担连带责任。

典型案例

2018年全国海事审判典型案例

中国人民财产保险股份有限公司上海市分公司诉江苏华隆海运有限公司、宋某某通海水域货物运输合同纠纷案

【基本案情】

2017年5月27日，广州市海大饲料有限公司（以下简称海大公司）向案外人订购东北产玉米，拟运到湖南省进行销售。同年7月26日，海大公司委托江苏华隆海运有限公司（以下简称华隆公司）负责将案涉玉米由靖江码头分别运往湖南长沙、岳阳和汨罗。7月28日，华隆公司与宋某某所属"远东98"轮代表宋某（宋某某的女儿）约定由该轮将货物从靖江运至岳阳。8月3日，华隆公司与宋某共同签名签发相关货票（运单），载明托运人和收货人均为海大公司。该货票注明：本运单经承托双方签认后，具有合同效力，承运人与托运人、收货人之间的权利、义务关系和责任界限均按《国内水路货物运输规则》及运杂费用的有关规定办理。货物在起运港装船后准备盖帆布时突降暴雨，导致船头和货舱两侧玉米发霉。中国人民财产保险股份有限公司上海市分公司（以下简称人保上海分公司）作为货物保险人向海大公司赔付后取得代位追偿权，要求华隆公司与宋某某承担连带责任。

【裁判结果】

武汉海事法院一审认为，运单是托运人与承运人形成运输合同关系的表现形式。本案运单载明的托运人为海大公司，承运船舶为宋某某所属和经营的“远东98”轮，华隆公司与宋某某均在运单上盖章或者代表人签名。涉案运单上注明了关于托运人、承运人的权利、义务适用《国内水路货物运输规则》的相关规定，故《国内水路货物运输规则》的相关内容可视为华隆公司、宋某某与海大公司之间的运输合同关系的权利义务条款。华隆公司是合同承运人。宋某某答辩时对承担涉案货物运输事实并无异议，故宋某某实际承担了涉案货物运输义务，是本案实际承运人。一审判决华隆公司与宋某某对人保上海分公司承担连带赔偿责任。当事人不服一审判决提起上诉，湖北省高级人民法院维持一审判决。

【典型意义】

人民法院为减少当事人讼累，参照原交通部制定的《国内水路货物运输规则》，判决承运人与实际承运人承担连带责任，是我国海事司法实践长期形成的裁判规则。2016年交通运输部宣布废止《货规》后，能否继续适用实际承运人制度，承运人与实际承运人是否承担连带责任，存在较大争议，导致司法裁判尺度不统一。本案中法院根据各方当事人约定，适用《国内水路货物运输规则》中承运人与实际承运人连带责任制度，有利于维护当事人的合法权益，有利于保持法律适用的稳定性，对于弥补现行法律漏洞具有积极意义。

【一审案号】（2018）鄂72民初1177号

【二审案号】（2018）鄂民终1376号

（三）实际承运人适用关于承运人的规定

《国内水路货物运输规则》第47条规定：

根据本规则第四十六条的规定，当实际承运人承担连带责任时，本规则对承运人责任的有关规定，适用于实际承运人。

> 承运人承担本规则未规定的义务或者放弃本规则赋予的权利的任何特别协议，经实际承运人书面明确同意的，对实际承运人发生效力；实际承运人是否同意，不影响此项特别协议对承运人的效力。

上述规定第 1 款规定实际承运人适用关于承运人的规定，第 2 款规定承运人特别协议对于实际承运人的效力，分别与《海商法》第 61~62 条的规定一致。

司法实践

实际承运人适用关于承运人的规定

● 广东省高级人民法院在华泰财产保险有限公司深圳分公司与何新华、广西翔盛物流有限公司运输合同纠纷案[①]中认为：

涉案货物由“翔盛 ××8”轮在码头接收并承运，根据《国内水路货物运输规则》第四十七条的规定，实际承运人对其运输期间的货物承担与承运人同等的管货责任。《国内水路货物运输规则》第三十二条规定：“承运人应当妥善地装载、搬移、积载、运输、保管、照料和卸载所运货物”，何新华作为实际承运人对此负有同等义务，其应妥善、谨慎地装载、照料所运货物，涉案货物在装载期间遭遇水湿导致货损，何新华应承担相应的责任。

● 上海海事法院在上海中鄂船务代理有限公司与东莞市金辉航运有限公司等海上货物运输合同纠纷案[②]中认为：

双方当事人在水路货物运单上确认承运人、托运人、收货人的有关权利义务适用《国内水路货物运输规则》，虽然该规则作为规范性文件已经失效，但当事人仍可以通过合意的方式将该规则约定为双方的合同权利义务内容，依照该规则第四十六条“承运人与实际承运人都负有赔偿责任的，应当在该项责任范围内承担连带责任”以及第四十七条“根据本规则第四十六条的规定，当实际承运人承担连带责任时，本规则对承运人责任的有关规定，适用于实际承运人……”的规定，两被告作为涉案运输的实际承运人仍然对运输期间发生货物损坏负有责任，除非两被告能够证明损坏是因不可抗力、货物本身自然性质或者合理损耗以及托运人、收货人的过错造成等，方可免予承担责任。综上所述，本院认定古城公司为涉案货物运输的托运人，两被告既是涉案运输的共同承运人又是实际承运人，古城公司作为托运人

① 广州海事法院（2015）广海法初字第 676 号民事判决书；广东省高级人民法院（2016）粤民终 52 号民事判决书。
② 上海海事法院（2017）沪 72 民初 2485 号民事判决书。

有权向两被告主张运输合同项下货损赔偿的权利。在案证据显示，古城公司已将该货损索赔权利转让给原告，原告取得该索赔权利于法不悖，故原告有权就涉案货损事故向两被告提起索赔。

四、收货人的义务与权利

（一）收货人的主要义务

1. 支付运费和其他费用

《国内水路货物运输规则》第69条规定："按照约定在提货时支付运费、滞期费和包装整修、加固费用以及其他中途垫款的，应当于办理提货手续时付清。"

根据上述规定，如果约定到付运费和其他费用，收货人应当在办理提货手续时向承运人付清费用，即一般应在收货人付清费用的前提下，承运人方才履行交付货物的义务。[①]

2. 及时提取货物

《国内水路货物运输规则》第66条规定："收货人接到到货通知后，应当及时提货，不得因对货物进行检验而滞留船舶。"

上述规定除要求收货人及时提取货物外，专门规定了托运人在行使检验货物权利时，不得滞留船舶而影响承运人的正常营运。

此外，《民法典》第830条规定："货物运输到达后，承运人知道收货人的，应当及时通知收货人，收货人应当及时提货。收货人逾期提货的，应当向承运人支付保管费等费用"。

3. 验收货物

《国内水路货物运输规则》第68条规定：

> 收货人提取货物时，应当验收货物，并签发收据，发现货物损坏、灭失的，交接双方应当编制货运记录。
>
> 收货人在提取货物时没有就货物的数量和质量提出异议的，视为承运人已经按照运单的记载交付货物，除非收货人提出相反的证明。

根据上述规定，收货人负有在提取货物时验收货物，以及签发收据的义务。如果收货人在提取货物时未就货物数量和质量提出异议，视为承运人已按运单记载交付货物的初步证

---

① 叶红军、翁笑冰编著:《〈国内水路货物运输规则〉〈港口货物作业规则〉条文释义》，人民交通出版社2000年版，第92~93页。

据，但收货人可以通过举证推翻此种初步证据；如果验收货物时发现货物灭失或损坏，交接双方应当编制货运记录。货运记录是在货物发生灭失或损坏的情形下，用于分析事故发生原因、确定责任方的证明文件，也是托运人或收货人向承运人索赔的主要依据，如图 15 所示。

货 运 记 录

编号：

<table>
<tr><td colspan="2">交货方</td><td colspan="2">接货方</td></tr>
<tr><td>运/提单号码</td><td>作业合同号码</td><td>船名</td><td>航次</td></tr>
<tr><td>交接时间</td><td>交接地点</td><td colspan="2">车号</td></tr>
<tr><td>起运港</td><td>中转港</td><td colspan="2">到达港</td></tr>
<tr><td>货物名称</td><td>包装方式</td><td>识别标志</td><td>集装箱号</td></tr>
<tr><td colspan="4">记录内容</td></tr>
</table>

交货方(签章)　　　　接货方(签章)

年　月　日　　　　年　月　日

说明：规格：长 27 厘米，宽 19 厘米

图 15　货运记录推荐格式

司法实践

收货人验收货物的义务

● 厦门海事法院在中国人民财产保险股份有限公司台州市分公司与福建省华强海运有限公司、南京拓昊运输有限公司、唐山曹妃甸区振风船舶服务有限公司海上货物运输合同纠

纷案[①]中认为：

案涉运单约定适用的《国内水路货物运输规则》第六十八条有关“收货人提取货物时，应当验收货物，并签发收据，发现货物损坏、灭失的，交接双方应当编制货运记录。收货人在提取货物时没有就货物的数量和质量提出异议的，视为承运人已经按照运单的记载交付货物，除非收货人提出相反的证明”的规定，中运公司有义务在目的港卸货当时进行货物验收，并在发现货损时及时提出异议；人保台州公司所主张的货损系散装盘螺大面积水湿、锈蚀，此项损害是显而易见的，但经起运港港口经营人、托运人、承运人、到达港港口经营人等共同盖章确认的编号2017620《货物交接清单》并未就货物水湿、锈蚀等货损问题作出任何批注，《货物交接清单》是货物交付的凭据，由此可以推定案涉货物在目的港交货时并未发现货损情况；人保台州公司虽否认上述货物交接清单的证明力，但未能提交有力的反驳证据，且也未提交证据证明中运公司在提货时曾就货损提出异议，故须依法承担相应不利后果。综上所述，人保台州公司有关货损发生在承运人责任期间的主张缺乏事实依据，不予支持。

● 大连海事法院在浙江航通物流有限公司与安徽华辰船务有限公司海上、通海水域货物运输合同纠纷案[②]中认为：

《国内水路货物运输规则》第六十八条第二款规定：“收货人在提取货物时没有就货物的数量和质量提出异议的，视为承运人已经按照运单的记载交付货物，除非收货人提出相反的证明”，收货人鞍钢公司在提取货物时委托东正公司对案涉货物进行水尺计重，计重后发现重量不足，应立即向承运人华辰公司提出异议，以便双方共同及时委托检验机构确认损失。鞍钢公司于2018年7月21日至22日委托卸货水尺鉴定，事后并未向承运人华辰公司提出货物短量异议。而航通公司直到2019年6月才通过向本院提起诉讼的方式向华辰公司提出短量异议，其所提供的东正公司鉴定报告又不具有推翻货物交接清单的证据效力，航通公司也未提供其他足以证明其主张的货物短量的证据，而航通公司与华辰公司均认可装卸水尺差5‰以内的，承运人华辰公司免责，货物交接清单载明的卸货水尺33,052吨与水尺计量鉴定表载明的装载水尺33,102吨仅差为50吨，未达5‰，华辰公司对此不应承担赔偿责任。综上所述，航通公司不能证明涉案货物存在其主张的货物短量的事实，应承担举证不能的法律后果，故本院对航通公司据此提出的索赔诉讼请求不予支持，对其他争议焦点不再论述。

《民法典》第831条进一步规定了检验货物的期限：“收货人提货时应当按照约定的期

① 厦门海事法院（2018）闽72民初855号民事判决书；福建省高级人民法院（2019）闽民终661号民事判决书。
② 大连海事法院（2019）辽72民初757号民事判决书。

限检验货物。对检验货物的期限没有约定或者约定不明确，依据本法第五百一十条的规定仍不能确定的，应当在合理期限内检验货物。收货人在约定的期限或者合理期限内对货物的数量、毁损等未提出异议的，视为承运人已经按照运输单证的记载交付的初步证据。”据此，货物检验的期限分为以下三个层次：

（1）首先应当根据国内水路货物运输合同约定的期限，即当事人的意思自治优先适用。

（2）如果没有约定或者约定不明确，应当根据《民法典》第510条的规定确定：“合同生效后，当事人就质量、价款或者报酬、履行地点等内容没有约定或者约定不明确的，可以协议补充；不能达成补充协议的，按照合同相关条款或者交易习惯确定”。即通过补充协议，或者合同相关条款或交易习惯两种方式确定。

（3）如果根据《民法典》第510条仍然无法确定，收货人应在合理期限内检验货物。

此外，《国内水路货物运输规则》第72条规定了委托检验机构进行检验的情形：

> 收货人在到达港提取货物前或者承运人在到达港交付货物前，可以要求检验机构对货物状况进行检验；要求检验的一方应当支付检验费用，但是有权向造成货物损失的责任方追偿。
>
> 收货人或者承运人按照前款进行检验的，应当相互提供合理的便利条件。

根据上述规定，承运人和收货人双方均可要求检验机构检验货物。要求检验的一方支付检验费用后，可以向造成货物损失的责任方追偿。同时双方还应互相提供便利条件。

（二）收货人的主要权利

收货人的权利主要包括两项：一是提取货物的权利，二是承运人违约造成损失时请求损害赔偿的权利。

《国内水路货物运输规则》第44条规定：“收货人有权就水路货物运单（以下简称运单）上所载货物损坏、灭失或者迟延交付所造成的损害向承运人索赔；承运人可以适用本规则规定的抗辩理由进行抗辩。”

此外，《全国法院涉外商事海事审判工作座谈会会议纪要》第69条规定了收货人的诉权：“【收货人的诉权】运输合同当事人约定收货人可直接向承运人请求交付货物，承运人未向收货人交付货物或者交付货物不符合合同约定，收货人请求承运人承担赔偿责任的，人民法院应予受理；承运人对托运人的抗辩，可以向收货人主张。”据此如果国内水路货物运输合同约定收货人可以直接向承运人请求交付货物，而承运人未交付货物或者交付货物不符合合同约定，收货人相应享有向承运人主张损害赔偿责任的诉权；承运人也可援引其对托运人享有的抗辩。

司法实践

收货人的损害赔偿请求权

● 天津市高级人民法院在江苏聚鸿航运有限公司与中国人寿财产保险股份有限公司天津市分公司、紫金财产保险股份有限公司南京分公司通海水域货物运输合同纠纷案[①]中认为：

涉案水路货物运单记载，本运单经承托双方签章后，具有合同效力，承运人与托运人、收货人之间的权利、义务和责任界限适用《国内水路货物运输规则》及运价、规费的有关规定。据此，虽然《国内水路货物运输规则》已经失效，但其因运单约定而成为水路货物运输合同的组成部分，各方应当按照《国内水路货物运输规则》确定权利义务。代位行使收货人兴泰公司求偿权的人寿天津公司有权按照《国内水路货物运输规则》第四十四条"收货人有权就水路货物运单上所载货物损坏、灭失或者迟延交付所造成的损害向承运人索赔"规定，向承运人聚鸿公司索赔。

● 青岛海事法院在连云港恒海物流有限公司、连云港恒荣船务有限公司与青岛瑞鑫物流有限公司、中国人寿财产保险股份有限公司连云港市中心支公司水路货物运输合同纠纷案[②]中认为：

恒海公司辩称，只有收货人才具备货物损害赔偿资格，瑞鑫公司没有相应的受让收货人债权，无权提起诉讼。对此，根据原《合同法》第三百一十条关于收货人提货时应当按照约定的期限对货物进行检验的规定，以及《国内水路货物运输规则》第四十四条关于收货人有权就水路货物运单上所载货物损坏、灭失或者迟延交付所造成的损害向承运人索赔的规定，法律赋予收货人对承运人直接的诉权，并未否定作为合同相对方的托运人的诉权。《民事诉讼法》第一百二十二条关于起诉条件的规定中，要求"原告是与本案有直接利害关系的公民、法人和其他组织"。根据该规定，在货物运输过程中，与涉案货物有直接利害关系的人，即有权因货损而起诉承运人的主体，可能是托运人、收货人。判断托运人还是收货人享有对承运人的直接诉权，应以谁会因货损而遭受到实际损失而定。

---

① 天津海事法院（2020）津72民初745号民事判决书；天津市高级人民法院（2021）津民终231号民事判决书。

② 青岛海事法院（2017）鲁72民初1808号民事判决书；山东省高级人民法院（2019）鲁民终1740号民事判决书。

典型案例

武汉海事法院服务和保障长江经济带发展典型案例（第一批）

厘清内河货运规则适用　促进航运经济健康发展

——原告金东纸业（江苏）股份有限公司因与被告重庆轮船（集团）有限公司、被告重庆轮船（集团）有限公司乐山分公司、被告宜昌九五船舶运输有限公司多式联运合同纠纷案

【基本案情】

2010年12月28日，金安浆业公司与重轮乐山公司签订2011第001号纸浆运输服务合同，双方约定由被告重轮乐山公司承运金安浆业公司从四川雅安工厂发往原告金东纸业公司码头的竹浆，由金安浆业公司向被告重轮乐山公司支付包干运价。2011年5月9日，金东纸业公司与金安浆业公司签订竹浆买卖合同，双方约定由金东纸业公司向金安浆业公司订购4000吨漂白竹浆，款到发货，镇江金东码头舱底交货。原告金东纸业公司向金安浆业公司支付货款，金安浆业公司随即出具权益转让书，将货物所有权全部转移给原告金东纸业公司。同年6月，被告重轮乐山公司组织陆路、水路联运，将上述合同项下的部分竹浆从四川雅安运至宜宾港。同年6月13日，被告重轮乐山公司与佳轮航运公司签订运输协议，约定由佳轮航运公司将上述竹浆从宜宾港运至镇江金东码头，货物保险由被告重轮乐山公司承担，如有货损、货差，在保险范围外的，佳轮航运公司按照出厂价赔偿，在保险范围内的，佳轮航运公司补足保险赔付后不足的部分。经佳轮航运公司与九五船运公司联系，“九五118”轮在宜宾港受载了上述货物。被告重轮乐山公司签发水路货物运单，运单载明托运人为金安浆业公司，收货人为原告金东纸业公司，承运人为被告重轮乐山公司，承运船舶为“九五118”轮，起运港为宜宾港，目的港为镇江港，货物为竹浆。2011年6月23日，“九五118”轮装货完毕，次日8：15，该轮在掉头作业过程中，发生触礁事故，导致船体破损，船舶左舷进水沉没，货物毁损、灭失。海事行政机关出具内河交通事故调查结论书，认为此次事故是船舶驾驶人员操作不当和临危处置不当造成的单方水上交通责任事故。金东纸业公司诉请法院判令三被告向其连带赔偿货物损失及相关利息损失、检验费以及施救费用。

【裁判结果】

武汉海事法院审理认为，本案系多式联运合同纠纷。相关合同当事人的权利与义务，除遵照合同约定外，适用《合同法》的规定。因涉案货损发生于宜宾港至镇江港水路货物运输区段，该区段属于《国内水路货物运输规则》适用范围，相关当事人的权利与义务还可参照《国内水路货物运输规则》予以明确。金安浆业公司既是竹浆买卖合同中的出卖人，也是运

输合同中的托运人；原告金东纸业公司既是竹浆买卖合同中的买受人，也是运输合同中的收货人。涉案运输合同，是金安浆业公司为履行竹浆买卖合同下的交货义务，而与承运人订立，并将运输合同下提取货物的权利赋予原告金东纸业公司的第三人利益合同。原告金东纸业公司虽然并非运输合同的缔约当事人，但其作为合同载明的收货人，独立取得合同债权，当货物毁损、灭失时享有直接向承运人请求赔偿的权利。金东纸业公司支付全部货款后，具有对货物所有权的合法期待，出卖人金安浆业公司出具权益转让书，将货物所有权转移给该公司，是对自己买卖合同主要义务的履行，原告金东纸业公司由此取得货物所有权符合法律规定。重轮乐山公司接受发货人金安浆业公司委托，负责组织多式联运，依法应就全程运输承担承运人义务。涉案货物在其运输过程中毁损、灭失，且货物的毁损、灭失非因不可抗力、货物本身的自然性质或者合理损耗以及托运人、收货人的过错所造成，重轮乐山公司依法应当就此承担损害赔偿责任。

《国内水路货物运输规则》第三条第（五）项关于实际承运人的定义，包含接受转委托从事水路货物运输的人，该定义未对转委托的次数进行限制。金安浆业公司托运涉案货物后，无论经过几次转委托，被告九五船运公司作为宜宾港至镇江港区段承运船舶“九五 118”轮的船舶所有人和经营人，均为该区段的实际承运人。涉案事故系因被告九五船运公司过错所致，并非意外事故，因此，九五船运公司对金东纸业公司由此遭受的损失依法负有赔偿责任。《国内水路货物运输规则》第四十六条规定，承运人与实际承运人都负有赔偿责任的，应当在该项责任范围内承担连带责任，据此，重轮乐山公司作为承运人，被告九五船运公司作为实际承运人，应当就金东纸业公司主张的货物损失及相关利息损失承担连带赔偿责任。武汉海事法院经审理于 2012 年 10 月 17 日作出（2012）武海法商字第 00012 号民事判决，判令重轮乐山公司、九五船运公司向金东纸业公司连带赔偿货物损失及相关利息损失。九五船运公司不服该判决向湖北省高级人民法院提出上诉，湖北省高级人民法院于 2014 年 5 月 30 日作出（2013）鄂民四终字第 00039 号民事判决，维持了一审判决。九五船运公司仍然不服，向最高人民法院提出再审申请。经审查，最高人民法院于 2014 年 11 月 25 日作出（2014）民申字第 1617 号民事裁定，驳回了其再审申请。

【典型意义】

该案属多式联运合同纠纷，包含国内水路货物运输区段，是典型的内河货物运输案件。该类案件在长江流域海事海商案件中所占比重较大。然而，由于《海商法》第四章关于运输合同的规定不适用于内河运输，因此，该类案件虽属海商案件，却不能适用《海商法》。《合同法》运输合同一章没有对水路货物运输作出专门规定。交通部颁布的《国内水路货物运输规则》内容与《海商法》关于运输合同的规定相似却又不尽相同，且其效力等级较低。上述立法现状导致审判实践中关于国内水路货物运输纠纷的处理存有较多争议。该案的判决为今后类似案件的处理提供了有益参考。(1) 顺应行业发展，确认了航运惯例。法院认为，收货人虽非运输合同的缔约当事人，但在货物发生毁损灭失时，收货人可以不依赖托运人而独立向承运人主张货损赔偿，赋予收货人独立的请求权既符合航运惯例，亦顺应商业贸易发展需求，避免了增加当事人诉累。(2) 进一步厘清了实践中争议的法律问题。法院认为，实际承运人是实际承运了货物的人，无论上家合同如何签订，均不改变其实际承运人身份。实际承运人虽与货主之间没有直接的合同关系，但货物在其负责的运输期间因违反法定义务造成损失的，实际承运人依法应对货主承担侵权赔偿责任。该案的审理和判决，依法保护了当事人的合法权益，同时厘清了实践中争议已久的几个问题，该案当事人、运输过程涉及长江上、中、下游，在长江沿线产生广泛影响，有助于确认航运业惯例，形成内河货运裁判规则，促进长江航运经济健康发展。

第三节　国内水路货物运单

一、水路货物运单的功能

水路货物运单是我国国内水路货物运输使用的运输单证。航空运输、铁路运输、公路运输使用的单证也称为运单。

《国内水路货物运输规则》第58条规定："运单是运输合同的证明，是承运人已经接收货物的收据。"据此水路货物运单首先具有两项功能：一是国内水路货物运输合同的证明，二是承运人接收货物的证明。

运单不具有流通性，因而不是承运人保证据以交付货物的凭证，但仍然具有第三项功能，即承运人保证向运单记载的收货人交付货物的单证。《国内水路货物运输规则》第67条规定："承运人交付货物时，应当核对证明收货人单位或者身份以及经办人身份的有关证件。"实践中收货人也均是凭身份证明而非运单提取货物。因此，运单的功能实际与海运单相同。

二、水路货物运单的内容

《国内水路货物运输规则》第59条规定了水路货物运单的内容：

运单内容，一般包括下列各项：

（一）承运人、托运人和收货人名称；

（二）货物名称、件数、重量、体积（长、宽、高）；

（三）运输费用及其结算方式；

（四）船名、航次；

（五）起运港、中转港和到达港；

（六）货物交接的地点和时间；

（七）装船日期；

（八）运到期限；

（九）包装方式；

（十）识别标志；

（十一）相关事项。

上述规定与国内水路货物运输合同的内容基本一致，如图16、图17所示。

承运人、实际承运人、托运人、收货人的有关权利、义务，适用《国内水路货物运输规则》

水路货物运单

编号：

托运人	名　称		承运人	名　称	
	地址、电话			地址、电话	
实际承运人	名　称		收货人	名　称	
	地址、电话			地址、电话	

船名	航次	装船日期	运到期限	货物交接地点和时间	接收
起运港	中转港		到达港		交付

识别标志	货　物　名　称	件　　数	包装方式	重量(吨)	体积(长、宽、高)立方米	运输费用及其结算方式

相关记载

说明：1. 本运单格式适用于单航次班轮运输　　承运人(签章)　　收货人(签章)

2. 规格：长19厘米，宽27厘米　　年　月　日　　年　月　日

图16　水路货物运单推荐格式

承运人、实际承运人、托运人、收货人的有关权利、义务，适用《国内水路货物运输规则》

水路货物运单(集装箱)

编号：

托运人	名　称		承运人	名　称	
	地址、电话			地址、电话	
实际承运人	名　称		收货人	名　称	
	地址、电话			地址、电话	

船名	航次	装船日期	运到期限	货物交接地点和时间	接收
起运港	中转港	到达港			交付

箱　号	封 志 号	尺寸、箱型	货物名称	重量(吨)	件数、包装	运输费用及其结算方式
合计						
相关记载						

说明：1. 本运单格式适用于单航次集装箱班轮运输　　承运人(签章)　　收货人(签章)

2. 规格：长19厘米，宽27厘米　　年　月　日　　年　月　日

图17　水路货物运单(集装箱)推荐格式

三、水路货物运单的签发

关于水路货物运单的签发，《国内水路货物运输规则》第61条规定："承运人接收货物应当签发运单，运单由载货船舶的船长签发的，视为代表承运人签发"。

司法实践

水路货物运单的签发

湖北省高级人民法院在上海汇业海运有限公司与日照钢铁有限公司、南京龙门物流有限公司海上、通海水域货物运输合同纠纷案[①]中认为：

尽管涉案运单记载的承运人系日照九通明国际货运代理有限公司，但在承运人签章处加盖的是"汇业1"轮或"汇业3"轮的印章。《国内水路货物运输规则》第六十一条规定："承运人接收货物应当签发运单，运单由载货船舶的船长签发的，视为代表承运人签发。"由

① 武汉海事法院（2012）武海法商字第00410号民事判决书；湖北省高级人民法院（2015）鄂民四终字第00074号民事判决书。

此可见，涉案运单的签发人是“汇业1”轮或“汇业3”轮，承运人应为汇业海运，而非日照九通明国际货运代理有限公司。二审庭审过程中，日照钢铁亦承认，日照九通明国际货运代理有限公司系货运代理，而非涉案货物的承运人。因此，一审认定汇业海运为承运人并无不当。

关于水路货物运单的份数，《国内水路货物运输规则》第62条规定：

> 运单签发后承运人、承运人的代理人、托运人、到达港港口经营人、收货人各留存一份，另外一份由收货人收到货物后作为收据签还给承运人。
>
> 承运人可以视情况需要增加或者减少运单份数。

实践中水路货物运单通常为一式六份，分别为以下六联：

1. 起运港承运人或其代理人存查联；
2. 托运人收据联；
3. 承运人解缴联；
4. 到达港港口经营人存查联；
5. 收货人存查联；
6. 提货凭证。

部分情况下也存在一式八份、一式四份、一式三份等情形：

1. 一式八份主要是增加了海事存根、起运港港口经营人存查联；
2. 一式四份则是取消了到达港港口经营人存查联、提货凭证；
3. 一式二份仅保留起运港承运人或其代理人存查联、托运人收据联、承运人解缴联。

此外，《国内水路货物运输规则》第60条规定了运单填制的具体要求：

> 运单应当按照下列要求填制：
>
> （一）一份运单，填写一个托运人、收货人、起运港、到达港；
>
> （二）货物名称填写具体品名，名称过繁的，可以填写概括名称；
>
> （三）规定按重量和体积择大计费的货物，应当填写货物的重量和体积（长、宽、高）；
>
> （四）填写的各项内容应当准确、完整、清晰。

第四节　特殊货物运输

一、舱面货物运输

关于舱面货物运输，《国内水路货物运输规则》第53条规定：

> 承运人在舱面上装载货物，应当同托运人达成协议，或者符合航运惯例，或者符合有关法律、行政法规的规定。
>
> 承运人与托运人约定将货物配装在舱面上的，应当在运单上注明“舱面货物”。

上述规定的第1款与《海商法》第53条第1款的规定一致，即承运人将货物装载在舱面必须符合以下三项条件之一：

1. 与托运人达成协议。

2. 符合航运惯例，较为典型的航运惯例即是上文已经提及的专用集装箱船甲板装载集装箱，以及木材船甲板装载木材。

3. 符合法律、行政法规的规定，但现行法规未对特定类型的货物必须装载在舱面进行规定。

舱面运输是否符合上述条件，决定了承运人能否援引舱面运输的特殊风险主张额外的免责，对此《国内水路货物运输规则》第54条的规定与《海商法》第53条第2~3款的规定一致：

> 承运人依照本规则第五十三条规定将货物装载在舱面上，对由于此种装载的特殊风险造成的货物损坏、灭失，不承担赔偿责任。
>
> 承运人违反本规则第五十三条第一款规定将货物装载在舱面上，造成货物损坏、灭失的，应当承担赔偿责任。

司法实践

舱面货物运输

武汉海事法院在中国大地财产保险股份有限公司上海分公司与江苏泛洲船务有限公司水路货物运输合同纠纷案[①]中认为：

被告泛洲公司辩称，根据《国内水路货物运输规则》第五十三、五十四条关于舱面货的规定，其可以免责。本院认为，不论是合同1还是合同2，当事人约定涉案货物属于“装载在舱面甲板上的笨重、长大件货物”，并“参照《国内水路货物运输规则》中有关重、大件运输相关精神分担相应的运输风险和责任”。本案实际承运人被告泛洲公司根据《国内水路货物运输规则》第五十三、五十四条的规定，同托运人上海港机公司（青岛轮驳公司）约定在承运船舶的舱面上装载涉案货物门机，实际承运人被告泛洲公司可以因舱面货“此种装载的特殊风险”免责，但《国内水路货物运输规则》中规定的“此种装载的特殊风险”应包含舱面雨水侵蚀，风浪直接拍打货物落海等情形，本案货物门机损坏原因如前所述，营口港事故地当时不良的天气作为本案事故的导火索，但风浪本身未直接拍打货物导致货物落海、翻倒。“重任502”轮横缆缆绳在风浪的作用下全部断裂，进而导致事故直接发生，因此，本案事故不属于舱面货运输方式的特殊风险所致，实际承运人被告泛洲公司不能因为本案货物装载在舱面甲板之上，就免除其妥善管理货物的义务，被告泛洲公司援引舱面货免责规定的抗辩理由不符合法律规定，本院不予支持。

此外，根据《国内水路货物运输规则》第53条第2款的规定，承托双方如果达成将货物装载在舱面的协议，应在运单上注明“舱面货物”，但是否注明不影响承运人主张舱面运输特殊风险的免责。

二、活动物与有生植物运输

《国内水路货物运输规则》将有生植物与活动物运输一并进行规定，但其中第56条规定的责任承担规则与《海商法》第52条关于活动物运输的规定一致：“因运输活动物、有生植物的固有的特殊风险造成活动物、有生植物损坏、灭失的，承运人不承担赔偿责任。但是，承运人应当证明业已履行托运人关于运输活动物、有生植物的特别要求，并证明根据实际情

① 武汉海事法院（2008）武海法商字第649号民事判决书。

况，损坏、灭失是由于此种固有的特殊风险造成的。”

根据上述规定，承运人援引活动物、有生植物固有的特殊风险主张免责，需要承担两项证明责任：

1. 证明已经履行了托运人关于活动物、有生植物运输的特别要求；

2. 证明活动物、有生植物的灭失或损害是由固有的特殊风险导致。

根据《国内水路货物运输规则》第55①、57条②的规定，承托双方对于活动物、有生植物运输分别负有对应的义务，其中承运人的义务主要是以下三项：

1. 保证活动物、有生植物运输航行期间需要的淡水；

2. 免费运输托运人自备的活动物运输需要的饲料；

3. 在运单上载明与托运人约定的运输易腐货物和活动物、有生植物的运到期限和运输要求，使用冷藏船或冷藏舱装运易腐货物的冷藏温度，木排或竹排的实际规格，托运的船舶或其他水上浮物的吨位、吃水及长、宽、高和抗风能力等技术资料。

托运人的义务主要是以下两项：

1. 承担活动物、有生植物运输航行期间需要淡水的费用；

2. 自备活动物运输需要的饲料。

三、其他特殊运输

除舱面货物运输和活动物、有生植物运输外，《国内水路货物运输规则》另对以下货物设置了不同程度的特别规定：

1. 集装箱运输：第七章“集装箱运输的特别规定”，即第79条至第84条；

2. 单元滚装运输：第八章“单元滚装运输的特别规定”，即第85条至第93条；

3. 散装货物运输：第13、63、64条；

4. 散装液体货物运输：第50、65条。

---

① 《国内水路货物运输规则》第55条第1款规定：“承运人对运输的活动物、有生植物，应当保证航行中所需的淡水，有关费用由托运人承担。”第55条第2款规定：“运输活动物所需饲料，由托运人自备，承运人免费运输。”

② 《国内水路货物运输规则》第57条规定：“承运人应当将与托运人约定的运输易腐货物和活动物、有生植物的运到期限和运输要求，使用冷藏船（舱）装运易腐货物的温度，木（竹）排的实际规格，托运的船舶或者其他水上浮物的吨位、吃水及长、宽、高和抗风能力等技术资料在运单内载明。”

拓展阅读

1. 谢鸿飞、朱广新主编：《民法典评注·合同编：典型合同与准合同》(第3册)，中国法制出版社2020年版，第十九章“运输合同”第一节“一般规定”、第三节“货运合同”。

2. 叶红军、翁笑冰编著：《〈国内水路货物运输规则〉〈港口货物作业规则〉条文释义》，人民交通出版社2000年版。

3. 孙思琪、陈博雅：《〈国内水路货物运输规则〉废止的影响与对策》，载《大连海事大学学报(社会科学版)》2017年第2期。

参考文献

一、著作

1. 薛波主编：《元照英美法词典》（缩印版），北京大学出版社 2013 年版。

2. 北京大学法学百科全书编委会编：《北京大学法学百科全书：法理学·立法学·法律社会学》，北京大学出版社 2010 年版。

3. 张文显主编：《法理学》（第 3 版），法律出版社 2007 年版。

4. 茆荣华主编：《上海法院类案办案要件指南》（第 2 册），人民法院出版社 2020 年版。

5. 北京大学法学百科全书编委会编：《北京大学法学百科全书：民法学·商法学》，北京大学出版社 2004 年版。

6. 魏振瀛主编：《民法》（第 7 版），北京大学出版社、高等教育出版社 2017 年版。

7. 崔建远：《物权法》（第 5 版），中国人民大学出版社 2021 年版。

8. 孙宪忠、朱广新主编：《民法典评注·物权编》，中国法制出版社 2020 年版。

9. 梁慧星：《民法总论》（第 5 版），法律出版社 2017 年版。

10. 梁慧星：《民法总则讲义》（修订版），法律出版社 2021 年版。

11. 朱庆育：《民法总论》（第 2 版），北京大学出版社 2016 年版。

12. 李宇：《民法总则要义：规范释论与判解集注》，法律出版社 2017 年版。

13. 陈甦主编：《民法总则评注》，法律出版社 2017 年版。

14. 李适时主编：《中华人民共和国民法总则释义》，法律出版社 2017 年版。

15. 韩世远：《合同法总论》（第 4 版），法律出版社 2018 年版。

16. 崔建远：《合同法》（第 4 版），北京大学出版社 2021 年版。

17. 崔建远：《合同法》（第 3 版），北京大学出版社 2016 年版。

18. 朱广新、谢鸿飞主编：《民法典评注·合同编：通则》，中国法制出版社 2020 年版。

19. 谢鸿飞、朱广新主编：《民法典评注·合同编：典型合同与准合同》（第 3 册），中国法制出版社 2020 年版。

20. 最高人民法院民法典贯彻实施工作领导小组主编 :《中华人民共和国民法典合同编理解与适用》，人民法院出版社 2020 年版。

21. 曾世雄:《损害赔偿法原理》, 詹森林续著, 台北, 新学林出版股份有限公司 2005 年版。

22. 程啸 :《侵权责任法》(第 3 版)，法律出版社 2021 年版。

23. 程啸 :《侵权责任法》，法律出版社 2015 年版。

24. 张新宝 :《中国民法典释评・侵权责任编》，中国人民大学出版社 2020 年版。

25. 谢怀栻 :《票据法概论》(增订 2 版)，程啸增订，法律出版社 2017 年版。

26. 魏文翰 :《海商法讲座》，法律出版社 1965 年版。

27. 郭瑜 :《海商法的精神——中国的实践和理论》，北京大学出版社 2005 年版。

28. 交通部政策法规司、交通部交通法律事务中心编 :《〈海商法〉学习必读》，人民交通出版社 1993 年版。

29. 傅旭梅主编 :《中华人民共和国海商法诠释》，人民法院出版社 1995 年版。

30. 司玉琢主编 :《中华人民共和国海商法问答》，人民交通出版社 1993 年版。

31. 司玉琢、张永坚、蒋跃川编著 :《中国海商法注释》，北京大学出版社 2019 年版。

32. 司玉琢主编 :《海商法》(第 4 版)，法律出版社 2018 年版。

33. 司玉琢 :《海商法专论》，中国人民大学出版社 2007 年版。

34. 郭瑜 :《海商法教程》(第 2 版)，北京大学出版社 2012 年版。

35. 傅廷中 :《海商法》(第 2 版)，法律出版社 2017 年版。

36. 杨仁寿 :《最新海商法论》，2010 年自版。

37. [日] 中村真澄、[日] 箱井崇史 :《日本海商法》，张秀娟、李刚、朴鑫译，法律出版社 2015 年版。

38. 刘功臣、赵晓光、何建中主编 :《中华人民共和国船员条例释义》，人民交通出版社 2007 年版。

39. 尹东年、郭瑜 :《海上货物运输法》，人民法院出版社 2000 年版。

40. 张永坚 :《国际海运公约》，法律出版社 2018 年版。

41. 吴焕宁主编 :《国际海上运输三公约释义》，中国商务出版社 2007 年版。

42. 吴焕宁主编 :《鹿特丹规则释义——联合国全程或者部分海上国际货物运输合同公约》，中国商务出版社 2011 年版。

43. 胡正良、於世成、郏丙贵等 :《〈鹿特丹规则〉影响与对策研究》，北京大学出版社 2014 年版。

44. 王淑梅主编：《海上货物运输合同纠纷案件裁判规则》，法律出版社 2021 年版。

45. 司玉琢、王彦君、关正义主编：《中国海事案例裁判要旨通纂》（海上货物运输卷），北京大学出版社 2017 年版。

46. 吴兴奎编著：《海上货物运输合同纠纷案司法审判观点集成》，中国商务出版社 2019 年版。

47. [英] 约翰·F. 威尔逊：《海上货物运输法》（第 7 版），袁发强译，法律出版社 2014 年版。

48. 袁绍春：《实际承运人法律制度研究》，法律出版社 2009 年版。

49. [加] William Tetley：《海上货物索赔》（第 3 版），张永坚、胡正良、傅廷忠等译，大连海运学院出版社 1993 年版。

50. 杨良宜、杨大明：《提单与其他付运单证》，大连海事大学出版社 2016 年版。

51. 郭瑜：《提单法律制度研究》，北京大学出版社 1997 年版。

52. [英] 理查德·艾肯斯、[英] 理查德·罗德、[英] 麦克·布尔斯：《提单》，魏长庚等译，法律出版社 2020 年版。

53. 郭瑜：《电子可转让记录立法的"单一性"难题和破解》，北京大学出版社 2019 年版。

54. 何丽新：《无单放货法律问题研究》，法律出版社 2006 年版。

55. [英] Stewart C. Body、[英] Andrew S. Burrows、[英] David Foxton：《Scrutton 租船合同与提单》，郭国汀译，法律出版社 2001 年版。

56. 郭萍编著：《租船实务与法律》，大连海事大学出版社 2014 年版。

57. 杨志刚主编：《国际多式联运公约条款释义与述评》，上海海运学院《远洋运输》编辑部。

58. 叶红军、翁笑冰编著：《〈国内水路货物运输规则〉〈港口货物作业规则〉条文释义》，人民交通出版社 2000 年版。

59. 胡正良主编：《海事法》（第 3 版），北京大学出版社 2016 年版。

60. 王铁崖主编：《国际法》，法律出版社 1995 年版。

61. 白桂梅：《国际法》，北京大学出版社 2015 年版。

62. 陈安主编：《国际经济法学新论》，高等教育出版社 2020 年版。

63. 王传丽、史晓丽编著：《国际贸易法》（第 3 版），中国人民大学出版社 2019 年版。

64. 中国国际商会、国际商会中国国家委员会组织翻译：《国际贸易术语解释通则 2020》，对外经济贸易大学出版社 2019 年版。

65. 国际商会（ICC）编写：《国际贸易术语解释通则®2010》，中国国际商会、国际商会中国国家委员会组织翻译，中国民主法制出版社 2011 年版。

66.《美国统一商法典》，潘琪译，法律出版社 2020 年版。

67. 殷明、王学锋编著：《班轮运输理论与实务》，上海交通大学出版社 2011 年版。

68.《区块链》编写组编著：《区块链》，党建读物出版社 2021 年版。

69. 中国社会科学院语言研究所词典编辑室编：《现代汉语词典》（第 7 版），商务印书馆 2016 年版。

70.Bryan A. Garner ed.，*Black's Law Dictionary*，Thomson Reuters, 2019.

71.Peter Brodie，*Dictionary of Shipping Terms*，Informa Law from Routledge, 2013.

72.John F. Wilson，*Carriage of Goods by Sea*，Pearson Education Limited, 2010.

73.Francesco Berlingieri，International Maritime Conventions（Volume Ⅰ）: The Carriage of Goods and Passengers by Sea，Informa Law from Routledge, 2014.

74.Bernard Eder, Howard Bennett, Steven Berry, David Foxton, Christopher F. Smith，*Scrutton on Charterparties and Bills of Lading*，Sweet & Maxwell，2011.

75.Richard Aikens, Richard Lord, Michael Bools, Michael Bolding, Kian Sing Toh，*Bills of Lading*，Informa Law from Routledge, 2021.

76.Dieter Schwampe，*Transport Law in Germany*，Wolters Kluwer, 2018.

二、论文

77. 孙思琪：《〈民法总则〉视野下的航运习惯：法源地位与效力位阶》，载《航运法治营商环境建设与海事司法创新发展》，法律出版社 2019 年版。

78. 胡绪雨：《国际海上班轮货物运输合同中强制性规则的适当性》，载《中国法学》2016 年第 6 期。

79. 朱作贤、司玉琢：《论〈海牙规则〉"首要义务"原则——兼评 UNCITRAL 运输法承运人责任基础条款》，载《中国海商法年刊》2002 年。

80. 蒋跃川：《论适航义务是否是承运人的首要义务》，载《中国海商法年刊》2008 年 1 月。

81. 赵月林、胡正良：《我国〈海商法〉是否应该取消航海过失免责的研究》，载《大连海事大学学报（社会科学版）》2003 年第 1 期。

82. 陈晶莹、张军伟：《我国〈海商法〉中托运人定义条款的修改和完善》，载《海商法研究》

2001 年第 1 辑，法律出版社 2001 年版。

83. 王肖卿：《交货托运人和缔约托运人之议——津民终 466 号运输合同纠纷案带来的思考》，载《世界海运》2021 年第 2 期。

84. 周琦、林源民：《从承运人迟延交付的几种常见情况看我国〈海商法〉相关规定的缺陷》，载《海商法研究》2000 年第 2 辑，法律出版社 2000 年版。

85. 朱红亮、孙思琪：《〈民法典〉视野下预付运费退还的法理检视与规则构造》，载《大连海事大学学报（社会科学版）》2020 年第 6 期。

86. 翟云岭、曲佳：《货物控制权制度与中途停运权的实现——以 FOB 卖方利益保护为视角》，载《社会科学辑刊》2014 年第 5 期。

87. 陈芳：《提单法律性质诸论评议》，载《江西社会科学》2013 年第 1 期。

88. 刘寿杰：《解读〈最高人民法院关于审理无正本提单交付货物案件适用法律若干问题的规定〉》，载《中国海商法年刊》2009 年第 3 期。

89. 张永坚：《仍不应被忽视的〈国际货物多式联运公约〉》，载《中国海商法研究》2018 年第 4 期。

90. 侯伟：《关于将内河货物运输纳入〈海商法〉调整范围的立法建议》，载《中国海商法研究》2017 年第 3 期。

91. 孙思琪、陈博雅：《〈国内水路货物运输规则〉废止的影响与对策》，载《大连海事大学学报（社会科学版）》2017 年第 2 期。

三、网络文献

92. 郑睿：《有缺陷的航行计划会使船舶不适航》，载 https://mp.weixin.qq.com/s/ussYmV86I3zZHWTsiS50Zg。

93. 中远海运集装箱运输有限公司：《提单条款和条件》，载 https://lines.coscoshipping.com/lines_resource/pdf/coscon_tidan_cn.pdf。

94.A.P. 穆勒 – 马士基：《运输条款》，载 https://terms.maersk.com/carriage-chinese#header11。

四、指导性案例与典型案例

95. 最高人民法院指导性案例第 111 号：中国建设银行股份有限公司广州荔湾支行诉广东蓝粤能源发展有限公司等信用证开证纠纷案。

96. 最高人民法院指导性案例第 108 号：浙江隆达不锈钢有限公司诉 A.P. 穆勒 – 马士基有限公司海上货物运输合同纠纷案（2017 年全国法院海事审判十大典型案例）。

97. 2019 年全国海事审判典型案例：深圳市恒通海船务有限公司与吉安恒康航运有限公司航次租船合同纠纷案。

98. 2019 年全国海事审判典型案例：海宁富兴塑胶有限公司诉宁波达源国际货运代理有限公司、顺翔船务代理（深圳）有限公司、太平船务（英国）有限公司海上货物运输合同纠纷案。

99. 2018 年全国海事审判典型案例：中国银行股份有限公司日照岚山支行与天津西南海运有限公司等海上货物运输合同纠纷案。

100. 2018 年全国海事审判典型案例：三井住友海上火灾保险株式会社（Mitsui Sumitomo Insurance Company Limited）诉中远海运集装箱运输有限公司国际多式联运合同纠纷案。

101. 2018 年全国海事审判典型案例：中国人民财产保险股份有限公司上海市分公司诉江苏华隆海运有限公司、宋某某通海水域货物运输合同纠纷案。

102. 2017 年全国法院海事审判十大典型案例：招商局物流集团（天津）有限公司与以星综合航运有限公司、合肥索尔特化工有限公司海上货物运输合同纠纷案。

103. 2017 年全国法院海事审判十大典型案例：广州海德国际货运代理有限公司与福建英达华工贸有限公司海上货物运输合同纠纷案。

104. 2016 年全国法院海事审判十大典型案例：绍兴县金斯顿针纺织有限公司诉商船三井株式会社（Mitsui O.S.K.Lines, Ltd.）海上货物运输合同纠纷案。

105. 海事审判十大典型案例（2014 年 9 月 2 日发布）：马士基（中国）航运有限公司、马士基（中国）航运有限公司厦门分公司、中国厦门外轮代理有限公司与厦门瀛海实业发展有限公司国际海上货运代理经营权损害赔偿纠纷案。

106. 海事审判十大典型案例（2014 年 9 月 2 日发布）：浙江省纺织品进出口集团公司与长荣国际储运股份有限公司海上货物运输合同纠纷案。

107. 人民法院为“一带一路”建设提供司法服务和保障的典型案例：完善海上货损赔偿规则　有效规范国际航运秩序——哈池曼海运公司与上海申福化工有限公司、日本德宝海运株式会社海上货物运输合同货损赔偿纠纷案。

108. 人民法院第二批涉“一带一路”建设典型案例：合理填补《国际海运固体散装货物规则》空白　完善国际海事裁判规则——徐州天业金属资源有限公司与圣克莱蒙特航运股份公司、东京产业株式会社海上货物运输合同纠纷再审审查案。

109. 上海海事法院自贸区典型海事案例：强化公知品牌商销性意识保护货损索赔权充

分行使——杭州杭丝时装进出口有限公司诉美集物流运输（中国）有限公司海上货运代理合同纠纷案。

110. 上海海事法院自贸区典型海事案例：明辨海外投资风险影响分清损失责任承担主体——上海捷喜国际货物运输代理有限公司诉重庆公路工程（集团）股份有限公司海上货运代理合同纠纷案。

111. 上海海事法院自贸区典型海事案例：正确理解和适用目的港清关政策　澄清依境外法令无单放货模糊认识——南京卡安汽车配件有限公司诉深圳市巡洋国际物流有限公司等海上货物运输合同纠纷案。

112. 上海海事法院涉“一带一路”十大典型案例。

113. 上海海事法院涉长三角区域海事海商纠纷典型案例。

114. 大连海事法院国际海上货物运输合同纠纷典型案例五则：琼辉公司诉优尼森公司海上货物运输合同纠纷案。

115. 大连海事法院国际海上货物运输合同纠纷典型案例五则：马士基公司诉鸿洋公司、华扬公司海上货物运输合同纠纷案。

116. 大连海事法院国际海上货物运输合同纠纷典型案例五则：葛天公司诉利通公司海上货物运输合同纠纷案。

117. 青岛海事法院 2020 年十起典型案例：中国太平洋财产保险股份有限公司青岛分公司与岱荣航运公司等海上货物运输合同货损纠纷案。

118. 青岛海事法院 2020 年十起典型案例：青岛某工贸有限公司与法国某海运公司等海上货物运输合同纠纷案。

119. 天津海事法院 2020 年典型案例：新鑫海航运有限公司与中国机械国际合作股份有限公司海上货物运输合同纠纷案。

120. 天津海事法院 2020 年典型案例：领航保险公司诉川崎汽船株式会社海上货物运输合同纠纷案。

121. 天津海事法院 2020 年典型案例：中国人民财产保险股份有限公司天津市分公司诉福建云联商船电子商务有限公司通海水域货物运输合同纠纷案。

122. 武汉海事法院服务和保障长江经济带发展典型案例（第一批）：依法认定无单放货责任　促进江海联运贸易安全——原告咸宁汇美达工贸有限公司与被告德迅（中国）货运代理有限公司、被告香港·泛太集运有限公司海上货物运输合同无单放货纠纷。

123. 武汉海事法院服务和保障长江经济带发展典型案例（第一批）：明确留置权行使合

理范围 平衡船货各方利益——原告陈某与被告武汉君渝物流有限公司、徐某、石首市运昌船务有限公司通海水域货物运输合同纠纷案。

124. 武汉海事法院服务和保障长江经济带发展典型案例（第一批）：厘清内河货运规则适用 促进航运经济健康发展——原告金东纸业（江苏）股份有限公司因与被告重庆轮船（集团）有限公司、被告重庆轮船（集团）有限公司乐山分公司、被告宜昌九五船舶运输有限公司多式联运合同纠纷案。

125.2016 年浙江海事审判典型案例：承运人无单放货后对追回货物应承担的赔偿责任及提单持有人应承担的迟延提货责任。

126. 宁波海事法院海上货物运输合同纠纷典型案例：经谨慎处理仍未发现的船舶潜在缺陷导致货损事故承运人不承担赔偿责任。

127. 宁波海事法院海上货物运输合同纠纷典型案例：托运人对危险品货物包装不当致使货物泄漏污染船货，承运人采取措施使之无害，提单持有人无权主张货物灭失损失。

128. 宁波海事法院涉外、涉港澳台案件十大典型案例（2016—2020）。

129. 宁波海事法院涉外、涉港澳台案件十大典型案例（2011—2015 年）：托运人为换取清洁提单出具保函不免除承运人的法定义务。

130. 厦门海事法院 2020 年度海事审判典型案例：原告福建元成豆业有限公司与被告复兴航运有限公司海上财产损害责任纠纷案。

131. 厦门海事法院涉台审判典型案例：阳明海运股份有限公司与美达船务有限公司等海上货物运输合同纠纷案。

五、裁判文书

132. 最高人民法院（2017）最高法民再 412 号民事判决书。

133. 最高人民法院（2020）最高法民申 6312 号民事裁定书。

134. 最高人民法院（2019）最高法民申 4594 号民事裁定书。

135. 最高人民法院（2018）最高法民申 3348 号民事裁定书。

136. 最高人民法院（2017）最高法民申 970 号民事裁定书。

137. 最高人民法院（2016）最高法民申 3550 号民事裁定书。

138. 最高人民法院（2016）最高法民申 2157 号民事裁定书。

139. 最高人民法院（2016）最高法民申 1602 号民事裁定书。

140. 最高人民法院（2016）最高法民申 1413 号民事裁定书。
141. 最高人民法院（2016）最高法民申 1395 号民事裁定书。
142. 最高人民法院（2016）最高法民申 1271 号民事裁定书。
143. 最高人民法院（2015）民申字第 1337 号民事裁定书。
144. 最高人民法院（2014）民申字第 1188 号民事裁定书。
145. 最高人民法院（2013）民提字第 243 号民事裁定书。
146. 最高人民法院（2013）民申字第 35 号民事裁定书。
147. 最高人民法院（2013）民提字第 6 号民事判决书。
148. 最高人民法院（2010）民提字第 213 号民事裁定书。
149. 上海市高级人民法院（2020）沪民终 605 号民事判决书。
150. 上海市高级人民法院（2020）沪民终 214 号民事判决书。
151. 上海市高级人民法院（2020）沪民终 52 号民事判决书。
152. 上海市高级人民法院（2019）沪民终 174 号民事判决书。
153. 上海市高级人民法院（2019）沪民终 77 号民事判决书。
154. 上海市高级人民法院（2018）沪民终 405 号民事判决书。
155. 上海市高级人民法院（2018）沪民终 404 号民事判决书。
156. 上海市高级人民法院（2017）沪民终 320 号民事判决书。
157. 上海市高级人民法院（2016）沪民终 119 号民事判决书。
158. 上海市高级人民法院（2016）沪民终 37 号民事判决书。
159. 上海市高级人民法院（2016）沪民终 25 号民事判决书。
160. 上海市高级人民法院（2016）沪民终 4 号民事判决书。
161. 上海市高级人民法院（2015）沪高民四（海）终字第 56 号民事判决书。
162. 上海市高级人民法院（2014）沪高民四（海）终字第 98 号民事判决书。
163. 上海市高级人民法院（2013）沪高民四（海）终字第 24 号民事判决书。
164. 上海市高级人民法院（2012）沪高民四（海）终字第 92 号民事判决书。
165. 上海市高级人民法院（2011）沪高民四（海）终字第 149 号民事判决书。
166. 上海市高级人民法院（2011）沪高民四（海）终字第 148 号民事判决书。
167. 上海市高级人民法院（2011）沪高民四（海）终字第 28 号民事判决书。
168. 上海市高级人民法院（2010）沪高民四（海）终字第 58 号民事判决书。
169. 上海市高级人民法院（2020）沪民辖终 72 号民事裁定书。

170. 广东省高级人民法院（2020）粤民终 19 号民事判决书。
171. 广东省高级人民法院（2019）粤民终 3049 号民事判决书。
172. 广东省高级人民法院（2019）粤民终 113 号民事判决书。
173. 广东省高级人民法院（2017）粤民终 1253 号民事判决书。
174. 广东省高级人民法院（2017）粤民终 823 号民事判决书。
175. 广东省高级人民法院（2016）粤民终 50 号民事判决书。
176. 广东省高级人民法院（2016）粤民再 69 号民事判决书。
177. 广东省高级人民法院（2016）粤民终 52 号民事判决书。
178. 广东省高级人民法院（2017）粤民辖终 546 号民事裁定书。
179. 辽宁省高级人民法院（2020）辽民终 919 号民事判决书。
180. 辽宁省高级人民法院（2020）辽民终 269 号民事判决书。
181. 辽宁省高级人民法院（2019）辽民终 1672 号民事判决书。
182. 辽宁省高级人民法院（2017）辽民终 687 号民事判决书。
183. 山东省高级人民法院（2020）鲁民终 2977 号民事判决书。
184. 山东省高级人民法院（2020）鲁民终 1573 号民事判决书。
185. 山东省高级人民法院（2019）鲁民终 2275 号民事裁定书。
186. 山东省高级人民法院（2019）鲁民终 1740 号民事判决书。
187. 山东省高级人民法院（2019）鲁民终 1097 号民事判决书。
188. 山东省高级人民法院（2019）鲁民终 193 号民事判决书。
189. 山东省高级人民法院（2016）鲁民终 1435 号民事判决书。
190. 山东省高级人民法院（2015）鲁民再字第 2 号民事判决书。
191. 山东省高级人民法院（2015）鲁民四终字第 146 号民事判决书。
192. 山东省高级人民法院（2014）鲁民四终字第 27 号民事判决书。
193. 山东省高级人民法院（2018）鲁民辖终 62 号民事裁定书。
194. 天津市高级人民法院（2021）津民终 231 号民事判决书。
195. 天津市高级人民法院（2020）津民终 1439 号民事判决书。
196. 天津市高级人民法院（2020）津民终 466 号民事判决书。
197. 天津市高级人民法院（2020）津民终 289 号民事判决书。
198. 天津市高级人民法院（2019）津民终 528 号民事判决书。
199. 天津市高级人民法院（2019）津民终 490 号民事判决书。

200. 天津市高级人民法院（2016）津民终 417 号民事判决书。
201. 天津市高级人民法院（2016）津民终 138 号民事判决书。
202. 天津市高级人民法院（2015）津高民四终字第 93 号民事判决书。
203. 天津市高级人民法院（2014）津高民四终字第 40 号民事判决书。
204. 天津市高级人民法院（2011）津高民四终字第 153 号民事判决书。
205. 浙江省高级人民法院（2019）浙民终 1467 号民事判决书。
206. 浙江省高级人民法院（2019）浙民终 927 号民事判决书。
207. 浙江省高级人民法院（2018）浙民终 527 号民事判决书。
208. 浙江省高级人民法院（2018）浙民终 391 号民事判决书。
209. 浙江省高级人民法院（2016）浙民终 580 号民事判决书。
210. 浙江省高级人民法院（2016）浙民终 480 号民事判决书。
211. 浙江省高级人民法院（2020）浙民辖终 164 号民事裁定书。
212. 浙江省高级人民法院（2020）浙民辖终 133 号民事裁定书。
213. 湖北省高级人民法院（2019）鄂民终 804 号民事判决书。
214. 湖北省高级人民法院（2019）鄂民终 798 号民事判决书。
215. 湖北省高级人民法院（2019）鄂民终 682 号民事判决书。
216. 湖北省高级人民法院（2015）鄂民四终字第 00113 号民事判决书。
217. 湖北省高级人民法院（2015）鄂民四终字第 00074 号民事判决书。
218. 湖北省高级人民法院（2012）鄂民四终字第 00016 号民事判决书。
219. 福建省高级人民法院（2019）闽民终 661 号民事判决书。
220. 福建省高级人民法院（2016）闽民终 101 号民事判决书。
221. 福建省高级人民法院（2014）闽民终字第 953 号民事判决书。
222. 福建省高级人民法院（2010）闽民终字第 652 号民事判决书。
223. 海南省高级人民法院（2015）琼民三终字第 5 号民事判决书。
224. 海南省高级人民法院（2003）琼民二终字第 46 号民事判决书。
225. 上海海事法院（2019）沪 72 民初 3021 号民事判决书。
226. 上海海事法院（2019）沪 72 民初 2585 号民事判决书。
227. 上海海事法院（2019）沪 72 民初 2337 号民事判决书。
228. 上海海事法院（2019）沪 72 民初 2159 号民事判决书。
229. 上海海事法院（2019）沪 72 民初 530 号民事判决书。

230. 上海海事法院（2018）沪 72 民初 4279 号民事判决书。
231. 上海海事法院（2018）沪 72 民初 4163 号民事判决书。
232. 上海海事法院（2018）沪 72 民初 3893 号民事判决书。
233. 上海海事法院（2018）沪 72 民初 929 号民事判决书。
234. 上海海事法院（2018）沪 72 民初 574 号民事判决书。
235. 上海海事法院（2017）沪 72 民初 3537 号民事判决书。
236. 上海海事法院（2017）沪 72 民初 2485 号民事判决书。
237. 上海海事法院（2017）沪 72 民初 2330 号民事判决书。
238. 上海海事法院（2016）沪 72 民初 2846 号民事判决书。
239. 上海海事法院（2016）沪 72 民初 2409 号民事判决书。
240. 上海海事法院（2016）沪 72 民初 2389 号民事判决书。
241. 上海海事法院（2016）沪 72 民初 1481 号民事判决书。
242. 上海海事法院（2016）沪 72 民初 1006 号民事判决书。
243. 上海海事法院（2015）沪海法商初字第 1668 号民事判决书。
244. 上海海事法院（2015）沪海法商初字第 217 号民事判决书。
245. 上海海事法院（2014）沪海法商初字第 1660 号民事判决书。
246. 上海海事法院（2014）沪海法商初字第 1167 号民事判决书。
247. 上海海事法院（2014）沪海法商初字第 1119 号民事判决书。
248. 上海海事法院（2014）沪海法商初字第 838 号民事判决书。
249. 上海海事法院（2014）沪海法商初字第 584 号民事判决书。
250. 上海海事法院（2014）沪海法商初字第 29 号民事判决书。
251. 上海海事法院（2013）沪海法商初字第 1746 号民事判决书。
252. 上海海事法院（2013）沪海法商初字第 1307 号民事判决书。
253. 上海海事法院（2013）沪海法商初字第 1303 号民事判决书。
254. 上海海事法院（2013）沪海法商初字第 1272 号民事判决书。
255. 上海海事法院（2013）沪海法商初字第 1177 号民事判决书。
256. 上海海事法院（2013）沪海法商初字第 337 号民事判决书。
257. 上海海事法院（2012）沪海法商初字第 1255 号民事判决书。
258. 上海海事法院（2011）沪海法商初字第 965 号民事判决书。
259. 上海海事法院（2011）沪海法商初字第 753 号民事判决书。

260. 上海海事法院（2010）沪海法商初字第 1209 号民事判决书。
261. 上海海事法院（2010）沪海法商初字第 714 号民事判决书。
262. 上海海事法院（2010）沪海法商初字第 413 号民事判决书。
263. 上海海事法院（2009）沪海法商初字第 465 号民事判决书。
264. 上海海事法院（2008）沪海法商初字第 586 号民事判决书。
265. 上海海事法院（2020）沪 72 民初 491 号民事裁定书。
266. 广州海事法院（2019）粤 72 民初 2262 号民事判决书。
267. 广州海事法院（2018）粤 72 民初 1269 号民事判决书。
268. 广州海事法院（2018）粤 72 民初 732 号民事判决书。
269. 广州海事法院（2018）粤 72 民初 261 号民事判决书。
270. 广州海事法院（2017）粤 72 民初 238 号民事判决书。
271. 广州海事法院（2017）粤 72 民初 19 号民事判决书。
272. 广州海事法院（2016）粤 72 民初 586 号民事判决书。
273. 广州海事法院（2015）广海法初字第 676 号民事判决书。
274. 广州海事法院（2015）广海法初字第 67 号民事判决书。
275. 广州海事法院（2014）广海法初字第 446 号民事判决书。
276. 广州海事法院（2011）广海法初字 722 号民事判决书。
277. 广州海事法院（2017）粤 72 民初 180 号民事裁定书。
278. 大连海事法院（2020）辽 72 民初 24 号民事判决书。
279. 大连海事法院（2019）辽 72 民初 757 号民事判决书。
280. 大连海事法院（2019）辽 72 民初 670 号民事判决书。
281. 大连海事法院（2019）辽 72 民初 378 号民事判决书。
282. 大连海事法院（2018）辽 72 民初 758 号民事判决书。
283. 大连海事法院（2017）辽 72 民初 885 号民事判决书。
284. 大连海事法院（2016）辽 72 民初 445 号民事判决书。
285. 大连海事法院（2013）大海商初字第 252 号民事判决书。
286. 大连海事法院（2013）大海商初字第 186 号民事判决书。
287. 大连海事法院（2013）大海商外初字第 3 号民事判决书。
288. 青岛海事法院（2020）鲁 72 民初 1236 号民事判决书。

289. 青岛海事法院（2019）鲁 72 民初 1532 号民事判决书。
290. 青岛海事法院（2018）鲁 72 民初 1986 号民事判决书。
291. 青岛海事法院（2018）鲁 72 民初 1386 号民事判决书。
292. 青岛海事法院（2018）鲁 72 民初 1245 号民事判决书。
293. 青岛海事法院（2017）鲁 72 民初 1808 号民事判决书。
294. 青岛海事法院（2017）鲁 72 民初 1603 号民事判决书。
295. 青岛海事法院（2017）鲁 72 民初 1388 号民事判决书。
296. 青岛海事法院（2015）青海法海商初字第 654 号民事判决书。
297. 青岛海事法院（2014）青海法海商初字第 415 号民事判决书。
298. 青岛海事法院（2014）青海法海事初字第 56 号民事判决书。
299. 青岛海事法院（2013）青海法海商初字第 302 号民事判决书。
300. 青岛海事法院（2011）青海法海商初字第 272 号民事判决书。
301. 青岛海事法院（2004）青海法海商初字第 33 号民事判决书。
302. 青岛海事法院（2017）鲁 72 民初 1808 号民事判决书。
303. 青岛海事法院（2017）鲁 72 民初 1139 号民事裁定书。
304. 天津海事法院（2020）津 72 民初 834 号民事判决书。
305. 天津海事法院（2020）津 72 民初 745 号民事判决书。
306. 天津海事法院（2020）津 72 民初 700 号民事判决书。
307. 天津海事法院（2019）津 72 民初 1012 号民事判决书。
308. 天津海事法院（2019）津 72 民初 797 号民事判决书。
309. 天津海事法院（2019）津 72 民初 751 号民事判决书。
310. 天津海事法院（2019）津 72 民初 610 号民事判决书。
311. 天津海事法院（2019）津 72 民初 146 号民事判决书。
312. 天津海事法院（2016）津 72 民初第 545 号民事判决书。
313. 天津海事法院（2016）津 72 民初 501 号民事判决书。
314. 天津海事法院（2015）津海法商初字第 614 号民事判决书。
315. 天津海事法院（2014）津海法商初字第 882 号民事判决书。
316. 天津海事法院（2014）津海法商初字第 828 号民事判决书。
317. 天津海事法院（2014）津海法商初字第 693 号民事判决书。

318. 天津海事法院（2014）津海法商初字第 287 号民事判决书。

319. 天津海事法院（2011）津海法商初字第 472 号民事判决书。

320. 天津海事法院（2004）津海法商初字第 179 号民事判决书。

321. 宁波海事法院（2020）浙 72 民初 970 号民事判决书。

322. 宁波海事法院（2019）浙 72 民初 417 号民事判决书。

323. 宁波海事法院（2018）浙 72 民初 1445 号民事判决书。

324. 宁波海事法院（2018）浙 72 民初 1265 号民事判决书。

325. 宁波海事法院（2017）浙 72 民初 951 号民事判决书。

326. 宁波海事法院（2016）浙 72 民初 846 号民事判决书。

327. 宁波海事法院（2015）甬海法商初字第 235 号民事判决书。

328. 宁波海事法院（2014）甬海法商初字第 730 号民事判决书。

329. 宁波海事法院（2013）甬海法商初字第 515 号民事判决书。

330. 宁波海事法院（2020）浙 72 民初 616 号民事裁定书。

331. 宁波海事法院（2019）浙 72 民初 1893 号民事裁定书。

332. 武汉海事法院（2018）鄂 72 民初 883 号民事判决书。

333. 武汉海事法院（2018）鄂 72 民初 181 号民事判决书。

334. 武汉海事法院（2018）鄂 72 民初 104 号民事判决书。

335. 武汉海事法院（2017）鄂 72 民初 1519 号民事判决书。

336. 武汉海事法院（2017）鄂 72 民初 801 号民事判决书。

337. 武汉海事法院（2015）武海法商字第 01635 号民事判决书。

338. 武汉海事法院（2015）武海法商字第 00689 号民事判决书。

339. 武汉海事法院（2015）武海法商字第 00224 号民事判决书。

340. 武汉海事法院（2014）武海法商字第 01488 号民事判决书。

341. 武汉海事法院（2014）武海法商字第 00538 号民事判决书。

342. 武汉海事法院（2012）武海法商字第 00410 号民事判决书。

343. 武汉海事法院（2009）武海法商字第 406 号民事判决书。

344. 武汉海事法院（2008）武海法商字第 649 号民事判决书。

345. 武汉海事法院（2007）武海法商字第 275 号民事判决书。

346. 武汉海事法院（2000）武海法商字第 78 号民事判决书。

347. 厦门海事法院（2020）闽 72 民初 157 号民事判决书。
348. 厦门海事法院（2019）闽 72 民初 972 号民事判决书。
349. 厦门海事法院（2018）闽 72 民初 855 号民事判决书。
350. 厦门海事法院（2016）闽 72 民初 717 号民事判决书。
351. 厦门海事法院（2016）闽 72 民初 421 号民事判决书。
352. 厦门海事法院（2014）厦海法商初字第 269 号民事判决书。
353. 厦门海事法院（2014）厦海法商初字第 158 号民事判决书。
354. 厦门海事法院（2013）厦海法商初字第 178 号民事判决书。
355. 厦门海事法院（1999）厦海法商初字第 11 号民事判决书。
356. 海口海事法院（2014）琼海法重字第 1 号民事判决书。